わかる建築学 4
Architecture for Beginners

建築構造力学
Mechanics of Building Structures

安達　洋・丸田榮藏　編
岡田　章・神田　亮
北嶋圭二・田嶋和樹　著

学芸出版社

まえがき

　建築物は，柱を立てて梁を架け，小屋組を造り，屋根を葺き，そして壁で覆い，生活空間を築いたものである．この建築物は，時として地震，台風，豪雪などに曝されるが，構造的に安全に設計されていなければならない．もちろん建築設計業務には，意匠設計，環境・設備設計にあわせて建築物の安全を確保するための構造設計がある．構造設計は，外力によって部材や接合部において大きな変形や破断が生じないよう安全を確保することであり，構造力学はそのための力の大きさを決める手段である．昨今の建築作品には，トラス構造，サスペンション構造，膜構造などの構造形式をデザイン表現した建築物が多く出現している．バランスのとれた建築は美しいとよく言われる．バランスは建築物内を流れる力の伝わり方そのものである．力の伝わり方を学ぶことそれ自体が構造力学の勉強であるかもしれない．

　これまで，建築を学ぶ学生にとって，構造力学は建築学の中でも苦手のジャンルとして捉えられ，とくにデザイン志向の強い人の中にはその必要性をも疑う人たちが多くいるのも事実である．苦手意識をもつ学生には，数学や物理が苦手だから構造力学はもっと難しいのではという先入観や，単なる力学の勉強に終始し理解の達成度が見えにくいなど，さまざまな要因を含んでいると思われる．苦手を克服するには，理解しようとする努力はもちろんのことであるが，たとえば学習に躓いた時の一助が教科書に記述してある，読み返せば不明な点や問題を解決してくれる，さらに力学が好きになるための工夫があればと考えている．

　本書は，構造力学の初学者を対象としている．しかし，これまで力学を学んだ人でも理解に苦しんだことを解決するための手助けとなるよう配慮している．また，建築士試験の構造科目の内容を理解できる基礎能力が身につくよう，一般的な構造力学のほかに材料力学，保有耐力，振動応答の問題にまで，基本事項について学習できるよう配慮している．また，本書での構造力学の学習は高度な数学を必要としない範囲としており，高等学校において学んだ初歩的な三角関数，微分法や積分法を理解していれば十分であろう．この範囲外の数学については付録に記載し平易に解説している．

　本書の構成は，15章だてとなっている．各章の末尾に理解度を高めるため豊富な練習問題を設けているので，有効に活用いただければ幸いである．

執筆者一同

もくじ

まえがき 3

第1章　力 ……………………………………………………… 7

1・1　建築で扱う力と性質　7
1・2　力の3要素　10
1・3　モーメント　10
1・4　偶力と偶力モーメント　11
1・5　力の合成と示力図　12
1・6　力の分解　14
1・7　平行な2力の合成と分解　15
1・8　力の釣合条件　17

第2章　構造骨組と支点反力 …………………………… 20

2・1　支点と節点　20
2・2　構造物の力学モデル　22
2・3　構造骨組の安定性　25
2・4　支点反力の算定　29

第3章　断面力（内力）の算定 ………………………… 33

3・1　断面力の概念　33
3・2　切断法で断面力を求める　33
3・3　断面力 M, Q, N 図を求める　34
3・4　断面力の符号　35
3・5　断面力と変形　35

第4章　静定梁の断面力 ………………………………… 37

4・1　断面力の算定手順　37
4・2　片持梁の断面力　37
4・3　単純支持梁（単純梁）の断面力　45

第5章　静定ラーメン構造の断面力 …………………… 52

5・1　解法の基本的考え方　52
5・2　片持ラーメン　52

- 5・3　単純支持ラーメン　56
- 5・4　3ピン構造　65

第6章　トラス構造　70

- 6・1　トラスの性質　70
- 6・2　節点法によるトラス解法　71
- 6・3　Ritterの切断法　74

第7章　断面の性質と応力度　77

- 7・1　応力度とひずみ　77
- 7・2　断面の性質　80
- 7・3　梁内の応力　83

第8章　静定骨組の変形と部材の座屈　89

- 8・1　静定骨組の変形　89
- 8・2　長柱の弾性曲げ座屈荷重　101

第9章　不静定構造を解く1―応力法　105

- 9・1　応力法の基本的考え方　105
- 9・2　応力法入門　106
- 9・3　応力法の手順　107
- 9・4　不静定梁を応力法で解く　108
- 9・5　不静定ラーメンを応力法で解く　109
- 9・6　高次不静定構造の場合　110
- 9・7　不静定トラスを解く　111

第10章　不静定構造を解く2―撓角法　116

- 10・1　撓角法の基本的考え方　116
- 10・2　撓角法の基本式の誘導　119
- 10・3　部材端片側がピンの場合の基本式　121
- 10・4　釣合条件の必要性　123
- 10・5　撓角法を用いて不静定構造を解く　126
- 10・6　撓角法の応用―層間変形角・層剛性　129

第11章 不静定構造を解く3 ― 固定モーメント法 …… 134

11・1 固定モーメント法の基本的考え方　134
11・2 固定モーメント法によるラーメン解法　134
11・3 表を用いた解法　138
11・4 中間節点が2つ以上ある架構　139

第12章 構造設計入門 …… 142

12・1 単純梁を設計する　142
12・2 許容応力度の考え方　144
12・3 各種材料の許容応力度　145
12・4 許容応力度設計法の概略　147

第13章 構造物の保有耐力 …… 150

13・1 弾塑性体の性質　150
13・2 部材断面の性質　150
13・3 崩壊機構と崩壊荷重　152
13・4 骨組の保有水平耐力　155

第14章 建築物の振動力学 …… 159

14・1 建築物の振動系モデル　159
14・2 非減衰自由振動　160
14・3 減衰自由振動　162
14・4 調和外力に対する応答　163
14・5 調和地動に対する定常応答　166
14・6 地震応答スペクトル　167

第15章 演習問題 …… 170

章末練習問題解答　175
索引　189

第1章 力

1・1 建築で扱う力と性質

1) 建築物に作用する外力

建築物にはいろんな外力が作用する．図1・1は，建築設計において考えねばならない代表的な外力を示したもので，一般的には**荷重**(load)と呼んでいる．

これらの荷重は，以下のように性質を分類することができる．

1 **常時建築物に加わっている静荷重**(static load)

① **固定荷重**：柱，梁，床，壁などの建築物自身の重さを表す

② **積載荷重**：室内の調度品，机，椅子，人など移動を伴うような重量

③ **土圧**：地下階部分の柱・壁，山留めにかかり，土の種類などによっても相違する

④ **水圧**：水族館のガラスや護岸の擁壁，海洋建築物など壁面等に加わる水圧で水面からの深さに関係して増大する

2 **動と静の両面をもつ準静荷重**(quasi-static load)

⑤ **積雪荷重**：数時間から1週間程度の作用時間となる場合と雪国での根雪となる場合

3 **比較的短時間に建築物に加わる動的荷重** (dynamic load)

⑥ **地震荷重**：地震による地盤の揺れが建築物に慣性力として加わるもので，地盤の動きと反対方向に作用する

⑦ **風荷重**：風により空間的に作用する風圧力

4 **その他の荷重**

⑧ **温度荷重**：太陽熱などの原因による膨張・収縮による大きなひずみによって起こる

⑨ **衝撃荷重**：クレーンの移動や振動を伴う外力

実際の設計では，これらの組み合わせを考えた外力によって建築物の各部の耐力（強さ）を検討する．

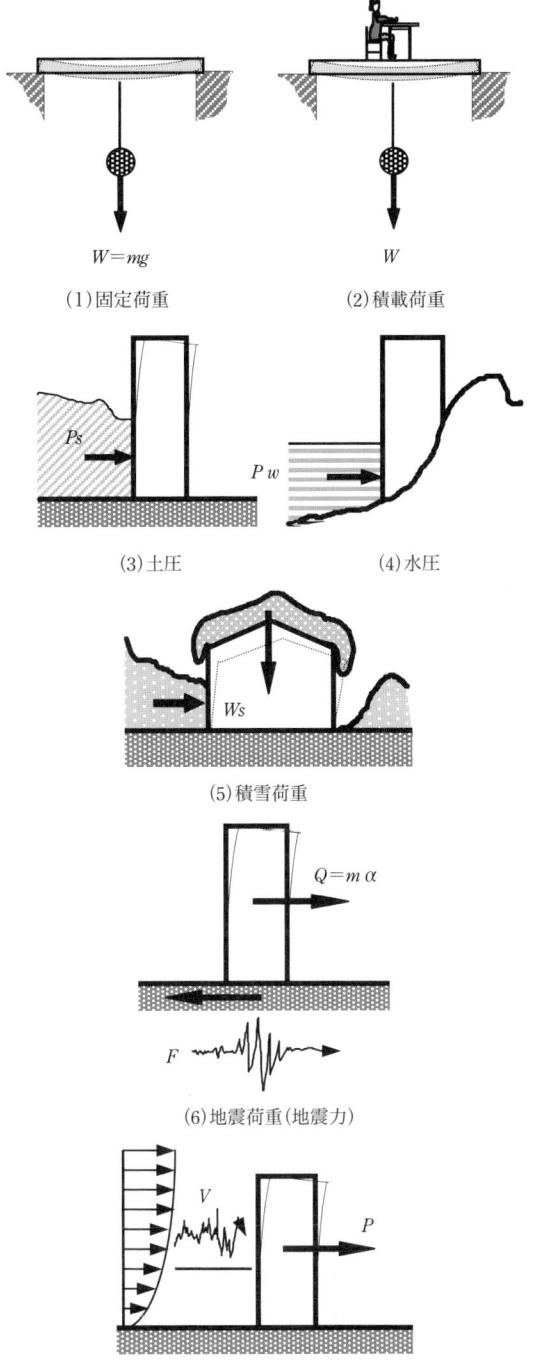

(1) 固定荷重　　(2) 積載荷重
(3) 土圧　　(4) 水圧
(5) 積雪荷重
(6) 地震荷重（地震力）
(7) 風荷重（風圧力）

図1・1　建築物に加わる色々な外力（荷重）

また動的な性質をもつ動荷重を受けた建築物は，実際には時刻歴を伴う振動応答としての構造解析を必要とする．本書の第1章〜第13章では，静力学の考えを踏襲しているが，第14章では振動の基本事項としての振動力学の一端を紹介している．

2) 外力の作用方法

建築物に作用する外力は，前項の荷重のように屋根や床などに鉛直方向に作用するもの，建築物に水平に作用するもの，また特殊な場合として牽引力のように強制的につくられる斜め方向の作用がある．このような外力は，実際には

① 地震力のように建築物に作用する慣性力を外力に置き換えるもの，

② 風圧力のように建築物各部に作用する風圧の積分力など，分布的にしかも複雑な分布として建築物全体に，もしくは部分的に作用するもの

があり，多種多様なかかり方をする．

しかし，複雑な外力をそのまま解析することは困難である．一般には，これを状況に応じ適切にモデル化して，図1・2のように集中荷重，等分布荷重，偏分布荷重などの理想化した置き換えを行っている．モデル化の具体的な方法は第2章で詳細に述べる．

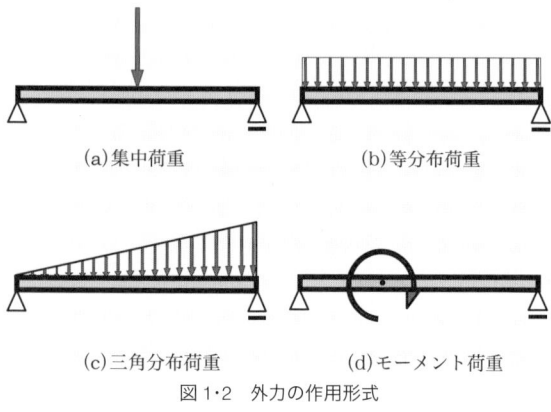

図1・2 外力の作用形式

3) 外力に対する抵抗力（内力）と耐力（強さ）

外力に対して建築物が倒れない，あるいは建築物の一部が破壊しないで建っているためには，外力によって生じる変形が進行しないように建築物自身が抵抗していなければならない．

破壊しないでそのままでいる状態が，すなわち抵抗している状態であり，そのとき建築物自身の中にそれに応じて抵抗力が生じていることになる．この抵抗力を，建築では内力（stress：内部応力）と呼んでいる（図1・3）．そしてその抵抗できる能力を耐力（strength：強度）と呼び，図1・4にあるように，建築物が安全に建っている役割としてa.からe.の柱や梁等において発揮されることになる．

a. 柱（column）：骨組が変形して破壊しないように

b. 梁（beam）：骨組が変形して破壊しないように

c. 壁（wall）：外力の方向に建築物が変形しないように

d. 床（floor）：大きなたわみを生じないように，また立体的なゆがみを生じないように

e. 基礎（footing）：浮き上がりや沈下を生じないように（地盤の軟弱さに関係する；地盤支持力）

図1・3 抵抗力の意味

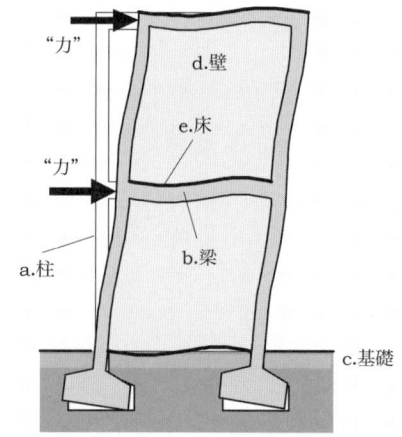

図1・4 抵抗力が生じる建築物の場所

4) 内力の種類

外力によって建築物の柱や梁などが変形した状態にあるとき，それらの切り取った断面には内力が生じている．図1・5は，部材の一部を切り取った断面

に作用する代表的な内力を表している．これらの内力は，外力が建築物の各部材中を伝播している．この伝播中の部材断面の分布は，本来必ずしも図に表されるような規則的な分布ではないが，外力作用点から十分な距離にある分布は図のような均一なものとみなしている（サンブナン Saint-Venant の原理）．

内力は，図 1・5 の太い矢印で示されるように，次の
①軸方向力（axial force）：引張力，圧縮力
②せん断力（shearing force）
③曲げモーメント（bending moment）
④ねじり（torsion）
の 4 種類である．

この内力を単位面積当たり（通常は $1mm^2$ 当たりで表す）の大きさで表したものを応力度（stress intensity）と称している．応力度は，細い矢印で示されるような内力の断面分布を表す．このように，内力を算定することは，部材のある任意の断面位置における抵抗力を求めることである．通称，これらを**断面力**および**応力度**と呼んでいる．

建築構造設計では建築物を構成する部材中の内力に対し部材耐力が十分であるかを検討する必要があり，建築構造力学ではこれらの断面力や応力度の算出方法について学ぶものである．

5）単位

建築で用いられる力の単位は，キロニュートン（kN），ニュートン（N）である．単位の国際化により，従来用いられていた MKS 単位から SI 単位に変換した．SI 単位では，力をニュートン（N），応力および圧力をパスカル（Pa）で表す．また，応力および圧力については N/mm^2 および N/m^2 を用いている．これまでの MKS 単位との換算は，以下のように行われる．

$1kgf = 9.80665N$

$1kgf/cm^2 = 9.80665 \times 10^4 Pa = 9.80665 \times 10^4 N/m^2$

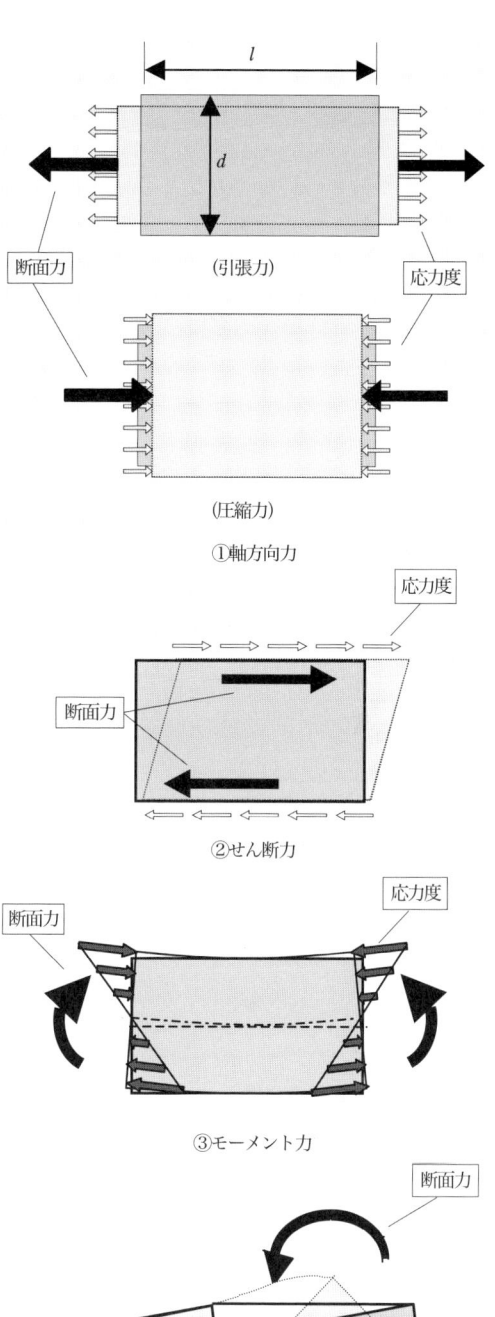

図 1・5 断面力と応力度の種類

1・2　力の3要素

1）力の定義

前節において示した力の大きさ（kN, N）のみでは，建築物のどこに，どのように作用しているかがわからない．例えば，建築物が左から外力を受けるのと，右から外力を受けるのでは，押されると引っ張られるとでは意味が違うように，大きく異なるわけである．

そこで，大きさばかりでなく力の加わる位置や方向をはっきりさせるために，力の表現は，図1・6の座標系で図示される

① 力の大きさ（P）
② 力の方向
③ 力の作用点（又は作用線の位置）

の3つの要素をもって定義しなければならない．

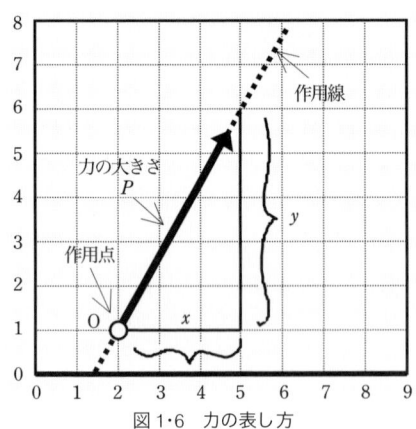

図1・6　力の表し方

これを，**力の3要素**という．力の図示方法は，決められた作用点から作用方向に力の大きさに見合った長さ（線分：例えば，1cm = 10kN）をとることにより表される．なお，作用方向の力を含む直線を**力の作用線**と呼ぶ．

図1・7は，重量の力に対して，その作用線と支持力の作用線の交点が作用点となることを具体的に表している．また，力の線分（大きさ）は，作用点からとる必要はなく，現実には支持力は作用点から鉄棒をつかんでいる手の作用線上で同じく生じていることから，表現方法としては作用線上であればどの位置でも同じであることを意味している．

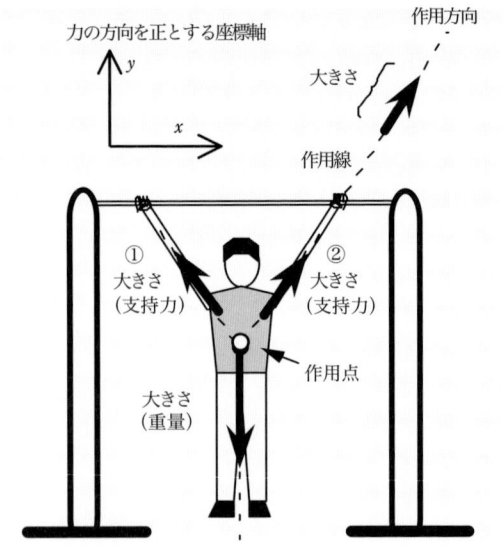

図1・7　鉄棒にぶら下がる人に生じる力

2）力の符号

力の作用方向は，上方に働くのか下方に働くのか，また右方向に働くのか左方向に働くのかを決めておかねばならない．

これらの力の正負は，最初に取り決めた座標軸（x, y）の正負の方向によって決まる．すなわち，図1・8のように第1象限を正の座標軸とした場合，P_2のx成分（P_{2x}）とy成分（P_{2y}）はともに正，またP_1のx成分（P_{1x}）は負でありy成分（P_{1y}）は正となる．

図1・7の具体例では，人の重量については下向きであるので設定座標方向とは逆となり負（−）となる．

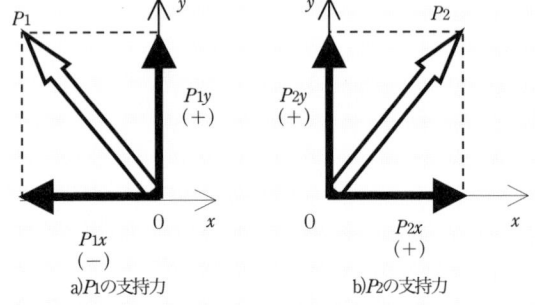

a) P_1の支持力　　b) P_2の支持力

図1・8　第1象限を正とする力の正・負の表現

1・3　モーメント

1）モーメントの定義

もし，図1・9で表されるように，物体（又は構造物）を介して力Pが一つの点（A）に向かって作用しないで，その点から外れた別の方向に作用する場合には，点Aには回転させようとする力が生じる．

このような力をモーメントと呼ぶ．図は，建築物に力Pが作用すると，A点に回転力としてのモーメントM_Aが働くことを表している．

このモーメントM_Aの大きさは，力Pが作用する方向とA点からの距離に関係する．このことから，A点に向かって作用する力，すなわちA点を通る作用線上の力は，A点に対しては全くモーメントが働かないことになる．ここに，A点からの距離とは，力Pの作用線に対する垂直距離rである．言いかえると，距離rがゼロとなる力Pは，A点に対しては全くモーメントが働かない．

以上のことから，図1・9に示されるA点に働くモーメントM_Aを，式(1.1)として定義している．

$$M_A = P \times r \tag{1.1}$$

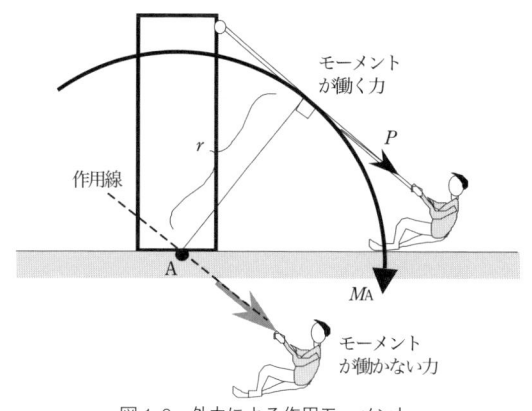

図1・9　外力による作用モーメント

2) モーメントの符号

モーメントは，回転する方向によって意味が異なってくる．式(1.1)で定義されたモーメントM_Aの正負の符号は，図1・10のシーソの回転方向でわかるように，外力のかかる位置によって時計回りに回転したり，反時計回りに回転したりする．シーソに同じ体重の2人が同時に乗った場合には回転が打ち消されることになるので，モーメントには符号が必要になる．

そこで，時計回りの回転方向を正(＋)とし反時計回りの回転方向を負(－)として定義する．

3) モーメントの総和

図1・11に示すように，一つの梁(beam)に複数の力が同時に作用しているとき，点Aに働くモーメントM_Aは，それぞれの力が点Aに働くモーメントの総和として式(1.2)で与えられる(1・7-1)項のバリニオンの定理を参照)．

なお，図1・11の例においては，作用力P_1の作用線がA点を通ることから，モーメントの定義に従いP_1によるモーメントはゼロとなる．

$$M_A = P_1 \times r_1 + P_2 \times r_2 + P_3 \times r_3 + P_4 \times r_4 \tag{1.2}$$

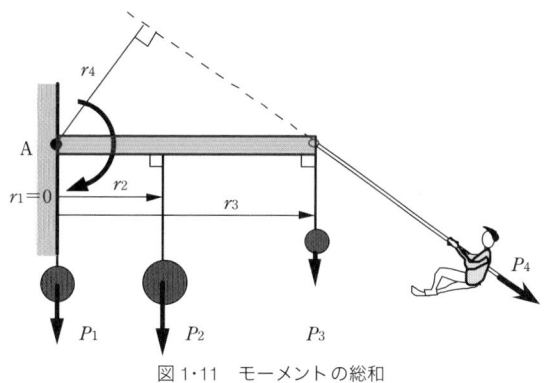

図1・11　モーメントの総和

1・4　偶力と偶力モーメント

1) 偶力と偶力モーメントの定義

平行で大きさが等しい2つの力が，向きを反対に作用しているとき，その一対の力を偶力(couple of force)という．また，この偶力によってそれらの中間点を中心にして回転力が生じる．この回転力を偶力モーメントと呼ぶ．

いま，図1・12のように偶力をPとして，PとPとの間の垂直距離をlと置いたとき，偶力モーメントは式(1.3)によって表される．

$$M = P \times l \tag{1.3}$$

この偶力モーメントMは，O点に対する偶力Pのモーメントの総和をM_Oとすれば，

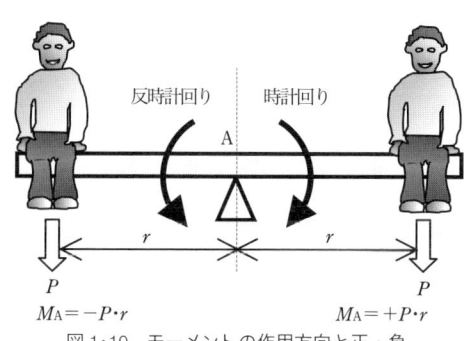

図1・10　モーメントの作用方向と正・負

$$M_O = P \times \frac{l}{2} + P \times \frac{l}{2} = P \times l = M \qquad (1.4)$$

となり，O 点に働く一対の力 P がなすモーメントに等しくなる．

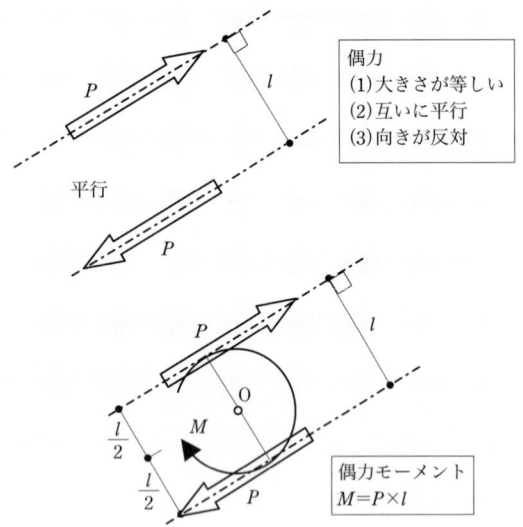

図 1·12　偶力と偶力モーメントの定義

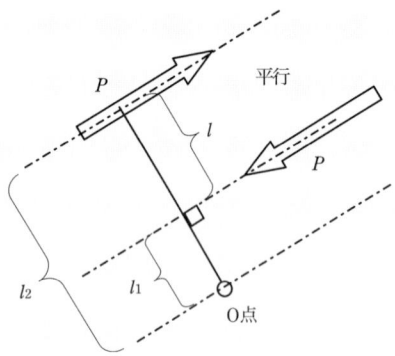

図 1·13　O 点に働く偶力のモーメントと偶力モーメントの関係

2）偶力モーメントの応用

いま，偶力が，図 1·13 のように中心から離れた O 点に働くとした場合，O 点に作用する偶力 P によるモーメントは，式 (1.5) で示されるように偶力モーメント M に等しくなる．

$$P \times l_2 - P \times l_1 = P(l_2 - l_1) = P \times l = M \qquad (1.5)$$

言い換えると，偶力 P の O 点に働くモーメントは O 点の位置には全く関係なく偶力モーメントに等しくなる．

この考え方の応用は，図 1·14 の梁部材の端部 A と B に偶力が作用していると考えると，梁の任意点 O に働くモーメント M_O は，式 (1.6) に示されるように偶力モーメント M に等しくなることを意味している．

$$\begin{aligned} M_O &= P \times l_1 + P \times l_2 \\ &= P \cdot (l_1 + l_2) = P \times l = M \end{aligned} \qquad (1.6)$$

M_O：偶力 P による O 点に働くモーメント
M：偶力 P による偶力モーメント

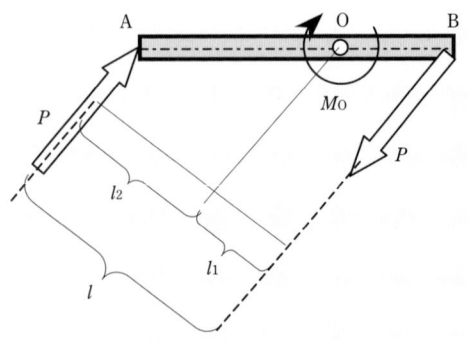

図 1·14　偶力モーメントの意味

1·5　力の合成と示力図

1）2 力の合成と合力

2 つ以上の複数の力が同時に作用すると，それらの数と同じ力で影響する 1 つの力を求めることを**力の合成**（composition）といい，この合成した力を**合力**（resultant）と呼んでいる．力は，1·2 節で定義されたように方向を持ったベクトル（Vector）であることから，2 つの力を合成する場合，単純にスカラー（scalar）量として取り扱うことができない．

例えば，同じ大きさの力であっても両者の方向が全く逆方向である場合，2 力の合成はゼロとなる．

いま，図 1·15 のような直交する 2 つの力，P_1 と P_2 を合成し合力 R を求めると，式 (1.7) となる．これは，合力 R が P_1 と P_2 を 2 辺とする直角三角形の斜辺の長さに相当する力を表すもので，その方向 α は式 (1.8) で与えられる．

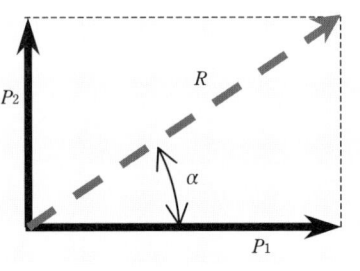

図 1·15　力の合成

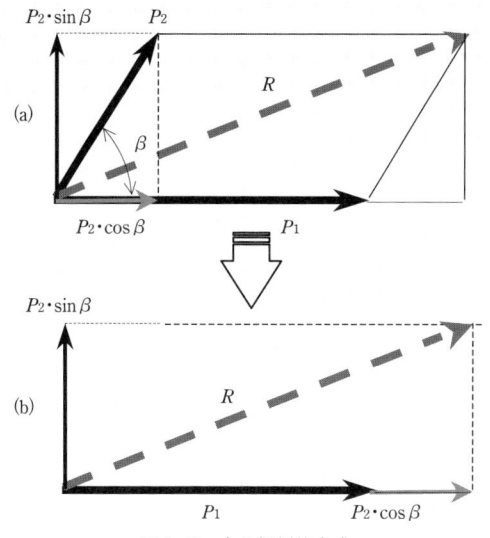

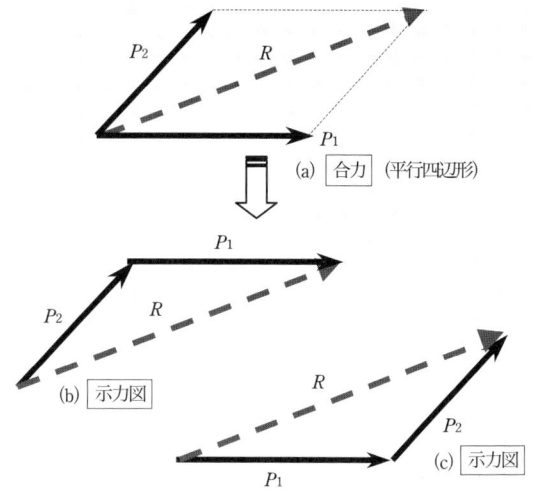

図1・17 平行四辺形による合力と示力図の関係

図1・16 力の解析的合成

$$R = \sqrt{P_1^2 + P_2^2} \tag{1.7}$$

$$\alpha = \tan^{-1}\frac{P_2}{P_1} \tag{1.8}$$

次に，2力 P_1 と P_2 が直交しないで，図1・16のように β の角をなす場合には，それらの合力 R は，P_2 を直交座標に置き換えて得られる式 (1.9) から式 (1.10) のように求められる．このような合成の方法を解析的合成と呼んでいる．

$$\begin{aligned}R^2 &= (P_2\sin\beta)^2 + (P_1 + P_2\cos\beta)^2 \\ &= P_2^2\sin^2\beta + P_2^2\cos^2\beta + 2P_1P_2\cos\beta + P_1^2 \\ &= P_2^2 + 2P_1P_2\cos\beta + P_1^2 \end{aligned} \tag{1.9}$$

$$R = \sqrt{P_1^2 + P_2^2 + 2P_1P_2\cos\beta} \tag{1.10}$$

2) 示力図による合力の求め方

P_1 と P_2 の2力の合力 R は，図1・16(a)を良く見ると，それぞれの力の大きさを1辺としてつくられる平行四辺形の対角線の長さに等しいことに気付くであろう．これは，また図1・17(b)・(c) のように，一方の力を平行移動して得られる三角形の斜辺の長さとして解釈できる．この P_1, P_2 の2力と合力 R でつくられる三角形を**示力図** (force diagram) と呼んでいる．

3) 作用点が共通しない場合の合力

図1・17の例は，2力の作用点が共通する場合であった．しかし，図1・18(a)のように P_1 と P_2 の2力の作用点が相違する場合の合力 R は，直接に平行四

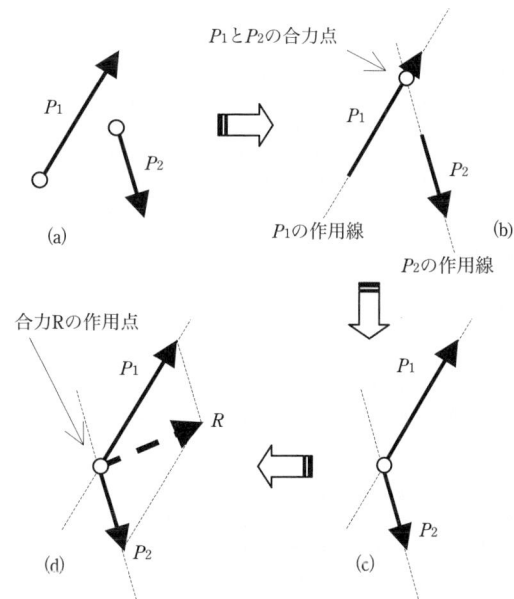

図1・18 平行四辺形の方法による合力の求め方

辺形を使って求めることはできない．このような場合には，1・2-1)項の力の定義で述べたように，力は作用線上では同じであるから，力を移動させることによって図1・17(a)の平行四辺形および示力図をつくることができる．

平行四辺形の方法による手順は，
① P_1 と P_2 の作用線を引き，合力点を求める
② P_1 と P_2 を作用線上で移動させる
③ 平行四辺形を作り，合力 R を求める
であり，P_1 と P_2 の2力の作用線の交点（合力点）は，合力 R の作用点となる．

また，示力図の方法による手順は，図1・19に示す

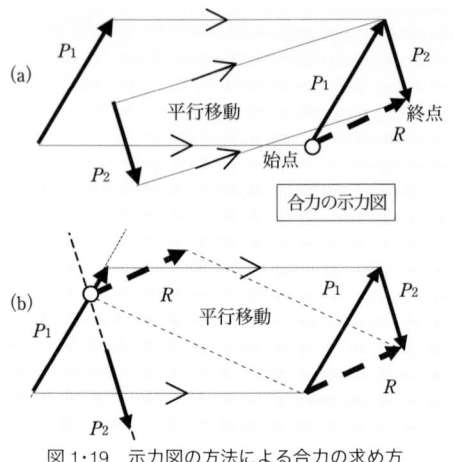

図1・19 示力図の方法による合力の求め方

ように，
① 任意の位置に P_1 と P_2 を平行移動する
② P_1 の始点と P_2 の終点を結んだ力が合力である
　この場合，矢印の方向は，終点に向かうように合力を求める（このように三角形を閉じないように描く）
③ 図中の丸印は合力 R の作用点ではないので，P_1 と P_2 の合力点に移動する
に従って求める．

4）1点に集中する4力の合力

図1・20は，4力の作用点が集中する場合について，平行四辺形の方法によって，逐次，合力 R（$= R_{1234}$）を求めた例である．

手順としては，
① P_1 と P_2，P_3 と P_4 についてそれぞれ平行四辺形をつくり合力 R_{12} と R_{34} を求める（図1・20(b)）．
② 合力 R_{12} と R_{34} により平行四辺形をつくり合力 $R_{1234} = R$ を求める（図1.20(c)）．

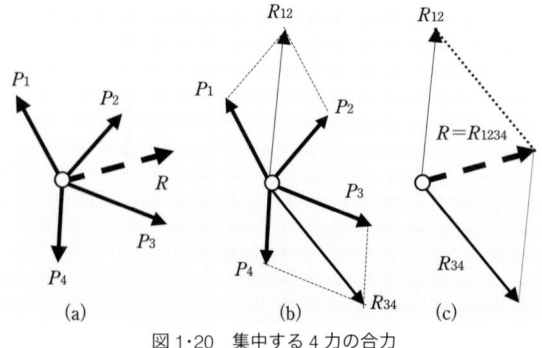

図1・20 集中する4力の合力

ここで複雑さを避けるため，作用点から離れて(b)図や(c)図で作図したが，作用点を基点としてもよい．
この合力 R の作図において重要なことは，作用点を基点として作図しても，作用点から離れて作図しても同じ合力を得ることである．

図1・21は，示力図の方法を示したものである．
(a)図と(b)図はそれぞれ図1・20の(b)と(c)の平行四辺形の方法に対応したものである．

しかし，図1・21(c)は，4力（$P_1 \cdot P_2 \cdot P_3 \cdot P_4$）を始点から終点へと順次連続して示力図を作図したもので，合力はこの示力図が閉じる方向において求めることができる．よく見ると，(c)図は，(a)図と(b)図を重ね合わせたものであることがわかる．

ここで，重要なことは，4力を連続して示力図を作図しても同じ合力を得ることである．

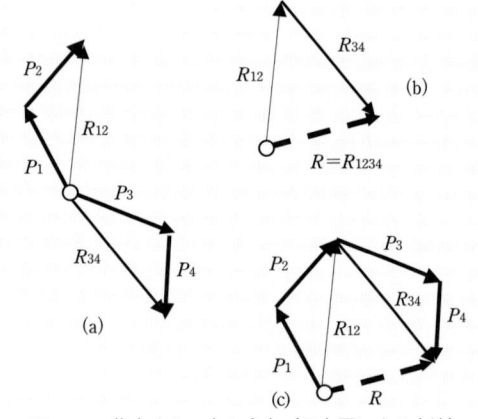

図1・21 集中する4力の合力（示力図による方法）

1・6 力の分解

力の分解とは，1つの力を2つの方向成分に分けることであり，この分解した力を**分力**（component）と呼ぶ．分力の求め方は，合力のそれとは全く逆の手順となる．図1・22は，力 P を直交座標の x，y 方向成分に分解し，分力 P_x と P_y を求めている．解析

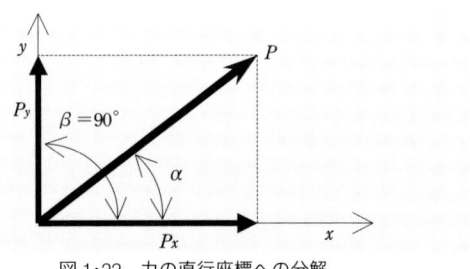

図1・22 力の直行座標への分解

的には，式 (1.11) で与えられる．

$$P_x = P \cdot \cos \alpha \tag{1.11a}$$
$$P_y = P \cdot \sin \alpha \tag{1.11b}$$

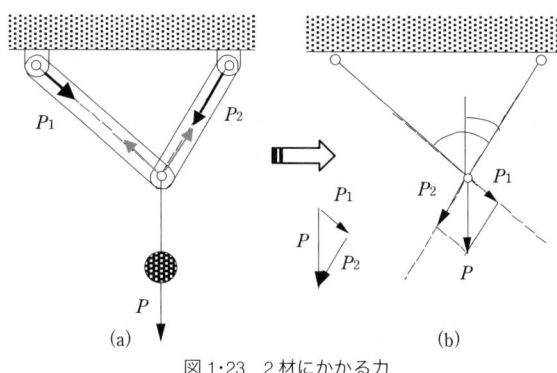

図 1・23　2 材にかかる力

図 1・23 は，ある重量 P を 2 本の部材で吊っている具体例であり，2 本の部材にかかる力は，力 P の分力により求められる．分力 P_1 と P_2 は，図解的には平行四辺形ないしは示力図の方法を用い，かつそれらの分力に対する線分の長さを計ることにより簡単に求められる．

しかし，解析的には直交座標でない場合は難しい．これを解析的に求める場合には，図 1・24(b) に示すように示力図を考え，この三角形に式 (1.12) の正弦比例の法則を当てはめると式 (1.13) の分力が求められる．

$$\frac{P_1}{\sin(\beta-\alpha)} = \frac{P_2}{\sin \alpha} = \frac{P}{\sin(180-\beta)} \tag{1.12}$$

$$P_1 = \frac{\sin(\beta-\alpha)}{\sin \beta} \cdot P, \quad P_2 = \frac{\sin \alpha}{\sin \beta} \cdot P \tag{1.13}$$

$$\because \sin(180-\beta) = \sin \beta$$

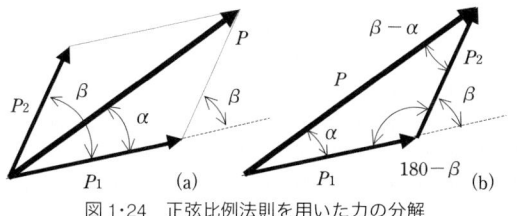

図 1・24　正弦比例法則を用いた力の分解

1・7　平行な 2 力の合成と分解

1）互いに平行な 2 力の合成

前節までは，示力図によって合力を求めることを学んだ．しかし，2 力が平行な場合には合力点を見つけることができない，すなわち合力の作用線（作用位置）を決めることができない．そこで，図 1・25 の x_0 の距離を求めてみる．ある点（ここでは O 点とする）に働く力のモーメントは，その力の合力がある点に働くモーメントの和に等しいという定理（バリニオン Varignon の定理）を用いると，

$$P_1 \cdot x_1 + P_2 \cdot y_2 = R \cdot x_0 \tag{1.14}$$

が成立する．

よって，x_0 は，

$$x_0 = \frac{P_1 \cdot x_1 + P_2 \cdot x_2}{R} \tag{1.15}$$

で与えられる．

また，$R = P_1 + P_2$, $x_0 - x_1 = a$, $x_2 - x_0 = b$ を考慮すると，

$$P_1 \cdot a = P_2 \cdot b \tag{1.16}$$

となり，合力の位置を中心とした「やじろべい」のバランス関係と同じとなる．さらに，$P_1 = R - P_2$ であり，合力 R が示力図の関係から既知とすると，

$$R \cdot a + P_2 \cdot l = 0 \tag{1.17}$$

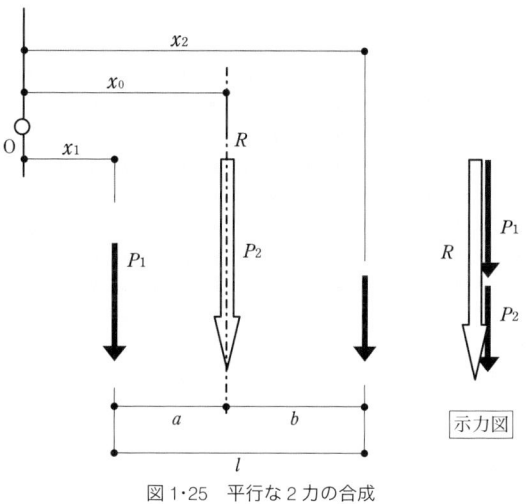

図 1・25　平行な 2 力の合成

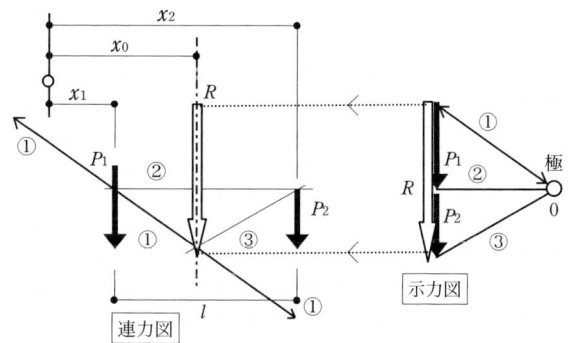

図 1・26　連力図による合力の作用線

P_1 から合力 R までの距離 a を求めることができる．

一方，図解の方法で x_0 を求める場合には，図 1·26 の連力図によって求めることができる．

連力図の作成は，

1. 示力図においてある任意の極を設ける．その極と力 P_1, P_2 の始点や終点とを結び，図のように①〜③の番号を付ける．
2. まず左上向きの①の力 P_1 に加えると合力は②となる．
3. ②と P_2 の合力は③となる．
4. ③に下向きの①を加えると，その合力が R となる．（なぜなら，同一作用線上に左上向きの①と右下向きの①の合力は 0 であるからである）

[補足]

相打ち消す 2 つのダミー力②を P_1 と P_2 に設け，それぞれの合力①と③によっても，合力 R を求めることができる。

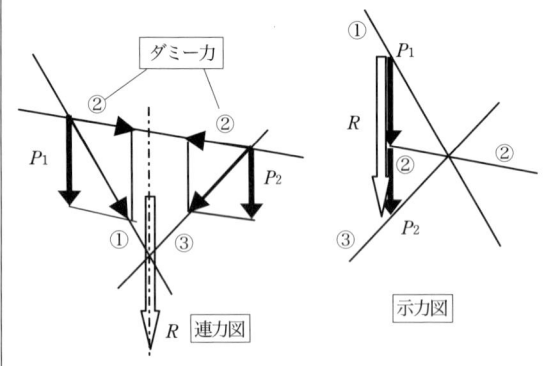

以上の方法は，平行な複数外力に応用できる．

2）1 つの力を互いに平行な 2 力に分解

いま，力 P を A 点と B 点を通る平行な作用線上に分解する．作用線の力 P からの距離を a, b とし，前述のバリニオンの定理による式（1.16）を使うと，

$$\frac{P_A}{P_B} = \frac{b}{a} \quad \therefore P_A = \frac{b}{l}P, P_B = \frac{a}{l}P \tag{1.18}$$

また，A 点や B 点を中心とするモーメントを求めても同じ結果を得る．

$$P \times a = P_B \times l \quad \therefore P_B = \frac{P \cdot a}{l}$$

$$-P \times b = -P_A \times l \quad \therefore P_A = \frac{P \cdot b}{l} \tag{1.19}$$

一方，連力図の合力と逆の方法として 1 つの力を設定した A 点と B 点の平行な（あるいは平行に近い）2 力 P_A, P_B に分解することができる．ただし，この場合 A 点と B 点の力の作用線が指定されているものとする．

手順としては，

1. 力 P を示力図側に移す．
2. 任意の点（極）を設け，力 P の始点と終点を極と結び，番号①・②を付ける．
3. A 点を通るように（あるいは A の作用線と交差するように）①の仮想ベクトルを平行移動させる．同様に，②の仮想ベクトルを①と力 P の作用線の交点を通るように仮想ベクトル②を平行移動する．
4. ②の作用線と B 点の作用線の交点と A 点を結ぶ．この線を Culmann 線と呼ぶ．この Culmann 線を示力図の極を通るように平行移動する．
5. 示力図において，Culmann 線によって分割された力 P_1 と P_2 がそれぞれ P_A, P_B に相当するので，A 点と B 点に平行移動すればよい．

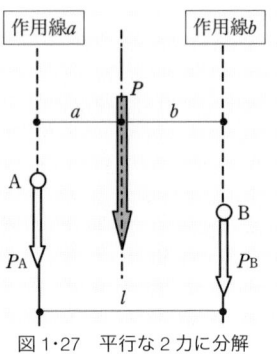

図 1·27 平行な 2 力に分解

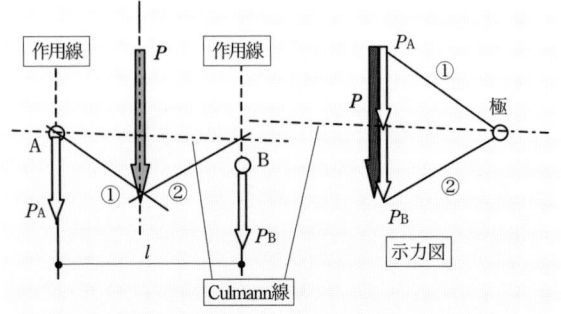

図 1·28 連力図による力の分解

🍀 Point 1

(1) 力学で扱う力は，大きさ・方向・作用点（力の3要素）を持つベクトルである．
(2) 力のモーメントの大きさは，$M = P \times r$，時計回り方向に作用するモーメントを正（＋）と定義する．
(3) 偶力は大きさが等しく向きが反対の平行な力で，偶力により回転するモーメントを偶力モーメントとし，相互距離 l の掛け算 $M = Pl$ によって定義する．
(4) 複数の力は，平行四辺形や示力図を用いて合成・分解できる．示力図が閉じない状態で求める．
(5) 平行な2力の合成・分解はバリニオンの定理を用いる図解法では連力図を用いる．

1・8 力の釣合条件

1) 釣合の意味

力学の基本は釣合にあると言っても過言ではない．力学を理解することは，すなわち釣合を理解することであろう．では，ここで「力が釣合状態にあるということはどういうことであろうか？」ということについて考えてみる．

いま，図1・29(a)のような一つの物体Aに多くの力が作用しているとしよう．このような場合でも，物体Aは全く移動・回転しないで静止の状態にあること，これをすべての力が釣合（Equilibrium）の状態にあるという．

逆に，釣合状態が崩れるということは，図1・29(b)のように物体Aは移動し・回転し続けるということになる．

これらの状態を示力図で考えてみる．

まず，(a)図の釣合状態に対しては，(c)図の示力図では合力 $R = 0$ となる．そして，(b)図の物体が移動する状態に対しては，(d)図の示力図のように合力 R がゼロにはならない．このことから，釣合の状態にあるときは，多くの力の合力がゼロになることを意味する．また，多くの力が釣合状態にあるときの示力図は示力図が閉じている．同時に，ある任意の点（O点）に作用するすべての力のモーメントの総和がゼロになる．すなわち，連力図が閉じ，偶力モーメントが生じない状態にある（補足参照）．

> **[補足]**
>
> 下図の物体Aに作用している P_1, P_2, P_3 の3力は，示力図が閉じており，かつ連力図も閉じることが，釣合の条件となる．
>
> もし，P_3 が $P_3'(= P_3)$ のように連力図が閉じないとしたとき，物体Aは力①による偶力モーメントが生じ，回転することになる．すなわち，力の釣合状態にあるときは，示力図・連力図ともに閉じる必要がある．
>
>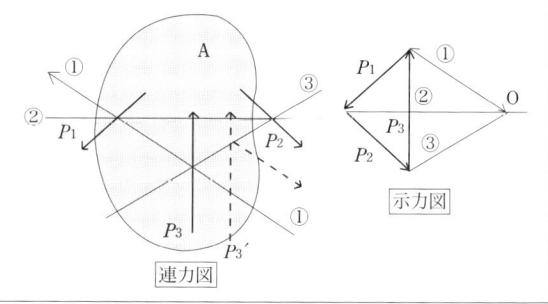

2) 釣合条件式

すべての力が釣合状態にないということは，合力 R がゼロでなく，R の力が作用しながら移動・回転していることを知った．このことを裏返すと，図1・30において移動する物体Bを静止させるには，(b)図のように合力 R をゼロにするための $-R$ の力を同じ作用線上において加えればよい．このことは，示力図および連力図に関して，閉じる形をなす，すなわち $-R$ の力によって釣合状態にあるという．

また，この釣合状態を釣合力系にあるという．なお，**作用力**（合力 R）に対する**反作用力**を**反力**

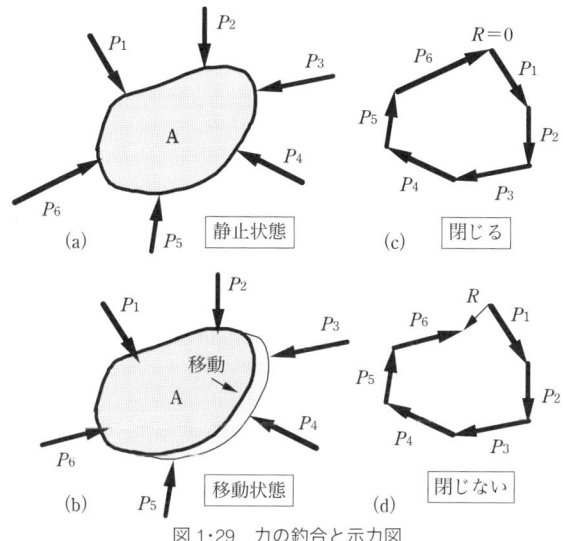

図1・29 力の釣合と示力図

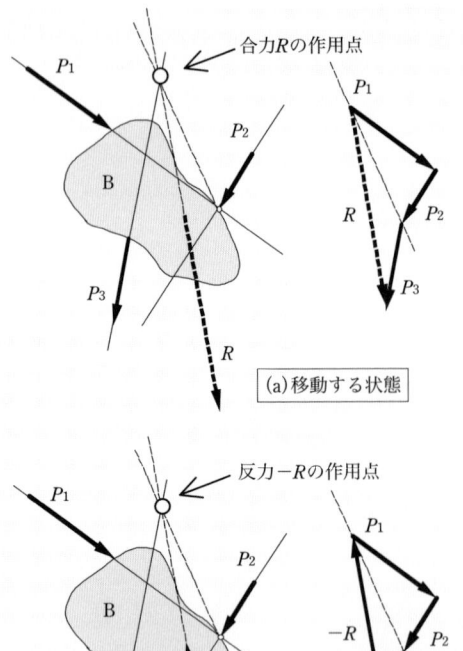

(a) 移動する状態

(b) 静止している状態

図 1·30　合力 R に対する反作用力 −R

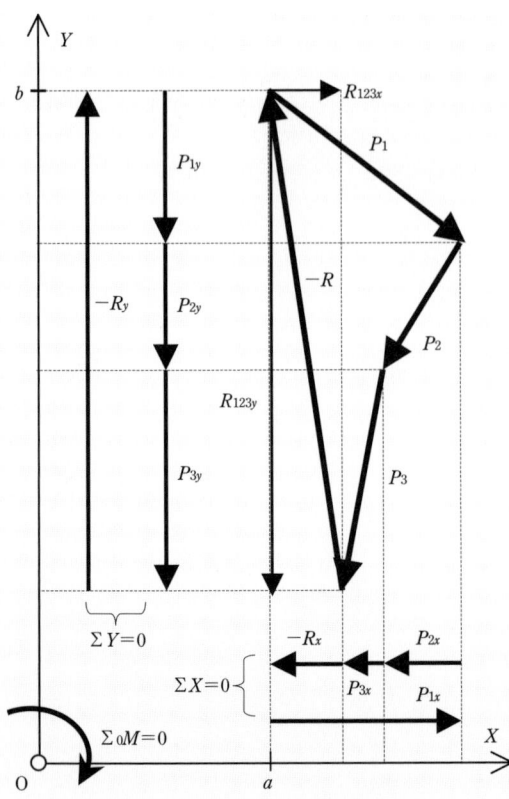

図 1·31　釣合状態にある力の分解

(reaction) という．

図 1·30 (b) の釣合状態については，図 1·31 に示すようにそれぞれの釣合力を x, y 成分に分解すると，x, y の各成分において，それぞれ分解された力および任意点 O に対するモーメントの総和がゼロになることを意味する．式 (1.20) は，各成分の釣合を示している．

$$-(-R_x + P_{3x} + P_{2x}) + P_{1x} = \sum X = 0 \quad (1.20\text{a})$$
$$(-R_y) - (P_y + P_{2y} + P_{3y}) = \sum Y = 0 \quad (1.20\text{b})$$
$$R_{123x} \cdot b + R_{123y} \cdot a - R_x \cdot b - R_y \cdot a = \sum_0 M = 0 \quad (1.20\text{c})$$

ここに，(−) の符号は，座標軸方向と反対方向を，またモーメントに関しては反時計回りを示す．

以上の x 方向と y 方向の釣合式，ならびにモーメントの釣合式を釣合の 3 条件といい，式 (1.21) で定義される．

$$\left.\begin{array}{l}\sum X = 0 \\ \sum Y = 0 \\ \sum M = 0\end{array}\right\} \quad (1.21)$$

🍄 Point 2　釣合

(1) 釣合の状態とは，外力によって変形した建築物が，ある位置でとどまり，移動も回転もしない状態である．
(2) 釣合状態にあるときは，示力図と連力図が閉じる．また，釣合条件式，$\sum X = 0$，$\sum Y = 0$，$\sum M = 0$ が成り立つ．

練習問題 1.1 下図の A 点に作用するモーメント M_A を求めよ．

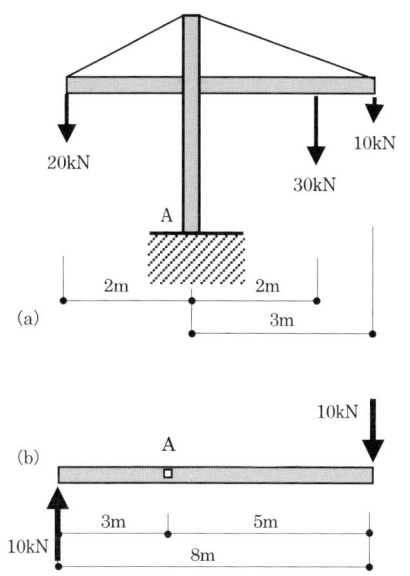

(a)

(b)

練習問題 1.2 下図の部材 OA と部材 OB に作用する力を力の分解法および示力図により求めよ．

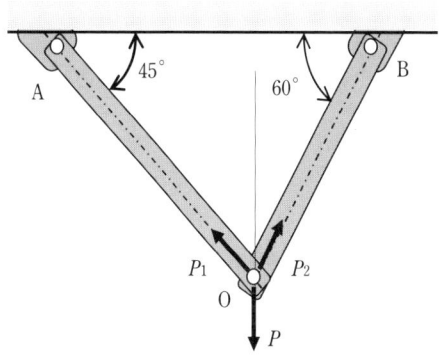

練習問題 1.3 下図の4本の立体的に組まれたロープが力 P によって δ の距離だけ沈み静止した．このときの各ロープに働く力（張力）を求めよ．ただし，ロープの自重は無視するものとする．

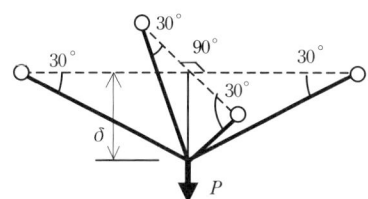

練習問題 1.4 下図の力の合力と合力の作用線および合力点を平行四辺形法または示力図・連力図による図解法を用いて求めよ．

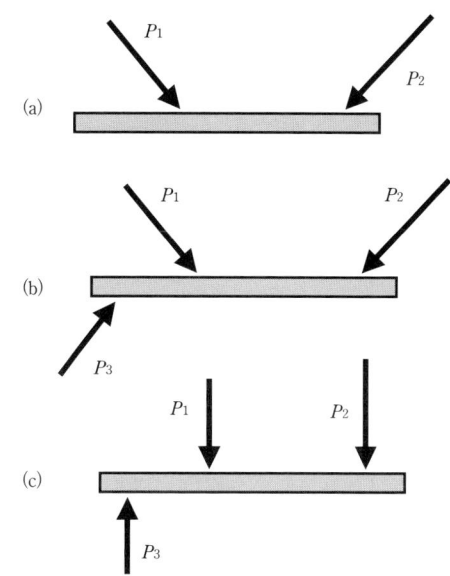

練習問題 1.5 下図の棒を全く移動させないようにするために必要な力として，その大きさ，方向，および作用位置を図に示せ．

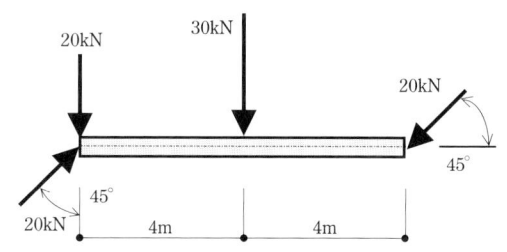

第2章　構造骨組と支点反力

2・1　支点と節点

建築構造物の構成を分解して考えると，そこにはいろんな構造要素が組み立てられて建っていることがわかる．それは，柱と基礎の接合の構造や柱と梁の接合の構造である．そして，それらの接合点を **節点** と呼んでいる．特に，基礎に繋がる節点を **支点** と呼んでいる．

部材からの力の流れは，この節点や支点を伝播して行くことから，それぞれの働きによって力の伝わり方が違ってくる．支点や節点は，実際の構造物では非常に複雑となるが，力学はそれを単純なモデルに置き換えることによって解析できるようにしている．そこで，ここではモデル化した支点と節点の働きについて基本的な性質を理解する．

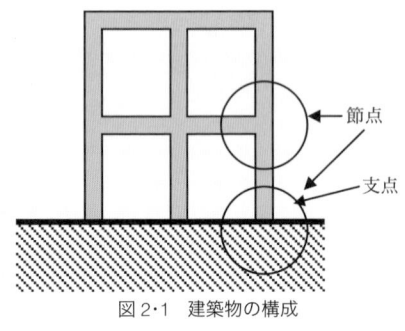

図 2・1　建築物の構成

1) 支点のモデル化と反力

一般に，力学で用いられる支点は，
① 移動端（rollered end）
② 回転端（hinged end）
③ 固定端（fixed end）
の3種類にモデル化される．

①の **移動端** は，図 2・2 の絵のように，コロによって自由に移動可能となることから，支持面に垂直な方向にのみ支持された支点で，別名ローラと呼んでいる．

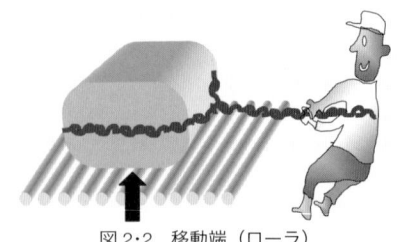

図 2・2　移動端（ローラ）

②の **回転端** は，図 2・3 の(b)ピンや(c)蝶番の働きでも理解できるように，ピンを中心に回転方向に自由に回転可能である．すなわち，回転方向には力が働かず，支持面に垂直な方向と水平な方向に支持される構造である．

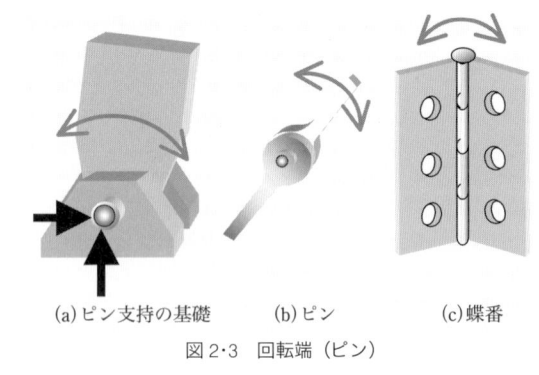

(a) ピン支持の基礎　　(b) ピン　　(c) 蝶番
図 2・3　回転端（ピン）

また，③の **固定端** は，地中に刺さった図 2・4 (b)の電柱の基礎に見るように，鉛直方向に抜けないで，水平方向に移動もしない，しかも転倒もしない，ま

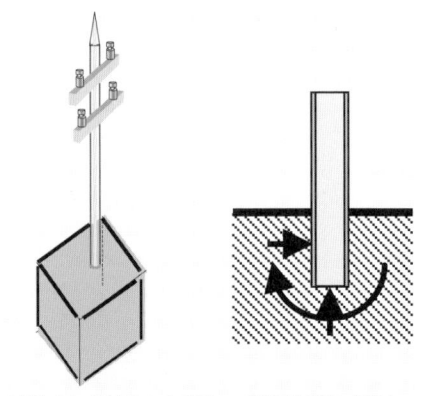

(a) 地中に支持された電柱　　(b) 固定端の支持力
図 2・4　固定端（フィックス）

さに固定状態の支点である．このような固定端では，支持面に鉛直な方向，水平な方向そして回転方向の3方向とも抵抗する支持力が働く構造となる．

実際は立体的である建築物を2次元的な（面的な）構造により仮定して力学解析することになる．

このような考えに基づくと，複雑な支点は，表2・1に示されるように，より簡素な支点モデルとして置き換えて用いられることが一般的である．

建築構造設計では，支点をどのように選ぶかは，設計効率や安全性に関して設計者がとる力学的判断により決まる．

前章の1・8-2)において触れた反力は，建築構造物中を伝播してきた力（内力）に対して最終的に地盤などの支持面において支えるときに，反作用として生じる力である．表2・1に示した反力は，それぞれの支点において図2・5に示される支持面に対し垂直となる垂直反力を基本として，それに直角をなす水平反力，ならびにモーメント力として仮定される．

支点反力数は，先に述べた支点の働きから，移動端，回転端および固定端のそれぞれに対し1，2および3となる．

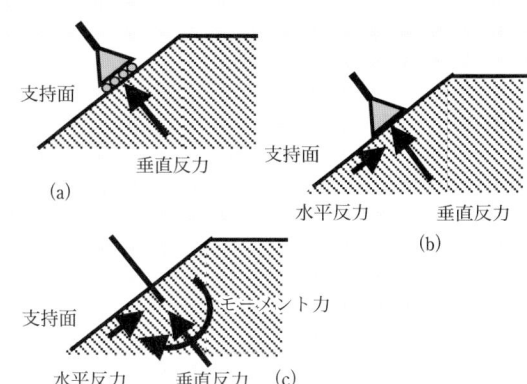

図2・5 支持面と作用反力

2) 節点のモデル

節点は，柱と梁，もしくは複数部材の接合部分であり，その接合の構造により力の伝播や変形の仕方に相違が生じる．図2・6の(a)は，2部材の接合による節点を表しており，かつ節点Bに回転力を想定したものである．

節点は，図2・6の(b)および(c)のように剛節とピン節の2種類にモデル化したとすると，(b)剛節モデルでは，節点Bに作用した回転力によりA—B部材，B—C部材ともに回転方向にたわむ．しかし，(c)ピン節モデルでは，A—B部材のみがたわみ，回転力がB—C部材に伝播しない．

このように，一体性を持った剛節と回転力を伝えないピン節の構造的働きについて区別できる．

表2・1 支点のモデル化と反力数

支点の名称	支点のモデル	反力	反力数
移動端 roller		↑	1
回転端 pin (hinge)		→↑	2
固定端 fix		→↑↺	3

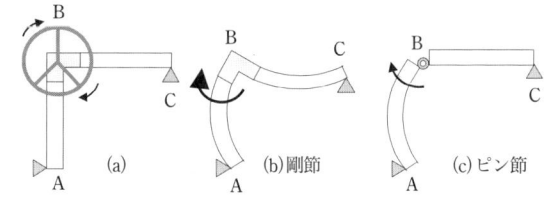

図2・6 節点のモデル化と働き

このような2つの代表的な節点は，実際の建築物の設計の中でどのように扱われているか，表2・2に木造，鉄骨造のそれぞれの構法について例を示した．また，通常の力学計算では，さらに両節点を同表の最下段にあらわされるように簡素な表現でモデル化することになる．

表2・2 建物の節点例とモデル化

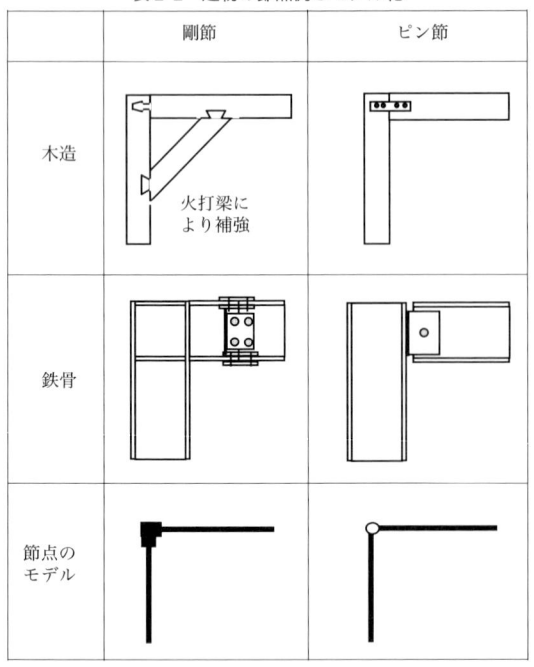

Point 1
(1) 支点の種類（ローラ・ピン・固定）と反力数（1・2・3）を覚える．ローラの反力は支持面に垂直．
(2) 節点は，ピン節点（モーメント＝0）と剛節点がある．
(3) 支点も節点に含まれる．

2・2 構造物の力学モデル

建築構造物の各部材に伝播する力（内力）およびそれによって生じる変形は，外力の種類・外力の作用位置・構造骨組の形式によって相違する．

今，図2・7の単純な骨組のE－F部材に6人が載っていると想定してみる．6人の位置が均等な場合や不均等な場合によって，E点とF点の何れに多く偏るかを考えると，容易に力の流れが見えてくるであろう．また，E点とF点のそれぞれをA－B材やC－D材のように同じく支持した場合には，絵で示される情況においてはE点とF点に均一に力が分かれて流れ，またC－D材を取り除き，A－B材のみで支持した場合ではすべての力がE点に流れてしまう．すなわち，構造骨組の形式が異なることによって明らかに力の伝播が違ってくることになる．

ここでは，モデル化した外力や構造の働きについて基本的な性質を理解する．

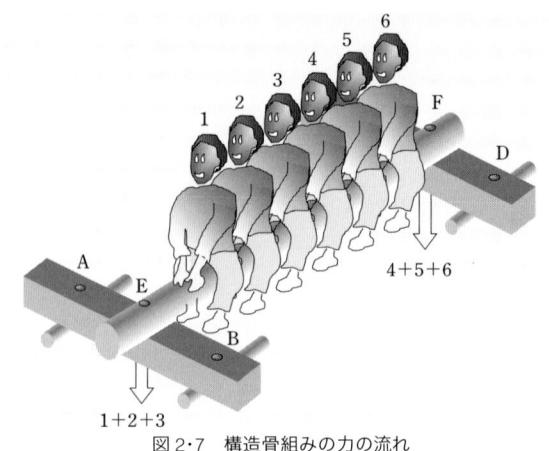

図2・7 構造骨組みの力の流れ

1）外力モデル

構造骨組に作用する外力は，第1章に詳細に記述されたように，地震・台風・積雪などの自然力や，人や物の重量など多種多様で，作用の仕方も実際には非常に複雑である．設計では安全の範囲を考慮して，それらの複雑な外力を法則的にモデル化して力学計算に用いている．

図2・8(a)に示す等分布は，骨組に人が均等間隔に座った様子を表現し，単位長さ当たりの重量として表したものである．したがって，外力単位は，N/m（あるいは，kN/m）となる．したがって外力記号も w を用いる．等分布荷重を実際の設計荷重に当ては

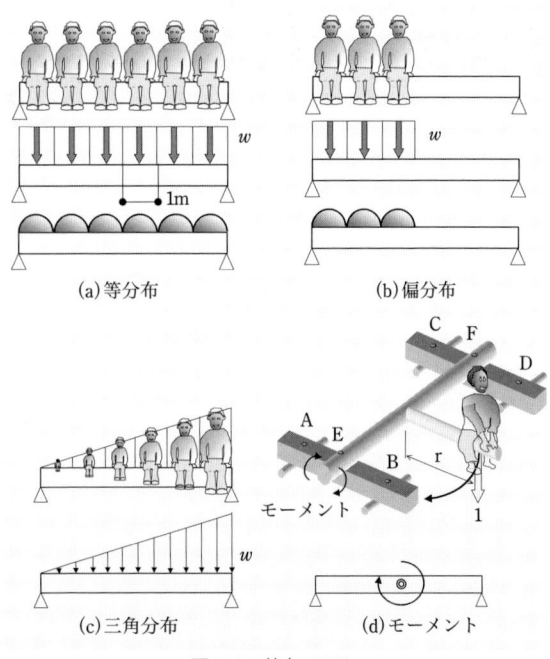

図2・8 外力モデル

めてみると，自然力である風荷重や雪荷重に，また梁や腰壁など水平にわたる自重に相当する．

図2・8(b)の偏分布は，何らかの条件で生じた荷重分布で，例えば雪が日照により溶けた南屋根面と日影で残雪の北屋根面の積雪に対する外力設定が想定される．

図2・8(c)の**三角分布荷重**は，徐々に変化する外力を線形的な変化に置き換えたもので，単位長さ当たりの分布荷重（w）がゼロにまで変化するとして表現したものである．実際には，切土や盛土を押さえる擁壁に掛かる土圧の外力分布や護岸壁に掛かる水圧，また吹き溜まり雪の側圧などがこの三角分布に該当する．

図2・8(d)のモーメントは，跳ねだしの先端に掛かる重量によって回転力として生じる．外力の単位は，第1章で定義したように，N・m（あるいは，kN・m）となる．

図2・9は，集中外力であり，梁に掛かるクレーンの重量や橋桁上の車両がこれに該当する．また，他の分布的外力の総和（合力）が構造骨組のある点に集中して作用したと考えたときの外力状態として置き換えることもできる．

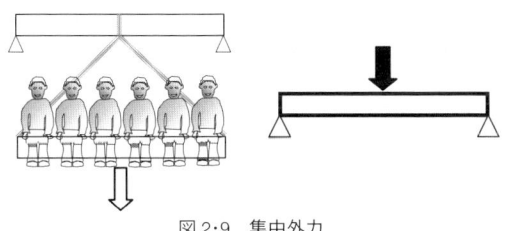

図2・9 集中外力

設計をする上では，構造骨組に掛かる外力は，以上の単一なモデルだけではなく，これらの組み合わせを考える．実際，建物の床の自重は，図2・10のように梁にかかる外力は三角分布や台形分布にモデル化されるが，小梁をもつ構造では，(b)図のように小梁にかかる床荷重と小梁自重の梁にかかる負担分を**集中荷重**として置き換えた外力モデルを想定し，組み合わせ外力として用いられる．

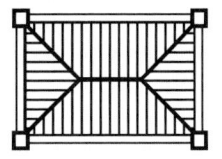 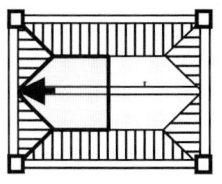

(a) 三角分布と台形分布　　(b) 小梁にかかる荷重の
　　　　　　　　　　　　　　集中荷重への置換

図2・10 床の荷重モデル

2）構造骨組の力学モデル

構造骨組の形式が異なると外力の種類および作用位置が同じでも，力の伝わり方が違ってくることは前に説明した通りである．一方，実際の建築物に目を向けると，同じ構造形式に属する構造であっても実情は複雑である．そこで，力学計算では，計算にのせるための簡単な構造モデルに置き換えることが必要である．

1 片持梁（cantilever beam）

図2・11は，壁から張り出した庇や床などのスラブ構造と柱から張り出したバルコニーなどの片持梁構造を表している．いずれの構造も，(c)図のような片持梁としてモデル化できる．

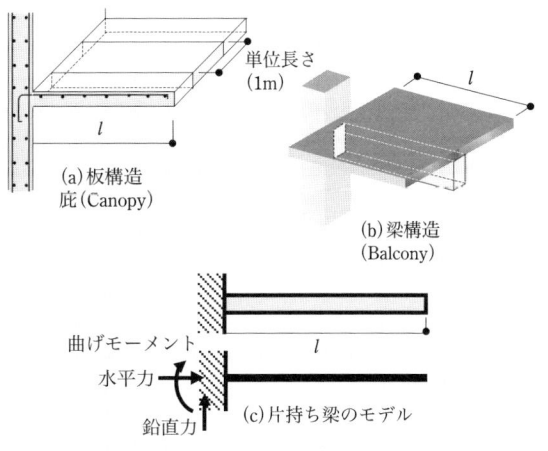

図2・11 片持梁の構造モデル

このような片持梁構造は，設計対象として上述の庇やバルコニーの他，身近には電柱やマスト，手摺，塀，プラットホームの屋根等において見られる．

これらの構造からわかるように，片持梁構造は一つの固定端によって支持される構造で，鉛直力・水平力・曲げモーメントの3つの反力によって支持される．

第2章　構造骨組と支点反力　23

2 単純梁

図2·12は，柱から張り出した梁の先端を鋼材で支持した構造を表している．この構造は，一端が回転端（ピン）により，また他端が移動端（ローラ）と考えられる支持構造で，単純梁構造と呼ばれ，(c)図のようにモデル化される．

このような単純梁構造は，橋桁，建物間の渡り廊下，ビルのカーテンウオール，住宅では間柱，窓ガラスのサッシ，鉄骨造の床，木造階段の踏み板など，実際には幅広く適用できる．

また，この単純梁構造では，回転端では鉛直力・水平力の2つの反力により，移動端では鉛直力の一つの反力によって支持される，いわゆる単純支持構造である．

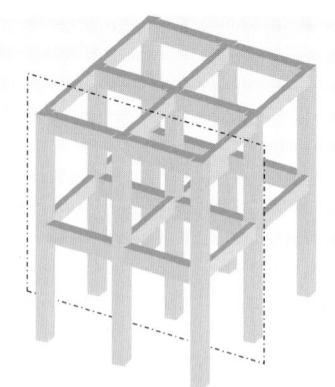

(a) ラーメン構造の骨組

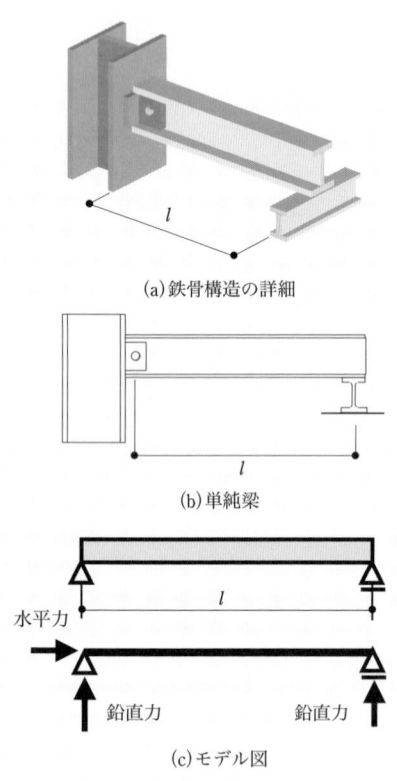

図2·12　単純梁の構造モデル

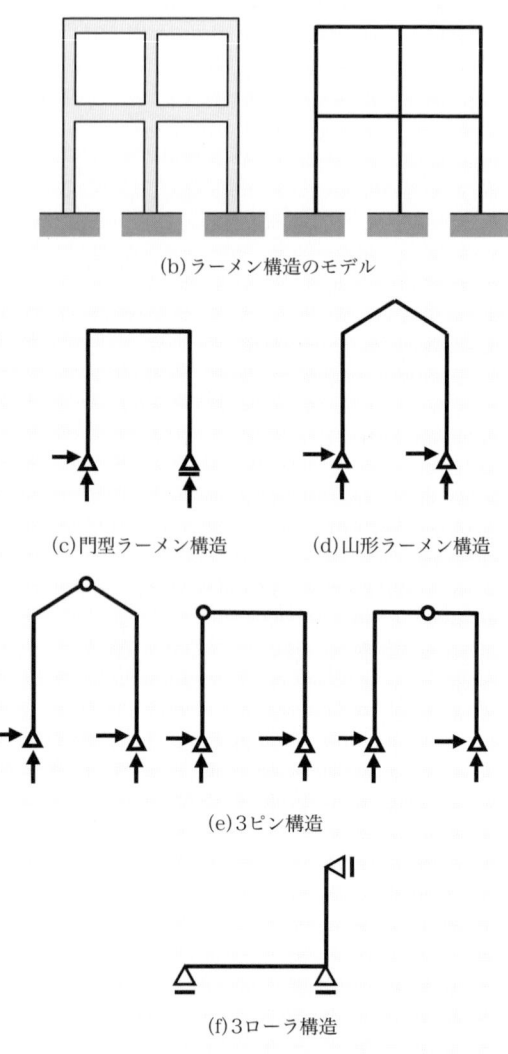

図2·13　ラーメン構造のモデル

3 ラーメン構造

図2·13は，先の2つの構造モデルと異なり，柱と梁が剛節で結合され，しかも1階の柱脚はすべて固定端により支持された構造である．このような柱・梁で構成される構造をラーメン構造と呼んでいる．

ほとんどの建築物は，このラーメン構造によりモデル化して計算できる．実際は，立体の建築物であるが，多くの構造計算では(b)図のように平面に置き換えたモデル化が行われる．実際の建築物では，柱

や梁は太さを持っている．これをそのまま表して力学計算を進めることは面倒であり，一般には(b)図の右側の図のように線材に置き換えることが多い．さらに，柱脚の支持端は，固定端のみならず，実況に応じて回転端や移動端とする構造モデルも用いられる．(c)および(d)図は，代表的なラーメン構造であり，**門型ラーメン構造**および**山形ラーメン構造**と呼ばれる構造を示している．特に，これらのラーメン構造で，(c)図に示すような柱脚の支持端が単純支持（回転端と移動端による支持）となる構造を静定ラーメン，(d)図のように柱脚が2つの回転端，すなわち反力数が4以上で支持される支持端の構造，例えば図2・13(d)に示すような山形ラーメン構造等を不静定ラーメンと呼んでいる．この静定・不静定の詳細については，次節で解説される．

(e)図に示される構造は，この不静定ラーメン構造の1節点，もしくは部材途中をピン節とした構造を特に**3ピン構造**と呼んでいる．さらに，(f)図の構造は，**3ローラ構造**と呼ばれるもので，いずれも静定構造物であるが，状況によっては不安定となることもある．

4 **トラス構造**

図2・14は，部材を組み合わせて構成された構造を表している．この構造は，接合部分（節点）の剛性についてはほとんど期待できないので，ピン接合として置き換えた，すなわちピンとピンによって結合された構造モデルである．

このようなトラス構造では，部材の端がピンとして仮定することができることから，回転力すなわち曲げモーメント力は伝わらず部材方向の力（軸方向力：引張り力・圧縮力）のみが伝わる構造となる．

すなわち，(c)図のように偶力の作用に対しても部材軸方向に収斂する性質となり，断面力として軸方向力のみが働くことを示している．

2・3　構造骨組の安定性

1）構造物の安定・不安定および静定・不静定

1 **不安定な構造骨組**

建築構造物がほんのちょっとした刺激で元の構造を維持できないで，崩壊してしまう構造を**不安定な構造物**という．図2・15の(a)～(f)の各構造物は，不安定構造物の代表的な例である．各構造物とも矢印の方向の力に対しては，全く抵抗できない構造である．このような不安定な構造物は，特別に必要としない限り建築構造物として存在しないが，安定な構造物としての比較として示している．

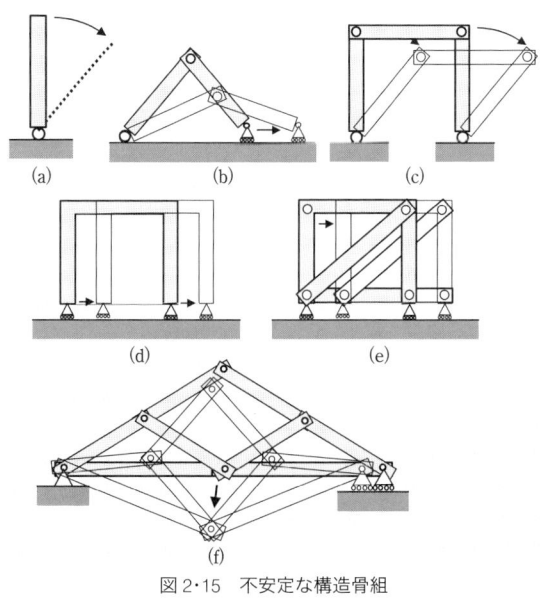

図2・15　不安定な構造骨組

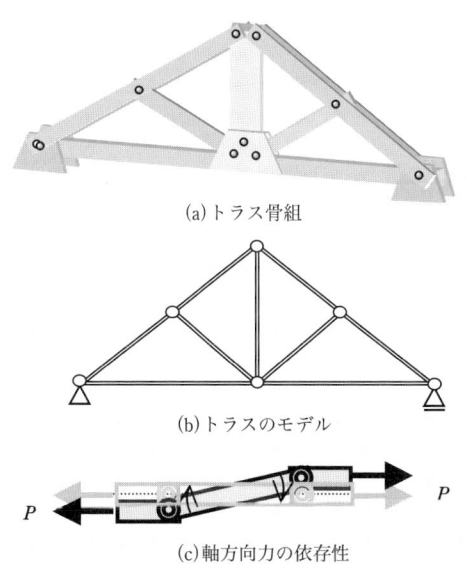

(a)トラス骨組

(b)トラスのモデル

(c)軸方向力の依存性

図2・14　トラス構造モデル

2 **安定な構造骨組と静定・不静定構造物**

不安定な構造物と安定な構造物はどのようにして見分けることができるかを考えてみる．図2・16は，

図2·15に対して支点や節点の拘束および部材に1自由度相当を追加したことで，変形が止まってしまうことを表している．このような構造を**安定な構造**という．すなわち，1自由度の拘束により外力に対して釣合った静止状態の構造となる．

安定な構造は，この自由度の拘束を増すことにより更に安定した構造物となる．

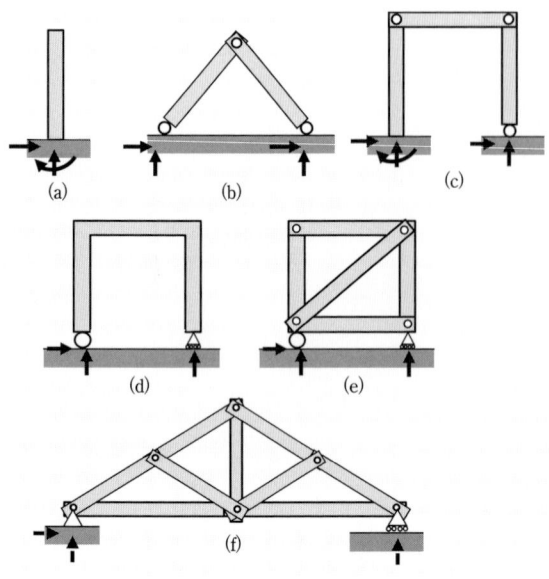

図2·16　安定な構造骨組

1·8-1)に述べたように，構造物が外力によって変位してもその変位状態のまま静止している状態を釣合状態にあるといい，またそのような状態においては，外力と部材内力，あるいは部材の内力と内力，外力と支点反力，さらには部材内力と支点反力との間で釣合条件が満たされていることになる．

この意味から考えると，不安定な構造物から安定な構造物になることは，外力に対して無抵抗であった構造物に反力が生じ，外力に釣合った構造になるということである．

したがって，この構造物が外力と反力において釣合力系にあるということから，この構造物の部材内力や支点反力は，前章で示された式 (1.21) の釣合条件式，すなわち

$$\begin{cases} \sum X = 0 \\ \sum Y = 0 \\ \sum M = 0 \end{cases}$$

の3本の釣合式によって求まることになる．このように，釣合条件式のみで部材内力や反力が求められる構造を**静定構造物**という．

ここで，釣合条件式のみで内力と反力が求められる構造とは，釣合式の数と未知数の個数が一致することである．これは，連立方程式において，方程式の数と変数の数が同じであることと同意である．

一方，未知数に対して釣合式が不足し解が求められない構造は，構造物が余分な力（余力）によって支えられているからである．このような余力をもったより安定度の高い構造，言い換えると釣合条件式のみで内力や反力を求められない構造を**不静定構造物**という．

2）安定・不安定と静定・不静定の判別

図2·17にあるように，建築物は節点（支点）の種類や部材数の組み合わせで構成される．そのため，一見して建築物の安定性や**不静定次数**を見分けることが困難なことがほとんどである．このような場合，不静定次数は，式 (2.1) を用いて判別することができる．

$$s + t + r - 2k = m \tag{2.1}$$

ここに，部材の総数 (s)，支点反力の総数 (t)，総剛接数 (r)，および総節点数 (k) と置き，以下の不静定次数 m の値によって判別する．なお，節点は支点，片持梁の先端も節点に数える．

$m < 0$：不安定な構造物

$m = 0$：静定構造物（安定）

$m > 0$：不静定構造物（安定）

m：不静定次数

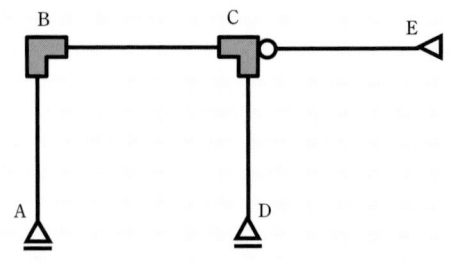

図2·17　部材構成と節点の種類

剛接数 r は，一つの部材を除いた他の部材の中でモーメントを伝達できる部材の数を表す．一般的に想定される節点に関する剛接数は，図2·19のようになる．

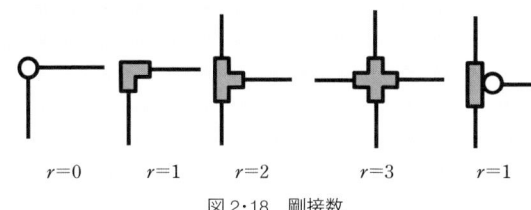

図2・18 剛接数

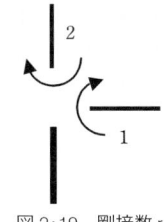

図2・19 剛接数 r

なお，節点の剛接数 r の決め方は，図2・18に従って定める．そこで，図2・17の構造骨組に戻って，静定・不静定の判別に式 (2.1) を適用してみる．

① 総部材数 $s = 4$（AB材，BC材，CD材，CE材）
② 総反力数 $t = 4$（A点：$t = 1$，D点：$t = 1$，E点：$t = 2$）
③ 総剛接数 $r = 2$（図2・18より，B点：$r = 1$，C点：$r = 1$）
④ 総節点数 $k = 5$（支点を含む）

$m = s + t + r - 2k = 4 + 4 + 2 - 2 \times 5 = 0$

の結果から，静定構造物であると判定される．

なお，式 (2.1) は，判別するための必要条件であり，十分条件としては各条件式が独立である必要がある．今，図2・20について考えると，判別式によって判別される構造は，

$m = s + t + r - 2k = 5 + 3 + 4 - 2 \times 6 = 0$

により，完全な静定構造物となるが，当構造物は，実際は頂点 (O) を中心に回転する不安定な構造である．したがって，この構造物のように，支点反力の釣合に関し，独立に条件式（$\Sigma M = 0$）が成り立たないために，十分条件を満さない構造になる．

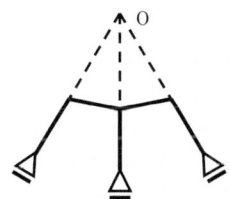

図2・20 不安定構造の例

図2・21 は，式 (2.1) により判別された例を表している．

図から，不安定構造では反力が生じていないこと，また，静定構造物では反力数は，2・3-1) に記述したように釣合条件式の数に見合った数が生じていることがわかるであろう．

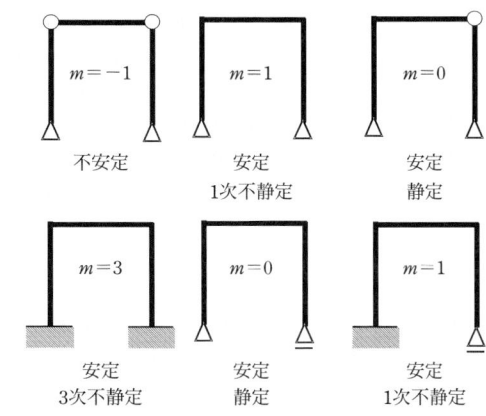

図2・21 判別式による計算例

さらに，不静定構造では，その不静定次数に応じて余力が生じている．以上のことを，言い換えれば，基本となる静定構造物（図2・16）の固定度を1つ減じると不安定構造となり，逆に1つ加えると1次不静定構造となる．図2・22から，固定度の増加に従

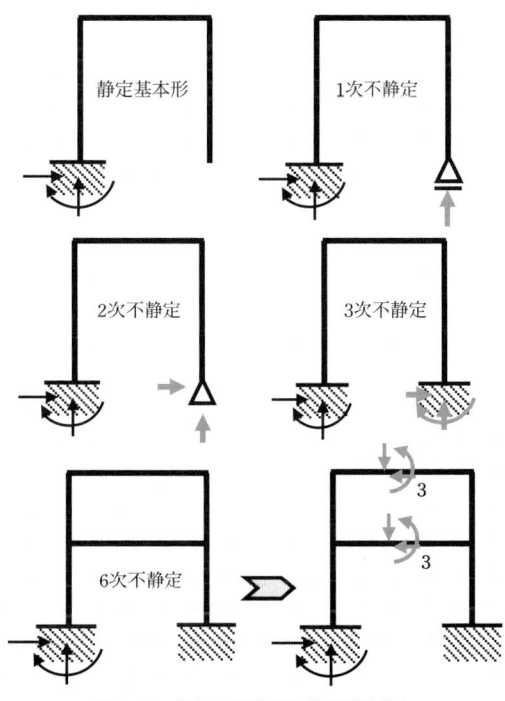

図2・22 簡単な不静定次数の見分け方

第2章 構造骨組と支点反力

って不静定次数が増えることが容易に判別できるであろう．

3) トラス構造の安定・不安定と静定・不静定の判別

トラス構造においては，図2・15の(b)と(f)の骨組のように構造として成り立たない場合と(e)の骨組のように支点が支持できない場合がある．前者は内的に不安定な構造で，後者は外的に不安定な構造となる．

外的に静定な構造は，図2・16の(b)・(e)・(f)に見られるように支点の反力が片持梁や単純梁と同じく，$\Sigma X = 0$，$\Sigma Y = 0$，$\Sigma M = 0$の3本の釣合条件のみで反力が求められる構造である．すなわち，反力数tに関して，

$t < 3$：外的に不安定なトラス構造
$t = 3$：外的に静定なトラス構造 ┐
$t > 3$：外的に不静定なトラス構造 ┘
　　　　　　　　　　外的に安定なトラス構造

によって判別できる．

図2・23の(a)および(b)は，それぞれ外的に静定と不静定なトラスであるが，(c)は上記判別からは静定であるが実際は外的に不安定なトラス構造となる．これは，3本の釣合条件式が独立にない，すなわち$\Sigma X = 0$の釣合が成立しないことによる．したがって，上記の判別は式(2.1)の判別式と同様，あくまでも必要条件であることを意味している．

一方，内的に静定な構造は，外的に静定でかつ構造全体で不安定でないトラスである．図2・24の(b)と(c)のように，トラスの部材を取り除く，ないしは追加することによって不安定・静定・不静定のいずれの構造かどうかを見分けることができる．(b)の場合は(a)のトラスから部材1を取り除いたことで不安定トラスとなり，(c)の場合は部材2を追加したことで1次の不静定トラスになることを示す．このように，トラスの部材の中から1つの部材を抜き取った場合に，不安定となるトラスは内的静定トラス，また静定となるトラスは内的1次不静定トラスというふうに判別することもできる．

トラス構造の内的静定の判別は，節点の剛節数r

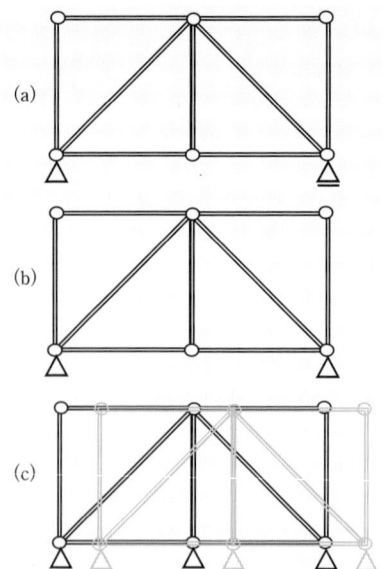

図2・23　外的に静定なトラス構造の見分け方

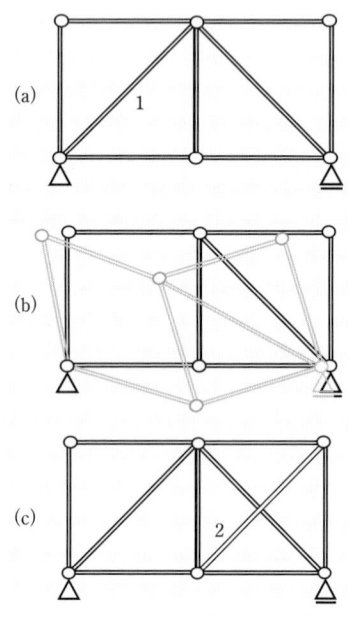

図2・24　内的に静定なトラス構造の見分け方

を除いた(2.2)式によって求めることができる．

$$s + t - 2k = m \tag{2.2}$$

よって，トラス構造全体の内的な不安定・静定・不静定の判別は，

$m < 0$：内的に不安定なトラス
$m = 0$：内的に静定なトラス
$m > 0$：内的に不静定なトラス
m；不静定次数

により可能となる．

🍀 Point 2

(1) 不安定な建築構造物は，外力に対して全く抵抗できず，外力によって限りなく変形または移動し続ける構造体である．

(2) 不安定な構造体に，力もしくは部材を加えることによって変形や移動を拘束した状態を安定な構造物と呼び，不安定から安定な1自由度の拘束状態の構造物を静定構造物という．また，それ以上の自由度の拘束を持つ構造物を不静定構造物と呼ぶ．

(3) 不静定次数 m の判別は，

$s + t + r - 2k = m$

$m < 0$：不安定

$m = 0$：静定

$m > 0$：不静定

(s：部材数，t：支点反力数，r：剛接数，k：節点数) によって求まる．

(4) トラス構造の場合は，外的・内的の判別が必要．判別式は $s + t - 2k = m$（r が無い）で求める．

2・4 支点反力の算定

　静定構造物は，部材内力や反力は釣合条件式によってのみ求めることのできる構造であることを，前 2・3-1) の ② において述べた．本節では，代表的な静定構造骨組である片持梁や単純梁を例にとり，支点反力の算定方法を理解する．

　そこで，支点反力の算定は，次の手順により行うようにする．

① 支点反力を仮定する．

② 等分布外力・三角分布外力に対しては，合力 $\overline{P}$ に置換し作用点 x_0 を求める（求め方は前章 1・7 節と 2・4-2) を参照）．

③ 釣合条件式をたて，支点反力 $H \cdot V \cdot M$（場合によっては合力 R）を計算する．

$$\begin{cases} \sum X = 0 \\ \sum Y = 0 \\ \sum M = 0 \end{cases}$$

トラス計算（例えば，6章の Ritter の切断法）に関しては，

$\Sigma_A M = 0$, $\Sigma_B M = 0$, $\Sigma_C M = 0$ を用いることもある．ただし，A・B・C の各点は一直線上にない場合とする．

計算結果から支点反力の大きさと方向を図示する．

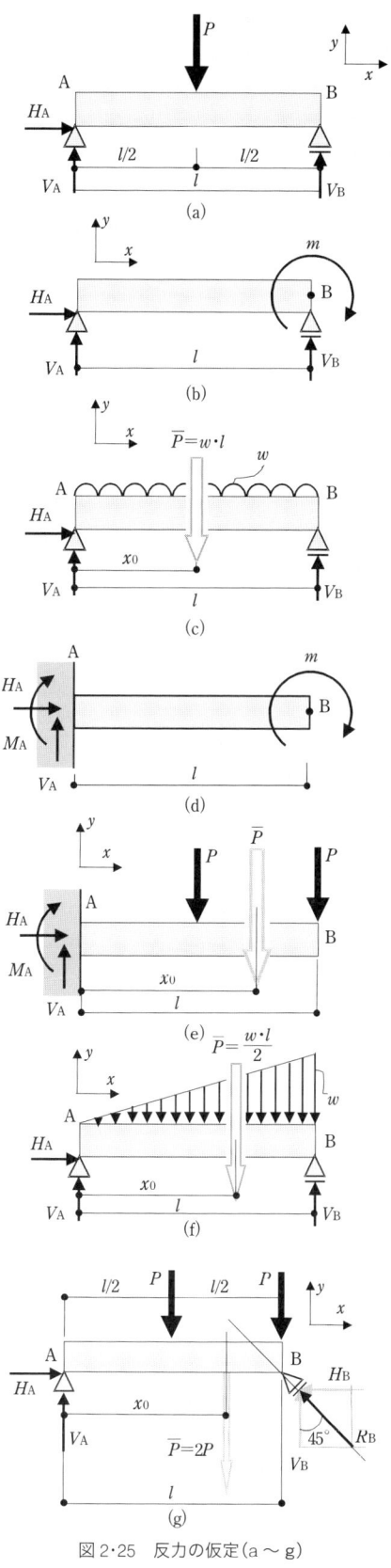

図2・25　反力の仮定(a～g)

1) 仮定反力（支点反力を仮定する）

図2·25は，片持梁や単純梁に作用する外力に対し，支点における仮定反力について例示したものである．

反力の仮定方法は，図にも示されるように，最初に設定した座標に従い正の方向に設定するのが穏当な方法である．また，支点の種類に対しては，表2·1を参考にして，方向のほかに反力数に見合った仮定反力を設定する．

支点の支持面が水平でなく傾斜面の場合には，(g)図の移動端に見られるように反力R_Bの方向は斜面に垂直に仮定することになる．そして，そのxとy方向の成分に分解した反力，H_BとV_Bを仮定すると計算上は便利である．

さらに，ピン節点と回転端をもつ骨組については，図2·26に示されるようにピン節点と回転端を結ぶ方向に反力が生じる性質を知っておくと図解法において便利である．

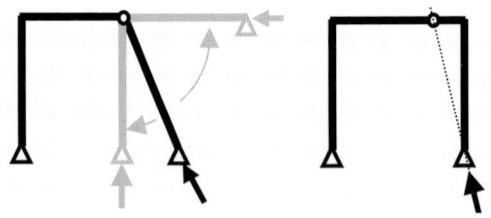

図2·26　ピン節点と回転端をもつ骨組の反力方向

2) 外力の合力置換と作用点

図2·25に示される(c)等分布と(f)三角分布の外力に対しては，分布外力の合力$\overline{P}$に置換し，かつその作用位置x_0を求める必要がある．等分布外力については，明らかに外力中心，すなわち力の重心位置$x_0 = l/2$に一致する．しかし，三角分布については，単純に決められず，図2·27に示されるA点でのモーメントM_Aを式 (2.3) により計算し，作用合力が重心位置x_0に作用していると仮定して求められる．

$$M_A = \int_0^l x \times \frac{wx}{l} \times dx = \frac{w}{l}\left[\frac{x^3}{3}\right]_0^l = \frac{w}{l} \cdot \frac{l^3}{3} = \frac{wl^2}{3} \quad (2.3)$$

すなわち，力の重心位置x_0に作用する合力$\overline{P}$は，三角分布外力については$wl/2$となることを考えると，式 (2.4) のように求められる．

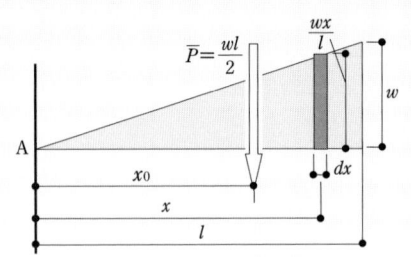

図2·27　合力と作用点

$$M_A = \frac{wl}{2} \times x_0$$

$$x_0 = \frac{\frac{wl^2}{3}}{\frac{wl}{2}} = \frac{2l}{3} \quad (2.4)$$

以上のような考えは，図2·25の(e)と(g)のような2力に対しても同様に用いられる．

一方，図解的に合力および作用点を求める方法は，第1章において平行四辺形法と示力図による方法を，および1.7の連力図による方法を示しているので参照されたい．

3) 釣合条件式の設定と反力の計算

図2·28の単純梁を例に，釣合条件式のたて方を示す．未知数である支点反力数は3つであることから，独立な3本の釣合条件式が必要である．したがって，第1章の式 (1.21) により，図の座標系に従って式 (2.5) の釣合式をたてることができる．

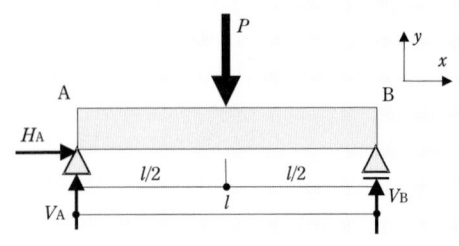

図2·28　A点とB点の仮定反力

$$\left.\begin{array}{l}
\Sigma X = 0 : H_A = 0 \quad ① \\
\Sigma Y = 0 : -P + V_A + V_B = 0 \quad ② \\
\Sigma_A M = 0 : P \times \frac{l}{2} - V_B \times l = 0 \quad ③
\end{array}\right\} \quad (2.5)$$

支点反力は，式 (2.5) の③からV_Bが④のように求められることから，これを②に代入して，

$$V_B = \frac{P}{2} \qquad ④$$

$$V_A = \frac{P}{2} \qquad ⑤$$

V_A を得る.

また, ①から, $H_A = 0$ である.

4) 支点反力の大きさと方向

反力の計算結果は, 図 2·29 のように表される.

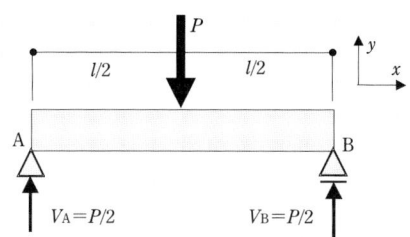

図 2·29 支点反力の計算結果

しかし, 図 2·30 のように反力方向の仮定を座標系に対して負（−）の方向に取った場合, 前項での計算結果（④・⑤）が (2.6) 式に示されるように, 負（−）として求められた. このことは, 仮定方向が正しく設定されていなかったことを意味するものである.

$$\left. \begin{array}{l} \Sigma Y = 0 : -P - V_A - V_B = 0 \\ \Sigma_A M = 0 : P \times \dfrac{l}{2} + V_B \times l = 0 \end{array} \right\} \qquad (2.6)$$

$$\therefore V_B = -\frac{P}{2}, V_A = -\frac{P}{2}$$

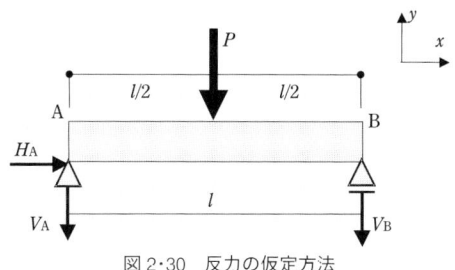

図 2·30 反力の仮定方法

💡 Point 3

(1) 静定構造物の反力は, 釣合条件式をもとに計算できる.

① $\Sigma X = 0$, ② $\Sigma Y = 0$, ③ $\Sigma M = 0$

(2) 反力の仮定方向は自由である. しかし, 計算結果が負（−）となった場合は, 次章の内力計算において正しい方向に描き直す必要がある.

(3) 反力計算に際して, 等分布荷重・三角分布荷重・複数荷重（必要に応じ）に対してあらかじめ合力に置換する. 置換方法は, 本章 2·4-2) 項および第 1 章 1·7-1) を参照.

① 等分布：$\overline{P} = wl$ を部材中央 $l/2$ に
② 三角分布：$\overline{P} = wl/2$ を $l/3$ の位置に
作用させる.

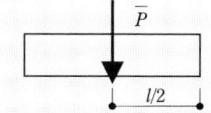 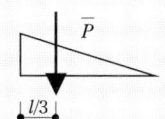

練習問題 2.1 次の建築構造物の不安定・静定・不静定を判別せよ．

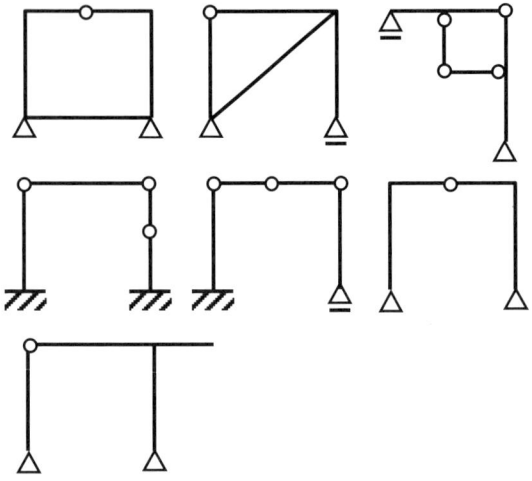

練習問題 2.2 下図の合成梁の反力を求めよ．

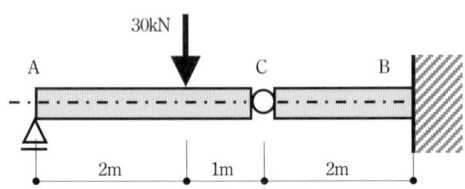

練習問題 2.3 下図の骨組の支点反力を求めよ．

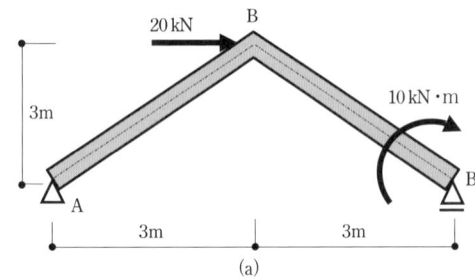

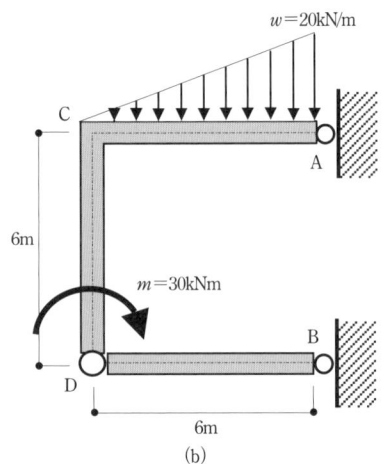

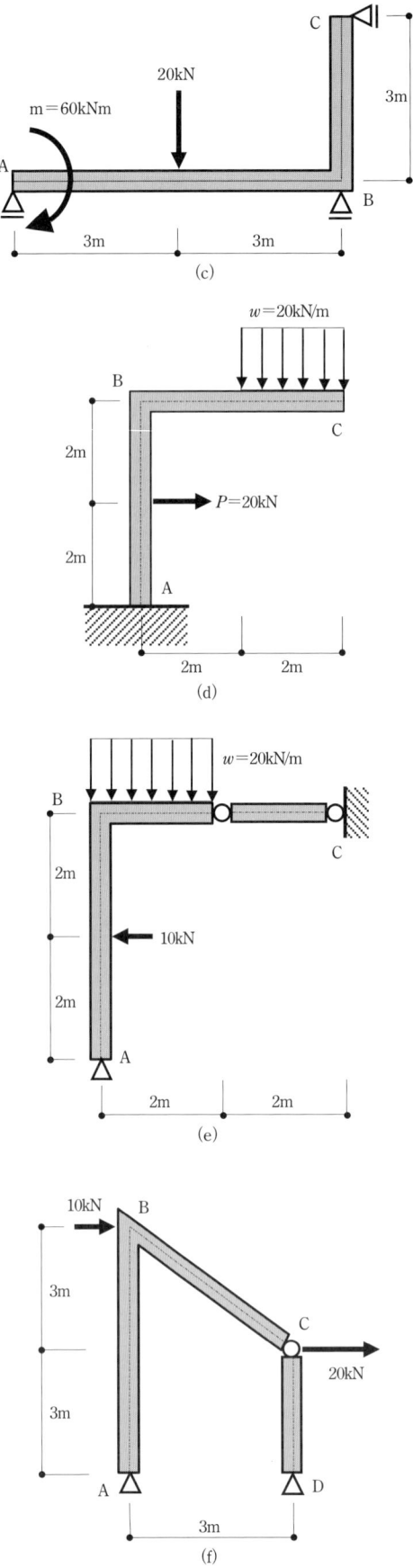

第3章　断面力(内力)の算定

3・1　断面力の概念

　片持梁の固定端以外の端部（自由端）に下向きの力を加えると梁は形状が変化（変形）した状態で静止し，また力を除けば形が元に戻ることは容易に想像できるであろう（図3・1(a)のようにプラスチックの定規の片端をつまんで，もう一端を下に押し下げる簡単な実験をやってみてもよい）．このように，構造物に外力が加わると，反力と共に変形が生じて静止し，釣合状態になるが（図3・1(b)），この状態で外力が無くなれば形状はもとに戻る．

　このように形状がもとに戻るということは，「変形後の構造物内には変形をゼロに戻そうとする力が発生する」と考えることができる．この構造物に発生する力は，「**断面力（内力**ともいう）」と呼ばれているものであり，この大きさを知ることは構造力学の重要な目的である．

　跳ね出し長さlの**片持梁**（右端が固定端，左端が自由端）の自由端に荷重Pが加わっている場合の，断面力について考えてみる．まず固定端部の反力を求めてみよう．2・4節に示した手法を用いると，鉛直反力$V=P$（上向き），モーメント反力$M=+Pl$（時計回り）が得られる．

　では，先端の力Pがどのように反力を生じさせているのか考えてみると，何らかの力が梁の中を固定端まで伝わっていると想像できるであろう．ここで，梁の中を伝わる力が上述の断面力に相当し，この観点からも断面力の存在が理解できるであろう．

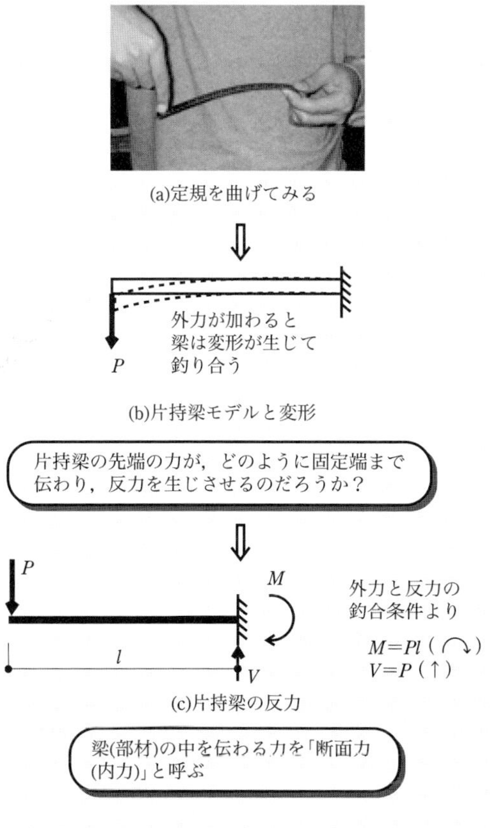

3・2　切断法で断面力を求める

　ここで断面力の大きさと方向を求めることを考えてみよう．構造体の中である点の断面力を求めるためには，その点で構造体（ここでは梁）を切断する方法が用いられる．この手法は，「**切断法**」と呼ばれるもので，断面力を目に見える形で表すことができる．

　切断法では，図3・2のように最初に応力を求めたい点で構造体を切断することで（もちろん実際に切るわけではない）二つに分割し，片方の部分だけを考える（もう片方は取り除いて考える）．実際の構造物にこのようなことを行うと，もちろん残された部分は崩壊してしまうが，切断法においては残された部分が元の位置で釣り合うためには，切断面にどのような力が必要かを考えるのである．

　釣り合って静止した状態の構造体では，そこから仮想的に切り出した部分（**自由物体図**という）も静

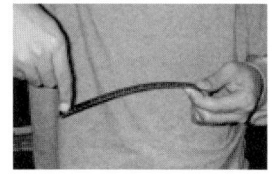

(a)定規を曲げてみる

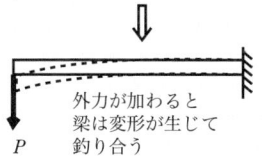

(b)片持梁モデルと変形

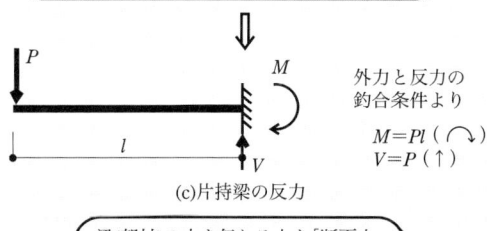

(c)片持梁の反力

梁(部材)の中を伝わる力を「断面力(内力)」と呼ぶ

図3・1　力の伝わり方

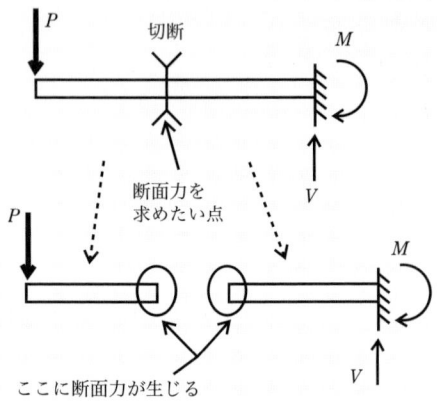

図3・2 断面力の意味

る回転力（偶力）に釣り合わせるために，モーメント M_x が求まる．

3・3 断面力 M, Q, N 図を求める

一般に，平面内の部材（平面の上に描くことができる部材）では，切断面に3種類の断面力（M：曲げモーメント，Q：せん断力，N：軸力）が生じる（図1・5参照）．例えば，端部から x の距離の切り口，すなわち2つに分けられた部材それぞれの切り口には，図3・4に示すように M_x, Q_x, N_x が生じると考える．この時，2つの切り口の断面力の方向は逆向きで釣り合っている．また同時に，切り取られた部材の各部分において断面力と外力は釣り合っている．

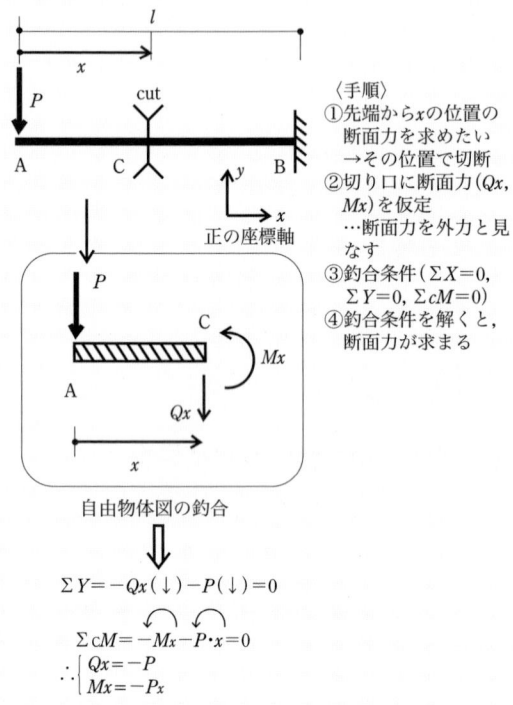

〈手順〉
① 先端から x の位置の断面力を求めたい
　→その位置で切断
② 切り口に断面力 (Q_x, M_x) を仮定
　…断面力を外力と見なす
③ 釣合条件 ($\Sigma X=0$, $\Sigma Y=0$, $\Sigma cM=0$)
④ 釣合条件を解くと，断面力が求まる

図3・3 切断法から断面力を求める

止していると考えることから，外力（あるいは反力）と断面力は釣合条件を満足することになる．

つまりこの方法は，断面力を構造体の一部に加わる外力の形に置き換えることで，計算に利用しやすくしたものと見なすことができ，釣合条件により断面力を求めることができる．

いま考えている図3・3の片持梁では，鉛直方向の釣合から部材の軸（材軸）に直交する方向の断面力 Q_x の大きさが $-P$ と求まる．また外力 P と Q_x によ

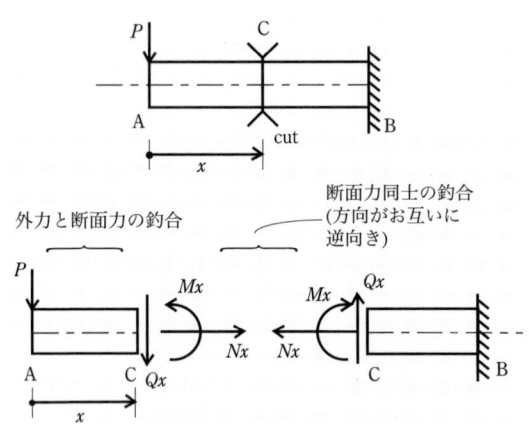

図3・4 構造物を仮想的に切断すると，切り口には M_x, N_x, Q_x の3種類の断面力が生じる

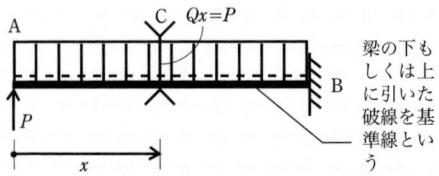

Q_x を部材の軸に沿って描く：せん断力図（Q図）

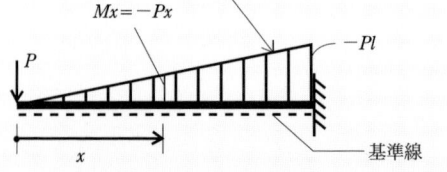

M_x を部材軸に沿って描く：曲げモーメント図（M図）

図3・5 断面力図

このように求まった断面力を図で表したものを「**断面力図**」と呼ぶ．この時，切り口において，材軸に直交方向の断面力 Q_x の図は「**せん断力図（または Q 図）**」，Q_x に対して鉛直方向（材軸方向）に生じる力を表した図は「**軸力図（または N 図）**」，切り口を曲げようとする断面力 M_x の図は「**曲げモーメント図（または M 図）**」と呼ばれる．

このように断面力の変化性状を図3・5のように図示すると，構造体内部を伝わる力を視覚的に把握することができる．断面力図は，断面力の大きさを任意の縮尺で線分の長さで表し，その線分を材軸の垂直方向（基準線を正の断面力とする）に位置させ，各線分の先端を結ぶことで描くことができる．断面力図に通常ハッチが描かれるが，これは部材の各点の断面力の大きさを表す線分を意味している．

3・4 断面力の符号

断面力の符号は，わが国では通常図3・6のように約束されていることがほとんどである．

軸力 N は引張力を正とし，圧縮力を負とする．せん断力 Q は切り取られた部分を時計回りの方向に回転させようと作用する方向を正とし，その反対方向を負とする．また，曲げモーメント M は部材に点線（基準線）を付けた側が引っ張りになる（凸状態になる）場合を正とし，その反対を負とする．

3・5 断面力と変形

最初に述べたように，外力が加わった時には建築構造物に変形が生じ，これに伴い変形を復元しようとする断面力が構造体内部に生じる．このことから，断面力と変形は対応していると見なせる．

図3・7のように部材に曲げモーメントが生じると，

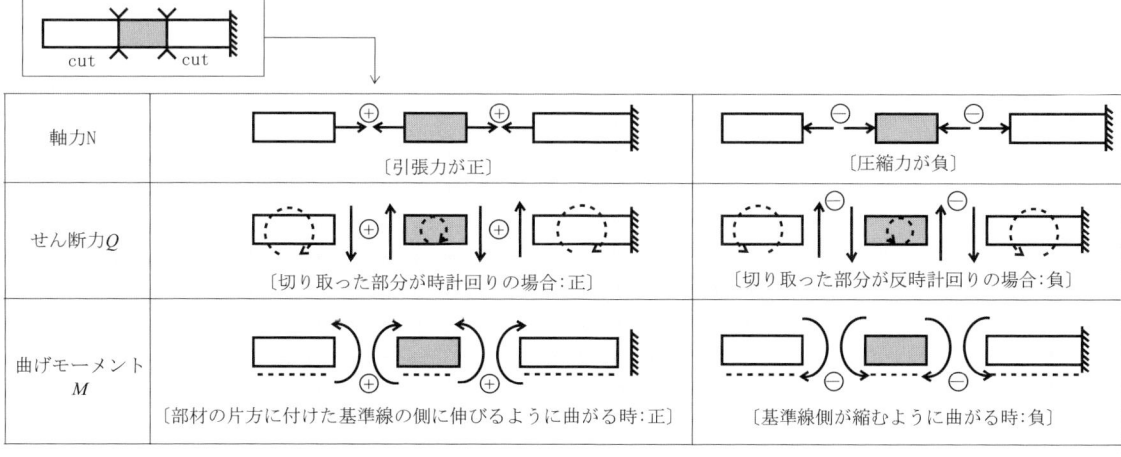

図3・6 断面力の符号の約束

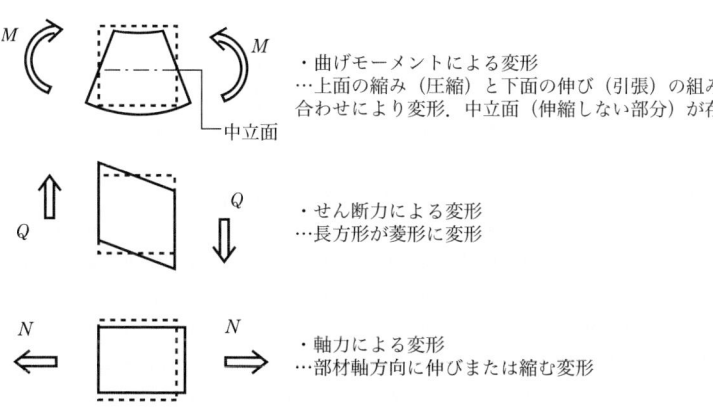

図3・7 断面力と変形

材軸に沿った部材の表面の片方は伸ばされ，もう一方は圧縮されると考えられる．そうすると，物体の中央には伸びも縮みもしない部分（**中立面**）が存在すること，また中立面から離れるにつれて伸縮の度合いが大きいこと，が想像できるであろう．

一方，せん断力による変形は，正方形が菱形になるような変形と考えてよい．この場合，物体の材軸方向あるいは材軸に直交方向の長さは変化せずに，斜め方向（長方形の対角方向）の長さあるいは角度の変化をともなうと考えられる．

軸力による変形は，切り口の直線が平行移動しながら，伸縮すると考えられる，なお引張力が生じた場合，材軸と直交方向が縮小する性状が生じるが，この点については本章では解説しない（7章7・1-2)を参照)．

第4章　静定梁の断面力

4・1　断面力の算定手順

前章で述べた断面力の定義を踏まえ，ここでは簡単な片持梁の例を用いて，断面力の算定手順を整理する．

① 端部から x 離れた点で架構を切断し，その部分を取り出す．
② 切り口に3種類の断面力，M_x, Q_x, N_x を正方向に仮定する（図4・1）．
③ ②に対して釣合条件を解くことにより断面力を求める．ここで各断面力に対して，次のような釣合条件を用いると，釣合条件式の中に未知数の断面力が1つしか含まれないため，容易に解を求めることができる．

1. M_x … 切り口を中心としたモーメントの釣合
   $$\Sigma_x M = 0 : -M_x - P_y \cdot x = 0 \quad (4.1)$$
   $$\therefore M_x = -P_y \cdot x$$

   ここで $\Sigma_x M = 0$ は距離 x の点での釣合を表し，M_x は「x の点での断面力」を表している．

2. Q_x … 切り口に沿った方向（部材の軸に直交方向）の釣合
   $$\Sigma Y = 0 : -Q_x(\downarrow) - P_y(\downarrow) = 0 \quad (4.2)$$
   $$\therefore Q_x = -P_y$$

3. N_x … 部材の軸に沿った方向の釣合
   $$\Sigma X = 0 : N_x - P_x = 0 \quad (4.3)$$
   $$\therefore N_x = P_x \text{（引張）}$$

④ 断面力図を描く．ここでは梁の下側に正の値を描くことにする（図4・2）．

断面力図を描く場合，M_x, Q_x, N_x の関数について判断する．例えば，M図を描くときは，
$$M_x = -P_y \cdot x$$
で，x の1次関数であるので，

A点：$x = 0$ のとき，$M_A = M_x|_{x=0} = 0$
B点：$x = l$ のとき，$M_B = M_x|_{x=l} = -P_y l$

となり，A—B間は直線変化することになる．

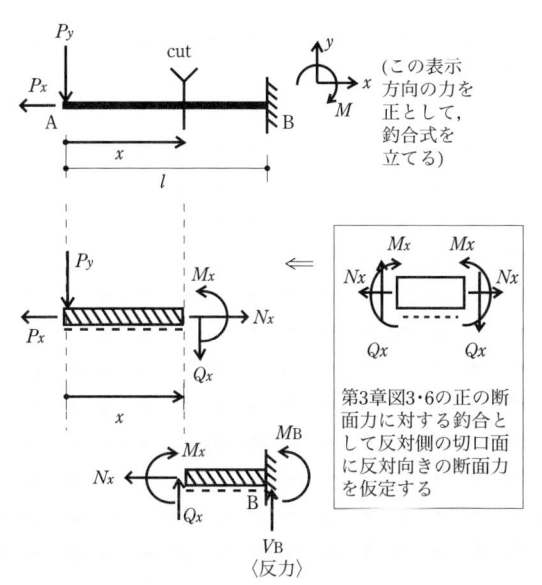

図4・1　切断面 x 点における断面力，M_x, Q_x, N_x の仮定（片持梁の例）

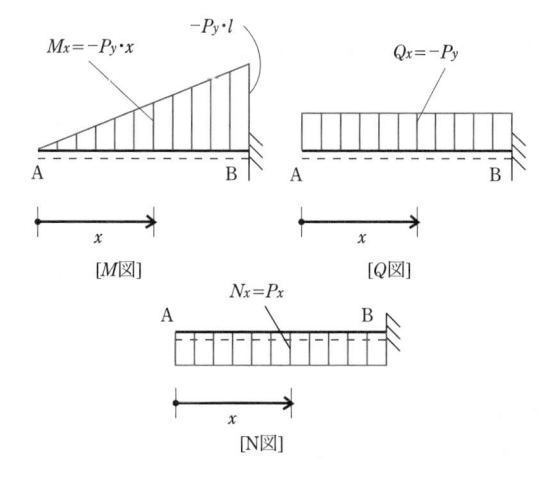

図4・2　断面力図

4・2　片持梁の断面力

図4・3(a)の片持梁の断面力を求める．

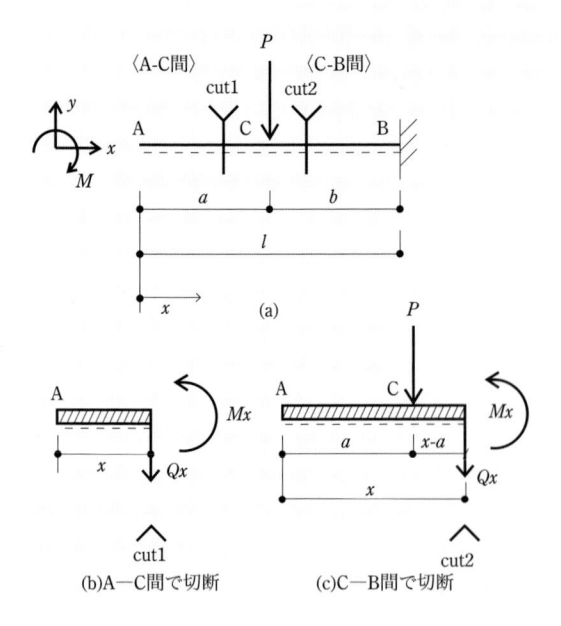

図4・3 片持梁の断面力

①梁を2つに切断（自由物体図）

先端から右方向にx軸をとり，〔A—C間〕と〔C—B間〕で切断した図を(b)，(c)に示す（N_xは明らかに0であるため省略してある）．このようにC点の前後で区間を分けたのは，(b)，(c)図を比較して理解できるように荷重の有無に違いがあるためである．

②曲げモーメント

切り口を中心にしたモーメントの釣合（図4・1を参照し断面力を仮定する）によってM_xを求める．

〔A—C間〕$\Sigma_x M = 0：-M_x = 0$ (4.4)

$$\therefore M_x = 0$$

〔C—B間〕$\Sigma_x M = 0：-M_x - P(x-a) = 0$ (4.5)

$$\therefore M_x = -P(x-a)$$

③せん断力

部材軸と直交方向（鉛直方向）の釣合

〔A—C間〕$\Sigma Y = 0：-Q_x(\downarrow) = 0$

$$\therefore Q_x = 0 \quad (4.6)$$

〔C—B間〕$\Sigma Y = 0：-Q_x(\downarrow) - P(\downarrow) = 0$

$$\therefore Q_x = -P \quad (4.7)$$

④M図，Q図

②，③の計算結果を図で表すと，図4・4(a)，(b)のようになる．図中にM，Qの符号（＋，－）を記述してもしなくてもよい．M図に関しては，基準線側が引張側としてM_xを仮定し，結果が負になったた

め，梁の上側に表示されている．これは上側が引張になるように変形，すなわち上側が凸になるように変形することを意味している．

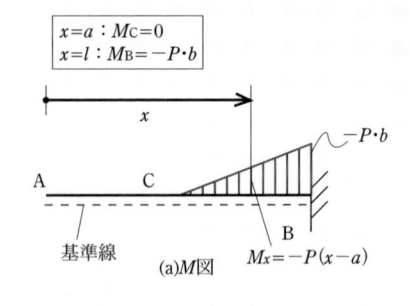

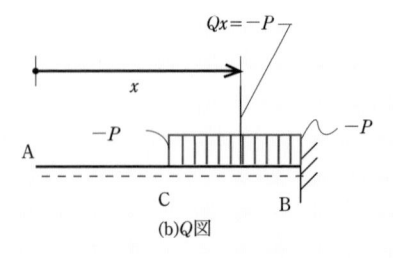

図4・4 断面力図

Point 1　断面力図の性状

(1) 片持部材の途中に荷重がある場合，荷重位置から先端までの範囲では，MもQも0になる．片持の先端に向かう方向には力は流れない．

(2) 集中荷重の加わっている点から固定端に向かって，曲げモーメントMは直線的に変化する．

(3) 集中荷重Pから距離x離れた点のMの大きさは，$P \cdot x$である．（上の例でB点のMの大きさは，BC間の距離(b)にPを乗じた$P \cdot b$となる．）

(4) 固定端のMとQは，反力（モーメント反力$M_B(=P \cdot b)$と鉛直反力$V_B(=P)$）と等しい．

(5) M図は梁の引張側に描かれることになるため，基準線（点線）を梁の上側に付けて計算しても，結果的に描かれるM図は同じになる（ただし正負は逆転する）．確認してほしい．

(6) Qに関しては，次の例題を通じて考察する．

⑤MとQの関係を調べる

前節の断面力M_xとQ_xの関係について，C—B間を切断した場合を例として説明する（図4・5）．

C—B間の任意の点D（梁先端から距離xの点）からΔxの区間を切り出して考える．この部分は，釣り合っている架構から取り出したものであるから，両側の切口の断面力（図(b)のM_x，$M_{x+\Delta x}$，Q_x，Q_x

$+\Delta x$) は釣り合っていることになる．ここでせん断力は，前節の結果から一定であることを考慮して，$Q_x = Q_{x+\Delta x}$ としている．

このことから，D点を中心とした曲げモーメントの釣合式（つまりY方向の釣合は明らかに成立している）を書き，MとQの関係を求める．

$$\Sigma_D M = 0 : M_x - M_{x+\Delta x} + Q_{x+\Delta x} \cdot \Delta x = 0$$

$$\therefore Q_{x+\Delta x} (= Q_x) = \frac{M_{x+\Delta x} - M_x}{\Delta x} = \frac{\Delta M_x}{\Delta x} \quad (4.8)$$

(a)C―B間のΔxを切り出す
(b)Δx部分 ($Q_x = Q_{x+\Delta x}$)

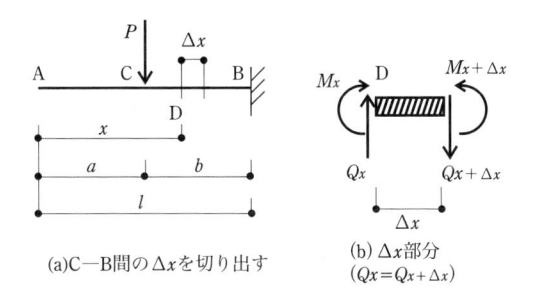

図 4・5 M_x と Q_x の関係

ここで ΔM_x は，Δx の距離の間の M_x の変化量を表している．式 (4.8) は重要な性質であり，わかりやすく書けば「Qは単位長さあたりのMの変化量」ということである．これは，単位系 Q(kN)，ΔM(kN·m)，Δx(m) を考慮しても等号が成立している．

さらに Δx を微小区間 dx と考えると，次のような微分形式で表現できる．

$$Q_x = \frac{dM_x}{dx} \quad (4.9)$$

なお式 (4.8) に，②・③で得られた M_x，Q_x の値（式(4.5)と式(4.7)）を代入すると，

$M_x = -P(x-a)$
$M_{x+\Delta x} = -P(x+\Delta x - a)$
$Q_x = -P$

⇩

$$(右辺) = \frac{\Delta M_x}{\Delta x} = \frac{-P\{(x+\Delta x-a)-(x-a)\}}{\Delta x}$$

$$= \frac{-P\Delta x}{\Delta x} = -P$$

(左辺) $= Q_x = -P$ ∴ (左辺) $=$ (右辺)

となり，式 (4.8) が成立していることが確認できる．

♚ Point 2　MとQの関係

(1) せん断力 Q は，単位長さあたりの曲げモーメント M の変化量である．または Q_x は M_x の傾きである．

$$Q = \frac{\Delta M}{\Delta x} \text{ または } Q_x = \frac{dM_x}{dx} \quad (4.8)$$

(2) このことから，M が直線状に変化している場合，Q は一定値を示す．

(3) 以上のことを利用すると，Q をわざわざ計算しなくても，M 図から Q 図を直接描くことができる．手順を Point 3 に示す．

♚ Point 3　M図からQ図を描く方法

せん断力 Q は，曲げモーメント M を微分すると得られる．すなわち，「Q は，M の単位長さあたりの変化量となる」という性質を用いると，M 図より Q 図を直接描くことができる．

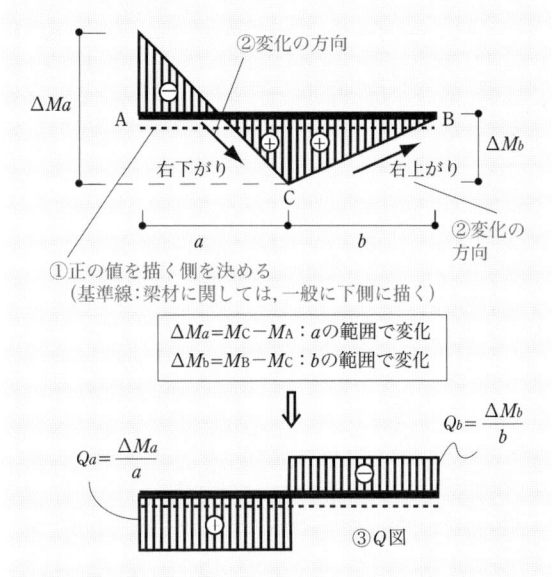

$\Delta M_a = M_C - M_A$：a の範囲で変化
$\Delta M_b = M_B - M_C$：b の範囲で変化

⇩

$Q_a = \frac{\Delta M_a}{a}$　　$Q_b = \frac{\Delta M_b}{b}$

③Q図

〈手順〉

① 部材の下側に基準線（点線）を描く．ここで基準線は，Q の＋（正）の値を描く側を示す．

② 部材ごとに①の基準線を下にして見たときに，左から右に向かってM図がどのように変化しているかに注目する．

③「M図が下から上に向かっているときは，Q 図を部材の上側に一定値で描く」，また逆に「M図が上から下に向かっているときは，Q を部材の下側に一定値で描く」ことが重要．また「M図が一定で，変化がない場合は，Q はゼロとなる．」

※「M図が下から上に変化」ということは，「M の値は減少していること」になるから，M の変化率を表す Q は負になり，基準線と逆側に描かれることになる．

※M図の傾きが急なほど，Q の値は大きくなる．

例題 4.1 図 4·6(a)の片持梁構造の断面力図（M, Q 図）を描け．

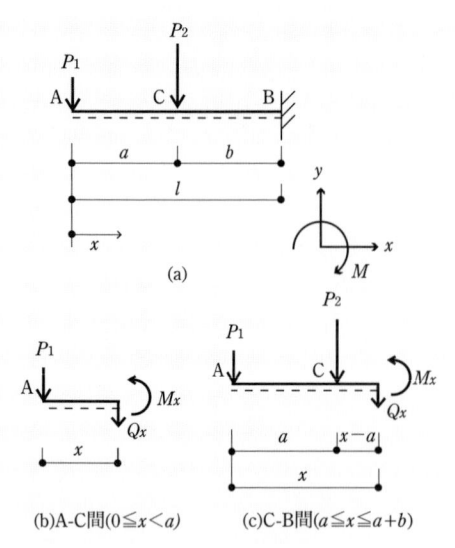

図 4·6 外力と断面力

解法の手順 1 釣合式による方法

① 部材の下側に点線（基準線）を引く．
② 外力が 2 箇所に作用しているから〔A―C 間〕と〔C―B 間〕に分け，仮定断面力を描く．
③ それぞれの区間で釣合式を立てる．

1. 曲げモーメント：M_x

〔A―C 間 $(0 \leq x < a)$〕

$\Sigma_x M = 0 : -M_x - P_1 \cdot x = 0$

$\therefore M_x = -P_1 \cdot x$ (4.10)

$\therefore \begin{cases} M_A = M_x|_{x=0} = 0 \\ M_C = M_x|_{x=a} = -P_1 a \end{cases}$

〔C―B 間 $(a \leq x \leq a+b)$〕

$\Sigma_x M = 0 : -M_x - P_1 \cdot x - P_2 \cdot (x-a) = 0$

$\therefore M_x = -P_1 \cdot x - P_2 \cdot (x-a)$ (4.11)

$\therefore M_B = M_x|_{x=l} = -(P_1 \cdot l + P_2 \cdot b)$

2. せん断力：Q_x

〔A―C 間 $(0 \leq x < a)$〕

$\Sigma Y = 0 : -P_1(\downarrow) - Q_x(\downarrow) = 0$ (4.12)

$\therefore Q_x = -P_1$

〔C―B 間 $(a \leq x \leq a+b)$〕

$\Sigma Y = -P_1(\downarrow) - P_2(\downarrow) - Q_x(\downarrow) = 0$ (4.13)

$\therefore Q_x = -(P_1 + P_2)$

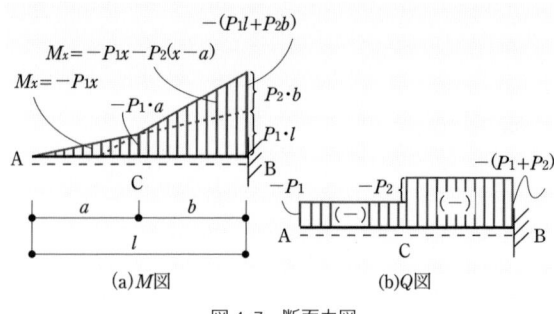

図 4·7 断面力図

解法の手順 2 M から Q を求める方法

$Q = \dfrac{dM}{dx}$ を用いて求めてみる（Point 3 を利用）

〔A―C 間〕

$Q = \dfrac{M_C - M_A}{a} = \dfrac{-P_1 a}{a} = -P_1$

〔C―B 間〕

$Q = \dfrac{M_B - M_C}{b} = \dfrac{-(P_1 \cdot l + P_2 b) - (-P_1 \cdot a)}{b}$

$= \dfrac{-P_1(l-a) - P_2 \cdot b}{b} = \dfrac{-(P_1 + P_2)b}{b} = -(P_1 + P_2)$

2. の計算と同じ結果となる．Q 図で，破線の上側・下側のいずれの側に描くかについては，M 図で右上がりならば破線の上側とする．

別解 P_1 と P_2 の M 図を別個に求め，合計することでも，同様の M 図を得ることができる．

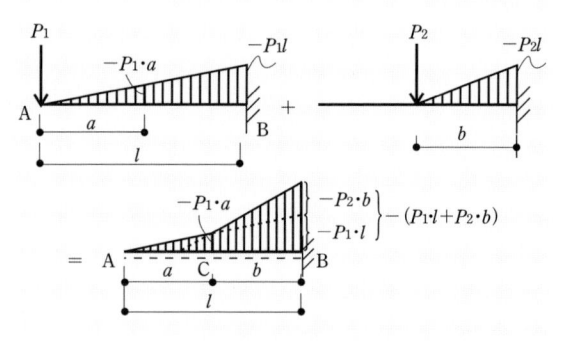

図 4·8 各荷重の M 図を足し合わせる

[補足] 式（4.11）のC－B間のM_xの式を左側に延長して，$M_x = 0$のx_0の位置を求める．

$$M_x = -P_1 \cdot x_0 - P_2(x_0 - a) = 0$$
$$\therefore (P_1 + P_2)x_0 = P_2 a$$
$$\therefore x_0 = \frac{P_2}{P_1 + P_2} a$$

この点は「P_1とP_2の合力の作用線の位置」である．すなわち図4・7(a)のM図は，以下のように解釈できる．先端からC点の間は$P_1 \times$（P_1の加力点Aからの距離）で直線状にM図が変化する．CB間は，$(P_1 + P_2) \times$（P_1とP_2の合力の作用線からの距離）の関係で，M図は直線的に変化する．なお，両者のMの交点，すなわちM_Cの値は一致する．x_0の位置は，P_1とP_2の合力点となる．このx_0の位置は，第1章1・5, 1・7で記述した示力図と連力図を用いて求めることができる．

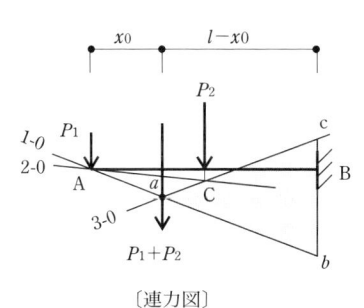

〔連力図〕

〔示力図〕

＊連力図の三角形abcと示力図の三角形$13O$は相似形となっている．

Point 4

(1) 追加した集中荷重の加力点では，Q図にその荷重の大きさ分の段差が生じる．M図には段差は生じないが，傾斜に差が生じる．
(2) 片持梁の先端からM図を描いている場合，新しく荷重が出現した時，その荷重以後のM図は次のようになる．
① 「今までの荷重」と「新しい荷重」の合力を求める．
② 合力の作用線と部材の交点を求める．
③ 新しい荷重以後のM図は，②で得られた交点と今までに描かれたM図の最終値を直線で結び，延長させたものとなる．

例題 4.2 図4・9(a)の断面図（M, Q図）を描け．

(a)

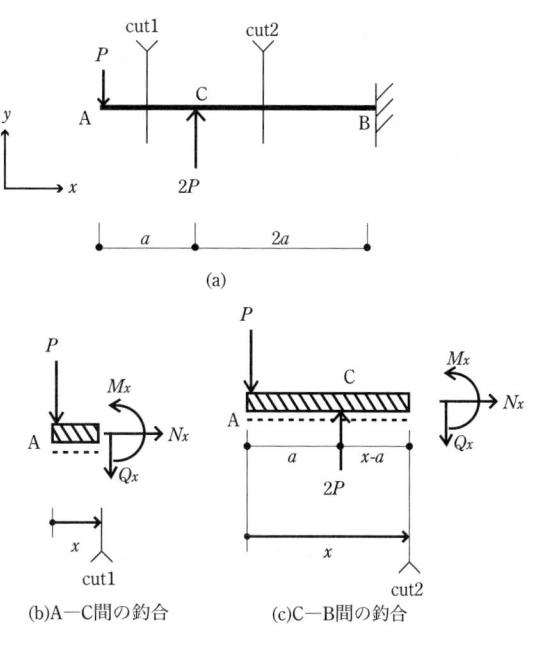

(b) A－C間の釣合 (c) C－B間の釣合

図4・9 外力と仮定断面力

① 釣合式による解法

〔A－C間〕：(b)図の力の釣合図

$\Sigma X = 0 : N_x = 0, \quad \therefore N_x = 0$

$\Sigma Y = 0 : -P(\downarrow) - Q_x(\downarrow) = 0 \quad \therefore Q_x = -P$

$\Sigma_x M = 0 : -P \times x - M_x = 0$

$\therefore M_x = -P \cdot x$ \hfill (4.14)

$M_A = M_x|_{x=0} = 0, \quad M_C = M_x|_{x=a} = -P \cdot a$

〔C－B間〕：(c)図の力の釣合図

$\Sigma X = 0 : N_x = 0, \quad \therefore N_x = 0$

$\Sigma Y = 0 : -P(\downarrow) + 2P(\uparrow) - Q_x(\downarrow) = 0,$

$\therefore Q_x = P$

$\Sigma_x M = 0 : -P \times x + 2P(x-a) - M_x = 0$

$\therefore M_x = P \cdot x - 2P \cdot a$ \hfill (4.15)

$\begin{cases} M_C = M_x|_{x=a} = -P \cdot a \\ M_B = M_x|_{x=3a} = +P \cdot a \end{cases}$

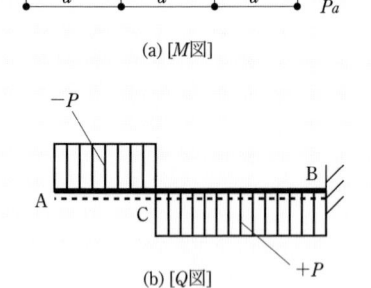

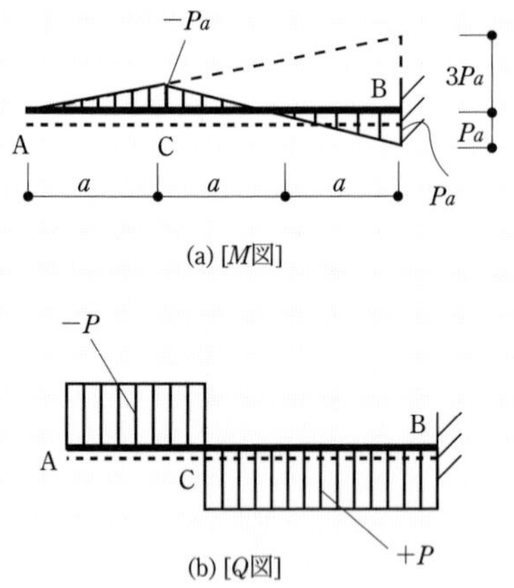

(a) [M図]

(b) [Q図]

図 4・10 断面力図

② 重ね合わせによる方法

ここでは，例題 4.1 の 別解 で示した P_1, P_2 個々に求めた M 図の和の方法によって以下のように求めてみる．

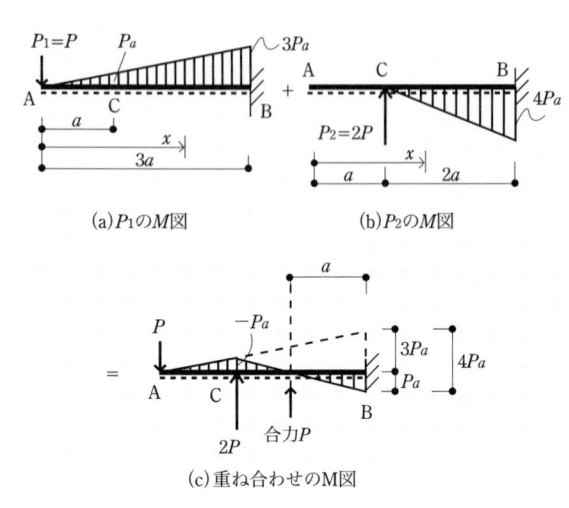

(a) P_1 の M 図

(b) P_2 の M 図

(c) 重ね合わせの M 図

図 4・11 P_1, P_2 個々の M 図と重ね合わせ

[補足]

例題 4.2 において，P_1 と P_2 が偶力（P_1 と P_2 が平行・逆方向・同じ大きさ）の場合の M 図と Q 図を描いてみよう．

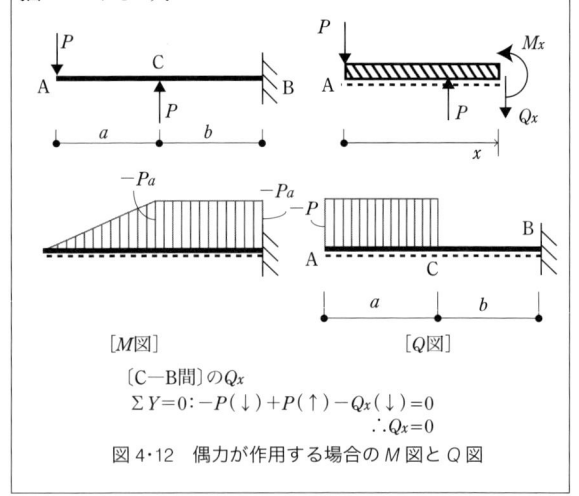

[M図]   [Q図]

〔C—B間〕の Q_x
$\Sigma Y = 0 : -P(\downarrow) + P(\uparrow) - Q_x(\downarrow) = 0$
$\therefore Q_x = 0$

図 4・12 偶力が作用する場合の M 図と Q 図

🏆 Point 5

M 図を考えている時，新しい荷重が出現し，それまで対象としていた荷重との関係が偶力（両荷重が平行・逆方向・同じ大きさ）を形成する場合，新しい荷重の作用点にモーメント荷重が加わっていると考え，M は固定端まで一定の大きさを保つ．なお，この範囲では，$Q = 0$ となる．

例題 4.3 等分布荷重が作用する片持梁の断面力（M 図，Q 図）を求めよ．

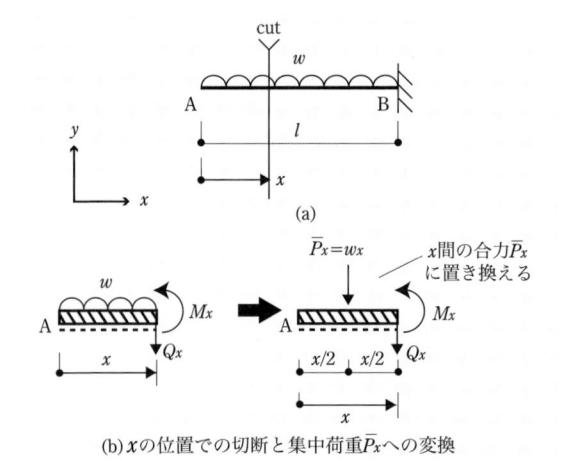

(a)

(b) x の位置での切断と集中荷重 $\bar{P}_x$ への変換

図 4・13 等分布外力と仮定断面力

[解答例]

① 曲げモーメント

図 4・13(b)図の切口を中心としたモーメントの釣

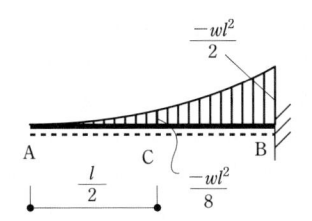

合から M_x を求める．x の範囲の荷重を集中荷重 $-\bar{P}_x = wx$ で置換して考える．

$$\sum_x M = 0 : -M_x - \bar{P}_x \cdot \frac{x}{2} = -M_x - wx \cdot \frac{x}{2} = 0$$

$$\therefore M_x = -\frac{wx^2}{2} \tag{4.16}$$

$$\begin{cases} M_A = M_x|_{x=0} = 0 \\ M_B = M_x|_{x=l} = -\dfrac{wl^2}{2} \\ M_C = M_x|_{x=\frac{l}{2}} = -\dfrac{wl^2}{8} \end{cases}$$

このように M 図は式（4.16）を当てはめると A―B 間は 2 次曲線（放物線形状）となっていることがわかる．

②せん断力

図 4・13（b）図における部材軸と直交方向の釣合より Q_x を求める．

$$\sum Y = 0 : -\bar{P}_x(\downarrow) - Q_x(\downarrow) = -wx - Q_x = 0$$

$$\therefore Q_x = -wx \tag{4.17}$$

$$\begin{cases} Q_A = Q_x|_{x=0} = 0 \\ Q_B = Q_x|_{x=l} = -wl \end{cases}$$

ゆえに Q 図は，式（4.17）から A―B 間は x に比例した直線状となることがわかる．また，$Q = dM/dx$ の関係を用いると，式（4.16）を 1 階微分することによって，以下のように式（4.17）と同じ結果となることが確認できる．

$$Q_x = \frac{dM_x}{dx} = -2 \times \frac{w \cdot x}{2} = -w \cdot x$$

③断面力図（M 図，Q 図）（図 4・14）

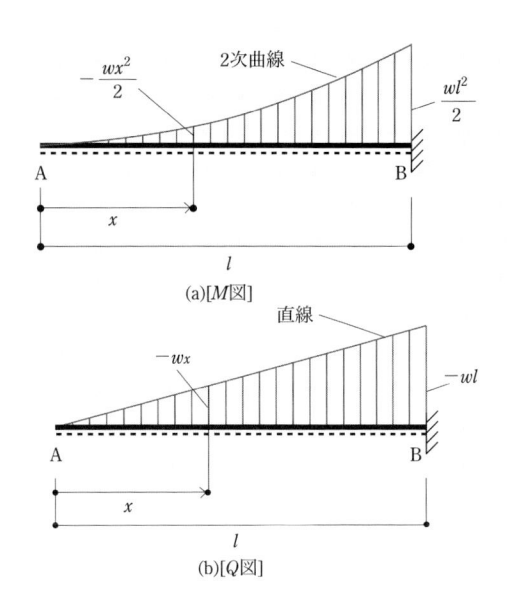

図 4・14 等分布荷重の断面力図

補足

等分布荷重の M 図における B 点の接線は，等分布荷重の合力 $\bar{P}$ による M 図と一致する．

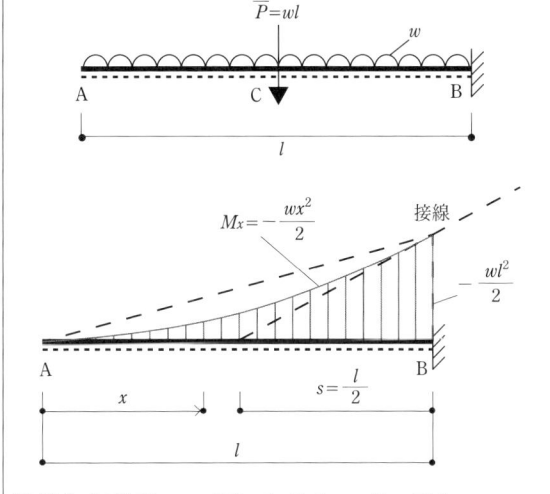

①等分布荷重の M 図における B 点の傾き

$$\frac{dM_x}{dx} = -2 \times \frac{w \cdot x}{2} = -w \cdot x (= Q_x : せん断力と等しい)$$

$$\frac{dM_x}{dx}\bigg|_{x=l} = -w \cdot l (= Q_B)$$

上の第 2 式は，B 点における M 図の接線の傾きがせん断力と等しいことを表している．

②合力 $\bar{P}$ による M 図の傾き

$$Q_B = \frac{-\dfrac{wl^2}{2} - 0}{s} = -wl \left(\because s = \frac{l}{2} \right)$$

合力 $\overline{P}=wl$ のときの M_B は，

$$M_B = -\frac{wl^2}{2}$$

となることから，B 点の M の値は w と $\overline{P}$ の場合同値である．以上より，合力の M 図の線は，B 点の M 図の接線と一致する．

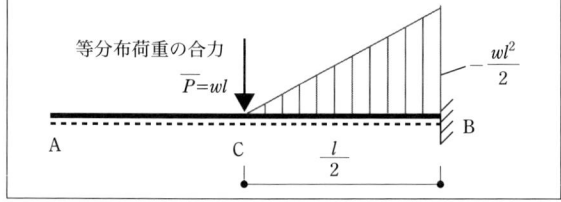

🏆 Point 6　等分布荷重時の断面力図
(1) M 図は 2 次曲線，Q 図は直線で変化する．
(2) 等分布の M 図は合力 $\overline{P}=wl$ を用いて端部のモーメント $-\dfrac{wl^2}{2}$ を求め，それを接線として，2 次曲線を引く．

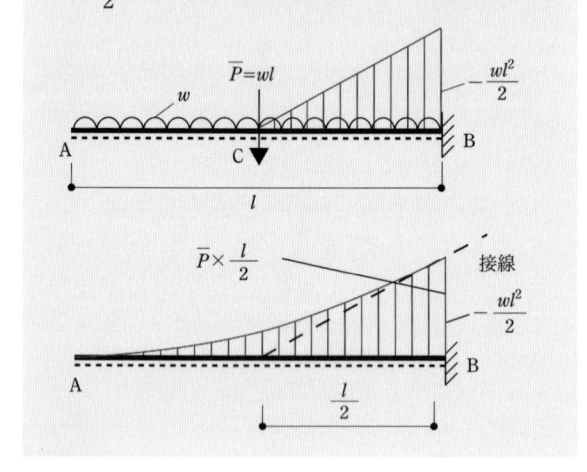

例題 4.4 モーメント荷重を受ける片持梁構造の M, Q 図を求めよ．

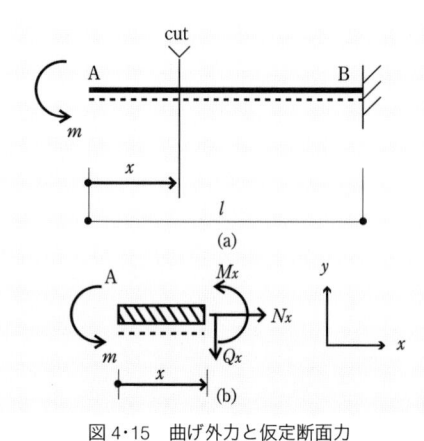

図 4・15　曲げ外力と仮定断面力

[解答例]

$$\Sigma X = 0 : N_x = 0, \quad \therefore N_x = 0$$

$$\Sigma Y = 0 : -Q_x = 0, \quad \therefore Q_x = 0 \qquad (4.18)$$

$$\Sigma_x M = 0 : -m - M_x = 0 \quad \therefore M_x = -m$$

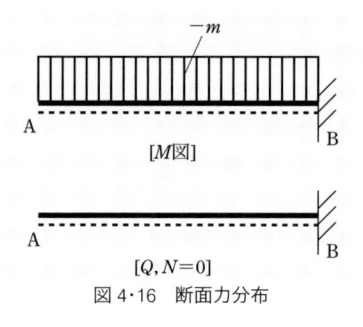

図 4・16　断面力分布

🏆 Point 7　モーメント荷重を受ける片持梁
(1) モーメント荷重が加わっている点から固定端まで，M の大きさは荷重の値で一定である．
(2) モーメント荷重の作用点で，M 図にモーメント荷重の大きさに相当する段差が生じる．
(3) せん断力は梁に沿って 0 となる．

[補足]　片持梁の断面力図：いろいろな荷重と M, Q 図

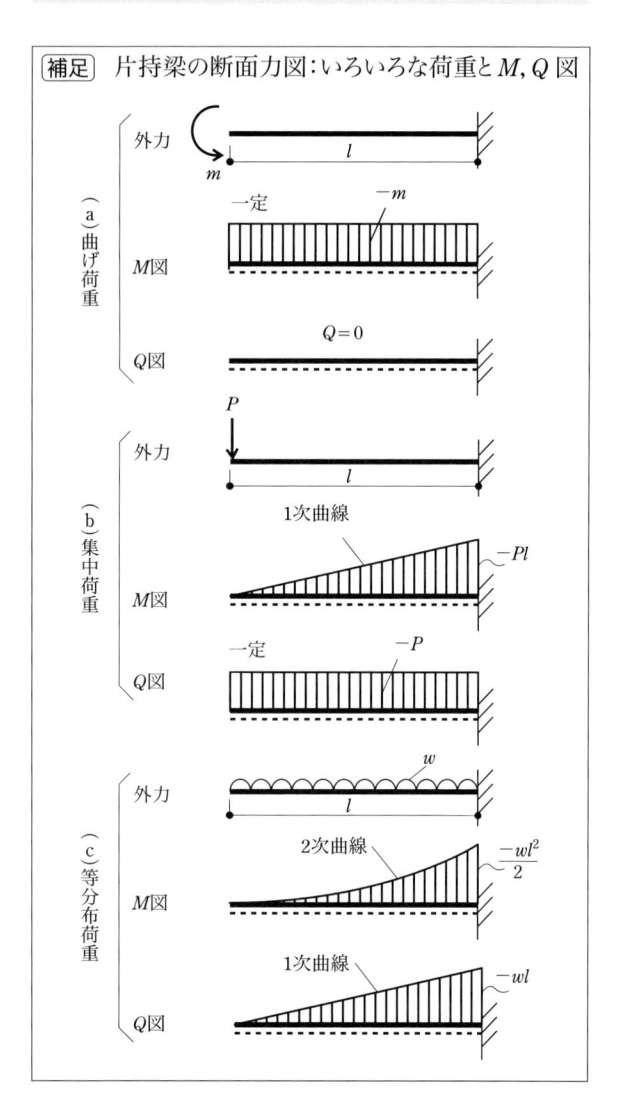

4・3 単純支持梁（単純梁）の断面力

1）基本的な考え方

単純支持構造の断面力図を求める場合，最初に反力を求める必要がある．反力さえ求めれば前節の片持梁構造と同様に断面力を求めることができる．

図4・17に集中荷重が作用する単純梁構造の例を示す．曲げモーメントを描くために端部からもう一端に向かって考える場合，端部の反力と集中荷重の2つの力が作用する片持梁構造と同様の手法で，M図が得られる．

2）集中荷重の断面力算定

[1] 釣合式による解法

①反力を求める：図4・17(b)のように反力を仮定する．

$\Sigma X = 0 : H_A = 0$

$\Sigma Y = 0 : -V_A(\uparrow) - V_B(\uparrow) + P(\downarrow) = 0$

$\Sigma_A M = 0 : P \cdot \dfrac{l}{2} - V_B \cdot l = 0$

$\therefore V_B = \dfrac{P}{2}(\uparrow) \quad V_A = \dfrac{P}{2}(\uparrow)$

水平反力H_Aはゼロとなる．

②断面力M, Q, Nを求める．

ここからは，①で求めた反力を用いて計算する．

〔A—C間（$0 \leq x \leq l/2$）〕：A点から距離xの位置で切断して考える．

1. 切断面に正方向のQ_xとM_xを仮定．（※正の方向を間違えないように注意すること）
2. 鉛直方向の釣合より：

$\Sigma Y = 0 : V_A(\uparrow) - Q_x(\downarrow) = \dfrac{P}{2} - Q_x = 0 \quad \therefore Q_x = \dfrac{P}{2}$

(4.19)

3. 切断面を中心にした回転の釣合より：

$\Sigma_x M = 0 : V_A \times x - M_x = \dfrac{P}{2}x - M_x = 0 \quad \therefore M_x = \dfrac{P}{2}x$

(4.20)

$M_A = M_x|_{x=0} = 0 \quad M_C = M_x|_{x=\frac{l}{2}} = \dfrac{Pl}{4}$

〔C—B間（$l/2 \leq x \leq l$）〕：B点とC点の間で切断す

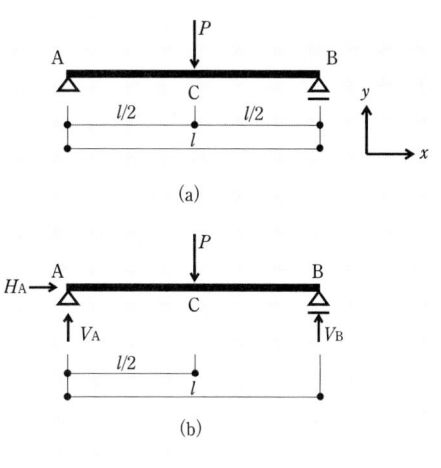

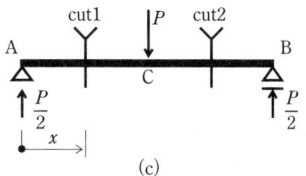

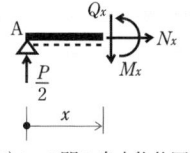

る（※自由物体図はA点も含むことに注意）．

1. 鉛直方向の釣合：

$\Sigma Y = 0 : V_A(\uparrow) - P(\downarrow) - Q_x(\downarrow)$

$= \dfrac{P}{2} - P - Q_x = 0 \quad \therefore Q_x = -\dfrac{P}{2}$ (4.21)

2. 切断面を中心にした（xの位置における）回転の釣合：

$\Sigma_x M = 0 : V_A \times x - P \times \left(x - \dfrac{l}{2}\right) - M_x$

$= -\dfrac{P}{2}x + \dfrac{Pl}{2} - M_x = 0$

$\therefore M_x = \dfrac{P}{2}(l - x)$ (4.22)

図4・17　曲げ外力と仮定断面力

(a)
(b)
(c)
(d) A—C間の自由物体図
(e) C—B間の自由物体図

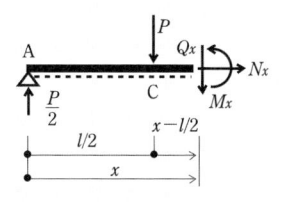

$M_C = M_x|_{x=\frac{l}{2}} = \dfrac{Pl}{4}$ $M_B = M_x|_{x=l} = 0$

3. 断面力図（M図，Q図）を求める

$M_C = \dfrac{P}{2}x\Big|_{x=\frac{l}{2}} = \dfrac{Pl}{4}$

(a)[M図]

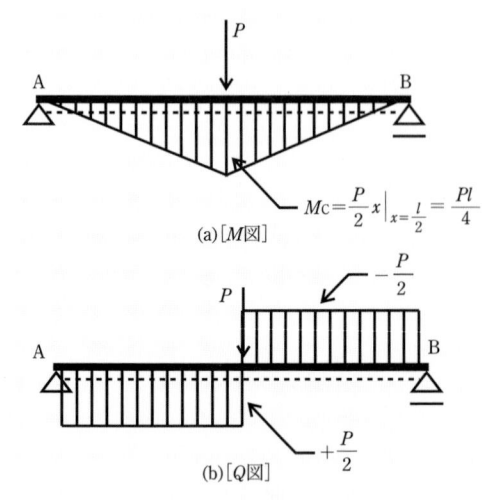

(b)[Q図]

図4・18　断面力図

2 図解法

①外力と反力が平行な場合（連力図を用いる）

*片持梁の例題の図解法に類似する．

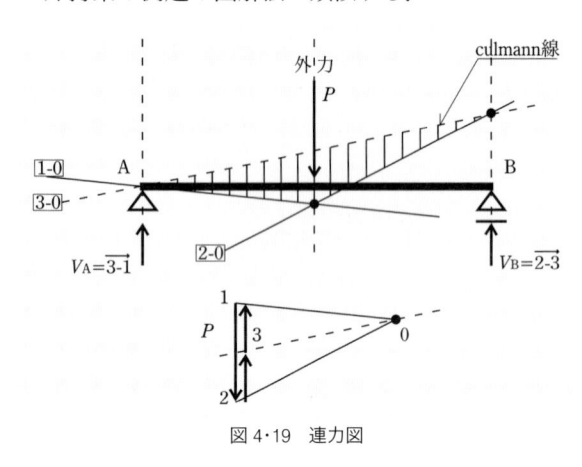

図4・19　連力図

[手順]

1. 外力を図の外側に平行移動．
2. 任意の位置に極（0）をとる．
3. A点を通るようにベクトル1—0を引く．
4. 外力Pの作用線とベクトル1—0の作用線の交点を通るベクトル2—0（の作用線）を引く．
5. B点の反力の作用線（鉛直方向と決まっている）と2—0の作用線の交点を求め，A点とを結ぶ．この線をculmann線と呼ぶ．
6. culmann線3—0を平行移動し，0点を通るように引く．この3—0は，外力を反力2—3と3—1に分解することになり，反力 V_A, V_B を求めることができる．
7. M図は，斜線部分に対応している（図4・18と比較せよ）．

②外力と反力の作用線が交点を持つ場合（示力図を用いる）

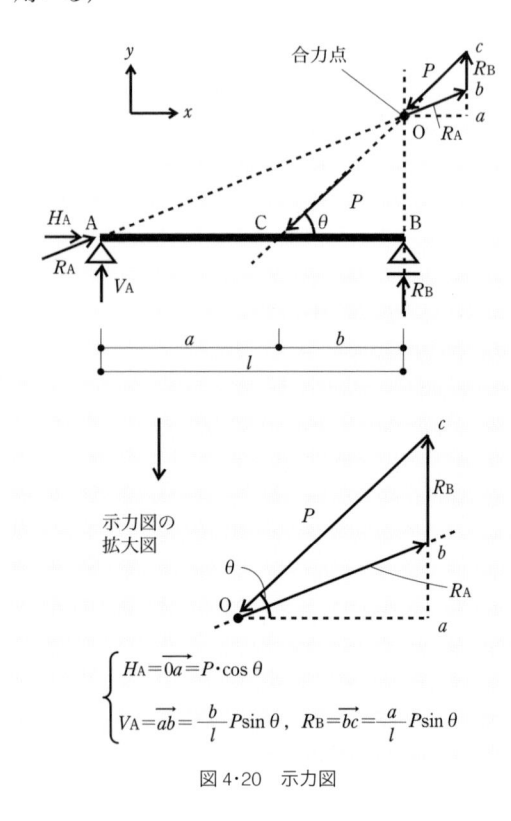

$$\begin{cases} H_A = \overrightarrow{0a} = P\cdot\cos\theta \\ V_A = \overrightarrow{ab} = \dfrac{b}{l}P\sin\theta,\ R_B = \overrightarrow{bc} = \dfrac{a}{l}P\sin\theta \end{cases}$$

図4・20　示力図

[手順]

1. まず，反力を求める．反力は，B点の反力方向が一意的に決まる（移動端：鉛直方向）ので，外力Pの作用線の交点において力が釣り合うことから，A点と合力点（O）を結ぶ線がA点の反力作用線となり，合力点（O）での示力図によって求めることができる．
2. 反力（R_A, R_B）の値は，示力図によって得られたベクトルをそのままで，支点A点とB点に移動すればよい．また，A点，B点の反力は，x, y 成分に分解して求めておくと M 図を求めるのに便利である．示力図の拡大図から△ABOと△Oab，また△CBOと△Oacは相似形であることを考え，比例的に求めることができる．
3. M図，Q図，N図は以下のように求まる．

(a)[M図]

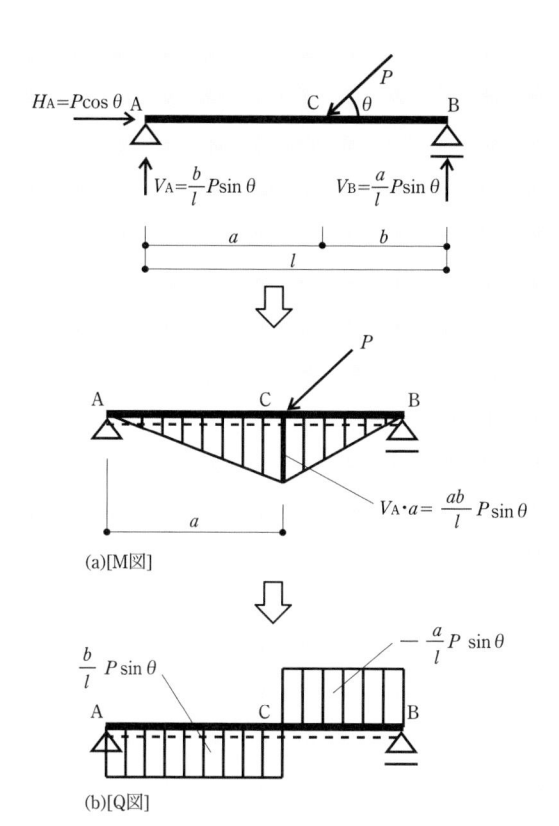

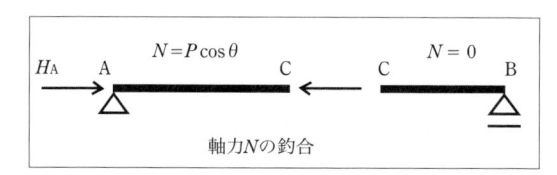

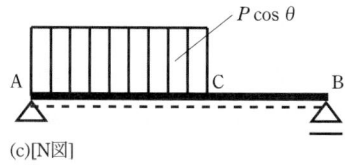

(b)[Q図]

(c)[N図]

図 4・21 示力図

3) 等分布荷重の断面力

1 反力の計算（釣合式による）

$\Sigma X = 0 : H_A = 0$

$\Sigma Y = 0 : V_A(\uparrow) + V_B(\uparrow) - \bar{P}(\downarrow)$
$\qquad = V_A + V_B - wl = 0$

$\therefore V_A + V_B = wl$

$\sum_A M = 0 : \bar{P} \cdot \dfrac{l}{2} - V_B \cdot l = wl \cdot \dfrac{l}{2} - V_B \cdot l = 0$

$\therefore V_B = \dfrac{wl}{2}$

$V_A = \dfrac{wl}{2}$

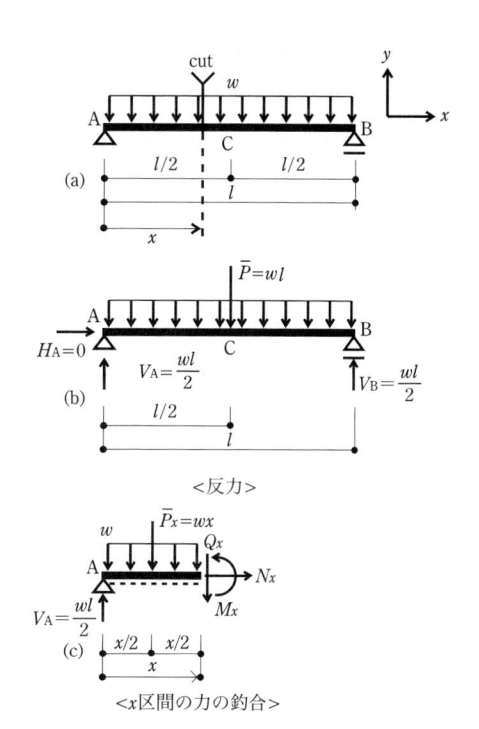

図 4・22 外力・反力と仮定断面力の釣合

2 断面力 M_x, Q_x, N_x

[M, Q] A点から距離 x の位置で切断して考える．

① 切断部分において等分布荷重を集中荷重（$\bar{P}_x$）に置換．

② 切断面に正方向の Q_x と M_x を仮定．

③ 鉛直方向の釣合より：

$\Sigma X = 0 : N_x = 0$, （N_x は生じない）

$\Sigma Y = 0 : V_A(\uparrow) - \bar{P}_x(\downarrow) - Q_x(\downarrow)$
$\qquad = \dfrac{wl}{2} - wx - Q_x = 0$

$\therefore Q_x = \dfrac{wl}{2} - wx = \dfrac{w}{2}(l - 2x) \qquad (4.23)$

・切断面を中心にした回転の釣合より：

$\sum_x M = 0 : V_A \times x - \bar{P}_x \times \dfrac{x}{2} - M_x$
$\qquad = \dfrac{wl}{2}x - \dfrac{w}{2}x^2 - M_x = 0 \qquad (4.24)$

$\therefore M_x = \dfrac{w}{2}(lx - x^2)$

3 M, Q 図

式 (4.23), 式 (4.24) から Q 図は 1 次直線, M 図

は2次曲線となることがわかる.

$$\begin{cases} M_A = M_x|_{x=0} = 0 \\ M_C = M_x|_{x=\frac{l}{2}} = \dfrac{wl^2}{8} \\ M_B = M_x|_{x=l} = 0 \end{cases}$$

$$\begin{cases} Q_A = Q_x|_{x=0} = \dfrac{wl}{2} \\ Q_C = Q_x|_{x=\frac{l}{2}} = 0 \\ Q_B = Q_x|_{x=l} = -\dfrac{wl}{2} \end{cases}$$

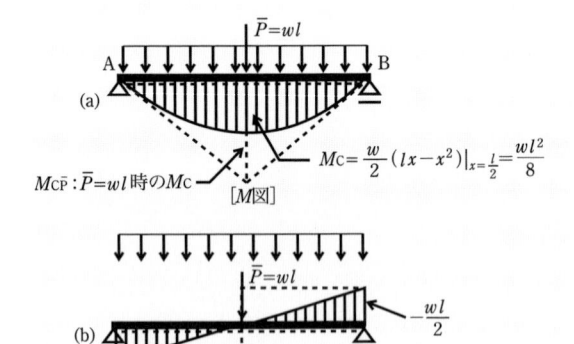

図4・23 断面力図(集中荷重$\overline{P}$との比較)

Point 8 中央集中荷重と等分布荷重のM図の比較

(1)「集中荷重時の中央曲げモーメント $M_C = Pl/4$」であることから,wを集中荷重$\overline{P}$に置換した時の中央曲げモーメント $M_{C\overline{P}}$は,$\overline{P} = wl$を代入すると $M_{C\overline{P}} = wl^2/4$ と算定できる.この値は等分布荷重時の中央曲げモーメント $M_C = wl^2/8$ の2倍になっている.
$\underline{M_{C\overline{P}} = 2M_C}$

(2)等分布荷重時の支点部(wが加わっている範囲の両端)のせん断力は$\overline{P} = wl$を考慮すると$\pm \overline{P}/2$であり,集中荷重時のせん断力と等しくなる.また,wが加わっている範囲の両端では,$\underline{Q_w = Q_{\overline{P}}}$

(3)「Mを微分するとQ(Mの傾きがQ)」を考慮すると,(2)は「wが加わっている範囲の両端においては,$\underline{M_{\overline{P}}}$は$M_w$の接線」と言い換えられる(例題4.3 補足 参照).また,$Q_w = 0$(中央)のM_wが最大値(極大値)を示す.

例題 4.5 図4・24(a)に示す単純梁のM, Q図を描け.主要点の値および曲げモーメントの最大値M_{max}を求めよ.

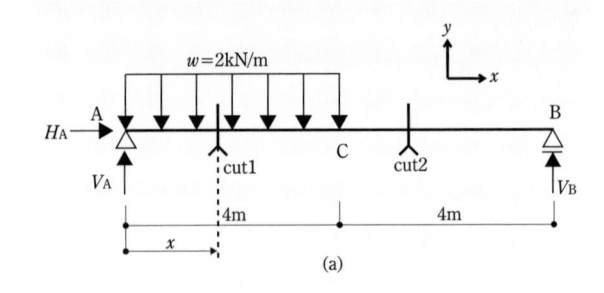

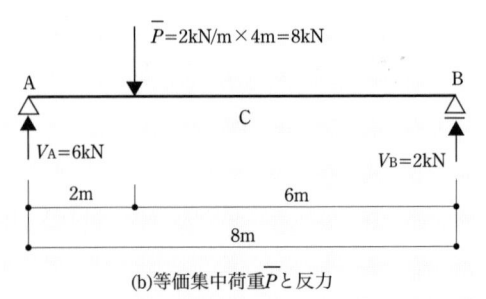

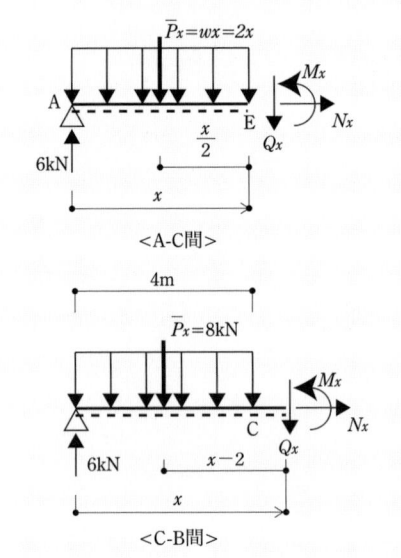

図4・24 外力・反力・仮定断面力の釣合

[解答例]
〔釣合式を用いて解く〕

①反力

$\Sigma X = 0 : H_A = 0$

$\Sigma Y = 0 : V_A(\uparrow) + V_B(\uparrow) - \overline{P}(\downarrow) = 0$

$\therefore V_A + V_B = 8\text{kN}(\overline{P} = 2^{\text{kN/m}} \times 4^{\text{m}} = 8\text{kN})$

$\Sigma_A M = 0 : \overline{P} \cdot 2 - V_B \cdot 8 = 8 \cdot 2 - V_B \cdot 8 = 0$

$\therefore V_B = 2\text{kN}(\uparrow)$

$V_A = 6\text{kN}(\uparrow)$

②断面力:M_x, Q_x

〔A—C間〕

$\Sigma X = 0 : N_x = 0$

$\Sigma Y = 0 : 6(\uparrow) - \overline{P}_x(\downarrow) - Q_x(\downarrow)$
$\quad = 6 - 2x - Q_x = 0$
$\therefore Q_x = 6 - 2x \qquad (4.25)$

$\Sigma_x M = 0 : 6 \cdot x - \overline{P}_x \cdot \dfrac{x}{2} - M_x$
$\quad = 6x - 2x \cdot \dfrac{x}{2} - M_x = 0$
$\therefore M_x = 6x - x^2 \qquad (4.26)$

〔C—B間〕

$\Sigma X = 0 : N_x = 0$

$\Sigma Y = 0 : 6(\uparrow) - \overline{P}(\downarrow) - Q_x(\downarrow)$
$\quad = 6 - 8 - Q_x = 0$
$\therefore Q_x = -2\text{kN} \qquad (4.27)$

$\Sigma_x M = 0 : 6 \cdot x - \overline{P}(x-2) - M_x$
$\quad = 6x - 8(x-2) - M_x = 0$
$\therefore M_x = 16 - 2x \qquad (4.28)$

③断面力図（M図, Q図）

②で求めた M_x に A, B, C 点の x をあてはめる.

〔A—C間〕：式 (4.25), 式 (4.26)

$\begin{cases} Q_A = Q_x|_{x=0} = 6\text{kN} \\ Q_C = Q_x|_{x=4m} = -2\text{kN} \end{cases}$

$\begin{cases} M_A = M_x|_{x=0} = 0 \\ M_C = M_x|_{x=4m} = 24 - 16 = 8\text{kN} \cdot m \end{cases}$

〔C—B間〕：(4.27) 式, (4.28) 式

Q は一定

$Q_C = Q_B = -2\text{kN}$

$\begin{cases} M_C = M_x|_{x=4m} = 8\text{kN} \cdot m \\ M_B = M_x|_{x=8m} = 0 \end{cases}$

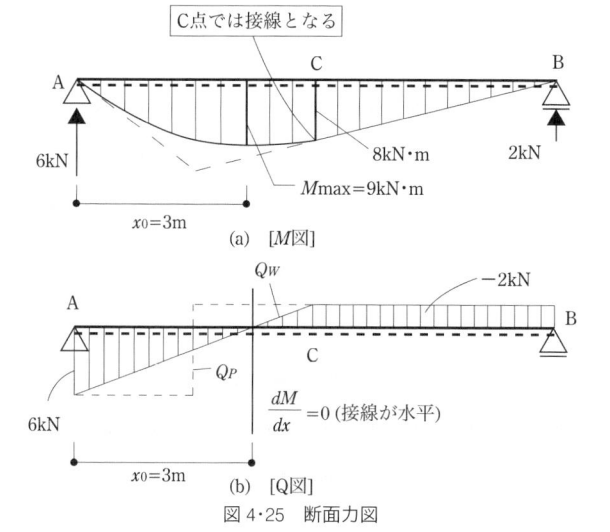

図 4・25　断面力図

④ $M_{\max}$ と $M_{\max}$ の位置 x_0

Point 8 の(3)に示したように, $M_{\max}$ は $Q_w = 0$ の位置に一致する. すなわち, $Q = dM/dx = 0$ であり, 接線が水平になる場所である.

x_0 の位置は, 式 (4.25) の $Q_x = 0$ で与えられる.

$Q_x = 6 - 2x_0 = 0$ から $x_0 = 3m$

よって, $M_{\max}$ は式 (4.26) の x に $x_0 = 3m$ を代入して求められる.

$M_{\max} = 6 \times 3 - 3^2 = 9\text{kN} \cdot \text{m}$

4) モーメント荷重の断面力

例題 4.6　図 4・26(a)に示すモーメント荷重がC点に作用する単純梁の M, Q 図を求めよ.

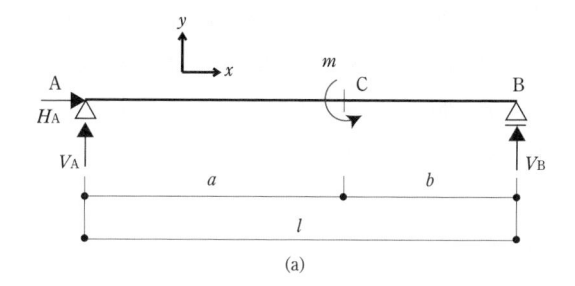

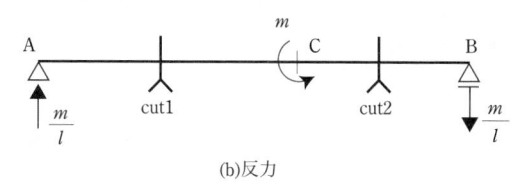

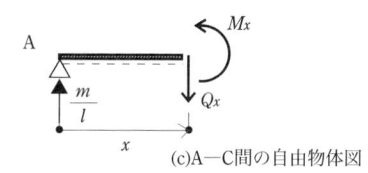

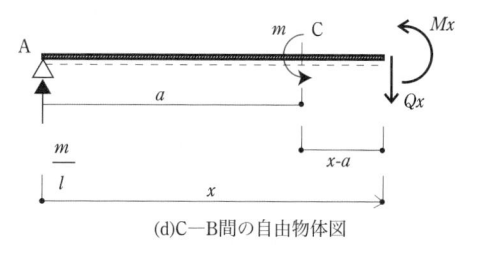

図 4・26　外力・反力・仮定断面力

①反力

$\Sigma X = 0 : H_A = 0$ （水平反力なし）

$\Sigma Y = 0 : V_A(\uparrow) + V_B(\uparrow) = 0$

$$\therefore V_A = -V_B \quad (V_A と V_B は偶力となる)$$

$$\Sigma_A M = -m - V_B \cdot l = 0$$

$$\therefore V_B = -\frac{m}{l} \quad (\because 下向きに仮定した方向と逆方向)$$

$$\therefore V_A = \frac{m}{l}$$

② 断面力: M_x, Q_x

〔A—C 間〕

$$\Sigma Y = 0 : \frac{m}{l}(\uparrow) - Q_x(\downarrow) = 0$$

$$\therefore Q_x = \frac{m}{l} \tag{4.29}$$

$$\Sigma_x M = 0 : \frac{m}{l} \cdot x - M_x = 0$$

$$\therefore M_x = \frac{m}{l} \cdot x \tag{4.30}$$

〔C—B 間〕

$$\Sigma Y = 0 : \frac{m}{l}(\uparrow) - Q_x(\downarrow) = 0$$

$$\therefore Q_x = \frac{m}{l} \tag{4.31}$$

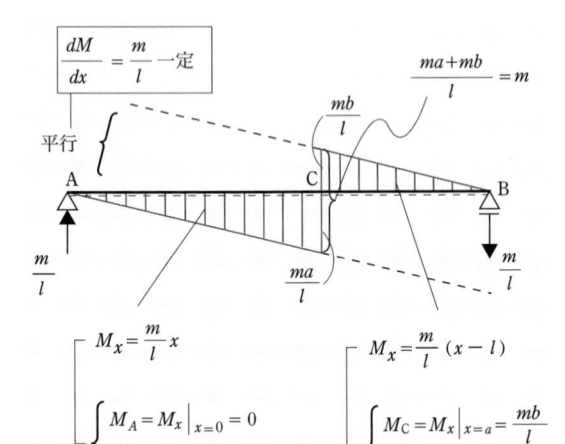

$$\Sigma_x M = 0 : \frac{m}{l} \cdot x - m - M_x = 0$$

$$\therefore M_x = \frac{m}{l} \cdot (x - l) \tag{4.32}$$

③ 断面力図 (M, Q 図)

式 (4.29) 〜式 (4.32) の x にあてはめて, M_A, M_C, M_B を求め, 式の関数形を考えて断面力図を描く.

> **Point 9　モーメント荷重が作用する単純梁構造**
> (1) モーメント荷重が作用している点で M 図に段差が生じる. その段差の大きさは, モーメント荷重の大きさに等しい.
> (2) モーメント荷重の作用点の前後で, M 図の勾配（傾斜）は平行である.
> (3) せん断力は, 反力の大きさで一定値を示す.

$$\begin{cases} M_x = \frac{m}{l} x \\ \begin{cases} M_A = M_x \big|_{x=0} = 0 \\ M_C = M_x \big|_{x=a} = \frac{ma}{l} \end{cases} \end{cases}$$

$$\begin{cases} M_x = \frac{m}{l}(x - l) \\ \begin{cases} M_C = M_x \big|_{x=a} = \frac{mb}{l} \\ M_B = M_x \big|_{x=l} = 0 \end{cases} \end{cases}$$

(a) [M 図]

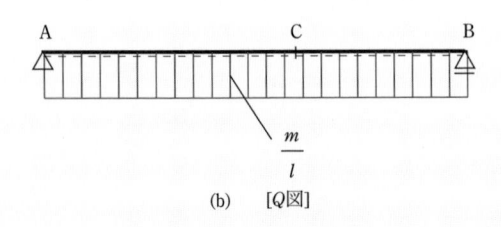

(b) [Q 図]

図 4·27　断面力図

練習問題 4.1

1. $P = wl$ の時，M，Q 図を求めよ．
2. B 点のモーメント反力が $M_B = 0$ となる時，P を w と l を用いて表し，M，Q 図を描け．

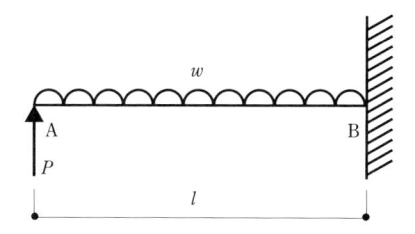

練習問題 4.2

M，Q 図を求めよ．B 点と D 点の M，Q の値を算定せよ．

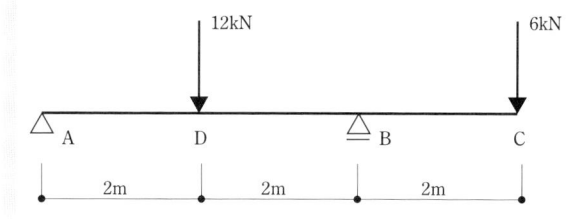

練習問題 4.3

M，Q 図を求めよ．AB 点の中点の M，Q の値および梁の下側が引張となる $M_{\max}$ の値も算定せよ．

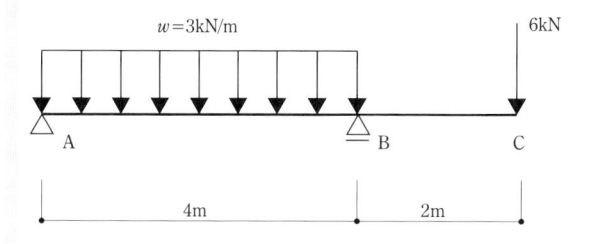

第5章 静定ラーメン構造の断面力

5・1 解法の基本的考え方

静定ラーメンは，静定梁構造と同様，力の釣合条件のみで反力や断面力を求めることが可能な構造物である．

本章で扱う静定ラーメンは，2本以上の部材と，部材相互を結ぶ剛節点から構成され，かつそれらの部材の傾きが異なるものを原則として対象とする（すなわち部材が折れ曲がっている形状をしている）．ここで「剛節点」とは，ある部材から接合された他の部材に曲げモーメントの伝達があること，すなわち接合部では，曲げモーメントの値が同一であることを意味している（ただしモーメント荷重が節点に加わる場合には，Mに段差が生じる；第4章4・3-4)の例題4.6を参照）．

静定ラーメンには，代表的なものとして，①片持（支持）ラーメン，②単純支持ラーメン，③3ピン構造（3ヒンジラーメン），④3ローラーラーメンの4種類が挙げられる（図5・1）．

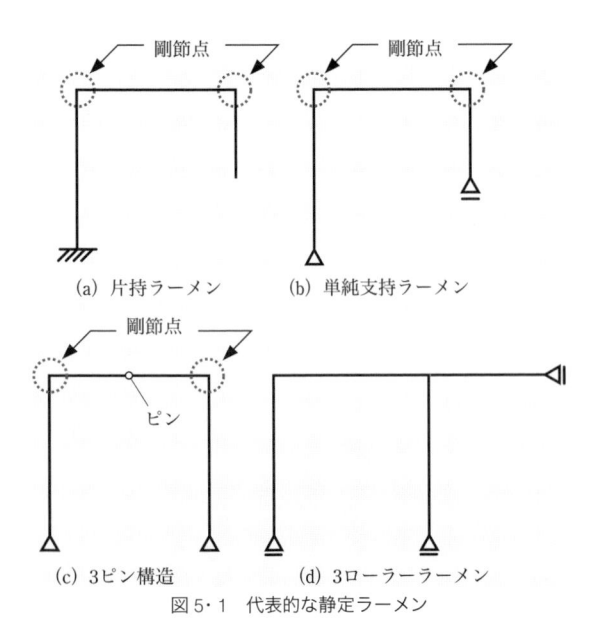

これらのラーメンの応力は，節点や荷重点で区切って，その区間ごとに力の釣合条件を利用して求めるが，基本的には第4章で扱った静定梁構造と同じである．また3ピン構造以外は，反力の求め方についても同様である．

5・2 片持ラーメン

片持ラーメンは，固定端1ヶ所のみで支持されたラーメンで，先端から固定端に向かって断面力を求める場合には，反力を求めなくても解を得ることが可能である（片持梁の発展形）．

例題 5.1 図5・2(a)に示す片持ラーメンの断面力図を求めよ．

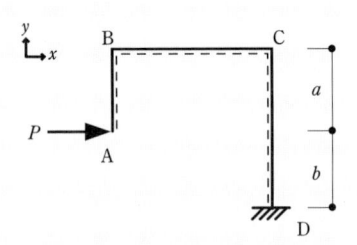

(a) 片持ラーメンと作用外力

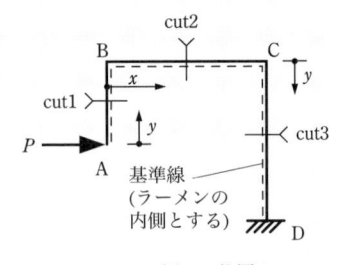

(b) 切口の位置

図5・2　片持ラーメン

まず基本的な方法（釣合式による）で断面力を求めてみる．すなわち片持形式なので先端から（反力を求めずに）断面力を求めることとし，各区間ごとに部材を切断し，切り口に断面力を仮定し，釣合条件から断面力を求める方法である（基本方針は，4・1

(a) 片持ラーメン　　(b) 単純支持ラーメン

(c) 3ピン構造　　(d) 3ローラーラーメン

図5・1　代表的な静定ラーメン

節の静定梁の断面力を求める手順と同じ).

1) 断面力, M, N, Q の算定

〔A—B 間〕A 点から B 点に向かって距離 y で切断し, 切り口に以下の方針で断面力 M, Q, N を仮定する.

M：正の場合に描く側（ここでは AB 材の右側が引張となる回転方向. 図 3・6 を参照）

Q：正方向（切り出した部分を時計方向に回転させる方向）

N：正の引張力（切り口を引張る方向）

$$\left.\begin{array}{l}\sum X=0：P+Q_y=0 \quad \therefore Q_y=-P \\ \sum Y=0：N_y=0 \text{（軸方向力は生じない）} \\ \sum_y M=0：-P\cdot y-M_y=0 \quad \therefore M_y=-P\cdot y\end{array}\right\} \quad (5.1)$$

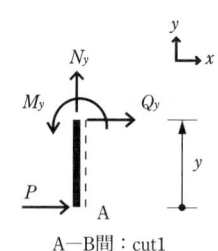

図 5・3 外力と仮定断面力との釣合(a)

〔B—C 間〕B 点から C 点に向かって距離 x で切断し, A—B 間と同様に M, Q, N を求める.

$$\left.\begin{array}{l}\sum X=0：P+N_x=0 \quad \therefore N_x=-P \text{（圧縮に作用）} \\ \sum Y=0：Q_x=0 \text{（BC 材のせん断力はない）} \\ \sum_x M=0：-P\cdot a-M_x=0 \quad \therefore M_x=-P\cdot a\end{array}\right\} \quad (5.2)$$

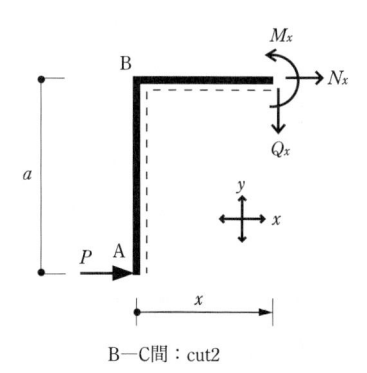

図 5・3 外力と仮定断面力との釣合(b)

〔C—D 間〕C 点から D 点に向かって距離 y で切断する.

$$\left.\begin{array}{l}\sum X=0：P-Q_y=0 \quad \therefore Q_y=P \\ \sum Y=0：N_y=0 \text{（CD 材に軸力は生じない）} \\ \sum_y M=0：-P\cdot(a-y)-M_y=0 \quad \therefore M_y=-P\cdot(a-y)\end{array}\right\} \quad (5.3)$$

図 5・3 外力と仮定断面力との釣合(c)

2) 断面力図（M, Q, N 図）

各区間に対する式 (5.1) ～式 (5.3) の x と y に, 各節点の距離を当てはめて断面力, M, Q, N を求め, 図 5・4 のように描く（第 4 章を参照）.

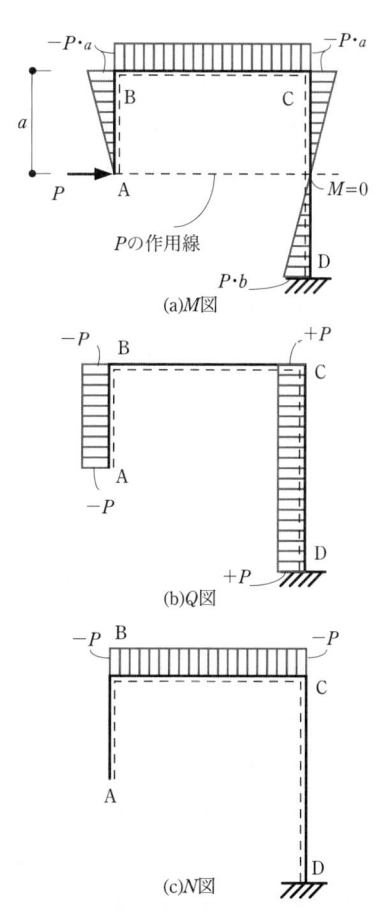

図 5・4 断面力図

[補足] **剛節点における断面力の伝達について**

例題5.1の結果を用いて，点B・Cのようなラーメン構造の剛節点における断面力の伝達について考察する．まずM図から，点B・CのMの値は同じであり，M図の描かれる位置は，AB材，BC材の両者共部材の外側になっている（外側が引張になっている）．ここでB点の近傍で部材を切断し，釣合状態を確認する．

まず最初に，M図より$M_{BC} = M_{BA} = -P \cdot a$である．$M$図は引張側に描かれることから，切断面における$M$の回転方向は補足図1に示されているように，$M_{BA}$は時計回り方向，$M_{BC}$は反時計回り方向となる．さらに，切断面の両側の部材における断面力の方向は逆方向になることから，切断面のB点側のMは，図のようにM'_{BA}，M'_{BC}のようになる．M'_{BA}とM'_{BC}の大きさはいずれも$P \cdot a$であり，また回転方向は逆であるから，次式のようにMの釣合が成立している．

$$\Sigma_B M = -M'_{BA} + M'_{BC} = -P \cdot a + P \cdot a = 0 \tag{5.4}$$

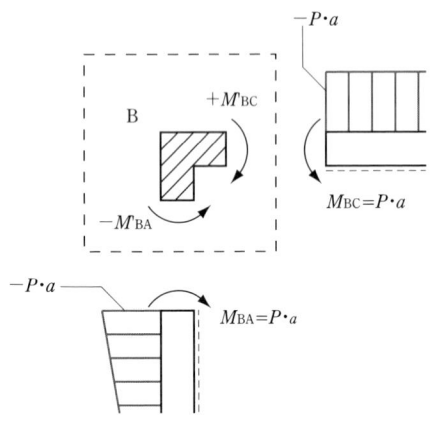

補足図1 節点BにおけるMの釣合

次にQ図とN図から考察する．例題5.1の節点B近傍におけるQとNを補足図2に示す．ここで部材ABでは$N_{BA} = 0$，$Q_{AB} = -P$（切断面では左向き），また部材BCでは$N_{BC} = -P$（切断面を押す方向：右向き），$Q_{BC} = 0$の値と方向を反映して描いている．それぞれの切断面のB点側の断面力を図のQ'_{BA}とN'_{BC}のように求め，B点の水平方向の釣合を計算すると以下のようになり，節点の釣合が成立している．

$$\Sigma X = Q'_{BA} - N'_{BC} = P - P = 0 \tag{5.5}$$

このように，AB部材のせん断力とBC部材の軸力が等しくなっており，QとNの交換が成立している．ただし，これは補足図2の，直交する2部材の間にのみ成立する性状である．

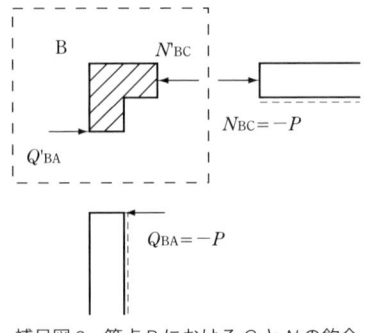

補足図2 節点BにおけるQとNの釣合

[補足] **曲げモーメントとせん断力の関係**

例題5.1のM図とQ図の関係から，第4章4・2のPoint 2と3で示した性状が同様に成立することを確認する．

A－B間のM図を，Q図の正側を描く側（点線がついている側）を下にして考えると，M図は左端から右上に向かって直線的に変化しており，一方，Q図は上側（すなわち負側）に一定値を示してい

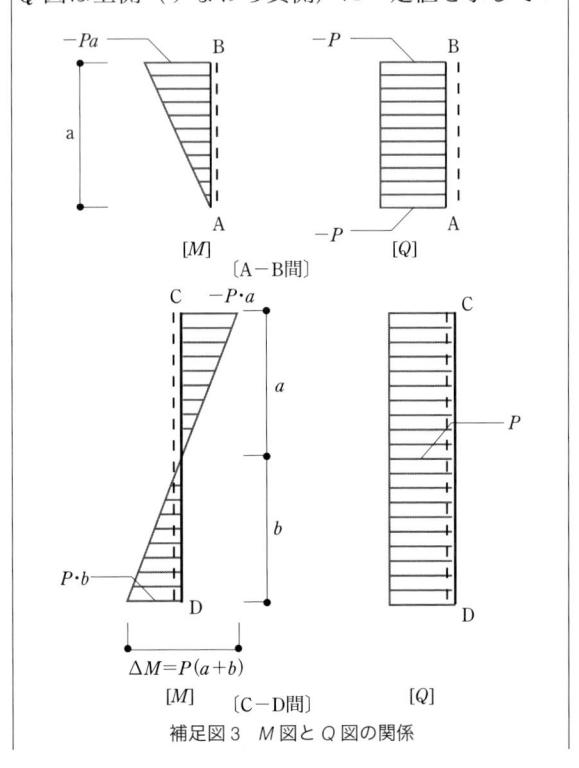

補足図3 M図とQ図の関係

る．また，AB 間の距離 a の間に M は $P \cdot a$ だけ変化していることから，単位長さあたりの M の変化量 $\left(\dfrac{dM}{dx}\right)$ は $\dfrac{\Delta M}{a} = \dfrac{Pa}{a} = P$ となり，せん断力の値と等しくなっている．

〔B—C 間〕M は一定値 $P \cdot a$ を示しているのに対して，Q は 0 である．

〔C—D 間〕同様に点線を下にして左から右に M の変化傾向を考えると，M は右下に向かって直線的に変化しており，Q 図は下側（正側）に一定値を示している．また次式のように CD 間の M の変化率を求めると，Q の値と一致している．

$$\dfrac{\Delta M}{\Delta y} = \dfrac{P(a+b)}{a+b} = P$$

? Point 1　2 部材以上の部材が剛接されたラーメンについて，新たに得られた断面力の性状（2・2 と 2・3-2）参照）

(1) 剛節点における M の伝達

M の大きさは変化せずに，ある部材から他の部材に，以下のどちらかのタイプで M が伝達する（片持の先端から M 図を描き進めている時に，別の部材が出現した場合を対象にして記述する）．すなわち両部材の (a) 外側，あるいは (b) 内側に M が発生する．

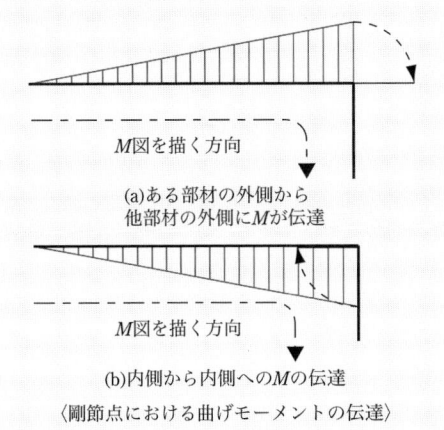

(a) ある部材の外側から他部材の外側に M が伝達

(b) 内側から内側への M の伝達

〈剛節点における曲げモーメントの伝達〉

(2) 部材の M 図
・上記の「剛節点における M の伝達」の後，新たに出現した部材の M 図は，以下の性状を利用して描けばよい．
・対象とする荷重の作用線と部材の軸が交わる点で $M = 0$ となる．
・対象とする荷重の作用線と部材の軸が平行な場合は，M は一定値となる．

(3) 2 つの部材が直交している場合，片方の部材の N ともう一方の部材の Q の 2 つの値（の絶対値）は等しい（N と Q の交換）．

例題 5.2　等分布荷重 w を受ける片持ラーメンの断面力図を求めよ．

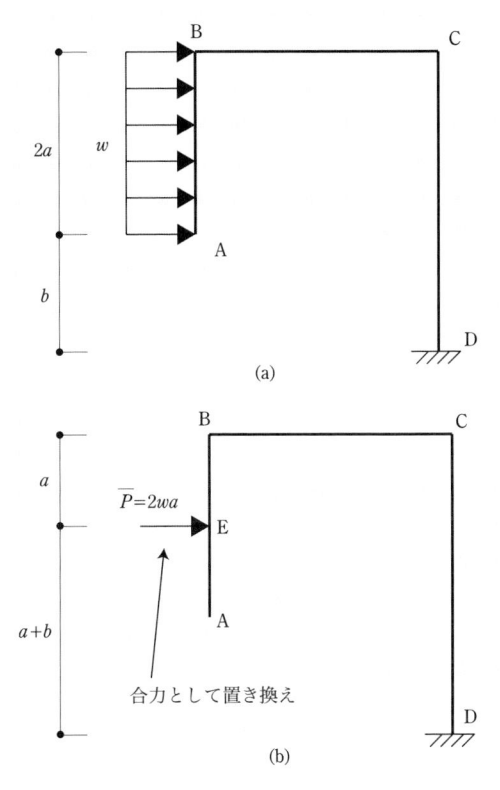

図 5・5　等分布荷重を受ける片持ラーメン

〔解答例〕

等分布荷重 w が加わっている場合は，第 4 章で述べた方法と同様，まず総荷重が等しい等価集中荷重 $\overline{P}$（「$w \times$ 負担長さ」の大きさの集中荷重を，w の負担領域の中央に加えたもの）に対する断面力図を描き，その後 w の加わっている領域に関して w 用の断面力図に変換すればよい．本例の場合，$\overline{P}$ の断面力図は，例題 5.1 の断面力図において P の代わりに $\overline{P}$ ($= 2wa$)，b の代わりに ($a+b$) をそれぞれ代入した場合と等しくなる．w が加わっている AB 材には軸力が生じていないため，w に対する断面力図の変換は M 図，Q 図のみである（N 図は，$\overline{P}$ に対する N 図をそのまま使えばよい）．以下に変換する方法の要点を述べる．

〔M 図〕…$M_{\overline{P}}$（$\overline{P}$ に対する M 図）→ M_w（w に対する M 図）の変化

① $M_{\overline{P}}$ 図（$\overline{P}$ に対する M 図）において，w の分布領域の両端（A 点：$M_A = 0$ と B 点：$M_B = -\overline{P} \cdot a = $

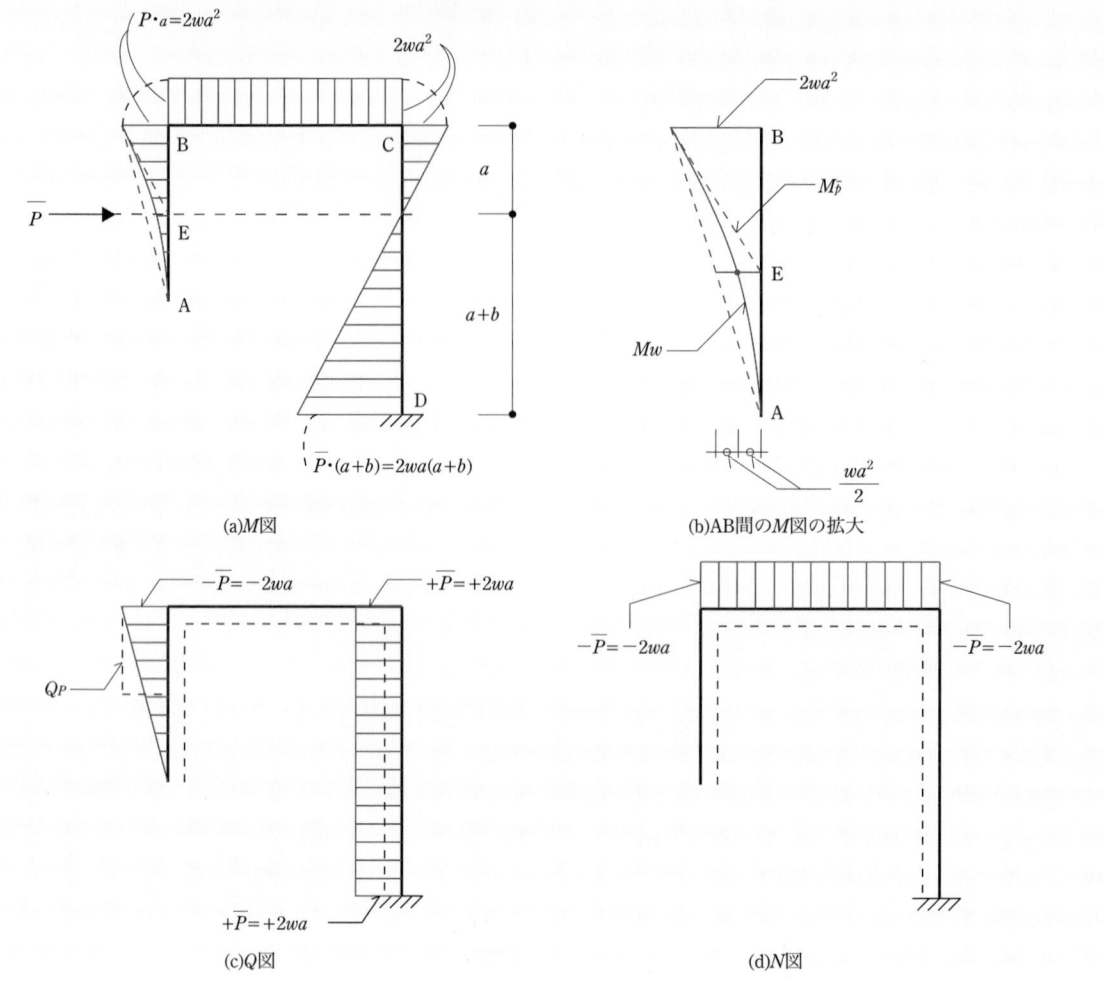

図5・6 断面力図

(a)M図
(b)AB間のM図の拡大
(c)Q図
(d)N図

$-2wa^2$)の点を直線で結び，さらにこの直線の中点（値はwa^2）を求める．

② ABの中点のE点における$M_{\bar{P}}$の値（$M_{\bar{P}}=0$）と，①で求めた中点の1/2の点を求める．この点の値は$\dfrac{wa^2}{2}$である．

③ A点とB点の$M_{\bar{P}}$と，②で求めた点を曲線（放物線）で結ぶと，wに対するM図（Mw図）が得られる．この時，A，B点におけるMwの接線が$M_{\bar{P}}$と一致することは特徴的な性質である．

〔Q図〕…$Q_{\bar{P}}$（$\bar{P}$に対するQ図）→ Qw（wに対するQ図）の変換

wの分布領域の両端A・B点における$Q_{\bar{P}}$の値を結ぶとQw図が得られる．すなわちA・B点においては，$Q_{\bar{P}}$とQwの値は等しくなる．これは，A・B点において，$M_{\bar{P}}$とMwの傾き（接線が等しいこと）を意味している．

5・3 単純支持ラーメン

ピン支点とローラー支点で支持された**単純支持ラーメン**は，単純梁と同様，反力を求めなければ断面力を求めることができない．反力を求めれば，第4章あるいは本章5・2で得た知識を用いることで，断面力図を求めることができる．

例題5.3は基本的な考え方を示すための問題である．まずは、数式解法を示し，次に架構寸法を度外視した図式解法によって断面力図を求める。

例題 5.3 下図に示した単純支持されたラーメン構造の M 図, Q 図, N 図を描け.

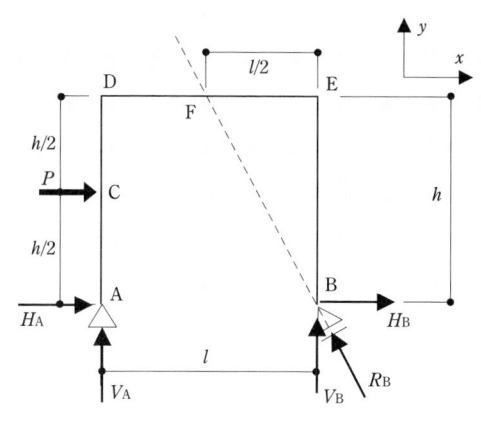

図 5·7(a)

由物体図) ごとに釣合式を立て断面力 M, Q, N を求めればよい.

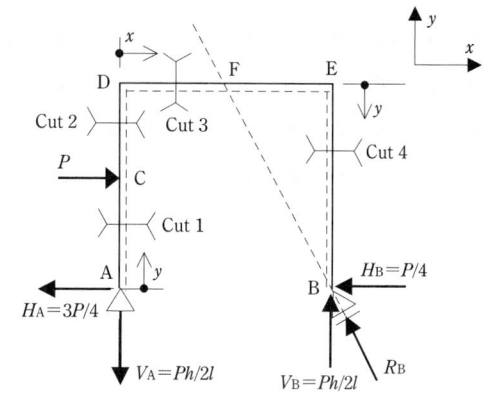

図 5·7(b) 外力に対する支点反力と切断面位置

1) 数式解法による断面力の求め方

1 反力の仮定

V_A, H_A, R_B (V_B, H_B) を図の方向に仮定する. ここで,

$$V_B = \frac{2h}{l} H_B, \quad R_B = \sqrt{V_B^2 + H_B^2}$$

2 反力の計算

$\Sigma X = 0 : H_A + H_B + P = 0$

$\Sigma Y = 0 : V_A + V_B = 0$

$\Sigma_B M = 0 : V_A \times l + P \times \dfrac{h}{2} = 0 \quad \therefore V_A = -\dfrac{h}{2l} P$

よって, $V_B = \dfrac{h}{2l} P$

$H_B = -\dfrac{l}{2h} V_B = -\dfrac{P}{4}, \quad \therefore H_A = -P - H_B = -\dfrac{3}{4} P$

$\therefore R_B = \sqrt{\left(\dfrac{h}{2l}\right)^2 \cdot P^2 + \left(-\dfrac{P}{4}\right)^2} = \dfrac{P}{2} \cdot \sqrt{\dfrac{h^2 + l^2}{l^2}}$

3 断面力の計算

計算によって求まった支点反力の大きさと作用方向を描く. 計算によって反力が負となった場合, 反力の方向は 1 で仮定した方向とは逆となることを示すので, 断面力計算に備え正しい方向に描いておかねばならない.

次に, 片持梁の場合に倣って切断面を決める. このラーメンでは, 図に示すような Cut1, Cut2, Cut3. Cut4 の 4 ヶ所を切断する. そして, 切断面において断面力 M, Q, N を仮定し (3·3 を参照), 区間 (自

① A—C 間 : Cut1

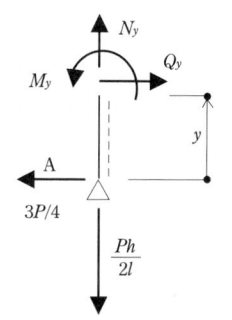

図 5·7(c) 自由物体の力の釣合

$\Sigma X = 0 : -\dfrac{3}{4} P + Q_y = 0, \quad Q_y = \dfrac{3}{4} P$

$\Sigma Y = 0 : -\dfrac{h}{2l} P + N_y = 0, \quad N_y = \dfrac{h}{2l} P$

$\Sigma_y M = 0 : \dfrac{3}{4} P \times y - M_y = 0, \quad M_y = \dfrac{3}{4} P \cdot y$

② C—D 間 : Cut2

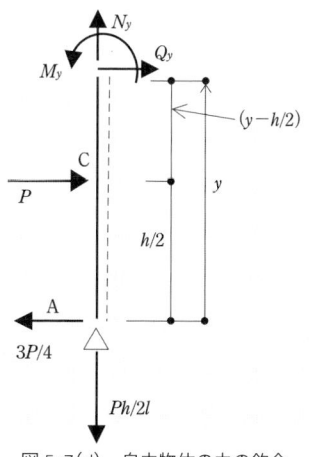

図 5·7(d) 自由物体の力の釣合

第 5 章 静定ラーメン構造の断面力

$$\Sigma X = 0 : -\frac{3}{4}P + P + Q_y = 0, \quad Q_y = -\frac{1}{4}P$$

$$\Sigma Y = 0 : -\frac{h}{2l}P + N_y = 0, \quad N_y = -\frac{h}{2l}P$$

$$\Sigma_y M = 0 : \frac{3}{4}P \times y - P \times \left(y - \frac{h}{2}\right) - M_y = 0$$

$$M_y = \frac{Ph}{2} - \frac{1}{4}P \cdot y$$

③ D—E 間：Cut3

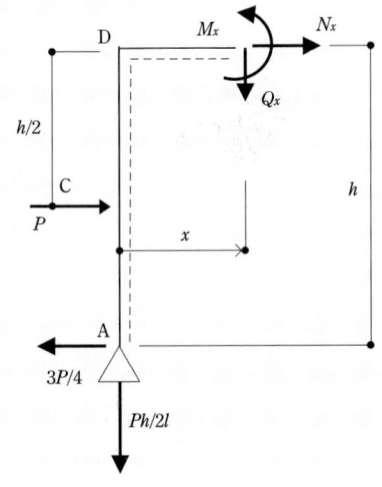

図 5·7(e)　自由物体の力の釣合

$$\Sigma X = 0 : -\frac{3}{4}P + P + N_x = 0, \quad N_x = -\frac{3}{4}P$$

$$\Sigma Y = 0 : -\frac{h}{2l}P - Q_x = 0, \quad Q_x = -\frac{h}{2l}P$$

$$\Sigma_y M = 0 : \frac{3}{4}P \times h - P \times \frac{h}{2} - \frac{Ph}{2l} \times x - M_x = 0$$

$$M_x = -\frac{Ph}{2l} \cdot x + \frac{Ph}{4}$$

④ E—B 間：Cut4

[解 1]

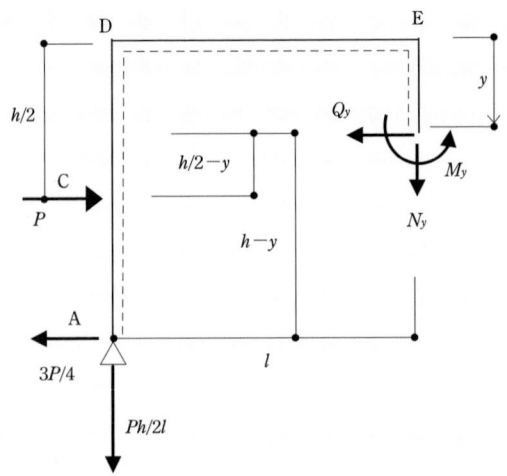

図 5·7(f)　自由物体の力の釣合

$$\Sigma X = 0 : -\frac{3}{4}P + P - Q_y = 0, \quad Q_y = \frac{1}{4}P$$

$$\Sigma Y = 0 : -\frac{h}{2l}P - N_y = 0, \quad N_y = \frac{h}{2l}P$$

$$\Sigma_y M = 0 : \frac{3}{4}P \times (h - y) - P \times \left(\frac{h}{2} - y\right) - M_y = 0$$

$$M_y = \frac{1}{4}P \cdot y - \frac{1}{4}Ph$$

[解 2]

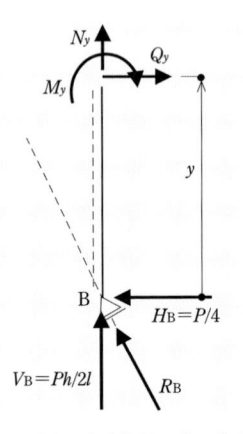

図 5·7(g)　自由物体の力の釣合

　B 点を原点に B 点から y をとった場合の釣合図である．切断面の位置の断面力の仮定方法において解 1 との違いに気付いてほしい．すなわち，基準線を部材の下面にして正の断面力の設定をする（ここでは，部材の左側の釣合断面力が図示されている）．

$\Sigma X = 0 : -\dfrac{1}{4}P + Q_y = 0, \quad Q_y = \dfrac{1}{4}P$

$\Sigma Y = 0 : \dfrac{h}{2l}P + N_y = 0, \quad N_y = -\dfrac{h}{2l}P$

$\Sigma_y M = 0 : \dfrac{1}{4}P \times y + M_y = 0$

$M_y = -\dfrac{1}{4}P \cdot y$

4 前3から主要点の断面力を求め，断面力図（M 図，Q 図，N 図）を描く．

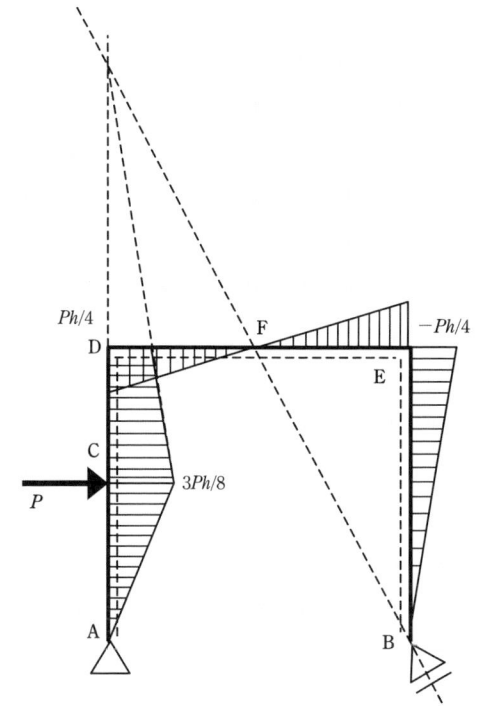

① M 図

図 5・7(h)　M 図

〔A―C 間〕 $M_A = \dfrac{3}{4}P \cdot y \big|_{y=0} = 0$

$M_C = \dfrac{3}{4}P \cdot y \big|_{y=\frac{h}{2}} = \dfrac{3Ph}{8}$

〔C―D 間〕 $M_C = \dfrac{Ph}{2} - \dfrac{1}{4}P \cdot y \big|_{y=\frac{h}{2}} = \dfrac{3Ph}{8}$

$M_D = \dfrac{Ph}{2} - \dfrac{1}{4}P \cdot y \big|_{y=h} = \dfrac{Ph}{4}$

〔D―E 間〕 $M_D = -\dfrac{Ph}{2l} \cdot x + \dfrac{Ph}{4} \big|_{x=0} = \dfrac{Ph}{4}$

$M_E = -\dfrac{Ph}{2l} \cdot x + \dfrac{Ph}{4} \big|_{x=l} = -\dfrac{Ph}{4}$

〔E―B 間〕 $M_E = \dfrac{1}{4}P \cdot y - \dfrac{1}{4}Ph \big|_{y=0} = -\dfrac{Ph}{4}$

$M_B = \dfrac{1}{4}P \cdot y - \dfrac{1}{4}Ph \big|_{y=h} = 0$

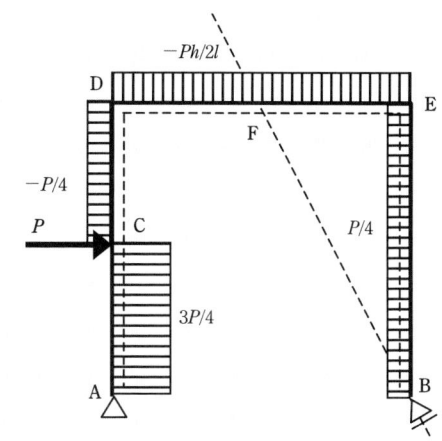

② Q 図

図 5・7(h)　Q 図

〔A―C 間〕 $Q_{AC} = \dfrac{3}{4}P$

〔C―D 間〕 $Q_{CD} = -\dfrac{1}{4}P$

〔D―E 間〕 $Q_{DE} = -\dfrac{h}{2l}P$

〔E―B 間〕 $Q_{EB} = \dfrac{1}{4}P$

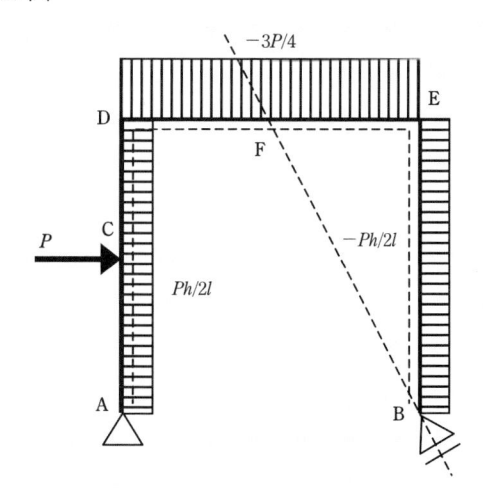

③ N 図

図 5・7(h)　N 図

〔A―C 間〕 $N_{AC} = \dfrac{h}{2l}P$

〔C―D 間〕 $N_{CD} = \dfrac{h}{2l}P$

〔D—E 間〕 $N_{DE} = -\dfrac{3}{4}P$

〔E—B 間〕 $N_{EB} = -\dfrac{h}{2l}P$

2）図解法による M 図の求め方

示力図を用いて反力を求めた後，一端から他端に向かって M 図を描き進める．基本的には，反力を荷重とみなして，片持ラーメンと同様の方法を用いればよい．

1 反力を求める

示力図を用いて，反力 R_A, R_B を求める．

＊示力図は外力の作用線と B 点（移動端の反力方向は地盤面に垂直）の作用線との交点を求め，この交点と A 点を結ぶ方向が反力 R_A の作用線となることを用いて，閉じた三角形を作る．

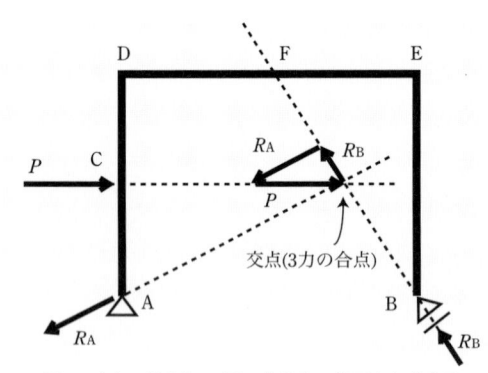

図 5・8(a)　反力と M 図の求め方　①反力を求める

2 M 図を求める

＊M 図を描く時，A→C→B の方向とするか B→C→A の方向で進めるかは考えるところであるが，一般的には，B→C→A の方向で描いた方が簡単である．

理由：力（反力）R_B の支配範囲は B→C であり，C 点からは外力 P との合力が C—A 材に作用することになる（ただし，R_B と P の合力の作用線は R_A の作用線と一致する）（図 5・8(b)）．すなわち，B→C→A の方が合力に対して M 図を描く範囲が小さくなるため，比較的簡単である．

逆に A→C→B の方向に描くと，反力 R_A の支配範囲は A—C 間のみであり，C—B 間は R_A と P の合力が支配することになる（図 5・8(c)）．

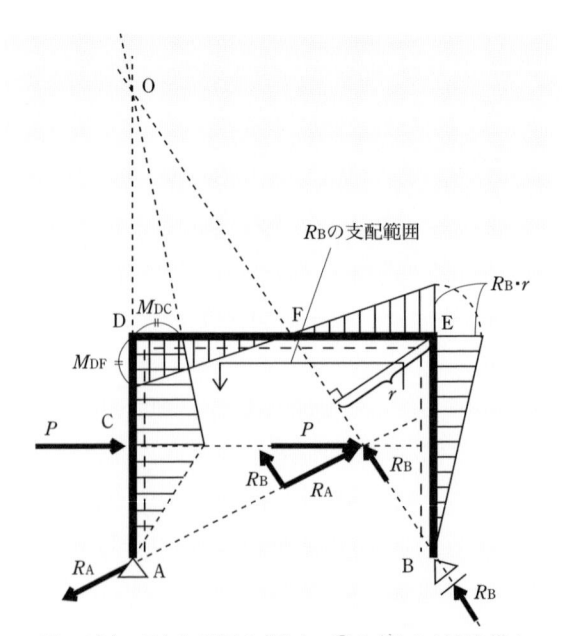

図 5・8(b)　反力と M 図の求め方　②B 点から M 図を描く

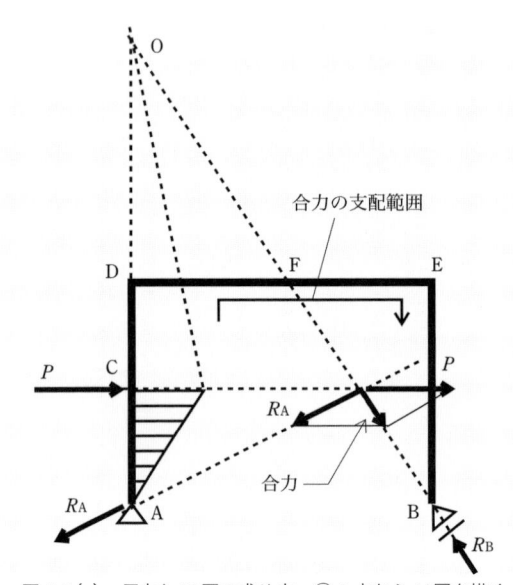

図 5・8(c)　反力と M 図の求め方　③A 点から M 図を描く

＊M 図は，第 1 章のモーメントの定義
　$M = 力（P）× 腕の長さ（r）$
を利用し求めると，図 5・8(b) を得る．

〈M 図を描く手順〉

① R_B の作用線を通る F 点では $M = 0$
② E—F 材と D—F 材の M 図で符号が変わる．
③ D—C 材の M 図は，C—D 材を延長した O 点において $M = 0$ となることから，M_{DF} と等しく置いた M_{DC} を O 点から延長した線によって描くことができる．
④ C 点の M_C は反力 R_A から求めるものと一致する．

💡 Point 2

数式解法で求めた「架構を切断して，どちらかの部分で釣合式を解いて M を式で表す」という方法を用いずに解く方法は「図(式)解法」と呼ばれるもので，第4章4·2のPoint 1でまとめた性質に基づき，迅速に M 図を描くことができる．M 図を描く場合，図解法で大略の M 図を描いた後に，主要点の値を数式解法で求める手法をおすすめする．

例題 5.4 図5·9(a)に示す構造について図式解法により反力を求め，断面力図を描き，主要点の値を求めよ．

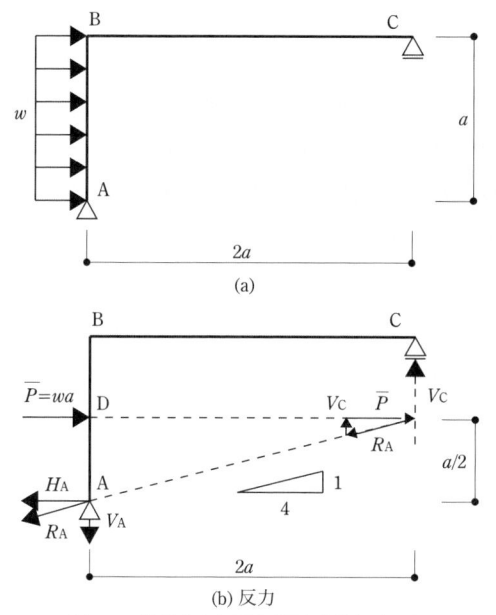

図5·9 作用外力と反力(示力図法による)

[解答例]

① 反力：示力図から反力を求めた後，反力の大きさ（水平成分と鉛直成分）を求める．R_A の傾きから，次の関係が成立する．

$$\overline{P}(=wa):V_C = 2a:\frac{a}{2} = 4:1 \quad \therefore V_C = \frac{wa}{4}$$

同様に R_A の水平成分と鉛直成分は，幾何学的関係より次のように求まる．

$$H_A = wa, \quad V_A = \frac{wa}{4}$$

② M 図：〔図解法で求める〕（A → B → C のルートで求める）

1. R_A により AD 間の $M_{\overline{P}}$ 図を描く．

2. DB 間については，R_A と $\overline{P}$ の合力，すなわち，残りの力 V_C の作用線に対して $M_{\overline{P}}$ 図を描く．V_C と DB 材は平行であるため，DB 間の $M_{\overline{P}}$ は一定値となる．

3. 大きさを同じままで，DB 材のB点の $M_{\overline{P}}$ を BC 材のB点に移す（両者の $M_{\overline{P}}$ は，いずれもラーメンの内側）．

4. B → C に向かって，V_C の作用線に対する $M_{\overline{P}}$ を描く．

〔主要点の $M_{\overline{P}}$ の値〕

$M_{\overline{P}D}$：D点で切断して下側部分で考える．

$$M_{\overline{P}D} = H_A \times \frac{a}{2} = wa \times \frac{a}{2} = \frac{wa^2}{2}$$

$M_{\overline{P}B}$：$M_{\overline{P}B} = M_{\overline{P}D} = \dfrac{wa^2}{2}$

またはB点で切断して右部分で考えると，

$$M_{\overline{P}B} = V_C \times 2a = \frac{wa}{4} \times 2a = \frac{wa^2}{2}$$

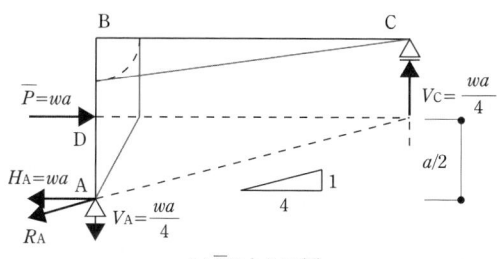

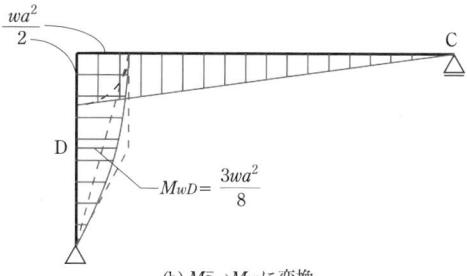

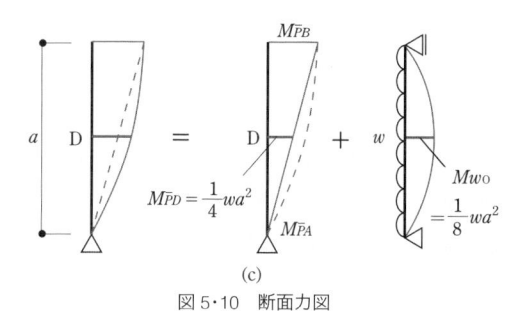

図5·10 断面力図

③ M_w：$M_{\bar{P}}$ 図から M_w 図に変換する．

等分布荷重は AB 部材に加わっているため，この部分のみ変換する．

1. $M_{\bar{P}A}$ と $M_{\bar{P}B}$ を直線で結び，D 点における値（$M_{\bar{P}D}$）を求める．

$$M_{\bar{P}D} = \frac{1}{2}(M_{\bar{P}A} + M_{\bar{P}B}) = \frac{1}{2}\left(0 + \frac{wa^2}{2}\right)$$

$$= \frac{wa^2}{4}$$

2. 単純梁の中央 M_{w0} を求める（4・3-3）項参照）．

$$M_{w0} = \frac{1}{8}wa^2$$

3. $M_{\bar{P}D}$ と M_{w0} の和が，M_{wD} となる．

$$M_{wD} = \frac{wa^2}{4} + \frac{wa^2}{8} = \frac{3wa^2}{8}$$

4. $M_{\bar{P}A}$，M_{wD}，$M_{\bar{P}B}$ を 2 次曲線で結ぶと，これが求める M_w 図となる．この時，M_w 図の A，B 点における接線は $M_{\bar{P}}$ 図となることに注意．

④ M 図より Q 図を求める．

1. B—C 間は，$Q = \dfrac{dM}{dx}$ より，$Q = \dfrac{\dfrac{wa^2}{2}}{2a} = \dfrac{wa}{4}$

2. A—B 間は，2 次曲線の M 図が三角形の M 図と単純梁の等分布荷重の M 図の和と考え，各々の Q の算出により求められる．

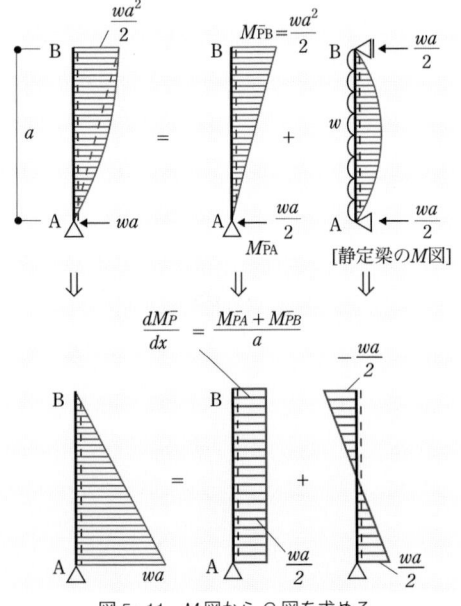

図 5・11　M 図から Q 図を求める

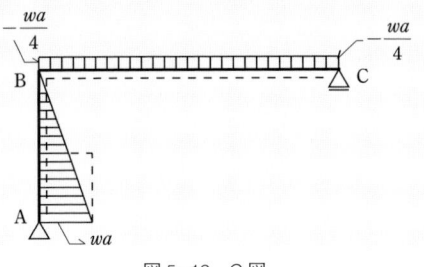

図 5・12　Q 図

⑤ $N_{\bar{P}}$ 図，N_w 図：等価荷重 $\bar{P}$ に対して $N_{\bar{P}}$ 図を描く．

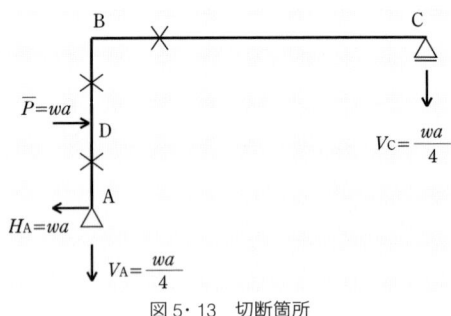

図 5・13　切断箇所

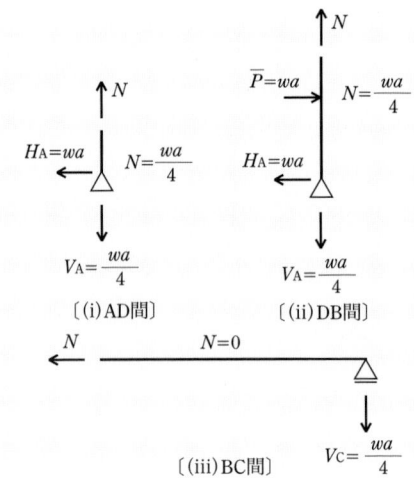

図 5・14　切断図（切断面の M，Q は描いていない）

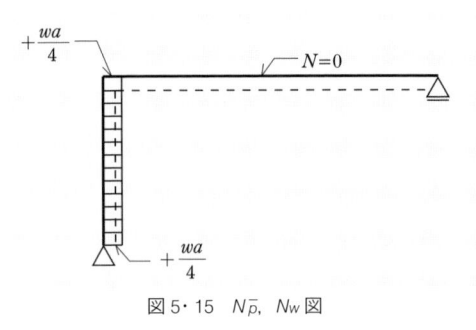

図 5・15　$N_{\bar{P}}$，N_w 図

$N_{\bar{P}}$ 図は，集中荷重 $\bar{P}$ の前後，および部材ごとに切断し，部材軸方向の釣合式から求める（切断面を引張る方向に $N_{\bar{P}}$ を仮定する）．

N_w 図は $N_{\bar{P}}$ 図から変換して求めるが，本例の場合，

等分布荷重の加わっている AB 間で，$N_{\bar{P}}$ が一定値のため，N_W 図は $N_{\bar{P}}$ 図と等しくなる（一定でない場合，Q 図と同じ方法で N_W 図を求める必要がある）．

また，AB と BC の両部材は直角で接合されているため，$Q_{\bar{P}}$ 図から直接 $N_{\bar{P}}$ 図を求めてもよい．

例題 5.5 図 5・16 (a) に示す構造の反力を求め，断面力図を描き，主な箇所の値を書け．本例は，傾斜した AB 部材に鉛直方向に等分布荷重が加わっているため，AB 部分の N_W 図は一定にならないことに注意．

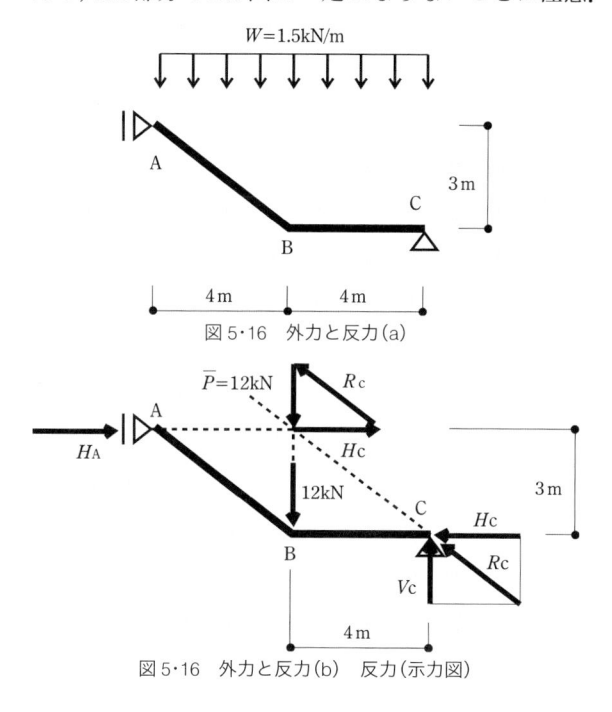

図 5・16 外力と反力 (a)

図 5・16 外力と反力 (b) 反力（示力図）

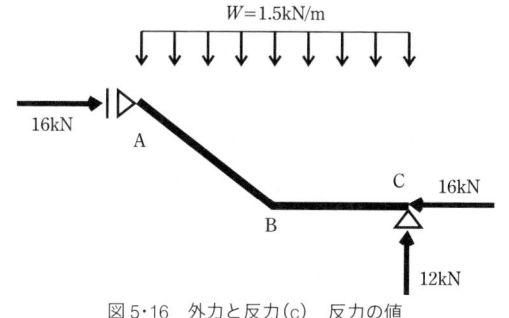

図 5・16 外力と反力 (c) 反力の値

[解答例]

① 反力を求める

示力図（力の三角形）から反力を得た後，反力の大きさ（水平成分と鉛直成分）を求める．R_C の傾きから，次の関係が得られる．

$12\text{kN} : H_A = 3m : 4m \quad \therefore H_A = 16\text{kN}$

R_C の水平成分と鉛直成分は，力の三角形の幾何学的関係より，次のように求まる．

$H_C = H_A = 16\text{kN} \quad V_C = 12\text{kN}$

[別解1]

鉛直方向の釣合から，$V_C = 12\text{kN}$．荷重 $\bar{P}$（12kN）と V_C による偶力（回転力）の大きさは，両者が 4m 離れていることから，

$12\text{kN} \times 4\text{m} = 48\text{kN}\cdot\text{m}$（反時計方向）

平行な二つの反力（H_A と H_C：距離 3m）で，この回転力に抵抗するためには，

$H_C = H_A = 48\text{kN}\cdot\text{m}/3\text{m} = 16\text{kN}$

[別解2] 通常の反力の求め方で算定する

釣合条件（$\Sigma X = \Sigma Y = \Sigma M = 0$）を用いて計算する．

② 図解法で M 図を描き，主要点の値を求める

B 点の M 値は

$M_B = 12 \times 4 - 1.5 \times 4 \times 4/2 = 36\text{kN}\cdot\text{m}$

となる．

A―B 材と B―C 材の中央点の M 値は図 5・10 を参照して求められる（図 5・17）．

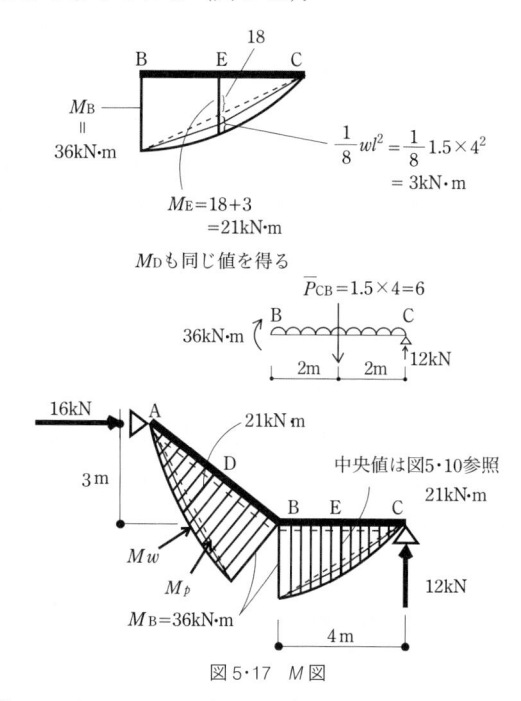

$\frac{1}{8}wl^2 = \frac{1}{8} 1.5 \times 4^2 = 3\text{kN}\cdot\text{m}$

$M_E = 18 + 3 = 21\text{kN}\cdot\text{m}$

M_D も同じ値を得る

$\bar{P}_{CB} = 1.5 \times 4 = 6$

図 5・17 M 図

③ M 図から Q 図を求める（図 5・18 参照）

〔A―B 間〕

$Q_{\bar{P}} = \dfrac{36}{5} = 7.2\text{kN}$

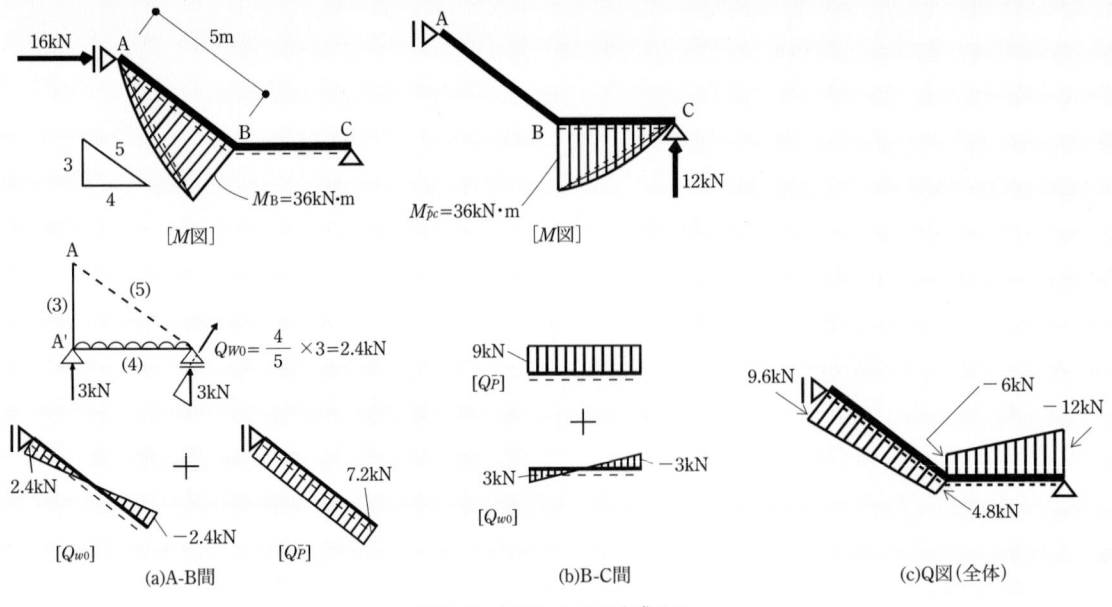

図5・18　M図からQ図を求める

$Q_{w0} = \pm 2.4 \text{kN}$

$\therefore Q_{wA} = 7.2 + 2.4 = 9.6 \text{kN}$

$Q_{wB} = 7.2 - 2.4 = 4.8 \text{kN}$

（斜材は5：4：3の比例を用いて，材に直角方向のQを求める）

〔B—C間〕

$Q_{\bar{P}} = \dfrac{36}{4} = -9 \text{kN}$

$Q_{w0} = \pm 3 \text{kN}$

$\therefore Q_{wB} = -6 \text{kN}$

$Q_{wC} = -12 \text{kN}$

④ Q図からN図を求める

〔A—B間〕

示力図の三角形で5：4：3の比例を用いる．

$N_A = \dfrac{4}{3} \times 9.6 = 12.8 \text{kN}$（圧縮）

$N_{BC} = \dfrac{3}{5} \times 6 = 3.6 \text{kN}$

$\therefore N_{AB} = 12.8 + 3.6 = 16.4 \text{kN}$（圧縮）

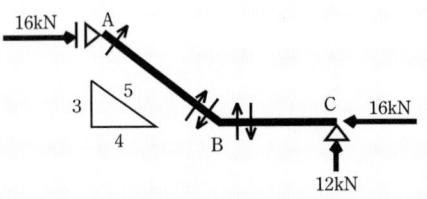

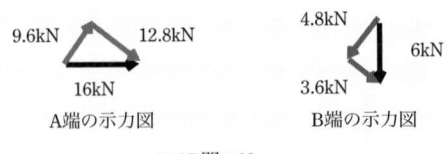

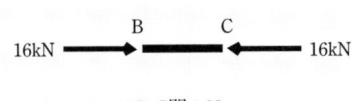

〔B—C間〕

$N_B = N_C = -16 \text{kN}$（圧縮）

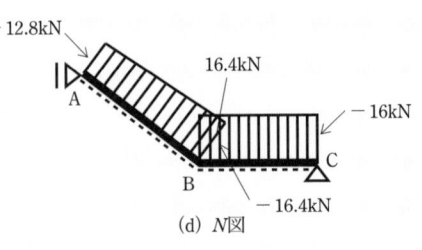

図5・19　QからN図を求める

5・4 3ピン構造

1）3ピン構造の反力を求める

2つのピン支点と構造体の中間部のピン（中間ピン）で構成される構造は，「3ピン構造」と呼ばれる．この構造の場合，支点の反力は2つのピンにそれぞれ2個（鉛直反力と水平反力）生じているため，未知数は4個になる．これに対して，反力を求めるための釣合条件は，3個（$\Sigma X = \Sigma Y = \Sigma M_A = 0$）しかないため，3ピン構造では，何らかの条件を追加しなければ反力を求めることはできない．

この追加条件として，「中間ピンでは，回転力に対して抵抗できないため，曲げモーメントがゼロになる」という性質を用いる．

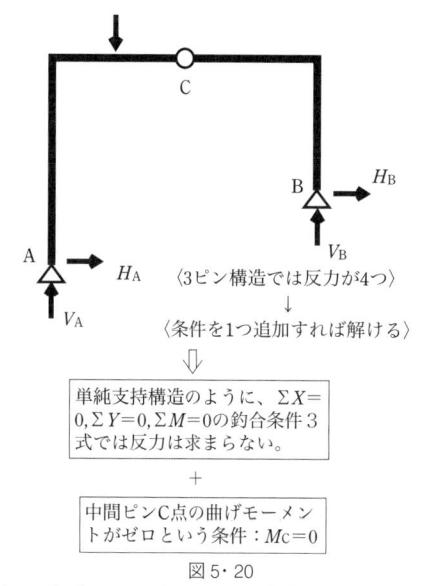

図5・20
中間ピンの曲げモーメント $M_C = 0$ の条件を用いて反力を求める

数式解法や図解法で反力を求める際に，上記条件を具体的にどのように扱うかについて考えてみる．

1 数値解法の場合

ある点の曲げモーメントがゼロということは，その点で切断しても切断面に M は生じないこと，すなわち軸力 N とせん断力 Q のみが生じることを意味している．このことを利用すると，3ピン構造では，中間ピン位置で架構を切断し，得られた二分された架構（これを「構面」と呼ぶ）のどちらかに対して，中間ピンを中心にしたモーメントの釣合式がゼロになる条件を満足すればいいことになる．

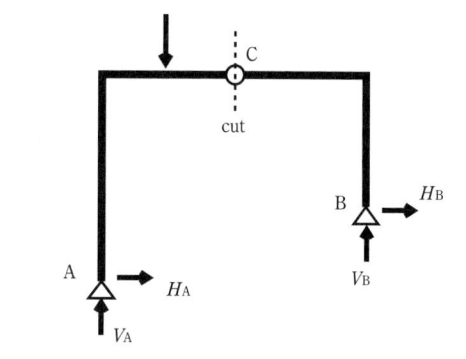

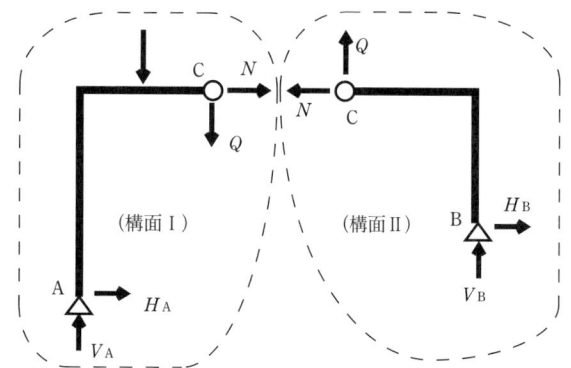

図5・21 $M_C = 0$ ということは，構面ⅠまたはⅡを対象として，「C点を中心にしたモーメントの釣合」＝0 が成立するということ

💡 Point 3

3ピン構造では以下の5個の釣合条件式を書くことができ，この内の4個の式を用いることで反力を求めることができる（残りの1個の式は，4個の式を用いて導くことができる．このことを，5個の式中，「4個の式は独立している」と称する）．

(1) 3ピン構造全体に対して
・$\Sigma X = 0$（水平方向の釣合）
・$\Sigma Y = 0$（鉛直方向の釣合）
・$\Sigma M = 0$（任意の点を中心にしたモーメントの釣合）

(2) 中間ピンで切断した2つの構面（Ⅰ，Ⅱ）に対して
・$\Sigma_C M^{\mathrm{I}} = 0$（構面Ⅰに対して，中間ピンを中心にしたモーメントの釣合）
・$\Sigma_C M^{\mathrm{II}} = 0$（構面Ⅱに対して，中間ピンを中心にしたモーメントの釣合）

〈3ピン構造の反力を求めるための5つの釣合式．この内4個を用いれば反力が求まる〉

例題 5.6 図 5・22 の 2 種類の 3 ピン構造の反力を求めよ.

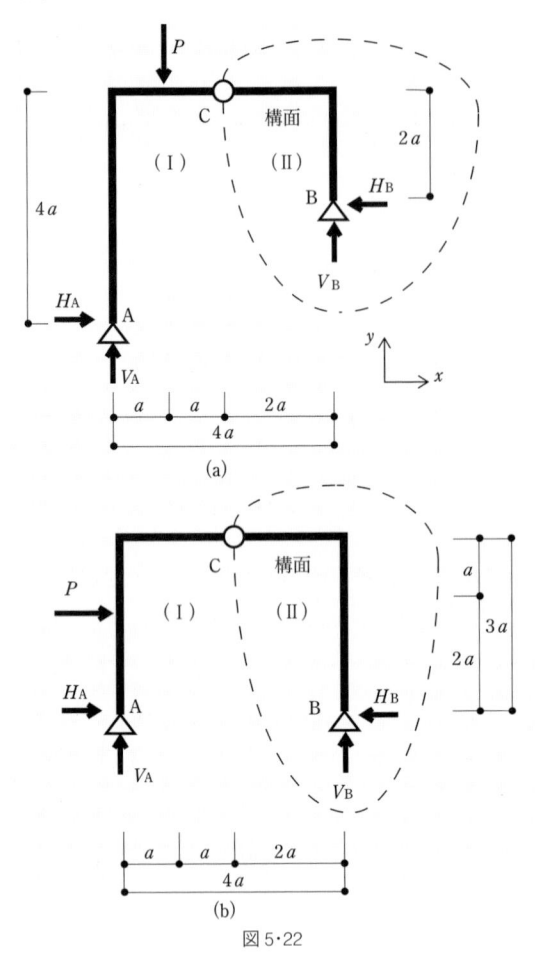

図 5・22

[解答例]

(a)に対して

$$\Sigma X = H_A - H_B = 0 \to H_A = \frac{P}{6} \ (\to)$$

$$\Sigma Y = V_A(\uparrow) + V_B(\uparrow) - P(\downarrow) = 0$$

$$\to V_A = \frac{5P}{6}(\uparrow)$$

$$\Sigma_A M = P \cdot a - H_B \cdot 2a - V_B \cdot 4a = 0$$

$$\to P - 6V_B = 0 \quad \therefore V_B = \frac{P}{6}(\uparrow)$$

$$\Sigma_C M = H_B \cdot 2a - V_B \cdot 2a = 0$$
(構面 II について)

$$\to H_B = V_B \to H_B = \frac{P}{6}(\leftarrow)$$

(b)に対して

$$\Sigma X = P + H_A - H_B = 0 \to H_A = -\frac{2P}{3} \ (\leftarrow)$$

$$\Sigma Y = V_A(\uparrow) + V_B(\uparrow) \equiv 0$$

$$\to V_A = -V_B \to V_A = -\frac{P}{2}(\downarrow)$$

$$\Sigma_A M = P \cdot 2a - V_B \cdot 4a = 0 \to V_B = \frac{P}{2} \ (\uparrow)$$

$$\Sigma_C M = V_B \cdot 2a - H_B \cdot 3a \equiv 0$$
(構面 II について)

$$\to H_B = \frac{2}{3} V_B \to H_B = \frac{P}{3}(\leftarrow)$$

2 図解法の場合

中間ピンの位置で曲げモーメントがゼロということは,反力の作用線あるいは反力と荷重の合力の作用線が中間ピンを通ることを意味している.ここで,数式解法の場合と同様,中間ピンの位置で架構を二つに切断して考える.図解法では,こうして得られた二つの構面のいずれかに荷重が無い場合,「中間ピンで $M = 0$ になるためには,その構面の支点部の反力の作用線が中間ピンを通る」という性状を用いる.すなわち,反力を求める際には,荷重のない構面の反力の作用線として 2 つのピンを結ぶ直線を描くことから始める.このことは,単純支持構造において,最初にローラーのレールに対して垂直線(ローラーの反力の作用線に相当)を引くことに相当している.また,「両端がピンで,その間に荷重が加わっていない場合,その部分に加わる応力や反力の作用線は両端のピンを結ぶ方向に生じる」という性質は重要である.なお,この性質は「ピン―ピンはローラー」と称されることがあるが,「二つのピンの間に荷重が無い場合」が前提条件であることを忘れてはならない.

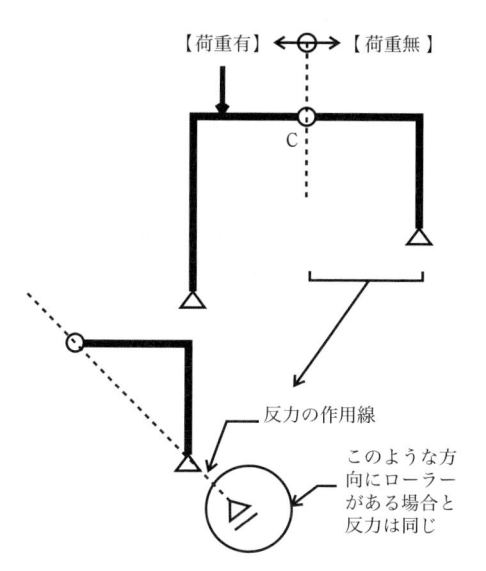

図5·23 荷重が無い構面では，反力の作用線は2つのピン（中間ピンとピン支点）を結ぶ直線となる（ピン―ピンはローラー）

以上のことをまとめると，3ピン構造の反力は以下の手順で求まる．

3 反力を求める手順（集中荷重＋等分布荷重）

以下の手順における③以降は，単純支持構造に集中荷重が加わった場合と同じである．なお等分布荷重の場合も集中荷重に変換後，同じ手順で求めることができる．

① 中間部のピンで構造を二つの領域に分ける．「荷重の有る領域」と「荷重の無い領域」の二つの領域になる．
② 荷重の無い領域の二つのピンを最初に結ぶ．
③ 荷重の作用線と②の交点を求める．
④ 残りのピンと③を結ぶ．
⑤ ③の位置で力の三角形（示力図）を描く．
⑥ 示力図の内，荷重以外の二辺の矢印を，支点位置まで移動させると，これが反力となる．

4 反力を求める手順（モーメント荷重）

①と②は三ピン構造に集中荷重が加わっている場合と同じ，また③と④は単純支持構造にM荷重が加わった場合と同じである．

① 中間部のピンで構造を二つの領域に分ける．「荷重の有る領域」と「荷重の無い領域」の二つの領域になる．
② 荷重の無い領域の二つのピンを最初に結ぶ．
③ 残りのピンから②と平行に作用線を引く．
④ M荷重の回転を止めるように（逆方向の回転力が生じるように），①と②の作用線上に，一対の力（方向反対，同じ大きさ，平行の二つの力）を描く．

※ 反力の大きさは，M荷重の大きさ（m）を，二つの反力の距離（l）で割った値となる（図解法では，反力の大きさは求める必要はない）．

※ ここに示した手法は，モーメント荷重が中間ピン位置に加わっていなくても，すなわち架構のどの部分に加わっていても適用できる．

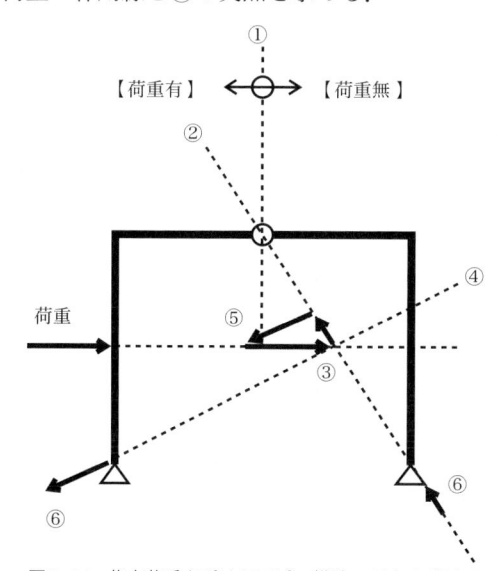

図5·24 集中荷重を受ける三ピン構造の反力を求める

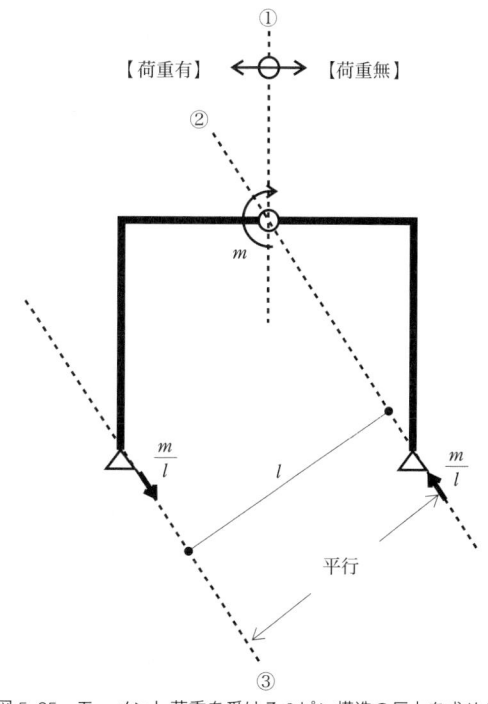

図5·25 モーメント荷重を受ける3ピン構造の反力を求める

[補足] **モーメント荷重の表示に注意**

通常の部材や支点にモーメント荷重が加わっている場合は，加力点のどちら側に荷重が表示されていても，回転方向が一致していれば同じ状態を表している．一方，中間ピンの場合は，ピンのどちら側に荷重が表示されているかにより，モーメント荷重による影響は異なる．

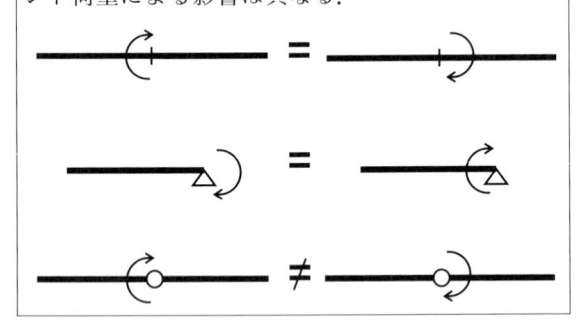

2) 3ピン構造のM図

1 集中荷重時のM図

3ピン構造では，反力を求めた後は，単純支持ラーメン構造と同じ要領で断面力図を描くことができる．本節では以上のことを踏まえて，3ピン構造の曲げモーメント図について，図解法を用いた解法を説明する．Q, N図については，5・3の例題を参考にしてほしい．

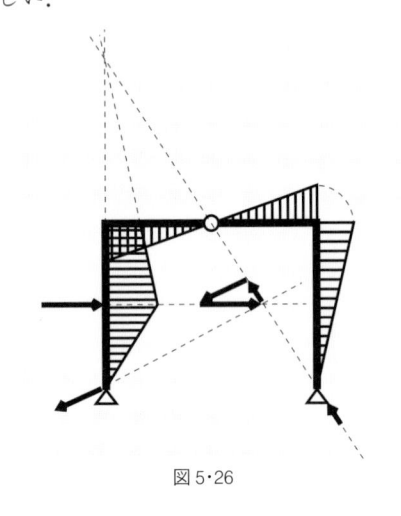

図5・26

〈手順〉

① 最初に反力を求める［5・4-1)参照］．

② 一端から他端に向かって，一方向に描き進める（どちらから描き始めても，同じ図になる）．最初に反力がきちんと求められていれば，M図の描き方は単純支持構造と同じ．まずは左図の基本形式のM図を，正確に描いてみよう．

③ その他，M図の描き方の原則は単純支持ラーメンと同じである．

2 モーメント荷重時のM図

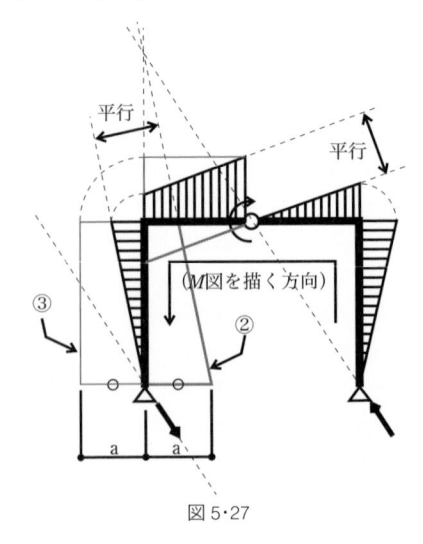

図5・27

〈手順〉

① 最初に反力を求める．

② 片端からM図を描いていくが，途中でモーメント荷重が出現しても無視して，最終点まで書き続ける．

③ モーメント荷重によるM図を描く（②と同じ方向で描く．M図はモーメント荷重の出現前はゼロであること，またモーメント荷重の出現後は一定となることに注意）．

※ この時，最終点で②と③のMの和がゼロになるように，Mの大きさを定めることがポイント．

④ 上記②と③のM図を加える．ここで③のM図は一定値であるため，足し合わせて得られるM図と②のM図は平行になる．この性状を用いると，③の手順を行わなくてもM図を描くことができる．

練習問題 5.1 片持ラーメンの概略の M 図を描け．

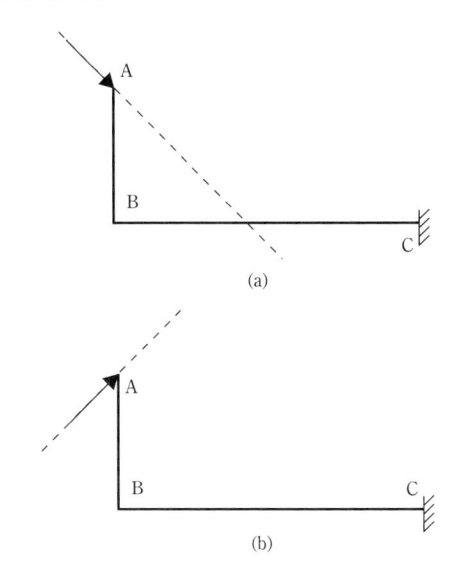

(a)

(b)

練習問題 5.2 下図の反力を求め，断面力図を描き，主要点の値を求めよ．

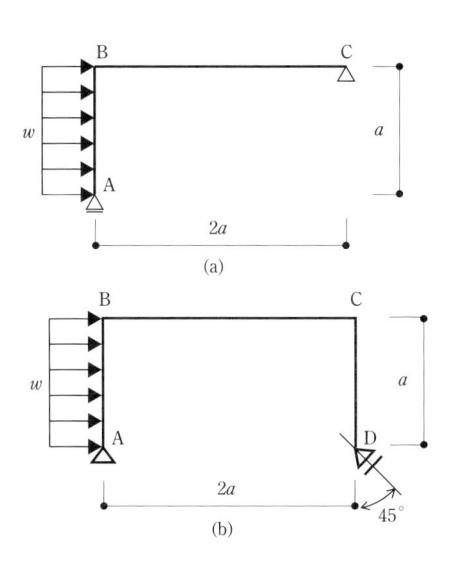

(a)

(b)

練習問題 5.3 次の3ピン構造の一対のモーメント外力 m による反力と断面力図を描け（一対とは，「方向が逆，大きさが同じの二つの力」を意味する）．

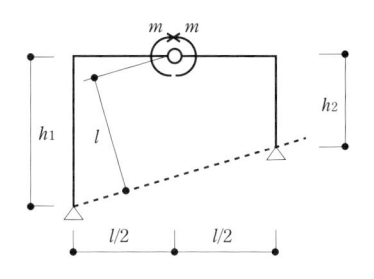

第6章 トラス構造

6・1 トラスの性質

1）トラス構造とは

三つの棒材の端部をピンで結合して三角形を構成すると，安定した架構を得ることができる．この三角形の構面を利用したものが**トラス構造**あるいはトラスである（図6・1）．トラスによる架構全体は，梁や柱などと同等の機能を持つ．静定トラスも前述した静定の梁やラーメン構造等と同様，力の釣合条件のみで反力や断面力を求めることができる．

トラスの基本条件（あるいは断面力を求める上での基本仮定）には，以下に示す三条件がある．
① 直線材で構成され，部材軸は節点を結ぶ直線と一致する．
② 部材相互は摩擦のないピンで接合されていると見なせる．
③ 荷重は節点のみに作用する．

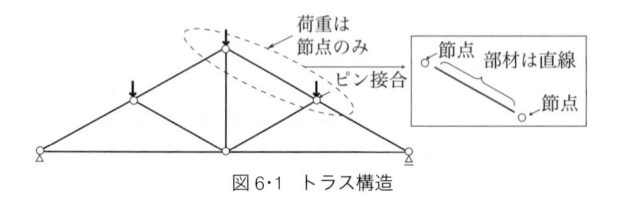

図6・1 トラス構造

以上の条件を満足する場合，各部材に生じる断面力は一定の大きさの軸力のみとなる．図6・1に2部材と3個のピンから構成された架構を示す．節点のみに荷重が加わる場合はトラスと見なすことができるが，架構全体に等分布荷重が加わる場合は，第5章5・4に示した3ピン構造となる（なおトラスの図示の際，節点がピンである記号（○）は省略することがあるので注意してほしい）．

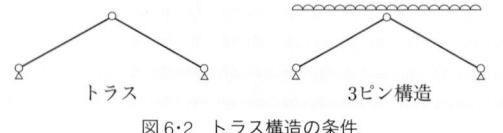

2）軸力の種類と表示

部材の軸力には引張力と圧縮力があり，一般的に前者を正，後者を負で表す．1本のトラス部材の両端に引張力 P が作用し，部材に引張力が生じている場合を考える（図6・3(a)）．この引張力を，節点近傍で切断した図を用いて表すと(b)図のようになる．

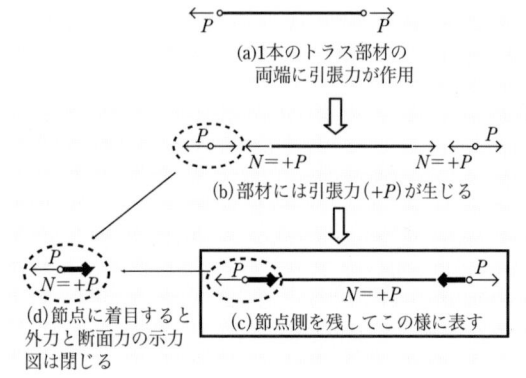

図6・3 引張力の表示方法

トラスの軸力を図示する場合には，節点側の矢印のみを表し，(c)図のように表現することと約束している．この表示方法に従うと，節点において外力と断面力の示力図が閉じることになり，断面力を解く際に便利である．

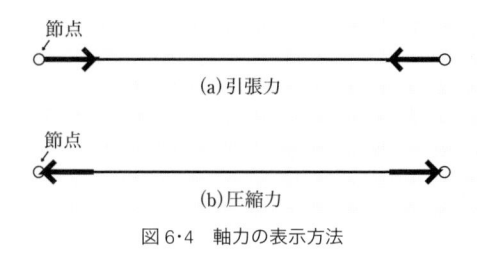

図6・4 軸力の表示方法

図6・4に部材の軸力の表示方法をまとめて示す．この表示方法は，一般的な感覚とは逆のように思われるが(a)は部材を押す力ではなく，節点を引く力で「引張力」，また(b)は節点を押す力で「圧縮力」と理解すればよい．

3）部材の軸力を求める方法

トラスの軸力を求める際に用いる基本的な考え方は，ラーメンの断面力を求める際の考え方と同様である．

① 反力を最初に求めておくことが原則．ただし片持形式の場合で，先端から考える場合には，反力を求めなくてもよい．

② 釣り合っている構造では，どの部分を切り出しても，外力（荷重や反力）と部材の切り口に設定した断面力は釣り合う．これに従い，トラスの場合には，(1)節点のみを取り出して釣合を考える方法と，(2)架構全体を二つに分けて，どちらかの部分（構面）の釣合を考える方法の二種類に大別できる（図6・5）．本章では，(1)については「節点法」を，(2)については「Ritterの切断法」を，それぞれ取り上げる．

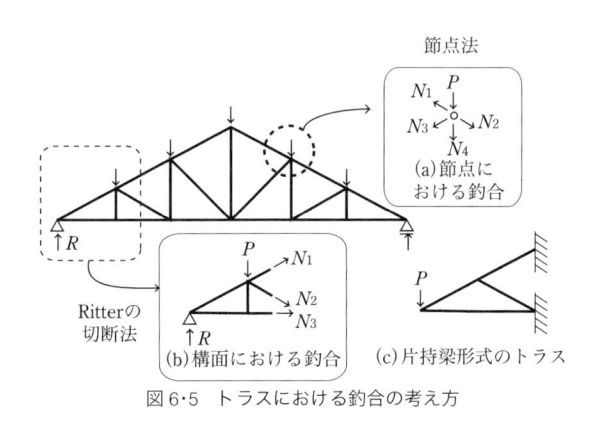

表6・1 トラスの節点における釣合条件

釣合状態	数式解法	図解法
移動しない	$\Sigma X = \Sigma Y = 0$	示力図が閉じる
回転しない	$\Sigma M = 0$	連力図が閉じる

トラスの節点で考えるとき，「軸力(N)と荷重は1点で交わる」ため，$\Sigma M = 0$は不要

ここでトラスの節点での釣合を考える時，「外力と軸力は常に一点で交わる」ため，「回転しない」条件が常に成立することは自明である．すなわちトラスの節点法では，「移動しない」という条件のみを考えればよいことになる．具体的にいえば，

数式解法… $\Sigma X = 0, \ \Sigma Y = 0$

図解法…示力図が閉じる

の2つの解法のいずれかを用いればよい．両解法とも物理的な意味は同じである．

なお，各節点で連立方程式は2つしか立てられないため，軸力が未知の部材は2本以内でないと解は得られない．これは示力図を用いた場合も同じである．

図6・5 トラスにおける釣合の考え方

③ $N = 0$ の部材が最初からわかる場合は，取り除いておく．具体的な $N = 0$ の部材を見つける方法については6・2-3)で説明する．

6・2　節点法によるトラス解法

1）概要

節点法はその節点に加わる外力（荷重や反力）と，その節点に集まる部材の軸力が釣り合っている条件から，部材の軸力を求める方法である．

ここで，一般的な釣合条件から，トラスの節点における釣合条件を導く．一般的な釣合条件は，移動しないこと，および回転しないことの2つの状態に対して，それぞれ表6・1に示す解法が対応している．

2）解法の手順

節点法では通常，以下の手順で軸力を求める．

① 反力を求める．片持式トラスを先端から解く場合には，反力を求めなくてもよい．

② 節点ごとに，数式解法または示力図を用いて部材の軸力を求めていく．この際，軸力が未知数の部材数が2本以内である節点を選ぶことがポイント．通常は架構の端部から算定するとよい．

〈数式解法〉

1. 数式解法の場合，最初に未知の軸力を引張力と仮定して，$N_{\circ\circ}$ と名付ける．

2. 外力（荷重や反力）やすべての軸力の X 成分と Y 成分を求めておく．

3. $\Sigma X = 0, \ \Sigma Y = 0$ の連立方程式を立て，未知の軸力を求める．このとき，軸力の値が負で得られた場合は，圧縮力となることを表している．

③得られた軸力を図で表す．

例として，2部材からなる簡単なトラスを解く（図6・6）．この架構は片持式とも考えられるため，反力を求める必要はない．

例題 6.1 図6・6の部材ABとBCの軸力を求めよ．ここで引張力を正とせよ．

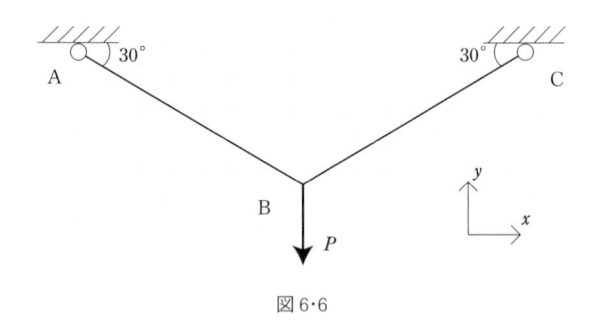

図6・6

[解答例]
①数式解法
1. B点近傍で切断して，部材位置に引張力（N_{BA}とN_{BC}）を仮定し，さらにそれぞれの水平成分と鉛直成分を算定する（図6・7）．

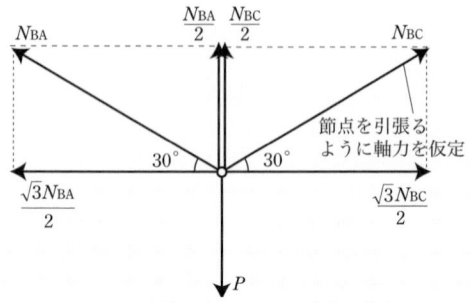

図6・7 軸力の仮定とX，Y成分の算定

2. 釣合式の作成

水平・鉛直方向の釣合式は以下のようになる．

$$\sum X = 0 : -\frac{\sqrt{3}}{2} \cdot N_{BA} + \frac{\sqrt{3}}{2} \cdot N_{BC} = 0 \quad \therefore N_{BA} = N_{BC}$$

$$\sum Y = 0 : \frac{N_{BA}}{2}(\uparrow) + \frac{N_{BC}}{2}(\uparrow) - P(\downarrow) = 0$$

$$\therefore N_{BA} + N_{BC} = 2P$$

この式を解くと，以下のように軸力が得られる．

$N_{BA} = N_{BC} = +P$（引張）

②図解法（示力図）

B点を対象にして示力図を描くと，図6・8のような正三角形が得られる．これより数式解法と同じ解が得られる．

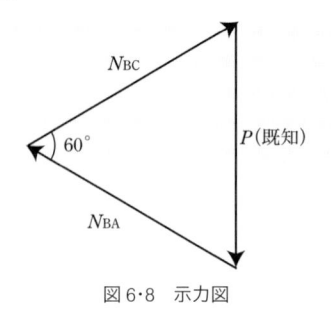

図6・8 示力図

例題 6.2 全部材のNを求めよ（引張を（＋）とする）．

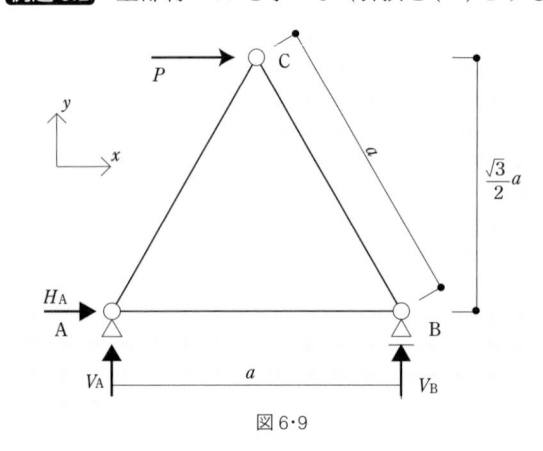

図6・9

[解答例]
①反力の仮定

図6・9に示す方向に3つの反力（H_A, V_A, V_B）を仮定する．

②反力を求める．

$$\begin{cases} \sum X = 0 : \vec{P} + \vec{H_A} = 0 & \therefore H_A = -P \\ \sum Y = 0 : V_A(\uparrow) + V_B(\uparrow) = 0 & \therefore V_A = -V_B \\ \sum_A M = 0 : P \cdot \frac{\sqrt{3}}{2}a - V_B a = 0 & \therefore V_B = \frac{\sqrt{3}}{2}P \\ \qquad \therefore V_A = -V_B = -\frac{\sqrt{3}}{2}P \end{cases}$$

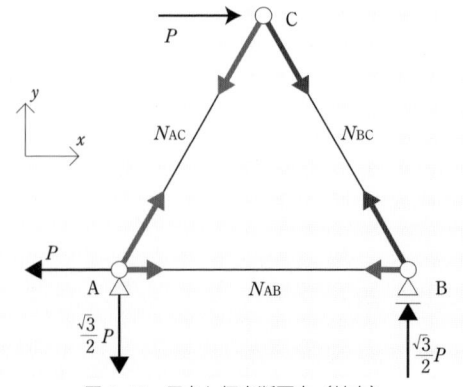

図6・10 反力と仮定断面力（軸力）

よって実際の反力の値と方向は，$H_A = P(\leftarrow)$，$V_A = \frac{\sqrt{3}}{2}P(\downarrow)$，$V_B = \frac{\sqrt{3}}{2}P(\uparrow)$と求まる（図6・10）.

＊反力の計算結果が負（−）になったとき，実際の反力方向は仮定した反力と逆向きであることに注意.

③軸力を求める.

1．数式解法

最初に図6・10に示すように，各部材の軸力を引張方向に仮定する.

・B点の釣合

$$\begin{cases} \sum X = 0 : N_{BC} \cdot \cos 60° - N_{AB} = -N_{BC} \cdot \frac{1}{2} - N_{AB} = 0 \\ \therefore N_{AB} = -\frac{1}{2}N_{BC} \\ \sum Y = 0 : N_{BC} \cdot \sin 60° + V_B \\ \quad = N_{BC} \cdot \frac{\sqrt{3}}{2}(\uparrow) + \frac{\sqrt{3}}{2}P(\uparrow) = 0 \end{cases}$$

$$\therefore N_{BC} = -\frac{\sqrt{3}}{2}P \cdot \frac{2}{\sqrt{3}} = -P \quad \therefore N_{AB} = +\frac{P}{2}$$

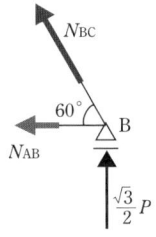

・C点の釣合

$$\sum X = 0 : \overrightarrow{P} - \overleftarrow{N_{AC} \cdot \frac{1}{2}} + \overrightarrow{N_{BC} \cdot \frac{1}{2}} = 0$$

$$N_{AC} = 2P + N_{BC} = 2P - P = P$$

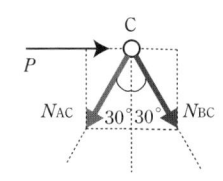

2．図解法（示力図）

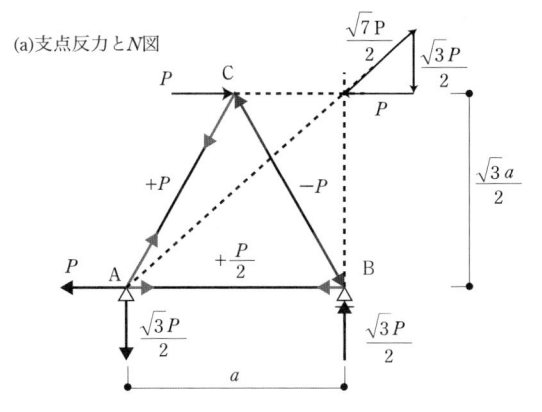

(a)支点反力とN図

(b) B点の示力図　　(c) C点の示力図

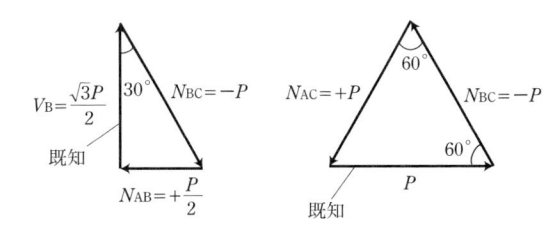

図6・11　示力図法による解

3) $N = 0$ の部材の見分け方

節点の釣合を考えると，問題を解く前に軸力が0の部材を見つけることができ，その部材を除去することで与えられた問題を簡略化できる.

ある節点に集まる部材数	節点に荷重無し	荷重有り
2	2部材共 $N=0$	※1)
3	※2)	

※1)Pと片方の軸が一致している場合
　→ 残りの部材は$N=0$
※2)残りの2部材が直線

図6・12　軸力が0の部材の条件

ある節点に集まる部材の数と，その節点に加わる荷重の有無に着目して，軸力が0となる部材の条件を整理して，図6・12に示す．節点に荷重が無い場合は，節点に集まる部材数が4本以上になると軸力がゼロの部材の判断はできない．また節点に荷重が有る場合は，部材数が2本でその荷重の作用線が部

材の軸と一致している場合のみ，判断が可能となる．なお，部材のどちらかの端部で上記条件を満足すれば，その部材の軸力は 0 となる．また例題 6.3 (c) のように，軸力が 0 の部材が判明後，その部材を除去することで，新たに軸力が 0 の部材を見つけられる架構もある．

例題 6.3 軸力が 0 の部分に×を付けよ．

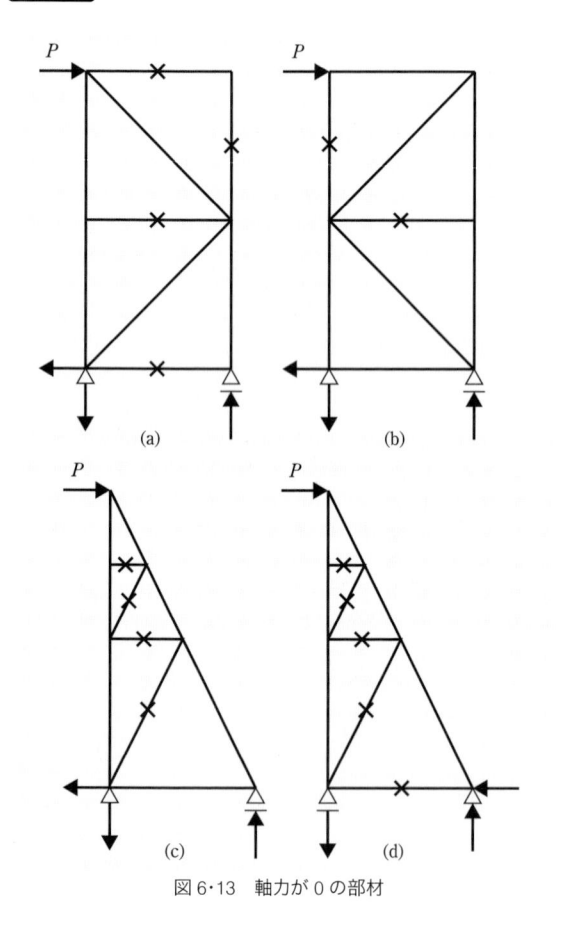

図 6·13 軸力が 0 の部材

6·3 Ritter の切断法

Ritter の切断法は，軸力を求めようとする部材を切断しながらトラス架構全体を 2 つの部分（構面）に分け，そのいずれか一方の構面について力の釣合条件を用いて部材の軸力を求める方法である．力の釣合条件は 3 個立てられ，また未知数は切断された部材の数（切り口に設定された軸力の数）であるため，切断される部材の数は 3 本以内にする必要がある．数多くの部材から構成されたトラスの任意の位置にある部材の軸力を求めたい場合に，切断法は有効である．

また，釣合条件を工夫することで，少ない釣合条件で求めたい軸力を求めることも可能である．基本的な手順を，例題を通じて説明する．

例題 6.4 次のトラス構造の $N_1 \sim N_3$ の軸力を Ritter の切断法を用いて求める．設問の手順に従って解け．

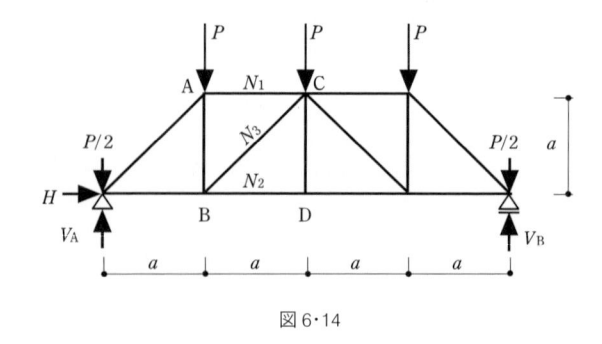

図 6·14

① 反力を図 6·14 に示せ．また $N = 0$ の部材に×印をつけよ．（上図のように反力を仮定し，反力を求めて，$H = 0$，$V_A = 2P$，$V_B = 2P$ となることを確認せよ）

② $N_1 \sim N_3$ が生じる部材を切断した（N が未知の切断部材の数が 3 部材以内になるように切断することがポイント）．ここで切断されたトラスの左半分を考えると，図 6·15 のように表される．部材の切断位置に $N_1 \sim N_3$ を描く（引張力を仮定すること）．また左の支点部の反力も示す（反力を忘れないこと）．

[補足] 荷重と反力以外に切断位置の軸力を考慮すると，切断されたトラスは釣り合っている（釣り合っている架構はどこの部分を取り出しても釣り合っている）．

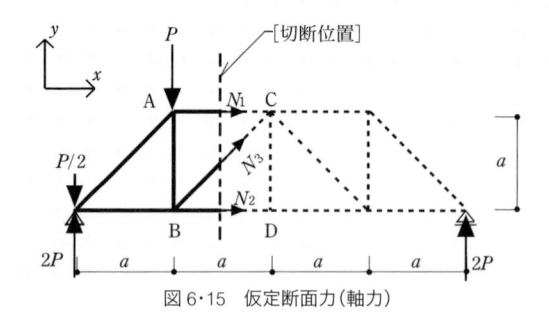

図 6·15 仮定断面力（軸力）

③ まず N_1 を求める．1 つだけの釣合式を用いて N_1 を求めるためには，N_2 と N_3 の交点（B 点）を中心にしたモーメントの釣合式を立てればよい．以

下に，モーメントの釣合式を書き，N_1 を求める（コツ：ある部材の軸力を求める場合には，その他の軸力（未知数）の交点を中心にしたモーメントの釣合式を用いればよい．こうすれば釣合式中に他の軸力は含まれない）．

$$\sum_B M = 0 : N_1 \cdot a - \frac{P}{2} \cdot a + 2P \cdot a = 0$$

$$\therefore N_1 = -\frac{3}{2}P \quad (圧縮仮定した断面と逆に作用する)$$

④ ③と同様の方法で，N_2 を求めよ（N_1 と N_3 の交点を中心にしたモーメントの釣合式を立てればよい）．

$$\sum_C M = 0 : -N_2 \cdot a - P \cdot a - \frac{P}{2} \cdot 2a + 2P \cdot 2a = 0$$

$$\therefore N_2 = 2P \quad (引張)$$

⑤ N_3 を1つの釣合式で求めるためにはどのようにすればよいかについて考える．また釣合式を立てて N_3 を求める（ヒント：N_1 と N_2 が釣合式に表れないためには，どのような釣合式を立てればいいのか？）

（N_1 と N_2 は水平方向の軸力であるため，鉛直方向の釣合式を立てれば，N_3 のみが含まれた式が得られる．）

$$\sum Y = 0 : -\frac{P}{2}(\downarrow) - P(\downarrow) + 2P(\uparrow) + N_3 \cdot \frac{1}{\sqrt{2}}(\uparrow) = 0$$

$$\therefore \frac{P}{2} + N_3 \cdot \frac{1}{\sqrt{2}} = 0$$

$$\therefore N_3 = -\frac{\sqrt{2}}{2}P = -\frac{1}{\sqrt{2}}P \quad (圧縮)$$

⑥ 軸力図を描く（切断面のみ）．

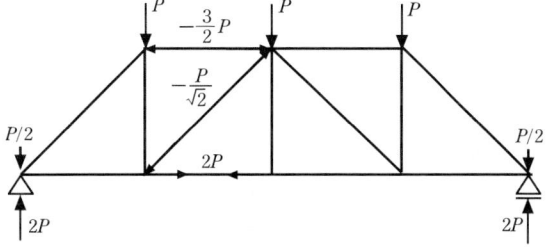

図6・16 軸力図（Ritterの切断法による）

練習問題 6.1 次のトラス構造の軸力図を数値解法または図解法を用いて描け. $N=0$ の部材には×を付けよ.

a)

b)

c)

d)

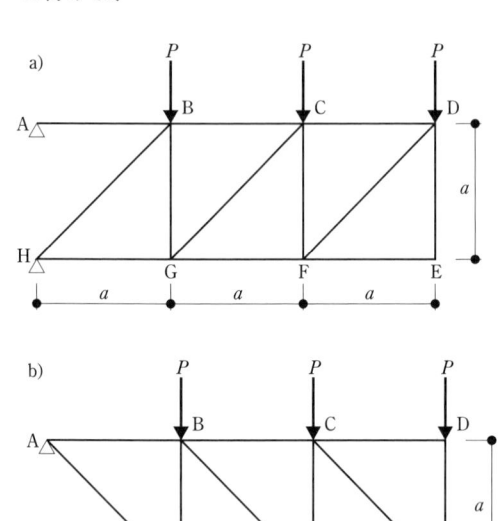

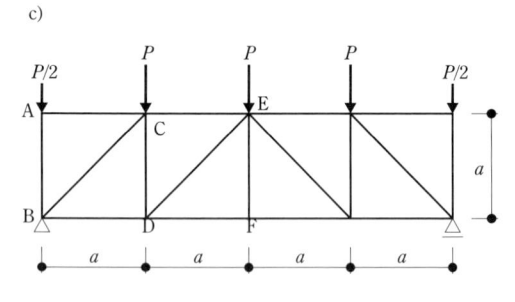

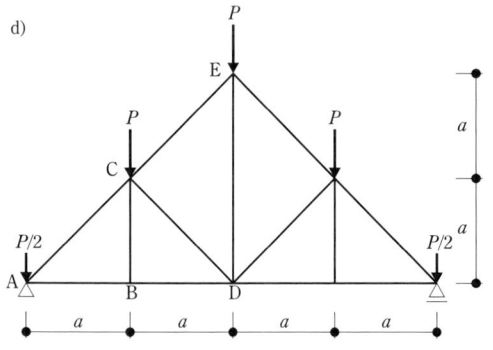

練習問題 6.2 下図のトラスについて答えよ. ただしトラスのユニットの形状は一定とする.

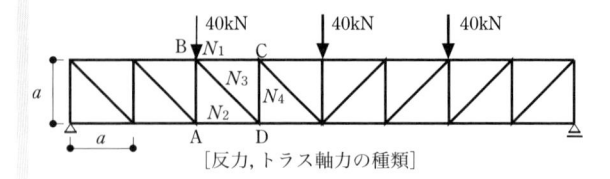

[反力, トラス軸力の種類]

① 上図に反力を示せ.
② Ritter の切断法を用いてトラスの軸力 $N_1 \sim N_4$ を求めよ（計算過程を示せ）.
③ C 点と D 点の示力図を描け.

練習問題 6.3 下図のキングポストトラスの $N_1 \sim N_4$ の軸力を Ritter の切断法により求めよ.

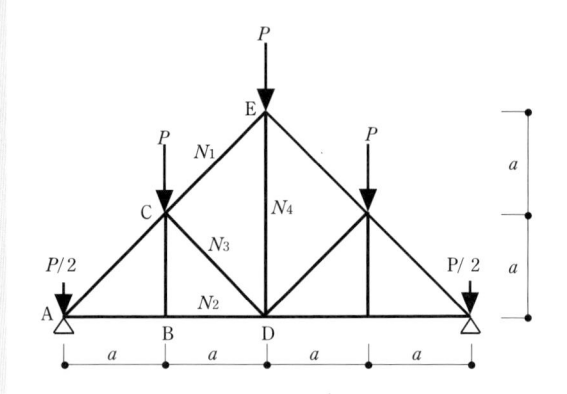

第7章 断面の性質と応力度

前章までは，建築物の構造形式として代表されるような骨組構造の断面力（内力ともいう）を求める方法について述べてきた．構造設計では，構造安全性を確認するために，部材内に生じた力が部材の強度を超えるか否かを判定するが，その断面力は，部材内部に生じる単位面積当たりの力（応力度）で表される．本章では，求めた断面力から断面内に生じる応力度を求める方法とそれに必要な断面に関する諸パラメータについて述べる．また，力が作用した場合の変形と単位長さ当たりの変形量であるひずみについても解説する．

7・1 応力度とひずみ

1）断面力と応力度

物体に外から力が作用した場合，その物体内部に力が伝達される．その力を断面力または内力という．この断面力は，科学や工学の分野では，同一面内でも，成分ごとに分解して扱う．図7・1のように，物体に力が作用しているときその物体内部のある面に生じる断面力を面に垂直な成分と面に沿った成分に分解する．

断面力を分解する説明がこれだけではそのイメージがわきにくい．そこで，分解した各種の断面力が顕著に生じている状態を想像してみよう．図7・2に示すように，細長い円柱の両端を軸方向に引っ張ったとき，その軸に垂直な面には引張力が生じる．また，図7・3に示すように，円柱の両端を圧縮すると，軸に垂直な面には圧縮力が生じる．この断面内に生じる引張力と圧縮力を軸方向力Nという．これとは別に，図7・4に示すように2枚の板の一部分を貼り合わせ引っ張るとその接着面には面に沿った方向にせん断力Qが生じる．

さて，構造物が外力に耐えうるか否かの判定には，ある面に作用する断面力をその面積で除した応力度（単位面積当たりの力）を用いる．応力度を式で表す

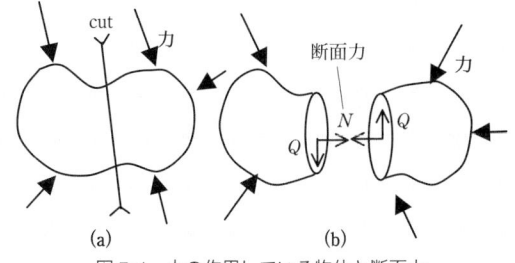

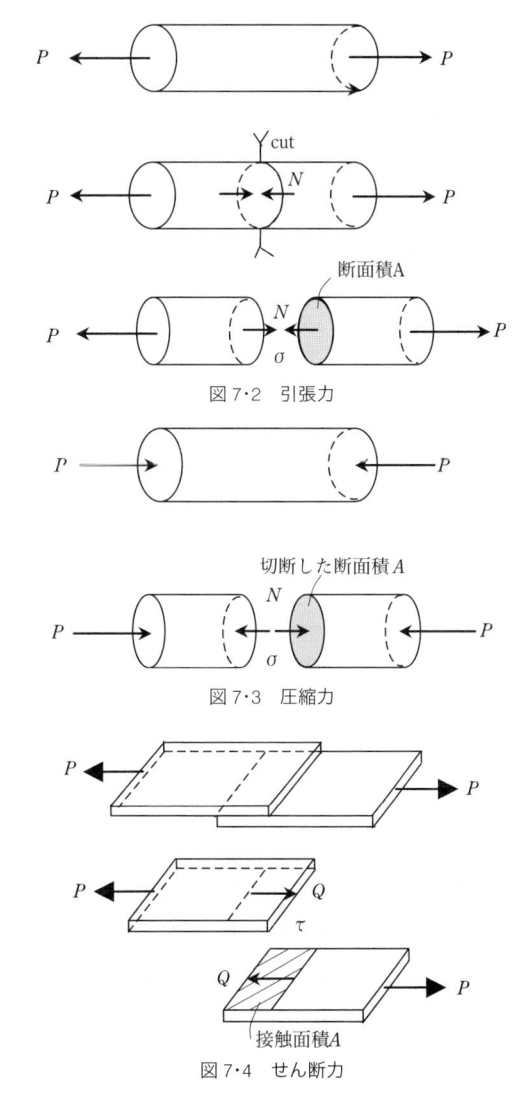

図7・1 力の作用している物体と断面力

図7・2 引張力

図7・3 圧縮力

図7・4 せん断力

と，図7・2，7・3に示したように断面積 A の断面に断面力として軸方向力 N が作用している場合，面に垂直な単位面積当たりの力で表した垂直応力度 σ は，以下のように定義される．

$$\sigma = \frac{N}{A} \tag{7.1}$$

同様に，図7・4に示されるように接触面積 A の断面に断面力としてせん断力 Q が作用している場合，平均のせん断応力度 τ は，以下のように定義される．

$$\tau = \frac{Q}{A} \tag{7.2}$$

2) ひずみ

外力が作用するなどして物体に変形が生じた時，その変形量を物体のもとの長さで除した値，すなわち単位長さあたりの変形量をひずみ ε（またはひずみ度）という．応力度を定義した時と同様に，力の作用する物体の内部のある断面で，面に垂直な成分のひずみを特に垂直ひずみという．図7・5で示したように円柱を軸方向に引っ張った場合，円柱はその軸方向に変形し，軸方向長さ l は l' に，幅 d は d' に変化する．この場合，円柱長手方向の変形量は，$\Delta l = l' - l$ であるから，ひずみ ε_1 は，

$$\varepsilon_1 = \frac{\Delta l}{l} \tag{7.3}$$

となる．円柱長手方向のひずみ ε_1 を特に縦ひずみという．また，円柱の直径方向の変形量は，$\Delta d = d' - d$ であるから，ひずみ ε_2 は，

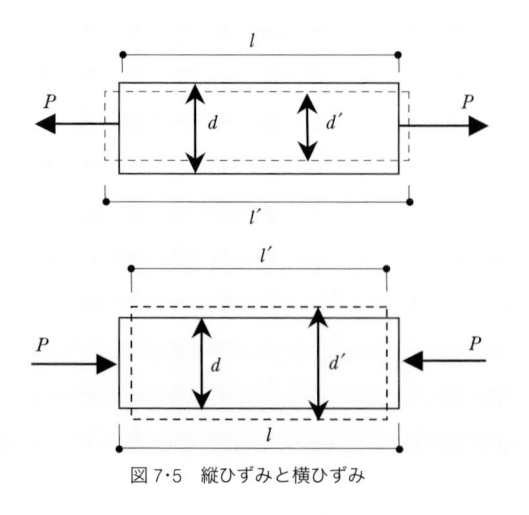

$$\varepsilon_2 = \frac{\Delta d}{d} \tag{7.4}$$

となる．円柱の直径方向のひずみ ε_2 を特に横ひずみという．図7・5では，作用した外力に対し変形量 Δl と Δd が同時に生じている．この場合，ε_1 と ε_2 には次のような関係がある．

$$\varepsilon_2 = -\nu \varepsilon_1 \tag{7.5}$$

上式の ν は，ポアソン比と呼ばれる．ポアソン比は，材料によって異なり，実験により求められる定数である．上式で右辺にマイナス符号がついているのは，円柱の一方向が伸びれば一方向は縮むことを意味している．またポアソン比の逆数をポアソン数（$m = 1 / |\nu|$）と呼んでいる．

図7・6は，応力が生じている物体から微小な立方体を切り取り側面から見たものである．上下面には，面に沿って逆向きで等しい応力が作用している．このとき，立方体の表面 ABCD は，平行四辺形に変形する．変形量 AA′ を長さ AD で除した値，すなわち，もとの長方形と平行四辺形のなす角をせん断ひずみ γ という．

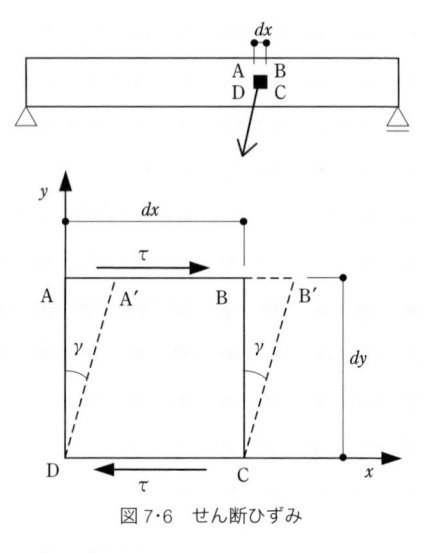

図7・6　せん断ひずみ

3) フックの法則

固体である物体は，外力を受けるとひずみが生じる一方，外力を取り除くと元に戻ろうとする．このように，外力を取り除いたとき原形に戻る性質を持つ物体を弾性体という．コンクリートや鋼材など一般の建築構造材料は，ある限度以下の応力度あるいはひずみでは，弾性体として扱える．さらに，これ

ら弾性体の材料では応力度とひずみとは比例関係にある．この時，この関係は，垂直応力度σと垂直ひずみεの間では，下式のように表され，フックの法則と呼ばれている．

$$\sigma = E\varepsilon \qquad (7.6)$$

ここに，E は，弾性係数であり，ヤング係数と呼ばれている．ヤング係数は，材料によって異なり，実験によって得られる定数である．なお，ヤング係数の単位は，ひずみが無次元であることから，応力度と同じ（力／面積）となる．ちなみに，鋼材のEは，$2.06 \times 10^5 \text{ N/mm}^2$である．

同様に，せん断応力度τとせん断ひずみγについてもフックの法則を適用でき，下式のように表すことができる．

$$\tau = G\gamma \qquad (7.7)$$

ここに，Gはせん断弾性係数といい，材料によって異なる．Gの単位は，γに次元が無いためτと同様（力／面積）となる．なお，対象とする材料が力学的に等方性であるときは，E, G, ν の間には，以下のような関係が知られている．

$$G = \frac{E}{2(1+\nu)} \qquad (7.8)$$

4) せん断応力度の定理

今，物体に外力が作用し，部材内に応力度が生じている状態を考える．その物体から，図7·7に示すような各辺の長さがΔl_1, Δl_2, Δl_3の微小な直方体を切り抜いたとする．上下の面には，逆向きで大きさの等しいせん断応力度τ_1が，左右の側面には，同様にτ_2が作用している．上下面の面積が，$\Delta l_1 \cdot \Delta l_2$であるから，作用している微小面のせん断力は，$\tau_1 \cdot \Delta l_1 \cdot \Delta l_2$である．また，上下に作用しているせん断力は，逆向きで等しい力であるため，偶力モーメント$\tau_1 \cdot \Delta l_1 \cdot \Delta l_2 \times \Delta l_3$が生じていると考えることができる．同様に，左右の側面には，せん断力$\tau_2 \cdot \Delta l_2 \cdot \Delta l_3$が作用しており，偶力モーメント$\tau_2 \cdot \Delta l_2 \cdot \Delta l_3 \times \Delta l_1$が生じている．

ところで，この微小な直方体に作用する力の釣合から，①モーメントの総和がゼロ，②σ_1, σ_2によるモーメントがゼロを考えると，モーメントの釣合に関してのみ成り立ち，次式で表される．

$$\tau_1 \cdot \Delta l_1 \cdot \Delta l_2 \cdot \Delta l_3 = \tau_2 \cdot \Delta l_2 \cdot \Delta l_3 \cdot \Delta l_1$$
$$\therefore \tau_1 = \tau_2 \qquad (7.9)$$

この結果は，図7·7に示すような2つの直交する平面に作用するせん断応力度τ_1とτ_2は，相等しいというせん断応力度に関する重要な定理が示された．この定理は，せん断応力度の共役性と呼ばれている．

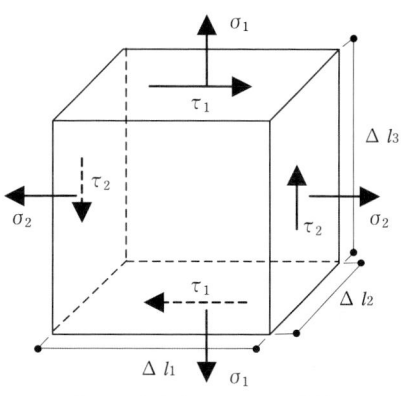

図7·7 直交する2つのせん断力

🏆 Point 1
(1) 物体に外力が作用すると，物体内部には，断面力（内力）が生じる．
(2) 単位面積当たりの断面力を応力度という．
(3) 物体に力が作用すると，変形が生じる．物体内部の断面で，面に垂直な成分でかつ単位長さ当たりの変形量を垂直ひずみ，面に沿った成分をせん断ひずみという．
(4) 物体に力が作用した場合，変形が生じるが，力を取り除くと元に戻る．この性質を弾性という．弾性の材料において，応力度とひずみには，比列関係がある．これをフックの法則という．垂直応力度と垂直ひずみの比列定数Eをヤング係数，せん断応力度とせん断ひずみの比列定数Gをせん断弾性係数という．
(5) せん断応力度には，共役性と呼ばれる定理がある．

7・2 断面の性質

ここまで，応力度やひずみまたそれに関する諸定理について述べてきた．本節では，棒材の断面内の応力度分布を求める前に，それに必要な断面に関する性質とそれを数値で表す物理量について述べる．

1) 断面1次モーメント

図7・8(a)に示すように，ある断面Aにおいてx軸からの距離yの微小な面積dAについて考える．微小面積dAの要素に距離yを乗じたydAをその要素の1次モーメントという．また，微小面積の1次モーメントを断面全体で総和したものを断面1次モーメントといい，下式で表される．

$$S_x = \int_A y \, dA \tag{7.10}$$

ここに，S_xは，x軸に対する断面1次モーメントを表す．断面1次モーメントは，変数yが正と負の値をとるため，S_xがゼロとなる特殊な軸が存在する．この軸を図7・8(b)に示すように，大文字を用いて，X軸で表す．同様にy軸に関する断面1次モーメントS_yを求め，S_yがゼロとなる軸をY軸とする．このX軸とY軸の交わる点を図心と呼び．断面Aが一様に重量が分布しているとすれば，図心は重心となる．図心で直交する2つのX'軸とY'軸の各軸の断面一次モーメント$S_{X'}$，$S_{Y'}$は，またともにゼロとなる．この証明は，紙面の都合上割愛するが，詳しく知りたい読者は，たとえば，文献1を参照されたい．

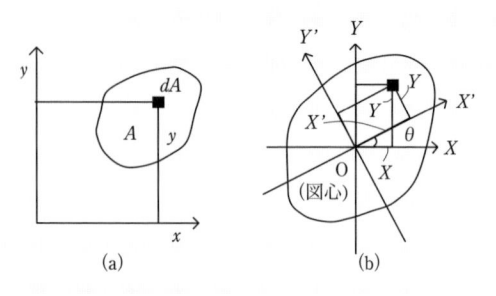

図7・8 断面内の微小断面積と軸からの距離

次に，図心の位置を求める方法について説明する．任意にx軸をとり，その回りの断面1次モーメントは，式(7.10)で表されるが，図7・9に示すように，yをx軸から図心Gを通るX軸までの距離y_0とX軸から微小面積要素までの距離をYの和，$y = y_0 + Y$として，式(7.10)に代入し，展開すると次のようになる．

$$S_x = \int_A y \, dA = \int_A (y_0 + Y) dA$$
$$= y_0 \int_A y \, dA + \int_A y \, dA = y_0 A \tag{7.11}$$

ここで，式(7.11)において$\int_A dA$の項は断面積Aであり，$\int_A Y dA$はX軸回りの断面1次モーメントであることから，ゼロである．結局，$S_x = y_0 \cdot A$となり，この関係から任意のx軸から断面Aの図心Gまでの距離y_0は，次式となる．

$$y_0 = \frac{S_x}{A} \tag{7.12}$$

同様に，任意のy軸から図心Gまでの距離x_0は，同じ展開によって下式のように求まる．

$$x_0 = \frac{S_y}{A} \tag{7.13}$$

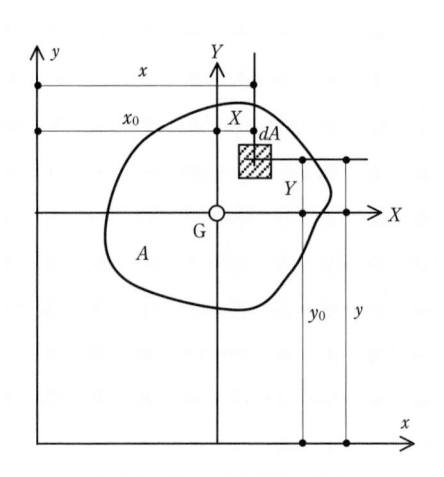

図7・9 断面の微小面積と主軸

それでは，矩形断面の断面1次モーメントと図心位置を求めてみよう．図7・10(a)に示すような，高さh，幅bの矩形断面を考える．長方形断面の各辺に平行なx，y軸を図のように定める．さらに，図心Gを通り，各辺に平行なX軸とY軸を，図7・10(b)に示し，X軸，Y軸とx軸，y軸の距離をそれぞれy_0，x_0とする．

この場合のx軸回りの断面1次モーメントS_xは，次式のように計算できる．

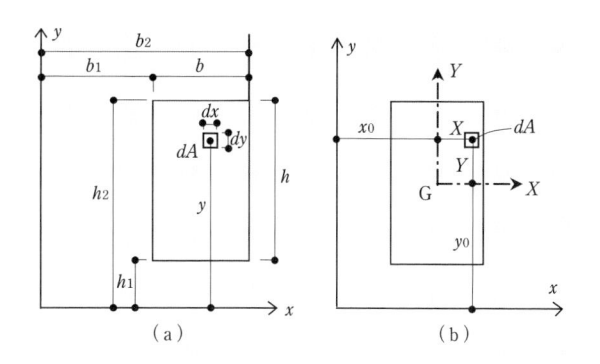

図7・10 矩形断面とx, y軸の位置

$$S_x = \int_A y\,dA = \int_{h_1}^{h_2}\int_{b_1}^{b_2} y \cdot dxdy = b[y^2/2]_{h_1}^{h_2}$$

$$= \frac{b}{2}(h_2{}^2 - h_1{}^2) = \frac{b}{2}(h_2+h_1)(h_2-h_1)$$

$$= bh\frac{(h_2+h_1)}{2} = A\frac{(h_2+h_1)}{2} \tag{7.14}$$

ここで式 (7.13) より，図 7・10 (b) 中の y_0 は，$y_0 = \frac{(h_2+h_1)}{2}$ となり，x 軸から矩形断面の中心までの距離となる．よって，X 軸は，断面の縦方向の中央に位置する．同様に，y 軸回りの断面 1 次モーメント S_y は，次式のようになる．

$$S_y = A\frac{(b_2+b_1)}{2} \tag{7.15}$$

したがって，x_0 は，$x_0 = \frac{(b_2+b_1)}{2}$ となり，y 軸から矩形断面の中心までの距離となる．よって，Y 軸は，断面の横方向の中央に位置する．結局，図 7・10 (b) に示す矩形断面の図心 G は，断面の縦及び横の中央を通る軸上の交点に位置する．

2) 断面 2 次モーメント

図 7・8 (a) において，微小な面積 dA の要素に x 軸からその要素までの距離 y の 2 乗を乗じた $y^2 dA$ をその要素の 2 次モーメントという．また，要素の 2 次モーメントを断面全体で総和したものを断面 2 次モーメントといい，下式で表される．

$$I_x = \int_A y^2 dA \tag{7.16}$$

断面 1 次モーメントは，図心を通る軸に対してはゼロとなるが，断面 2 次モーメントでは，変数 y^2 が，常に正の値をとるため，ゼロにはならない．まず，図心を通る軸に対する断面 2 次モーメントを矩形断面に対して求めてみる．図 7・10 (b) に示すように，矩形断面の図心を通り上辺と下辺に平行な X 軸を取り，X 軸に対する断面 2 次モーメントを求めてみると，

$$I_X = \int_A y^2 dA = \int_A y^2 dxdy = \int_{-b/2}^{b/2} dx \cdot \int_{-h/2}^{h/2} y^2 dy$$

$$= b\int_{-h/2}^{h/2} y^2 dy = b\left[\frac{y^3}{3}\right]_{-h/2}^{h/2} = \frac{bh^3}{12} \tag{7.17}$$

となる．同様に，図心を通る Y 軸に関する断面 2 次モーメントは，次のようになる．

$$I_Y = \frac{b^3 h}{12} \tag{7.18}$$

次に，矩形断面の上下の辺に平行で任意の位置にある軸（x 軸と y 軸）に対する断面 2 次モーメントを求めてみる．図 7・10 (b) に示すように，図心を通る X 軸，Y 軸のそれぞれ平行で距離 x_0, y_0 の x, y 軸を設定する．x 軸に対する断面 2 次モーメントは，

$$I_x = \int_A (Y+y_0)^2 dA = \int_A Y^2 dA + 2y_0\int_A Y dA + y_0{}^2\int_A dA \tag{7.19}$$

括弧内を展開して得られた各項は，$\int Y^2 dA$ は図心を通る X 軸に対する断面 2 次モーメント I_X，$\int Y dA$ は図心を通る軸に対する断面 1 次モーメント S_X で，ゼロになる．また，$\int_A dA$ は断面積 A である．

したがって，任意の x 軸に関する断面 2 次モーメント I_x は次式で求められる．

$$I_x = I_X + A \cdot y_0{}^2 \tag{7.20}$$

同様に，y 軸に関する断面 2 次モーメント I_y は，次式で求められる．

$$I_y = I_Y + A \cdot x_0{}^2 \tag{7.21}$$

例題 7.1 図7・11(a)に示すようなT形断面の図心Gを通るX軸に平行な軸に対する断面2次モーメントを求めよ．

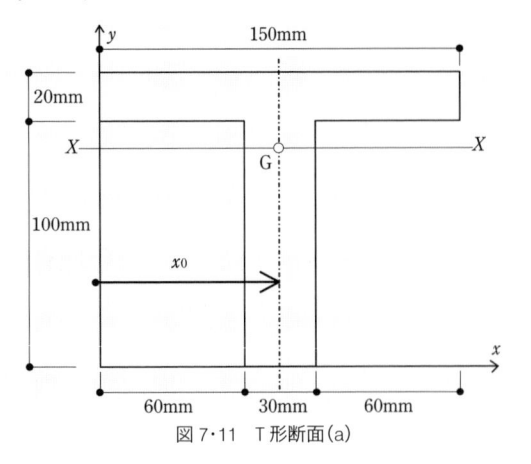

図7・11 T形断面(a)

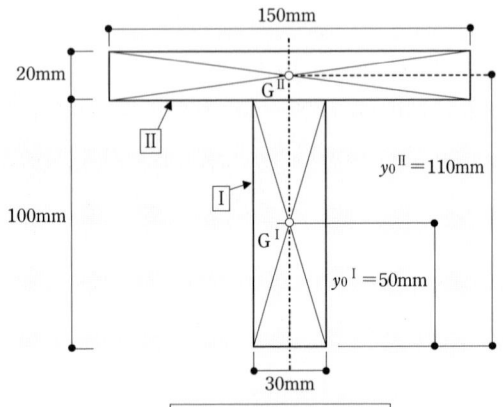

図7・11 T形断面(b)

$A^{\mathrm{I}} = 30 \cdot 100 = 3 \cdot 10^3 \text{mm}^2$
$A^{\mathrm{II}} = 150 \cdot 20 = 3 \cdot 10^3 \text{mm}^2$
$y_0^{\mathrm{I}} = 50 \text{mm}$
$y_0^{\mathrm{II}} = 110 \text{mm}$

図7・11 T形断面(c)

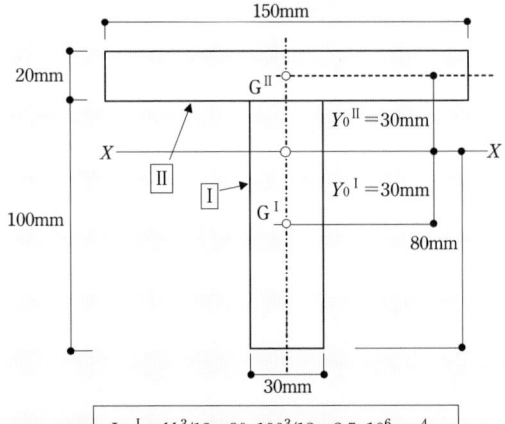

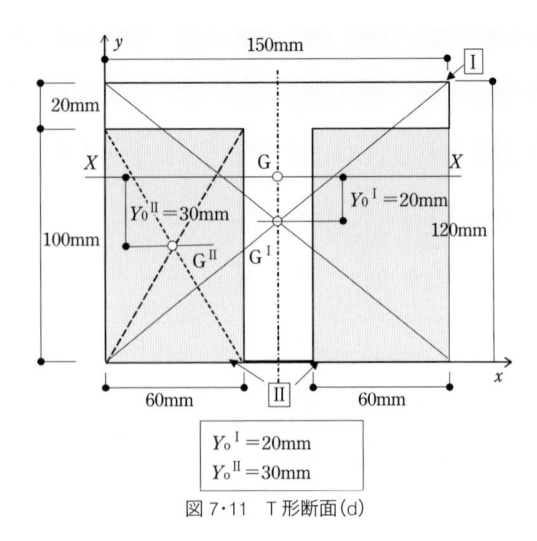

$I_{0x}^{\mathrm{I}} = bh^3/12 = 30 \cdot 100^3/12 = 2.5 \cdot 10^6 \text{mm}^4$
$I_{0x}^{\mathrm{II}} = 150 \cdot 20^3/12 = 1 \cdot 10^5 \text{mm}^4$
$Y_0^{\mathrm{I}} = 30 \text{mm}$
$Y_0^{\mathrm{II}} = 30 \text{mm}$

$Y_0^{\mathrm{I}} = 20 \text{mm}$
$Y_0^{\mathrm{II}} = 30 \text{mm}$

図7・11 T形断面(d)

[解答]

① まず，T形断面の図心位置Gを求める．簡略のため，y軸からの図心距離は，図形の対称性を考慮すると，中心線上（$x_0 = 75 \text{mm}$）となることがわかる．そして，x軸から図心までの距離y_0のみを求めることにする．

T形断面の1次モーメントS_xは，式(7.10)の定義式（面積×軸からの距離）から，図7・11(b)のようにIとIIの長方形に分割した場合，各々のx軸に対するS_x^{I}とS_x^{II}の和に等しくなる．なお，IとIIのそれぞれの図心G^{I}とG^{II}は，長方形であることから図のように容易に求められるので，x軸からのIとIIそれぞれの図心までの距離y_0^{I}とy_0^{II}は自動的に決まる．

以上のことを考慮すると，以下となる．

$S_x = S_x^{\mathrm{I}} + S_x^{\mathrm{II}} = y_0^{\mathrm{I}} A^{\mathrm{I}} + y_0^{\mathrm{II}} A^{\mathrm{II}} = 50 \cdot 3 \cdot 10^3 + 110 \cdot 3 \cdot 10^3 = 4.8 \cdot 10^5 \text{mm}^3$

したがって，T形断面のx軸からの図心Gまでの距離y_0は，式(7.12)により求まる．

$y_0 = S_x/A = 4.8 \cdot 10^5 / 6 \cdot 10^3 = 80 \text{mm}$

② 次に，図心Gを通るX軸周りの断面2次モーメントI_Xを求める．

①と同様，T形断面をIとIIに分割し，それぞれのX軸に対するI_X^{I}とI_X^{II}を求める．なお，それぞれのX軸からの図心までの距離をY_0^{I}とY_0^{II}と置くと，①の結果から容易に求められる．

$Y_0^{\mathrm{I}} = 30 \text{mm}$ と $Y_0^{\mathrm{II}} = 30 \text{mm}$

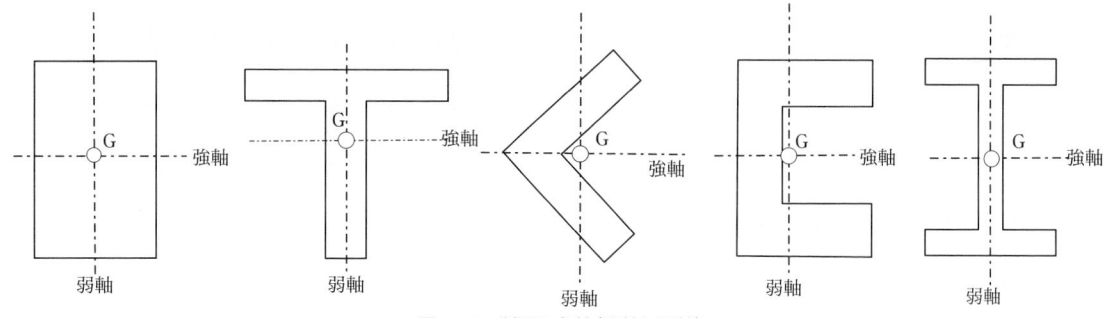

図7・12 断面の主軸(強軸と弱軸)

T形断面の I_X は，$I_X{}^{\mathrm{I}}$ と $I_X{}^{\mathrm{II}}$ の和に等しい．また，ⅠとⅡの長方形はX軸から $Y_0{}^{\mathrm{I}}$ と $Y_0{}^{\mathrm{II}}$ だけ離れていることから，式(7.20)を利用し，

$$\begin{aligned}
I_X &= I_X{}^{\mathrm{I}} + I_X{}^{\mathrm{II}} \\
&= (I_{0X}{}^{\mathrm{I}} + Y_0{}^{\mathrm{I}2} \cdot A^{\mathrm{I}}) + (I_{0X}{}^{\mathrm{II}} + Y_0{}^{\mathrm{II}2} \cdot A^{\mathrm{II}}) \\
&= (2.5 \cdot 10^6 + 9 \cdot 10^2 \cdot 3 \cdot 10^3) \\
&\quad + (10^5 + 9 \cdot 10^2 \cdot 3 \cdot 10^3) \\
&= 2.6 \cdot 10^6 + 5.4 \cdot 10^6 = 8 \cdot 10^6 \mathrm{mm}^4
\end{aligned}$$

③一方，図7・11(d)のように，長方形全体Ⅰ（外郭面積）の断面2次モーメント $I_X{}^{\mathrm{I}}$ から，斜線部の長方形Ⅱの $2 \times I_X{}^{\mathrm{II}}$ を差し引いても答は同じである．

ここで，図心Gを通る直交軸 X, Y は，任意にかつ無数に定められるが，この任意軸に対して，断面2次モーメントが最大となりかつ最小となる直交軸が存在する．これらの軸を，断面形の主軸 (principle axis) と呼び，最大を示す主軸を強軸 (strong axis)，また最小を示す主軸を弱軸 (weak axis) と呼ぶ．以上の主軸は，断面形によって異なり，代表的なものは図7・12である．

🍷 **Point 2**
(1) ある断面形において任意の軸から離れた微少面積 dA を，距離 y に対し面積で積分した値を断面1次モーメント $S_x = \int_A y\,dA$，y^2 に対し面積で積分した値を断面2次モーメント $I_x = \int_A y^2\,dA$ という．
(2) ある断面形に対して，断面1次モーメントがゼロとなる軸の交点を図心Gという．
(3) 断面の図心Gから y_0 離れた軸 x 回りの断面2次モーメントは $I_x = I_X + y_0^2 \cdot A$ で表される．ここに，I_X は図心軸 X 回りの断面2次モーメントである．

7・3 梁内の応力

1）平面保持の仮定と断面の応力度

図7・13のように，棒材に曲げモーメントが作用している時，棒材には変形が生じる．このときの応力度やひずみの状態を理論的に表すために平面保持の仮定が適用される．平面保持の仮定とは，材軸に直角な断面が，変形後も平面を保持するというものである．この仮定は，梁の力学を展開する上で最も重要な考えの一つで，実験事実からも確認されている．梁の力学は，この仮定から始まるといっても過言ではない．

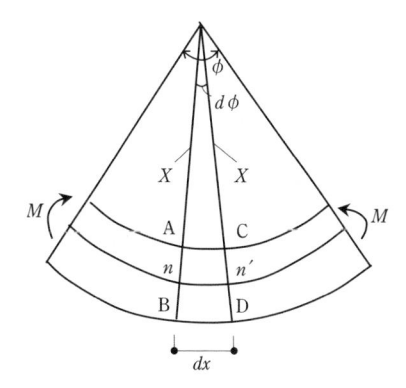

図7・13 曲げモーメントのみが作用する梁

それでは，平面保持の仮定から導かれる曲率とひずみの関係について，さらには，断面の応力度分布について述べることとする．図7・14に示すように，梁の一部を，軸方向に直角に極めて薄くスライスして取り出した部分について考える．梁に曲げモーメントが作用していなければ，断面ABに対して断面CDは平行であるが，曲げモーメントが作用すると，傾斜してC'D'となる．CDとC'D'の交点上にあり，材軸方向に変形しない軸を $n-n'$ とする．n

−n′ を通る面を中立面といい，中立面の断面の交線を**中立軸**という．また，AB と C′D′ を延長した交点を O とし，n − O の長さを ρ，AB と C′D′ のなす角を dφ（= dx/ρ：微小長さ dx と ρ がなす角度）とする．ここに，ρ は曲率半径と呼ばれ，この逆数 1/ρ を曲率と呼ぶ．この変形状態では，n − n′ から距離 y にある点 E は，E′ に変位する．点 E でのひずみは，長さ BD が EE′ 伸びたので次式のように表される．

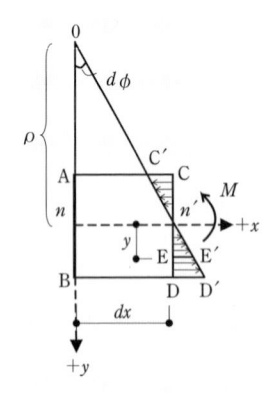

図 7・14 曲げモーメントのみが作用する梁（ABCD 部分）

$$\varepsilon = \frac{EE'}{BD} = \frac{yd\phi}{\rho d\phi} = \frac{y}{\rho} \tag{7.22}$$

ただし，BD = ρ dφ，EE′ = ydφ である．フックの法則 σ = Eε を上式に代入すると，応力度 σ を曲率半径 ρ と距離 y で表すことができる．

$$\sigma = \frac{y}{\rho}E \tag{7.23}$$

以上のように，平面保持の仮定より，梁内では応力度と曲率半径の関係が導かれる．一方，式(7.23)を用いて，断面内の軸力 N を表すと次式のように表される．

$$N = \int_A \sigma dA = \frac{E}{\rho}\int_A ydA = \frac{E}{\rho}S_x \tag{7.24}$$

曲げモーメントのみが作用する断面では，軸力 N がゼロであるから，中立軸回りの断面 1 次モーメント S_x は，E ≠ 0, ρ ≠ 0 を考えると，ゼロとなることを示している．すなわち，軸力 N = 0 の純曲げ状態では，中立軸は図心に一致することを表している．また，曲げモーメントは，式(7.23)を用いて，次式で表される．

$$M = \int_A \sigma ydA = \frac{E}{\rho}\int_A y^2dA = \frac{E}{\rho}I \tag{7.25}$$

断面に作用する曲げモーメント M は，曲率 1/ρ，ヤング係数 E 及び断面 2 次モーメント I で表される．式(7.25)より，E, I は，断面の材質と形状により定まる一定値であるから，1/ρ が大きくなれば，M は EI に比例して大きくなる．EI は，曲げ剛性と呼ばれる．これより，前節で示した断面 2 次モーメントは，棒材の力学では，断面形状によって定まる曲げ剛性という物理的意味を有する．I が大きくなれば，その材の曲げ剛性も大きく，その部材も剛で曲がり難くなる．

前節の終りに，同一の断面形状であっても，断面 2 次モーメントの軸が異なると，断面 2 次モーメントは，大きくなったり小さくなったりすることを述べた．また，本節では，断面 2 次モーメントは，断面の形状に依存する剛性という物理的な意味を有することを示した．たとえば図 7・15 に示すように，長方形断面の縦横を入れ替えて，その曲がり具合を確かめてみると，横方向は，縦方向よりはるかに曲がりやすい．高さ h，幅 b の長方形断面の断面 2 次モーメントは，$bh^3/12$ であり，縦方向の方が横方向より大きくなる．これは，横方向が縦方向より曲がりやすいという事実を説明している．

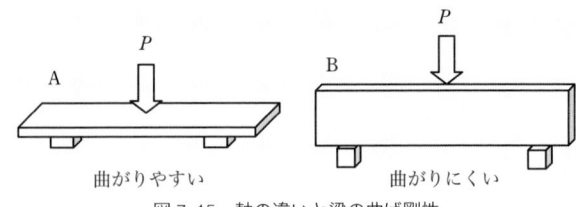

図 7・15 軸の違いと梁の曲げ剛性

2) 曲げモーメントのみが作用している（純曲げ状態の）場合

図 7・16 に，$P_1 = P_2 = P$, $P_3 = 0$ の荷重が作用している時，BC 区間では，せん断力は作用しておらず，曲げモーメントのみが作用している．すなわち $Nx = Qx = 0$, $Mx = M$ である．式(7.23)を式(7.25)に代入して，BC 区間のような純曲げ状態における M と σ の関係を求めると，$M = \frac{\sigma}{y}I$ となり，応力度

σ に関して整理すると,

$$\sigma = \frac{M}{I}y \tag{7.26}$$

となる．この応力度 σ が，曲げモーメント M によって材軸に垂直な断面内の中立軸から距離 y の位置に生じる垂直応力度であり，曲げ応力度と呼ばれている．

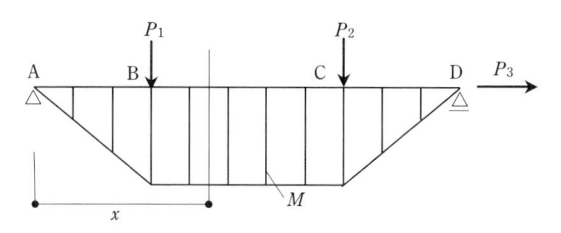

図7·16　梁の曲げモーメント図

図7·17は，純曲げ状態における断面内の応力度分布を表したものである．中立軸上で $\sigma = 0$ となる．また，中立軸に対して上方が圧縮，下方が引張を示し，中立軸からの距離 y に比例して大きくなる．そして曲げ応力度の最大値 σ_{max} は，梁の上端と下端において生じることから，その大きさは以下となる．

$$\sigma_{max} = \frac{M}{I}y_{max} = \frac{M}{Z} \tag{7.27}$$

ただし，$Z = \dfrac{I}{y_{max}}$

ここに，y_{max} を中立軸からの梁の上端または下端までの距離としたとき，Z を断面係数という．高さ h，幅 b の長方形断面の場合では $y_{max} = \dfrac{h}{2}$ となるから，断面係数 Z は，以下のようになる．

$$Z = \frac{I}{y_{max}} = \frac{bh^3}{12} \times \frac{2}{h} = \frac{bh^2}{6} \tag{7.28}$$

したがって，$\sigma_{max} = 6M/bh^2$ となる．

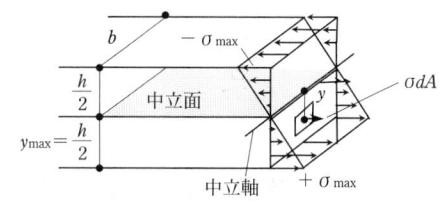

図7·17　断面内の応力度分布（純曲げ状態）

3) 軸力と曲げモーメントが作用した場合

ここでは，同一断面に曲げモーメントと軸力が作用する場合（図7·16では，$P_1 = P_2 = P$，$P_3 = N$）について説明する．曲げモーメント M と軸力 N が同時に作用していると，図7·16のA点から距離 x の位置（B－C間において）の断面力はそれぞれ，$Nx = N$，$Qx = 0$，$Mx = M$ となる．そして，中立面に垂直な断面では，ともに垂直応力度が生じ，2つの力，軸力 N と曲げモーメント M によって生じた垂直応力度の和が，最終的な垂直応力度となる．これを模式的に図7·18と図7·19に示す．また，これを式で表すと以下のようになる．

$$\sigma = \frac{N}{A} + \frac{M}{I}y = \sigma_N + \sigma_M \tag{7.29}$$

$\sigma_M > \sigma_N$

ただし，$\sigma_N = \dfrac{A}{N}$　$\sigma_M = \dfrac{M}{Z}$　$\left(y = \dfrac{h}{2}\right) \tag{7.30}$

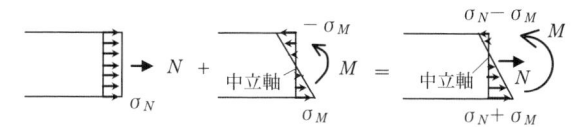

図7·18　断面内の応力度分布
（軸力と曲げモーメントが作用した場合 $\sigma_M \geqq \sigma_N$）

図7·19に示すように N がある大きさを超える（$\sigma_M < \sigma_N$）と軸力と曲げモーメントの中立軸は断面の外側に位置する．$\sigma_M = \sigma_N$ で，中立軸は，断面の端にくる．

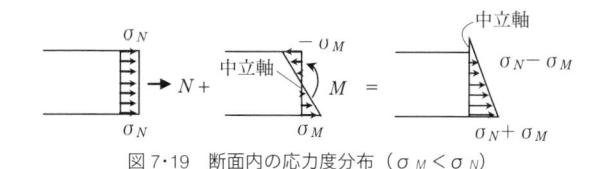

図7·19　断面内の応力度分布（$\sigma_M < \sigma_N$）

4) 断面内のせん断応力度分布

棒材の材軸に直角な断面に作用するせん断応力度の分布は，断面内では一様でない．本項では，最も基本的な長方形断面を持つ棒材の断面内のせん断応力度分布について説明する．

図7·20は，図7·16（$P_1 = P_2 = P$，$P_3 = 0$）A－B区間において，材軸方向に微小な長さ dx を切り出した部分の断面力を示している．この微小部分の片方の断面にはせん断力 Q と曲げモーメント M，もう一方の断面にはせん断力 Q と曲げモーメント $M +$

第7章　断面の性質と応力度　　85

dM ($dM = Qdx$) が作用している.

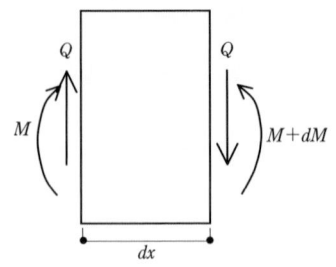

図7・20 棒材の曲げモーメントとせん断力

図7・21は, その時の曲げ応力度を示したものである. また, 図7・22は, 断面内のせん断力と軸方向力について示したものである. 高さh, 幅bの長方形断面では, 中立軸より距離yから$h/2$まで (図7・22の斜線部分) に作用する曲げ応力度の合力Tと$T+dT$は, 各断面でそれぞれ以下のようになる.

$$T = \frac{M}{2I} \cdot \left(\frac{h}{2}+y\right) \times \left(\frac{h}{2}-y\right) \times b \qquad (7.31)$$

$$T+dT = \frac{(M+dM)}{2I} \times \left(\frac{h}{2}+y\right) \times \left(\frac{h}{2}-y\right) \times b \qquad (7.32)$$

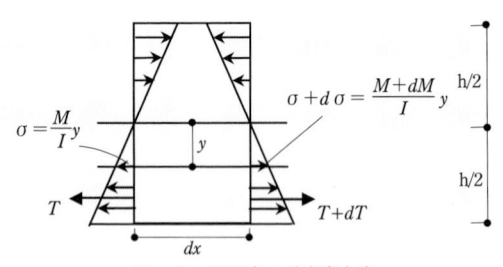

図7・21 断面内の垂直応力度

さて, 図7・22の斜線部に作用する材軸方向の成分, T, $T+dT$, と斜線部上端に作用しているせん断力 ($= \tau'bdx$) は, 釣合状態にある.

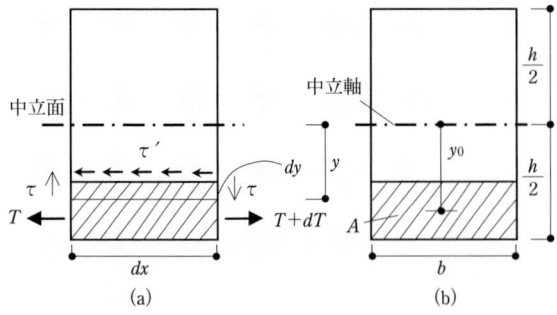

図7・22 断面内のせん断応力度

すなわち
$$-T + (T+dT) - \tau'bdx = 0$$
$$\tau'bdx = dT \qquad (7.33)$$

である. 式(7.33)より, 図7・22(a)斜線部上面に作用するせん断応力度τ'は,

$$\tau' = \frac{dT}{bdx} = \frac{dM}{bdxI}\left(\frac{h}{2}+y\right)\left(\frac{h}{2}-y\right)\frac{b}{2} \qquad (7.34)$$

そして, $y_0 = \frac{1}{2}\left(\frac{h}{2}+y\right)$, $b\left(\frac{h}{2}-y\right) = A$であるから,

$$\tau' = \frac{1}{bI}\frac{dM}{dx}S = \frac{Q}{bI}S \qquad (7.35)$$

となる. 上式中の$S = y_0 \cdot A$は, 中立軸からの距離yから$h/2$までの断面の部分 (図7・22(a)の斜線部分) の断面1次モーメントであり, 下式で表される.

$$S = \frac{b\left(\frac{h}{2}-y\right)\left(\frac{h}{2}+y\right)}{2} = \frac{b}{2}\cdot\left(\frac{h^2}{4}-y\right) \qquad (7.36)$$

式(7.33)のτ'は, 図7・22に示すように中立面に平行な断面に作用する応力度であるが, せん断応力度の共役性によって, 中立面に直交する断面上のyの位置における斜線部のせん断力応力度τに等しい.

この考え方に基づいて, 断面のせん断応力度τの分布を求める. 幅b, 高さhの長方形断面では, 断面2次モーメントは, $I = \frac{bh^3}{12}$である. 斜線部の中立軸回りの断面1次モーメントSは, 式(7.36)で表される. これらを式(7.35)に代入すると,

$$\tau = \frac{6Q}{bh^3}\left(\frac{h^2}{4}-y^2\right) = 1.5\frac{Q}{A}\left\{1-\left(\frac{y}{\frac{h}{2}}\right)^2\right\} \qquad (7.37)$$

これを, 断面に沿ってyの関数とτを図示すると図7・23(b)のようになる. すなわち$y = \frac{h}{2}$および$y = -\frac{h}{2}$では$\tau = 0$, 図心を通る軸上$y = 0$では, 最大値$\tau_{max} = 1.5Q/A$となる.

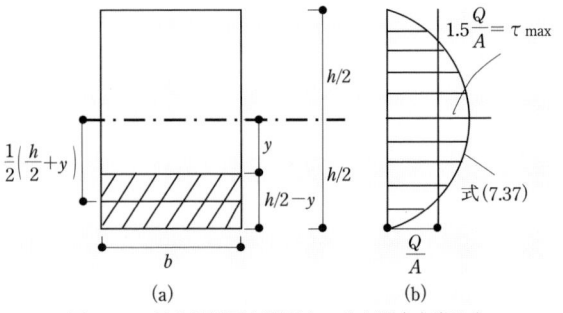

図7・23 長方形断面と断面内のせん断応力度分布

例題 7.2 次の長方形断面の梁 AB に生じる最大垂直曲げ応力度 σ_{max} と最大せん断応力度 τ_{max} を求めよ．

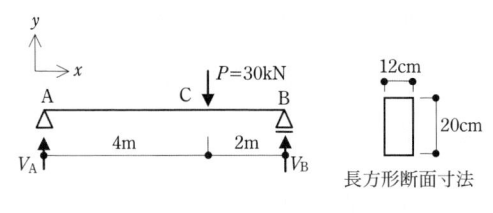

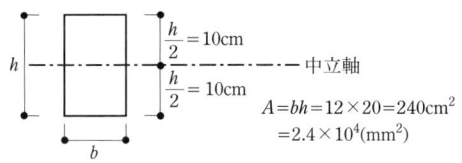

図 7・24 梁の応力と断面形状

[解答例]

① AB 材の断面力 M と Q の分布を求める．
 1. 反力，$V_A = 10$ kN，$V_B = 20$ kN
 2. 断面力図は以下のように求められる．

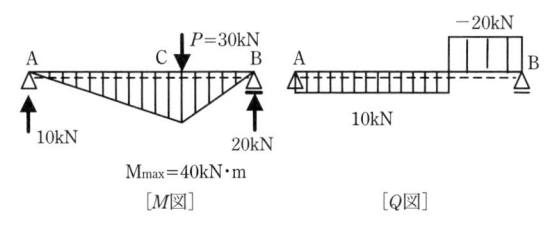

図 7・25 M, Q 図

② 断面 2 次モーメント I_x を求める．
$$I_x = \frac{bh^3}{12} = \frac{12 \times 10(\text{mm}) \times 20^3 \times 10^3(\text{mm})}{12}$$
$$= 8.0 \times 10^7 \text{mm}^4$$

③ 断面係数 Z を求める．
$$Z = \frac{I_x}{\frac{h}{2}} = \frac{8.0 \times 10^7 (\text{mm}^4)}{1.0 \times 10^2 (\text{mm})} = 8.0 \times 10^5 (\text{mm}^3)$$

④ 最大曲げ応力度 σ_{max}：断面力 M が最大となる箇所
$$\sigma_{max} = \frac{M_{max}}{Z} = \frac{40 \times 10^3 (\text{N}) \times 10^3 (\text{mm})}{12}$$
$$= 50 \text{N/mm}^2$$

⑤ 最大せん断応力 τ_{max}
$$\tau_{max} = \frac{3}{2} \times \frac{Q}{A} = \frac{3}{2} \times \frac{2 \times 10^4 (\text{N})}{2.4 \times 10^4 (\text{mm})} = \frac{1}{0.8}$$
$$= 1.25 \text{N/mm}^2$$

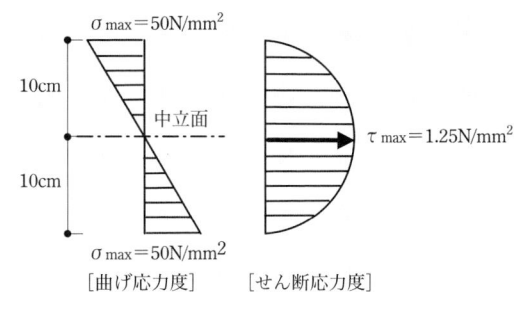

図 7・26 断面内の曲げ応力度分布とせん断応力度分布

Point 3

(1) フックの法則と，平面保持の仮定により，$M = EI\phi$ という断面の曲げモーメントと曲率の明確な関係が導かれる．EI は曲げ剛性と呼ばれる．

(2) 純曲げ状態では，中立軸は図心を通る．

(3) 純曲げ状態では，$\sigma = \frac{M}{I}y$，$\sigma_{max} = \frac{M}{Z}$ という関係が成り立つ．Z は断面係数．

(4) 軸方向力と曲げモーメントが作用した場合，中立軸は，図心と一致しない．軸方向力が大きくなると，中立軸は断面外に位置することがある．

(5) せん断応力度の共役性により，断面内に分布するせん断応力度の分布を求めることができる．せん断応力度は断面内に一様に分布していない．

参考文献

1 榎並昭,『建築材料力学』彰国社，1989 年

練習問題 7.1 次の図のX軸回りの断面2次モーメントI_Xと断面係数Zを求めよ．

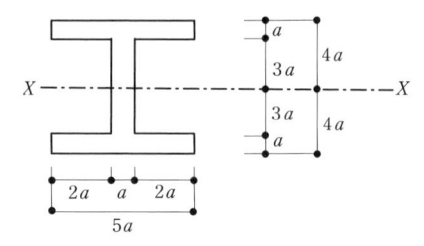

練習問題 7.2 下図のようなAの位置の垂直応力度分布が生じる時のPとNの値を求めよ．

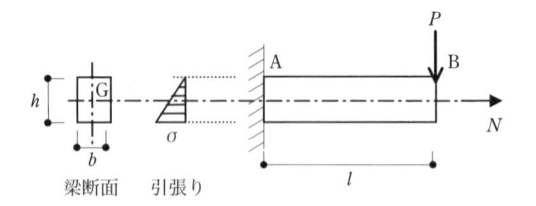

練習問題 7.3 下図の柱AとBの柱脚に生じる曲げ応力度をそれぞれσ_Aとσ_Bとする．σ_A/σ_Bを求めよ．なお，柱A，Bのヤング係数Eは等しいものとする．

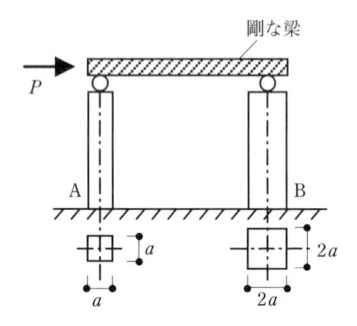

※この問題は，8章の片持梁の変形を求める知識を必要とする．

第8章 静定骨組の変形と部材の座屈

ここまで，静定骨組構造物に外力が作用した場合の各部分に生じる断面力と応力度を求める方法について学んできた．この方法は，力の釣合を基本的な考え方としていた．本章では，エネルギーの釣合に基づく，仮想仕事の原理を用いて，弾性骨組構造の変形量を求めることを試みる．この手法は，第9章で学習する不静定構造物の応力解法に応用されるほか，第13章の保有水平耐力を求める場合にも適用される．仮想仕事の原理は，応用範囲が広く，構造設計上重要な内容であり，心して学習してもらいたい．また，これまでの微小変形理論に基づいた応力解析とは異なる有限変形理論に基づいた長柱の弾性曲げ座屈について述べる．

8・1 静定骨組の変形

ここでは，静定骨組構造の変形を算定する方法について説明する．算定の手法は，仮想仕事の原理に基づいた方法である．なお，静定骨組の挙動は，弾性とする．

1) 変位と変角

建築物の変形は，作用外力等によって曲がったり，撓んだりすることである．その一例を図8・1に示す．

これらの変形は第7章で学んだ部材一部の伸び・縮み・曲げが建築物全体の集積として，発生するものである．したがって，変形に及ぼす量としては，曲げモーメントMによる曲げ変形δ_M，せん断力Qによるせん断変形δ_Q，そして軸力Nによる軸変形δ_Nの組み合わせで建築物全体の変形が生じることになる．それらの全変形に及ぼす比率は一般的なラーメン構造では，$\delta_M : \delta_Q : \delta_N \fallingdotseq 100 : 10 : 1$である．ただし，トラス構造では，軸方向力による変形のみとなる．

外力によって生じる変位は，建築構成部材の基準（外力が作用してない状態での位置）からの移動量である．変角は，元の部材に対する傾斜を表す回転量である．図8・1に主要点における変位δと変角ϕを示す．

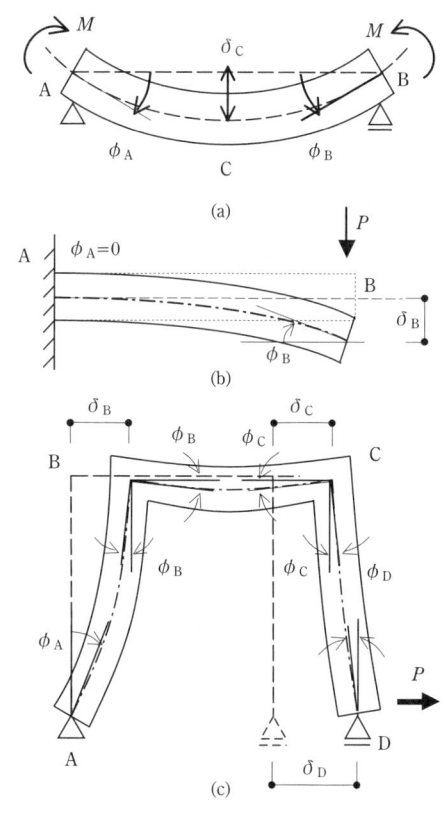

図8・1 骨組構造の変形

2) 仮想仕事の原理

「仮想仕事の原理」というと，ものすごく難解なように聞こえるが，難しい問題ではなく，基本的な原理を理解すれば力学にとってこれほど便利なものはない．仮想仕事について，図8・2を用いて説明する．

今，i点に力Pが作用して静止している状態を考える．あるとき何らかの原因で図8・2(a)に示すようにi点がi'に移動したと考えると，力Pのなす仕

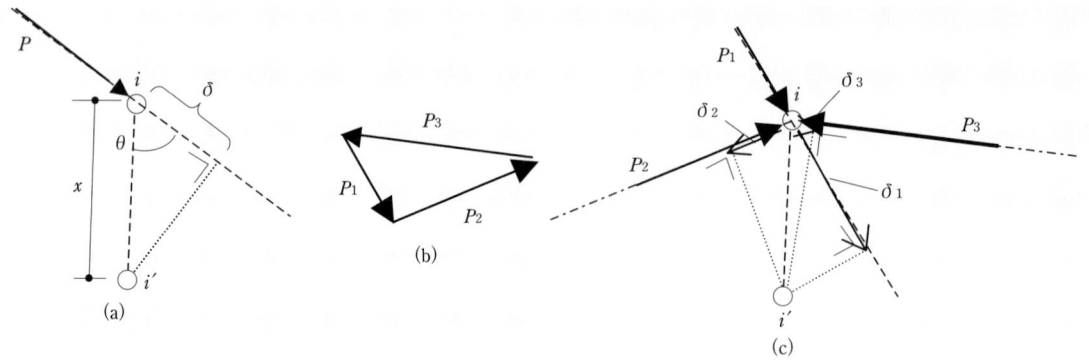

図 8·2 仮想仕事の原理

事は，$W = P \cdot x$（ベクトルの内積）で表されるので，式 (8.1) となる．したがって，P のなす仕事は，P と P の方向（作用線上）の変位 δ の積となる．実際，変位ベクトル x は力ベクトル P とは別個に考えるとすれば，式 (8.1) の仕事は，ありえない仕事という意味で仮想仕事と呼んでいる．

$$W = P \cdot x = P \cdot x \cos\theta = P \cdot \delta \tag{8.1}$$

次に，図 8·2(b) のような釣合力系（第 1 章 1·8 を参照）にある 3 力 P_1, P_2, P_3 が i 点に作用して静止している状態で，上述と同様に何らかの原因で図 8·2(c) に示すように i' に移動したとする．3 力 P_1, P_2, P_3 が釣り合っている（$P_1 + P_2 + P_3 = 0$）ということから，そのときの 3 力のなす仮想仕事の総和は，式 (8.2) のようにゼロとなる．

$$P_1 \cdot x + P_2 \cdot x + P_3 \cdot x$$
$$= P_1 \cdot \delta_1 + P_2 \cdot \delta_2 + P_3 \cdot \delta_3$$
$$= \Sigma P \cdot \delta = 0 \tag{8.2}$$

仮想仕事の原理とは，すなわち「釣合力系にある力群と仮想変位のなす仕事の総和がゼロである」ということである．これは，逆も真であり，仮想仕事の総和がゼロであれば，物体に作用している複数の力は釣合力系にあるといえる．

[補足]

式 (8.2) の証明は，ベクトルの内積はスカラーであるので，容易に座標変換して求めることができるが，複雑になるため最も単純な場合として，釣合力系にある 2 力（P_1, P_2）と仮想変位 x（i から i' への変位）のなす仮想仕事の総和を考える．

図と式の展開から，明らかに仮想仕事の原理が理解できるであろう．

$$W = P_1 \cdot x + P_1 \cdot x$$
$$= P_1 \cdot \delta + P_2 \cdot \delta = 0 \quad (\because P_1 + P_2 = 0)$$

3) 弾性体の仮想仕事式

弾性変形を仮想変位と置き，図 8·3 に示すような純曲げの状態に対し，仮想仕事の原理を適用してみる．

そこで，任意物体が外力によって変形し静止している場合を想定する．そのとき，外力と内力は釣合状態にあるから，外力のなす仮想仕事 W_o と内力のなす仮想仕事 W_i は，仮想仕事の総和がゼロという仮想仕事の原理が成り立つので，下式が導かれる．

$$W_o + W_i = 0 \tag{8.3}$$

したがって，W_o と W_i は等しく符号として逆の関係にあることがわかる．

いま図 8·3(b) に示すような外力モーメント $\overline{M}$ による純曲げの釣合力系を考え，その外力 $\overline{M}$ に対する仮想変位として図 8·3(a) を選ぶ．すなわち，図 8·3(a) の仮想変位は，外力モーメント M によって生じる純曲げ状態の相対変角 ϕ である．

$$W_o = \overline{M} \cdot \phi \tag{8.4}$$

なお，ここで注意しなければならないことは，仮想変位を勝手に選べないということである．という

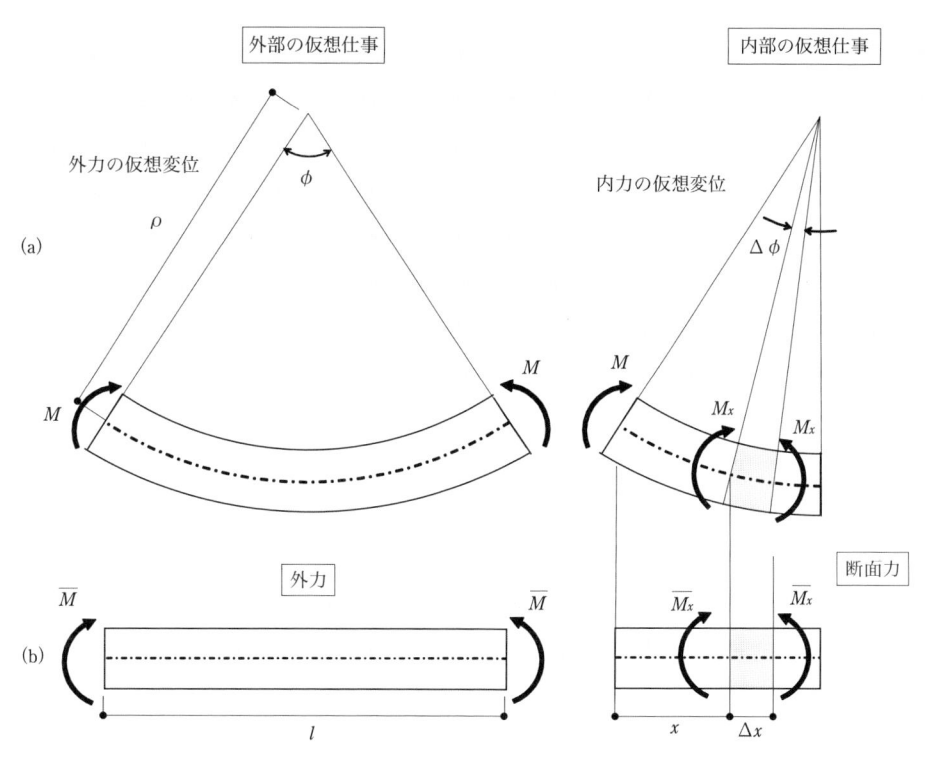

図8·3 純曲げ弾性変形に対する仮想仕事の原理の適用

のは，束縛力を考えた可能な変形（仮想仕事の原理を考えた）に限られ，好き勝手な変位を選ぶことができない．例えば，曲げモーメント $\overline{M}$ に対しては変角 ϕ を，また力 $\overline{P}$ に対しては δ を選ぶことになる．

一方，外力 $\overline{M}$ による内力（断面力）は，純曲げ状態（せん断力と軸方向力は生じない）にあるので材軸上どこをとっても曲げモーメント $\overline{M}_x$ $(=\overline{M})$ は一定となっている．ここで，外力の場合と同様，材端から任意の距離 x における微小区間 Δx をとったとき，断面力による仮想変位 $\Delta \phi$ を選ぶものとする．よって，微小区間 Δx での内力の仮想仕事 ΔW_i は，式（8.5）となる．仮想仕事を負としたのは，単に外力の仮想仕事との相反を意味する．

$$\Delta W_i = -\overline{M}_x \cdot \Delta \phi = -\overline{M}_x \cdot \frac{1}{\rho} \cdot \Delta x = -\frac{\overline{M}_x M_x}{EI} \cdot \Delta x \quad (8.5)$$

ここに，$1/\rho = M_x/EI$ の関係がある（7·3-1）の式（7.25）を参照．この微少部分の内力のなす仮想仕事の全部材にわたる仕事 W_i は，式（8.6）となる．

$$W_i = -\int \frac{\overline{M}_x M_x}{EI} \cdot dx \quad (8.6)$$

また，式（8.3）によって $(W_0 = -W_i)$，仮想仕事 W_0 は以下となる．

$$W_0 = \int \frac{\overline{M}_x M_x}{EI} \cdot dx \quad (8.7)$$

最終的に，外力 $\overline{M}$ のなす仮想仕事 W_0 は，式（8.4）であることから，以下のように整理した式を得る．

$$\overline{M} \cdot \phi = \int \frac{\overline{M}_x M_x}{EI} \cdot dx \quad (8.8)$$

この式を弾性体の仮想仕事式と呼んでいる．

式（8.8）は，外力が曲げモーメント $\overline{M}$ の場合であるが，集中荷重 $\overline{P}$ の場合には，式（8.9）のように外力と仮想変位を置き換えればよい．

$$\overline{P} \cdot \delta = \int \frac{\overline{M}_x M_x}{EI} \cdot dx \quad (8.9)$$

これまでの仮想仕事式の議論は，純曲げ状態を考えた場合であった．しかし，一般的な建築構造物の部材には断面力として曲げモーメントのみならずせん断力 Q や軸力 N が同時に生じることもあり，当然せん断力 Q に対するせん断変形を仮想変位とする仮想仕事と軸力 N に対する軸方向変形を仮想変位とする仮想仕事が存在し，その場合でも仮想仕事の原理が成立している．

これらの式の誘導は，他の教科書等に譲るとして，ここでは式（8.10）の断面力 M, Q, N が同時に生じる場合の外力のなす仮想仕事 W_0 を示す．

$$W_0 = \int \frac{\overline{M}_x M_x}{EI} \cdot dx + \int \kappa \cdot \frac{\overline{Q}_x Q_x}{GA} \cdot dx + \int \frac{\overline{N}_x N_x}{EA} \cdot dx \quad (8.10)$$

ここに，E：ヤング係数，I：断面2次モーメント，G：せん断弾性係数（第7章を参照），A：断面積，そして κ：形状係数である．

また，式（8.10）において，断面力 M, Q, N の仮想仕事に及ぼす割合は，断面形状や部材の材料によっても異なるが，せん断力 Q と軸方向力 N の寄与は10分の1以下と小さく，ほとんどの場合曲げモーメントが支配的であるので，工学的には式（8.7）に限定して仮想仕事式を展開している．しかし，トラス構造に適用する場合には，軸方向力 N による仮想仕事式を用いることになる．

4）仮想仕事式の変形計算への適用

仮想仕事式を用いて図 8・1 に示すような建築構造物の変角 ϕ や変位 δ を求める方法は，変角 ϕ を求めるとき，式（8.8）を，そして変位 δ を求めるときは式（8.9）を利用する．

式（8.8），（8.9）の誘導には，δ および ϕ を仮想変位として選んだが，弾性体の変形を求めるに際しては逆に，δ および ϕ を実変位とするもので，$\overline{M}$ と $\overline{P}$ は釣合力系にある仮想の外力と置いても仮想仕事

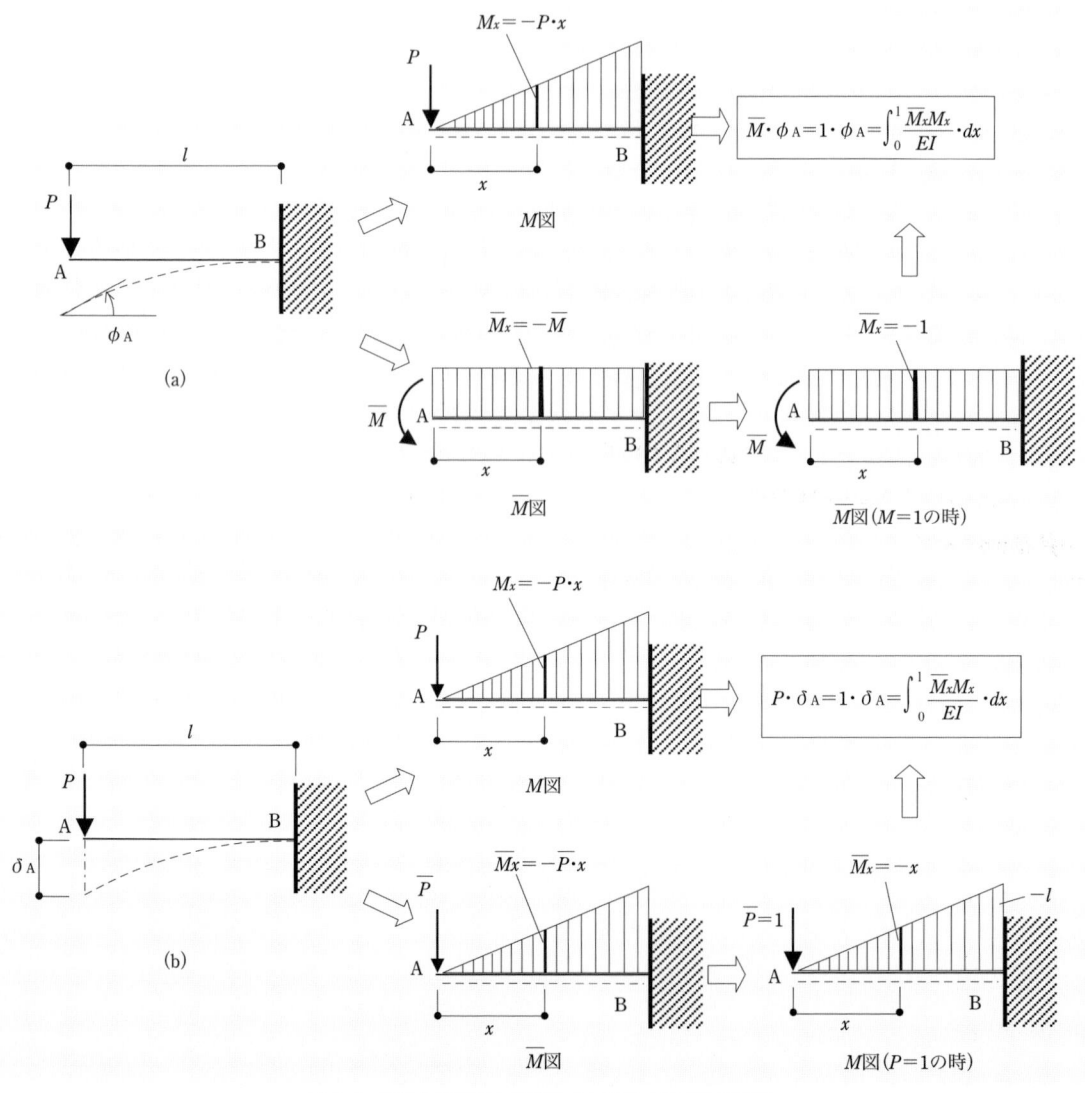

図 8・4 仮想仕事式による変位 δ と変角 ϕ を求める手順

の原理は成り立つ．したがって，$\overline{M}$ と $\overline{P}$ を仮想外力として選び，式（8.11），（8.12）のように $\overline{M}=1$，$\overline{P}=1$ とすれば，変角 ϕ および変位 δ を求めることができる．しかし，仮想仕事の原理が成り立つように仮想外力を選ぶ必要があり（先の3）項では逆に変形を仮想変位としていた），必要な部材位置の実変位（変角 ϕ や変位 δ）を求めるときには，その位置に単位の仮想外力を作用させればよい．ここで，$\overline{M}_x$ は，仮想外力 $\overline{M}$ あるいは $\overline{P}$ を単位の荷重としたときの x 点での断面力であり，M_x は，実際の作用外力に対する x 点での断面力である．

$$\overline{M} \cdot \phi = 1 \cdot \phi = \int \frac{\overline{M}_x M_x}{EI} \cdot dx \qquad (8.11)$$

$$\overline{P} \cdot \delta = 1 \cdot \delta = \int \frac{\overline{M}_x M_x}{EI} \cdot dx \qquad (8.12)$$

具体的には，図8・4を用いて説明しよう．

片持梁の先端Aの変角 ϕ_A と鉛直変位 δ_A を求めるために，仮想仕事式を適用させるときは，式（8.11），（8.12）を用い，変角 ϕ_A に対してはA点に単位のモーメント $\overline{M}=1$ を部材が回転すると予想される方向に，また鉛直変位 δ_A に対しては単位の力 $\overline{P}=1$ を鉛直に変位すると予想される方向に作用させる（ここは非常に重要なので覚えておくこと）．なお，計算の結果，負の値となったとき，変角および変位は予想と逆方向となることを意味する．

そして，変形（変角 ϕ_A と鉛直変位 δ_A）を生じさせる実際の外力，図の例では集中荷重 P，が作用しているときの断面力図（M 図）を求め，同時に単位の仮想外力（$\overline{M}=1$，$\overline{P}=1$）を作用させたときの断面力図（$\overline{M}$ 図）を求める．

最終的に，図8・4に示すように，片持梁の先端Aから任意の距離 x での断面力 $\overline{M}_x$ と M_x を式（8.13）のように求め，式（8.11），（8.12）に代入し，梁全長に渡り積分することによって変角 ϕ_A と鉛直変位 δ_A が求められる．

$$\left. \begin{array}{l} M_x = -P \cdot x \\ \overline{M}_x = -\overline{M} = -1 \ : \ (\phi_A \text{に対して}) \\ \overline{M}_x = -\overline{P} \cdot x = -x \ : \ (\delta_A \text{に対して}) \end{array} \right\} \qquad (8.13)$$

5）仮想仕事式を用いた変形の算定

仮想仕事の原理を用いれば，第2章から第4章で学習した静定構造物の反力を求めることや，第13章で学習する保有水平耐力を求めることができる．ここでは，仮想仕事の原理によって弾性静定構造物の変形を求める方法について説明する．この方法は，第9章で学習する不静定構造物の解法に発展できる．

まず，仮想仕事の原理に基づいて，弾性骨組構造物の変形を求める手順について述べる．

① 外力 P が作用している場合の曲げモーメントを求める．

② 求めたい変形の位置に仮想外力 $\overline{P}$ を作用させる．求めたい変形が変位の場合は，集中荷重 $\overline{P}$，変角の場合は，曲げモーメント $\overline{M}$ を作用させる．

③ 仮想外力 $\overline{P}=1$，$\overline{M}=1$ に対する曲げモーメントを求める．

④ 式（8.11）または式（8.12）を用いて外部仕事 W_o，内部仕事 W_i を計算し，変角または変位を求める．

例題 8.1 図8・5に示すような先端に集中荷重 P が作用している片持梁形式の棒材について，先端と中央部の垂直変形 δ_C，δ_B および先端の変角 ϕ_C を上記の手順に従って求めてみる．まずは，δ_C を求める．

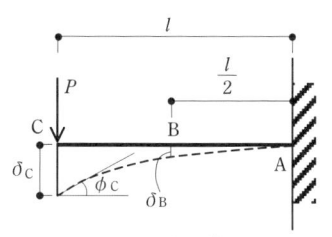

図8・5 片持梁構造

(1) δ_C の計算

① 外力 P が作用している場合の $M(x)$ は，図8・6に示す通り，

$$M(x) = -Px \qquad (8.14)$$

となる．

② 仮想外力は，δ_C を求めるのであるから，仮想外力 $\overline{P}=1$ をC点に垂直下向きに作用させる．$\overline{P}=1$ の外部仕事は，$W_o = 1 \cdot \delta_C = \delta_C$ となるため，大きさは1とすると変形量が直接求まる．

③仮想外力 $\overline{P}$ に対する $\overline{M}(x)$ 図は，図8·7に示す通り，
$$\overline{M}(x) = -x \tag{8.15}$$
となる．

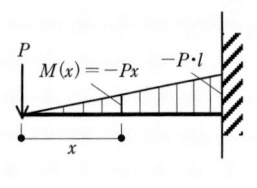

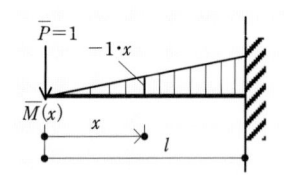

図8·6 M図

図8·7 $\overline{M}$ 図

④外部仕事 W_O，内部仕事 W_i を計算する．梁は断面寸法に比べて細長いため，曲げ変形が支配的となり，せん断力は無視できることから，曲げモーメントのみによる変形を求める．式（8.12）に式（8.14）と式（8.15）を代入すると，

$$1 \cdot \delta_C = \int_0^l \frac{\overline{M}(x)M(x)}{EI} dx$$

$$= \int_0^l (-x) \cdot \frac{-Px}{EI} dx = \frac{P}{EI} \int_0^l x^2 dx$$

$$= \frac{P}{EI} \left[\frac{x^3}{3} \right]_0^l = \frac{Pl^3}{3EI} \tag{8.16}$$

となる．よって，δ_C は

$$\delta_C = \frac{Pl^3}{3EI} \tag{8.17}$$

となる．

図8·8に示すように，δ_C に関する内的仕事の計算は，頂点から距離 x で縦 $P\cdot x$ と横 x とする長方形断面を有する四角錐の体積を求めることになる．

すなわち，

$$\delta_C = \frac{1}{EI} \cdot Pl \cdot l \times \frac{l}{3} = \frac{Pl^3}{3EI} \tag{8.18}$$

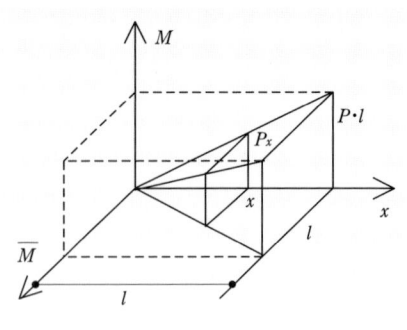

〈1/3×たて(Pl)×よこ(l)×高さ(l)〉

図8·8 $\int \frac{\overline{M}M}{EI} dx$ の体積（四角錐）

（2）中央の変位 δ_B の計算

①外力 P に対する $M(x)$ は，先端部分を求める場合と同様である．

②仮想外力は，δ_B を求めるので，仮想外力 $\overline{P}=1$ をB点に垂直下向きに作用させる．

③仮想外力 $\overline{P}$ に対する $\overline{M}(x)$ は，図8·9に示す通り，

$$\overline{M}(x) = -\left(x - \frac{l}{2}\right) \tag{8.19}$$

となる．以下，同様．

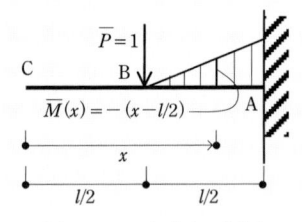

図8·9 δ_B を求める $\overline{M}$ 図

④外部仕事 W_O，内部仕事 W_i を計算すると，

$$1 \cdot \delta_B = \int_{l/2}^l \frac{\overline{M}(x)M(x)}{EI} dx$$

$$= \int_{l/2}^l -\left(x - \frac{l}{2}\right) \cdot \frac{-P \cdot x}{EI} dx$$

$$= \frac{P}{EI} \left[\frac{x^3}{3} - \frac{l}{4}x^2 \right]_{l/2}^l = \frac{5Pl^3}{48EI} \tag{8.20}$$

となる．

よって，変位 δ_B は，

$$\delta_B = \frac{5Pl^3}{48EI} \tag{8.21}$$

となる．

（3）ϕ_C の計算

①外力 P に対する $M(x)$ は，δ_C を求める際と同様である．

② C 点の変角 ϕ_C を求めるため，仮想外力 $\overline{M}=-1$（$\overline{M}=1$ でもよい．ここで最後の計算結果 ϕ_C が負となった時，ϕ_C の回転方向が曲げの作用方向と逆になることを意味する）を C 点にかける．

③ 仮想外力 $\overline{M}$ に対する $\overline{M}(x)$ は図 8・10 に示す通り，

$$\overline{M}(x)=-1 \tag{8.22}$$

となる．

④ 外部仕事 W_o，内部仕事 W_i を計算すると，

$$1\cdot\phi_C = \int_0^l \frac{\overline{M}(x)M(x)}{EI}dx$$

$$= \frac{1}{EI}\int_0^l(-1)(-Px)dx = \frac{Pl^2}{2EI} \tag{8.23}$$

となる．

よって，変角 ϕ_C は，

$$\phi_C = \frac{Pl^2}{2EI} \tag{8.24}$$

となる．

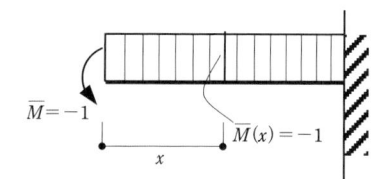

図 8・10 ϕ_C を求める場合の $\overline{M}$ 図

図 8・11 に示すように ϕ_C に関する内部仕事の計算は，3 辺が Pl，1，l の直方体の 1/2 の体積を求めることになる．すなわち，

$$\frac{1}{EI}\int_0^l \overline{M}_x\cdot M_x\,dx = \frac{1}{EI}\int_0^l(-1)(-Px)dx$$

$$= \frac{1}{EI}\cdot\frac{1}{2}(-Pl)\times l\times(-1) = \frac{1}{EI}\frac{Pl\cdot l}{2}\times 1 = \frac{Pl^2}{2EI} \tag{8.25}$$

図 8・11 $\int \frac{\overline{M}M}{EI}dx$ の体積

例題 8.2 図 8・12 に示す単純梁の中央部分に集中荷重が作用する場合の中央部の変位 δ_B と端部の変角 ϕ_A を求める．

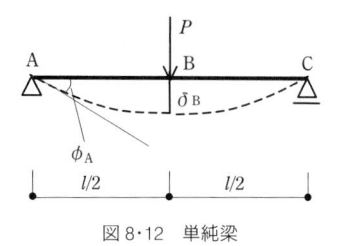

図 8・12 単純梁

(1) δ_B の計算

① P に対する断面力 $M(x)$ は，A—B 間と B—C 間では連続でないため，区間別に求める．断面力 $M(x)$ は，図 8・13 に示す通り，

$$M(x_1)=\frac{P}{2}x_1 \tag{8.26a}$$

$$M(x_2)=\frac{P}{2}x_2 \tag{8.26b}$$

となる．

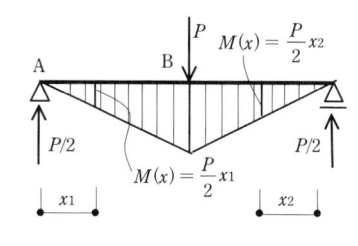

図 8・13 M 図

② δ_B を求めるのであるから，仮想外力 $\overline{P}=1$ を B 点に下向き（変位する方向）に作用させる．

③ $\overline{M}(x)$ は，図 8・14 に示す通り，

$$\overline{M}(x_1)=\frac{1}{2}x_1 \tag{8.27a}$$

$$\overline{M}(x_2)=\frac{1}{2}x_2 \tag{8.27b}$$

となる．

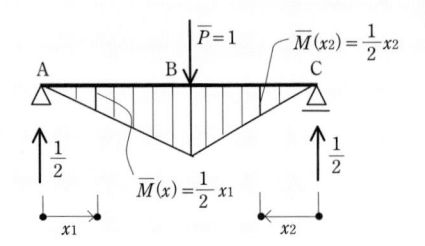

図 8・14 δ_B を求める $\overline{M}$ 図

④外部仕事 W_o, 内部仕事 W_i を計算する. A—B 間と B—C 間は, $\overline{M}(x)$ とも同じであるため, A—B 間の内部仕事を計算して, 2倍すると, 全内部仕事 W_i を求めることができる.

$$1 \cdot \delta_B = 2\int_0^{l/2} \frac{\overline{M}(x)M(x)}{EI}dx = 2\int_0^{l/2}\frac{1}{2}x_1 \cdot \frac{P}{2EI}x_1 dx_1$$

$$= 2\frac{P}{2EI}\left[\frac{x_1^2}{3}\right]_0^{l/2} = \frac{P}{2EI}\left[\frac{x_1^3}{3}\right]_0^{l/2} = \frac{Pl^3}{48EI} \quad (8.28)$$

変位 δ_B は,

$$\delta_B = \frac{Pl^3}{48EI} \quad (8.29)$$

となる.

(2) ϕ_A の計算

① M 図は, δ_B を求めるときと同じである.

② A点の変角 ϕ_A を求めるので, 仮想外力 $\overline{M}=1$ を A点に作用させる.

③ その時の断面力 $\overline{M}(x_1)$, $\overline{M}(x_2)$ は, 図 8・15 に示す通り,

$$\overline{M}(x_1) = 1 - \frac{x_1}{l} \quad (8.30a)$$

$$\overline{M}(x_2) = \frac{x_2}{l} \quad (8.30b)$$

となる.

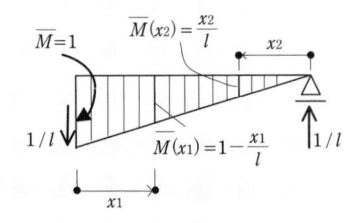

図 8・15 ϕ_A を求める $\overline{M}$ 図

④外部仕事 W_o, 内部仕事 W_i を計算するが, 梁の A—B 間と B—C 間では, 断面力が $M(x)$ と $\overline{M}(x)$ が同じでないため, 区別して仕事量を計算する.

$$1 \cdot \phi_A = W_i^{AB} + W_i^{BC}$$

$$= \int_0^{l/2}\frac{\overline{M}(x)M(x)}{EI}dx_1 + \int_0^{l/2}\frac{\overline{M}(x)M(x)}{EI}dx_2$$

$$= \int_0^{l/2}\left(1-\frac{x_1}{l}\right)\frac{Px_1}{2EI}dx_1 + \int_0^{l/2}\frac{x_2}{l}\cdot\frac{Px_2}{2EI}dx_2$$

$$= \frac{P}{2EI}\left[\frac{x_1^2}{2}-\frac{x_1^3}{3l}\right]_0^{l/2} - \frac{P}{2EIl}\left[\frac{x^3}{3}\right]_0^{l/2}$$

$$= \frac{Pl^2}{16EI} \quad (8.31)$$

よって, 変位 ϕ_A は,

$$\phi_A = \frac{Pl^2}{16EI} \quad (8.32)$$

となる.

ところで, 片持梁の変形状態と, 単純梁の変形状態を比較してみると, 先に求めた片持梁先端の変位 δ_C と単純梁の中央変位 δ_B は,

$$\delta_C = \frac{Pl^3}{3EI} \quad \delta_B = \frac{Pl^3}{48EI}$$

であるが, 図 8・16 に示すように, 単純梁の断面力や変形状態を中央部で半分にしたものが, 片持梁の応力や変形状態と全く同様なものとなる. これを利用すれば, 片持梁の先端の変位から, 単純梁の中央部の変位を求めることができる.

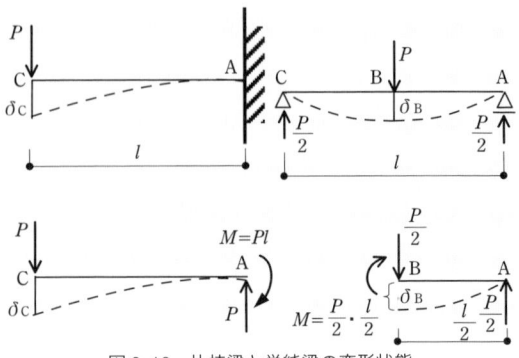

図 8・16 片持梁と単純梁の変形状態

よって, δ_B は, δ_C より,

$$\delta_B = \frac{\frac{P}{2}\cdot\left(\frac{l}{2}\right)^3}{3EI} = \frac{Pl^3}{48EI} \quad (8.33)$$

となる. 同様に, ϕ_A は, ϕ_C より

$$\phi_A = \frac{\frac{P}{2}\cdot\left(\frac{l}{2}\right)^2}{2EI} = \frac{Pl^2}{16EI} \quad (8.34)$$

となる．以上のように，片持梁の結果より，単純梁の結果を導くことができる．

例題 8.3 片持梁に等分布荷重が作用する場合の，変位を算定する．図 8・17 に示すような長さ l の片持梁に，等分布荷重 w が作用した場合の点 B における変位 δ_B と変角 ϕ_B を求める．

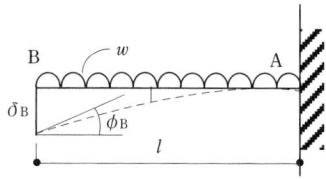

図 8・17 等分布荷重が作用した片持梁

(1) δ_B の計算

① 等分布荷重 w が作用している場合の $M(x)$ は，図 8・18 に示す通り，

$$M(x) = -\frac{wx^2}{2} \tag{8.35}$$

となる．

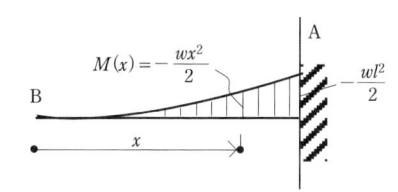

図 8・18 M 図

② δ_B を求めるので，仮想外力 $\overline{P}=1$ を点 B に下向きに加える．

③ その時の $\overline{M}(x)$ は，図 8・19 に示す通り

$$\overline{M}(x) = -1 \cdot x \tag{8.36}$$

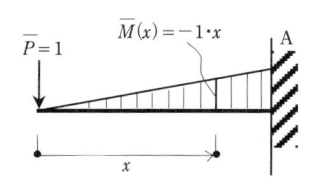

となる．

図 8・19 δ_B を求める $\overline{M}$ 図

④ 外部仕事 W_o，内部仕事 W_i を計算する．

$$1 \cdot \delta_B = \int_0^l \frac{\overline{M}(x) M(x)}{EI} dx_1$$

$$= \int_0^l (-1 \cdot x) \cdot \left(-\frac{wx^2}{2EI}\right) dx$$

$$= \frac{w}{2EI} \int_0^l x^3 dx = \frac{w}{2EI} \left[\frac{x^4}{4}\right]_0^l$$

$$= \frac{wl^4}{8EI} \tag{8.37}$$

よって，変位 δ_B は，

$$\delta_B = \frac{wl^4}{8EI} \tag{8.38}$$

となる．

(2) ϕ_B の計算

① M 図は，δ_B を求めた場合と同様である．

② ϕ_B を求めるので，仮想外力 $\overline{M}=-1$ を点 B に逆時計方向に加える．

③ その時の $\overline{M}(x)$ は，図 8・20 に示す通り，

$$\overline{M}(x) = -1 \tag{8.39}$$

である．

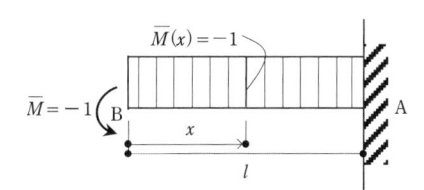

図 8・20 ϕ_B を求める $\overline{M}$ 図

④ 外部仕事 W_o，内部仕事 W_i を計算する．

$$1 \cdot \phi_B = \int \frac{\overline{M}(x) M(x)}{EI} dx = \int_0^l \left(-\frac{1}{EI}\right) \cdot \left(-\frac{wx^2}{2}\right) dx$$

$$= \frac{w}{2EI} \left[\frac{x^3}{3}\right]_0^l = \frac{wl^3}{6EI} \tag{8.40}$$

よって，変角 ϕ_B は，

$$\phi_B = \frac{wl^3}{6EI} \tag{8.41}$$

となる．

例題 8.4 図 8·21 のような単純支持されたラーメンに水平力が B 点に作用した時の D 点の水平変位を求めてみる．

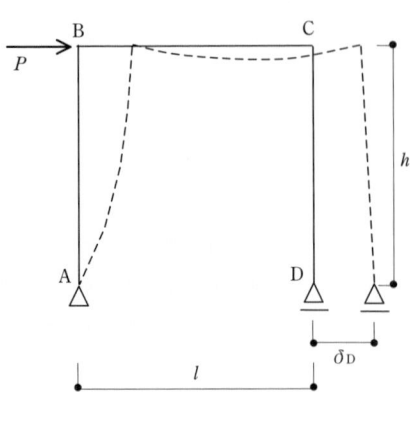

図 8·21 単純支持ラーメン

この構造物でも単純梁の場合と同様，A—B 間，B—C 間，C—D 間の各区間で断面力に連続性がない．したがって，区間ごとに，$M(x)$，$\overline{M}(x)$ を求める．

① 外力 P が作用した場合の断面力 $M(x)$ は，図 8·22 に示す通り，

〔A—B 間〕 $M(x_1) = Px_1$ (8.42a)

〔C—B 間〕 $M(x_2) = \dfrac{Ph}{l} x_2$ (8.42b)

〔D—C 間〕 $M(x_3) = 0$ (8.42c)

となる．ただし，これまでと同様な理由から，A—B 間，B—C 間，C—D 間に分離して示す．

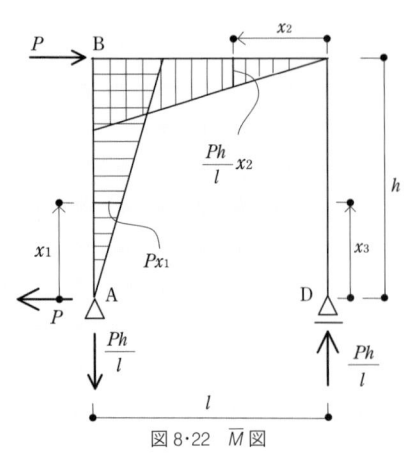

図 8·22 $\overline{M}$ 図

② D 点の水平変位 δ_D を求めるので，仮想外力 $\overline{P} = 1$ を，D 点に水平に加える．

③ その場合でも，$\overline{P}$ に対する断面力と同様 3 つの区間に分けて $\overline{M}(x)$ を求める．$\overline{M}(x)$ は，図 8·23 に示す通り，

〔A—B 間〕 $\overline{M}(x_1) = x$ (8.43a)

〔C—B 間〕 $\overline{M}(x_2) = h$ (8.43b)

〔C—D 間〕 $\overline{M}(x_3) = x_3$ (8.43c)

である．

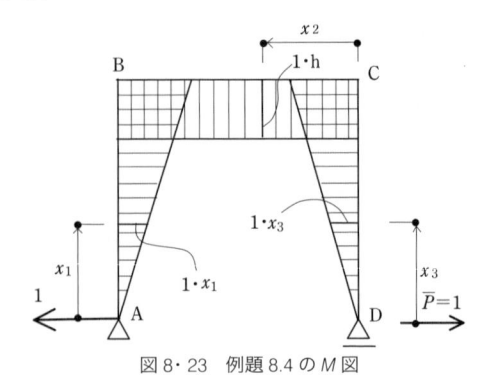

図 8·23 例題 8.4 の M 図

④ 外部仕事 W_O，内部仕事 W_i を計算する．

$$1 \cdot \delta_D = W_i^{AB} + W_i^{BC} + W_i^{CD}$$

$$= \int_0^h \frac{\overline{M}(x)M(x)}{EI} dx_1 + \int_0^l \frac{\overline{M}(x)M(x)}{EI} dx_2$$

$$+ \int_0^h \frac{\overline{M}(x)M(x)}{EI} dx_2$$

$$= \int_0^h x_1 \frac{Px_1}{EI} dx_1 + \int_0^l h \frac{Ph}{EIl} x_2 dx_2 + \int_0^h x_3 \frac{0}{EI} dx_3$$

$$= \frac{P}{EI} \left[\frac{x_1^3}{3} \right]_0^h + \frac{P}{EI} \cdot \frac{h^2}{l} \left[\frac{x_2^2}{2} \right]_0^l = \frac{P}{EI} \left[\frac{h^3}{3} + \frac{h^2 l}{2} \right]$$

$$= \frac{Ph^2}{EI} \left(\frac{h}{3} + \frac{l}{2} \right) \quad (8.44)$$

変位 δ_D は，

$$\delta_D = \frac{Ph^2}{EI} \left(\frac{h}{3} + \frac{l}{2} \right) \quad (8.45)$$

となる．

6) 基本撓角と $\int \dfrac{\overline{M}M}{EI} dx$ の公式

今まで，いくつかの構造物に外力を作用させてその変位を求めてきた．それら変位の計算は，$\overline{M}(x)M(x)dx$ を長さで積分し，EI で除する形式となっており，いくつかのパターンに整理される．ここでは，単純梁の一端にモーメントをかけた場合の他端の変角を基本量として，基本的な構造形式の変位，変角の計算値を整理する．

表8·1 $\int \frac{M\overline{M}}{EI}dx$ の公式（基本撓角 $\beta = \frac{l}{6EI}$）

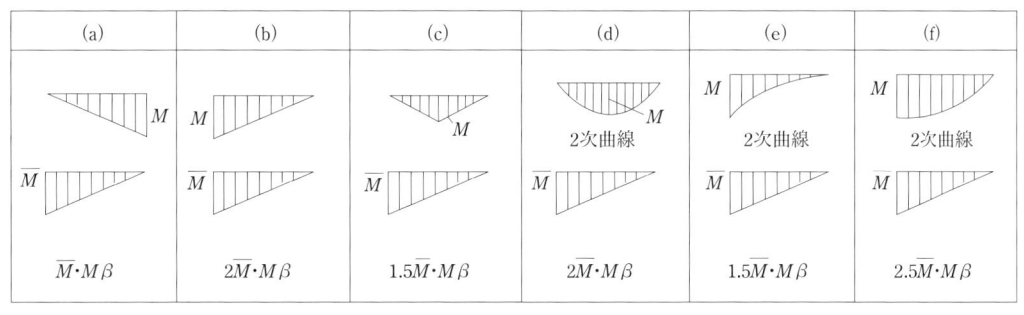

(a)	(b)	(c)	(d)	(e)	(f)
$\overline{M} \cdot M\beta$	$2\overline{M} \cdot M\beta$	$1.5\overline{M} \cdot M\beta$	$2\overline{M} \cdot M\beta$	$1.5\overline{M} \cdot M\beta$	$2.5\overline{M} \cdot M\beta$

(d) 2次曲線, (e) 2次曲線, (f) 2次曲線

＊表の公式は，スパンを l としているが，複数の部材長さで構成される場合には，l を変化させて適用できる．
（β の値を変化させることで適用できる）

図8·24に示すような，単純梁のB端に大きさ M のモーメントを外力で与えた場合，

$$\phi_B = \frac{l}{3EI}M \tag{8.46a}$$

$$\phi_A = \frac{l}{6EI}M \tag{8.46b}$$

となる．ここでは，計算過程は省略するので，読者自身で確認してほしい．これらの結果に対し，$M=1$ とした場合の ϕ_A を基本撓角といい，β であらわすと，次式のようになる．

$$\beta = \frac{l}{6EI} \tag{8.47}$$

この β を用いれば，B端の変角 ϕ_B は，

$$\phi_B = 2\beta \tag{8.48}$$

となる．基本撓角 β を用いると前出の例題8.1の δ_C と ϕ_C の場合は，

$$\delta_C = 2\beta Pl^2 \tag{8.49a}$$

$$\phi_C = 3\beta Pl \tag{8.49b}$$

となる．

表8·1は，基本撓角 β を用いた公式を表している．

これは，曲げモーメントに関する仮想仕事式の計算をしなくても，基本撓角 β を用いて求めることができることを示している．

一般には，表の(a)と(b)を最低限覚えておくと便利で，等分布荷重を除くほとんどの場合，この組み合わせによって変形を求めることができる．

図8·24 基本撓角 β

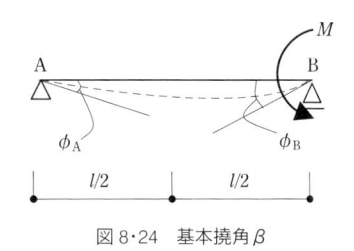

表8·2 基本的な構造形式の変形と基本撓角

構造形式と荷重	変位 δ と変角 ϕ
片持梁（集中荷重 P）	$\delta_A = \frac{Pl^3}{3EI} = 2\beta Pl^2$ $\phi_A = \frac{Pl^2}{2EI} = 3\beta Pl$
片持梁（等分布荷重 w）	$\delta_A = \frac{wl^4}{8EI} = \frac{3}{4}\beta wl^3$ $\phi_A = \frac{wl^3}{6EI} = \beta wl^2$
単純梁（中央集中荷重 P）	$\delta_C = \frac{Pl^3}{48EI} = \frac{1}{8}\beta wl^2$ $\phi_A = \phi_B = \frac{Pl^2}{16EI} = \frac{3}{8}\beta Pl$
単純梁（端モーメント m）	$\phi_A = \frac{1}{6EI}m = \beta m$ $\phi_B = \frac{1}{3EI}m = 2\beta m$

$\beta = \frac{l}{6EI}$ （β は基本撓角）

7）静定トラスの変形

次に，仮想仕事式を用いて，静定トラスの変形を求める．トラス構造は，複数の部材をピンによって接合した骨組構造である．なお，外力はピン接合部のみに作用すると考える．したがって，トラス構造は，部材断面にはモーメント M とせん断力 Q は伝わらないものとし，軸力 N のみが生じるとして計算される．

トラス構造の変形計算は，式（8.10）の仮想仕事式の中で，第3項のみを考慮すればよい．そして，各部材が，ヤング係数 E，断面積 A，および長さが l によって変化するので，トラスの仮想仕事式は，次式で与えられる．

$$\overline{P}\cdot\delta = \int \frac{\overline{N}N}{EA}dx = \sum_i^n \frac{\overline{N}_i N_i}{E_i A_i} l_i \quad (8.50)$$

ここに，n は部材数，i はトラス部材の番号を表し，$\overline{N}$ は $\overline{P}=1$ のときの各部材の軸力，N は実外力 P の作用による各部材の軸力である．

例題 8.5 図 8・25(a) に示すようなトラス構造の先端に荷重 P が作用しているとき，先端Aの鉛直変位 δ_A を求める．ただし，E，A は全部材で一定とする．

① 外力 P が作用している場合の N_i は，図に示す通り，
$N_{AB} = +\sqrt{2} P$
$N_{AC} = -P$
となる．
② 仮想外力は，δ_A を求めるのであるから，点Aに鉛直下向きに $\overline{P}=1$ を作用させる．
③ 仮想外力 $\overline{P}=1$ に対する $\overline{N}_i$ は，図に示す通り，
$\overline{N}_{AB} = +\sqrt{2}$
$\overline{N}_{AC} = -1$
となる．
④ 外部仕事 W_o，内部仕事 W_i を計算する．

$$1 \cdot \delta_A = \frac{\overline{N}_{AB} N_{AB}}{EA} l_{AB} + \frac{\overline{N}_{AC} N_{AC}}{EA} l_{AC}$$

$$= \frac{\sqrt{2} P \cdot \sqrt{2}}{EA}\sqrt{2}l + \frac{P \cdot 1}{EA}l = \frac{(1+2\sqrt{2})}{EA}Pl$$

また，表によって計算すると，表 8・3 のように同じ結果を得る．

表 8・3　表によるトラスの仮想仕事計算

部材名	部材長さ	剛性	$\overline{N}$	$\overline{N}$	$\int \frac{\overline{N}N}{EA}dx$
AB	$\sqrt{2}l$	EA	$\sqrt{2}P$	$\sqrt{2}$	$2\sqrt{2}\dfrac{Pl}{EA}$
AC	l	EA	$-P$	-1	$\dfrac{Pl}{EA}$

$$\delta_A = \frac{Pl}{EA}(1+2\sqrt{2})$$

よって，変位 δ_A は，

$$\delta_A = \frac{Pl}{EA}(1+2\sqrt{2})$$

となる．

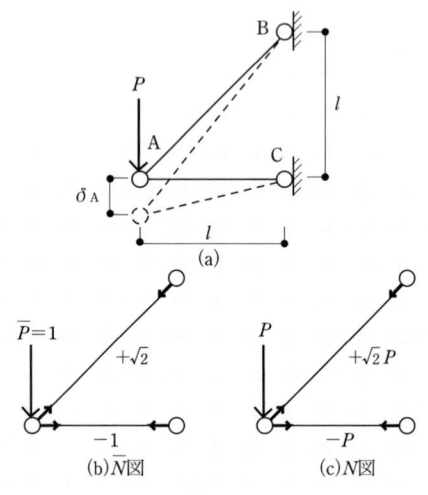

図 8・25

💡 Point 1

(1) 外力によって生じる変位は，建築構成部材の基準（外力が作用していない状態での位置）からの移動量である．変角は，元の部材に対する傾斜を表す回転量である．

(2) 釣合力系に対する外部仕事と内部仕事の総和はゼロになる．
$$W_o + W_i = 0$$

(3) 仮想仕事の原理に基づく静定弾性骨組構造物の外部仕事と内部仕事の方程式は以下のようになる．

$$\overline{P}\delta = \int \frac{\overline{N}N}{EA}dx + \int \kappa \frac{\overline{Q}Q}{GA}dx + \int \frac{\overline{M}M}{EI}dx$$

(4) 基本的な構造物の変位，変角について表 8・2 にまとめた．

8・2　長柱の弾性曲げ座屈荷重

柱には，短柱と長柱がある．圧縮力が増加すると短柱は軸方向のみに変形する．一方，長柱の場合は，曲げモーメントによる急激な横変形が生じ，短柱とは異なる破壊現象に至る．この現象を長柱の曲げ座屈という．

例えば，図8・26(a)のように，一端が材軸方向に移動する移動端，そして他端が回転端で支持されているような細長い棒材を考え，移動端に材軸方向にP_kの荷重を作用させる．単純支持された棒材は，図8・26(b)に示すようにΔlだけ縮んだ後に，座屈を生じて曲がる．

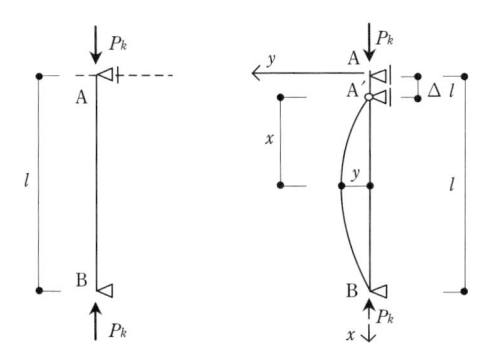

(a) 軸力がかかっている単純梁　　(b) 座屈が生じた単純梁
図8・26

ここで，図8・27のように，A点から距離xの位置の水平変位をyとすると，距離xでの断面力，N_x，Q_x，M_xと外力P_kとのx方向の力の釣合において，N_xとQ_xの合力がx軸方向を向き大きさP_kに等しい．

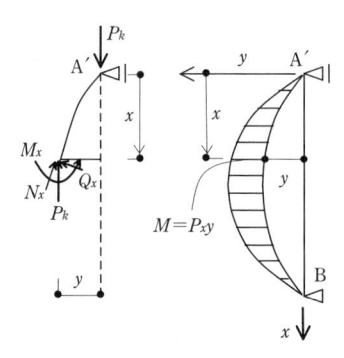

図8・27　座屈が生じた単純梁の応力分布

また，Q_xとN_xの合力（P_k）と荷重P_kとは偶力である．この偶力によるモーメントMは，$M_x(=P_k \cdot y)$と釣り合う．すなわち，

$$M = M_x = P_k \cdot y \tag{8.51}$$

となる．

前節までの，いわゆる，微小変形理論では，変形yによって生じる曲げモーメントMは，yが微小であることを考え，無視できるとした．しかし，yが大きい場合には，変位yによって生じる曲げモーメントを考慮する必要がある．曲げモーメントM_xと曲率ϕ_xとの間には，$M_x = EI\phi_x$の関係があること，また，$\phi = -\dfrac{d^2y}{dx^2}$の関係があること（詳細は文献1を参照されたい）を考えると以下の式を得る．

$$\frac{d^2y}{dx^2} = -\frac{M}{EI} = -\frac{P_k}{EI}y \tag{8.52}$$

ここに，対象とする部材は長さlにわたって曲げ剛性EIが一定であるとし，かつ，

$$\frac{P_k}{EI} = k^2, \quad k = \sqrt{\frac{P_k}{EI}} \tag{8.53}$$

とおけば，これを式(8.52)に代入して，次式が得られる．

$$\frac{d^2y}{dx^2} + k^2 y = 0 \tag{8.54}$$

これは，2階の微分方程式であり，この微分方程式の解法に従って，yの一般解は，

$$y = A\cos kx + B\sin kx \tag{8.55}$$

とおける．A, Bは，棒材の境界条件などによって定まる定数である．図8・27より，境界条件は，$x = 0$，$y = 0$と$x = l$，$y = 0$である．$x = 0$，$y = 0$を式(8.55)に代入すれば$A = 0$（∵$\cos 0° = 1$）であるから，

$$y = B\sin kx \tag{8.56}$$

となる．

一方，$x = l$で$y = 0$をさらに上式に代入すると，$B\sin kl = 0$となり，$B = 0$であれば，いかなるxに対しても$y = 0$となり，座屈が生じないことになる．ここでは，yが生じ，座屈が生じる現象を取り扱っているので$B \neq 0$であるから，

$$\sin kl = 0 \tag{8.57}$$

となる．この条件を満足するのは，$kl = 0, \pm\pi, \pm 2\pi, \pm 3\pi \cdots \pm n\pi \cdots$である．ここで$n$は，0または，整数である．$n = 0$では，$l \neq 0$だから，$k = 0$となり，式(8.53)より，$P_k = 0$となり，対象外となる．よって，

表8・4 支持条件の違いによる座屈荷重と座屈応力度

柱の支持条件	一端固定・他端自由	両端ピン	一端固定・他端ピン	両端固定
座屈形	l, $l_k = 2l$	l, $l_k = l$	l, $l_k = 0.7l$	l, $l_k = 0.5l$
座屈荷重 P_k (座屈応力度 σ_k)	$P_k = \dfrac{EI \cdot \pi^2}{l_k^2}$ $\left\{ \sigma_k = \dfrac{E\pi^2}{\lambda_k^2},\ \lambda_k = \dfrac{l_k}{i},\ i = \sqrt{\dfrac{I}{A}} \right\}$			

$$k = \frac{n\pi}{l}, \quad (n = 1, 2, \cdots, n) \tag{8.58}$$

から，座屈によるたわみ y は，

$$y = A \sin \frac{n\pi}{l} x \tag{8.59}$$

となる．式（8.53）と式（8.58）から，

$$\frac{P_k}{EI} = k^2 = \frac{n^2\pi^2}{l^2} \quad \therefore P_k = n^2 EI \frac{\pi^2}{l^2} \tag{8.60a}$$

上式より P_k の最小値は，$n = 1$ の時である．

$$P_k = \frac{EI \cdot \pi^2}{l_k^2} \tag{8.60b}$$

式（8.60b）の荷重 P_k をオイラー（Euler）の座屈荷重と呼んでいる．この式は，ヤング係数一定の弾性範囲で成立するため，P_k を特に弾性座屈荷重と呼ぶ．

同様の方法で，異なる支持条件の長柱座屈荷重を求めることができる．それらを一覧表にして，表8・4に示した．具体的な誘導方法については，紙面の都合でここでは示さないが，境界条件によって定まる定数 A，B を適切に定めれば求められる．建築分野の一般的な力学の教科書には，これらの誘導が示されている（例えば，参考文献1を参照されたい）．

また，表8・4には座屈荷重とともに座屈応力度 σ_k を示した．この σ_k は，次式で与えられる．

$$\sigma_k = \frac{P_k}{A} = \frac{EI\pi^2}{Al_k^2} = \frac{Ei^2\pi^2}{l_k^2} = \frac{E\pi^2}{\left(\dfrac{l_k}{i}\right)^2} = \frac{E\pi^2}{\lambda_k^2} \tag{8.61}$$

ここに $\sqrt{\dfrac{I}{A}} = i$（断面2次半径と呼ぶ）とし，かつ，

$$\lambda_k = \frac{l_k}{i} \tag{8.62}$$

と置き換えている．この λ_k を細長比と呼んでいる．λ_k が大きければ座屈応力度 σ_k は小さくなる性質を持っている．

以上，材端の境界条件（支持条件）が明確な場合の長柱の座屈について述べてきた．しかし，座屈が生じる長柱が構造物の一部である時，このような明確な境界条件であることはまれで，座屈が生じる可能性のある長柱の境界条件を十分吟味し，その座屈荷重を求める必要がある．

図8・28に示すような，一層1スパンの門型のラーメンについて柱の座屈荷重を考えてみよう．

たとえば，柱脚が固定支持，柱頭で梁の剛性が無限大（図8・28(a)）であれば，$l_k = h$ であり，梁の剛性がゼロ（図8・28(b)）であれば，$l_k = 2h$ となる．実際の梁の剛性は，ゼロ以上，無限大以下であるため，$h < l_k < 2h$ となる．

また，同様の構造物で，柱脚が回転端で支持され，梁の剛性が無限大（図8・28(c)）の場合は，$l_k = 2h$，ゼロの場合（図8・28(d)）は，構造物が不安定となり $l_k = \infty$ となる．したがって，$2h < l_k < \infty$ である．

図8・28は，柱頭の水平移動を拘束していないが，構造形式によっては，骨組構造の柱頭をある程度拘束するような状態についても座屈荷重を考えなけれ

ばならない場合がある．

図8·29に柱頭の水平移動を拘束した場合についても示した．

以上，構造物内の長柱座屈荷重は，周辺部材による境界条件の影響を受けるので，十分注意して求める必要がある．

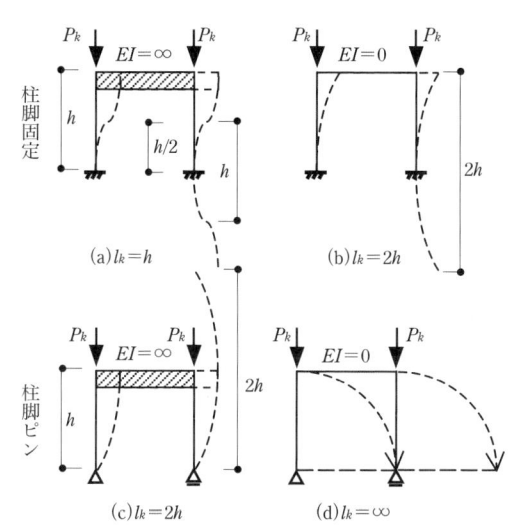

図8·28 骨組構造内の長柱の座屈長さ（柱頭自由）

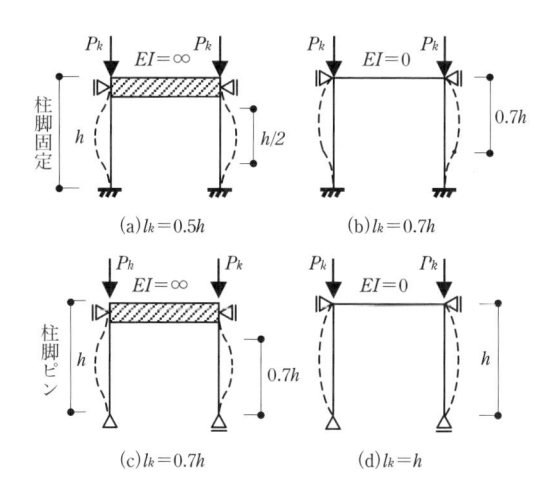

図8·29 骨組構造内の長柱の座屈長さ（柱頭拘束）

🏆 Point 2
・長柱の座屈荷重と座屈応力度を材端の境界条件別に整理し，表8·4にまとめた．
・実際の構造物では，長柱の材端の境界条件を適切に評価する必要がある．

参考文献

1 榎並昭『建築材料力学』彰国社，1989年

練習問題 8.1 例題 8.2 で求めたのと同様に片持梁の結果を用いて，単純梁の全長にわたって等分布荷重が作用している場合の中央部の変位 δ と支点の変角 ϕ を求めよ．

練習問題 8.2 下図の梁の C 点の変位 δ_C，D 点の変位 δ_D および A, B, C 点の変位角 ϕ_A, ϕ_B, ϕ_C を求めよ．E, I は全部材一定とする．

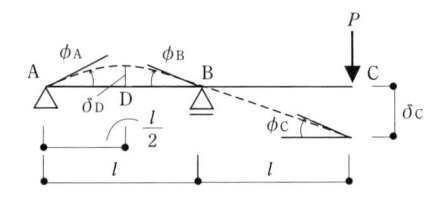

練習問題 8.3 下図の片持梁の A 点の変位 δ_A と変位角 ϕ_A を求めよ．曲げ剛性 EI を一定とする．

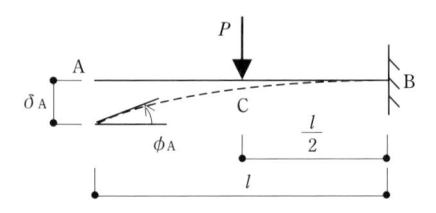

練習問題 8.4 下図のラーメンの E 点に外力 P が作用したとき，B 点は水平方向の左右どちら側に変位するかを求めよ．ただし，曲げ剛性 EI は一定とする．

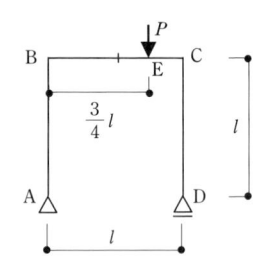

練習問題 8.5 下図の剛な梁を持つラーメンの座屈荷重の大きさ P_{ka}, P_{kb}, P_{kc} を求めよ．柱は(a)〜(c)とも断面一定，ヤング係数 E も同じとする．

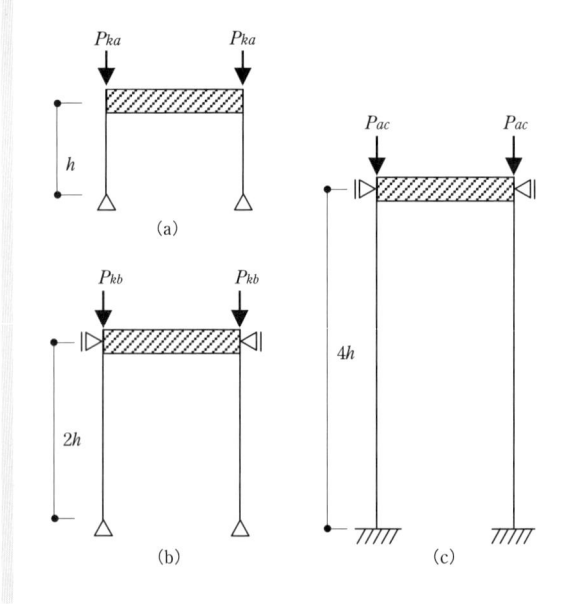

第9章 不静定構造を解く1 応力法

不静定構造は，図9・1に示すように，反力や断面力を静定構造のように釣合条件を用いて直接的に求めることが不可能である．このため，釣合条件以外の何らかの条件を追加して解く方法が考案されている．代表的なものとしては以下の3つの解法がある．
① 応力法
② 撓角法
③ 固定モーメント法

本章では，以下応力法について説明する．また，第10章では撓角法，第11章では固定モーメント法について説明する．

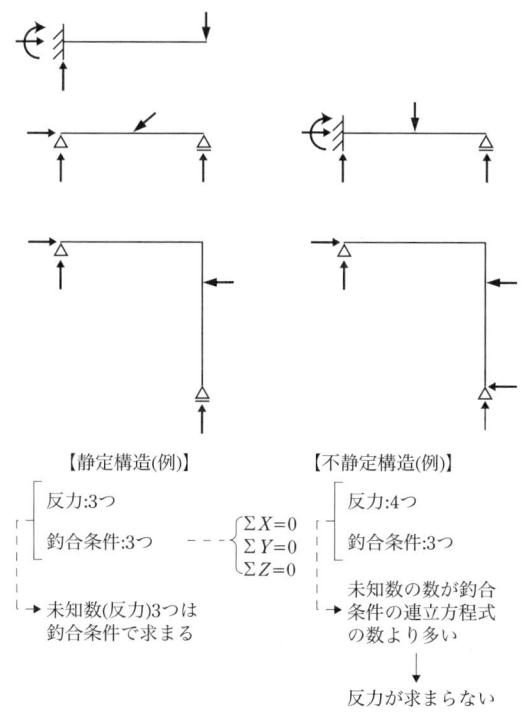

図9・1 不静定構造の概念

9・1 応力法の基本的考え方

応力法は，静定構造の変形（第8章で述べている）を利用して，不静定構造の反力や応力を求める方法である．基本的な考えは以下のように書ける（図9・2参照）．

① [無理やり静定化] 元の不静定構造を，支持条件を変更したり，節点や部材の中間にピンを追加したりして，不静定次数を減らして静定構造に変更する．

② [矛盾した変位] このように静定化すると，静定化のために変更した箇所に，元の構造では生じない変位 δ_{10}（ここでは「矛盾した変位」と呼ぶ）が生じる．

③ ここで矛盾した変位をなくし，元の状態に戻すために，何らかの力を加えることを考える．この力を「**不静定余力**（静定構造の変形を不静定構造に等しくするための余分の力）」と呼び，X で表す．また，矛盾した変位をなくす条件を，「**変形の適合条件**」と呼ぶ．

④ 上記，適合条件を満足するために必要な不静定余力 X を求めると，元の不静定構造の応力変形挙動は，静定構造に与えられた荷重と不静定余力の両者を加えた挙動と等しい．

まとめると，応力法は，静定構造の変形が元の不静定構造と等しくなる条件（変形の適合条件）を満

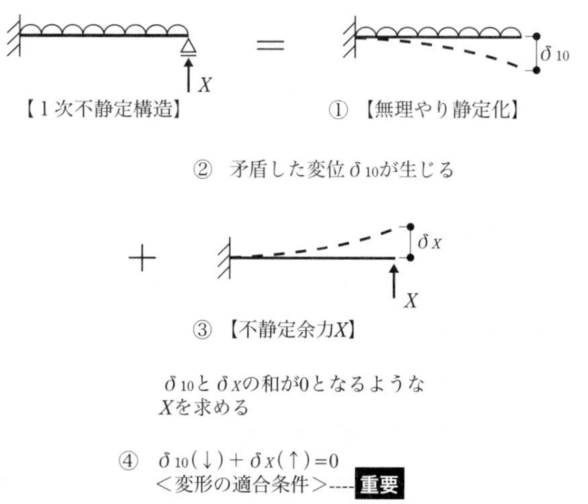

図9・2 応力法の基本的な考え方

足させるために必要な不静定余力Xを求める方法である．応力法という名前は，未知数（X）が「力」であることに由来している．

9・2　応力法入門

前節の応力法の基本的な考え方に基づいて，簡単な不静定構造を解いてみる．図9・1の例に示したように，部材の一端が固定端，他端がローラー支持された一次不静定の梁を取り上げる．この構造は，前述の図9・2にも取り上げたものと同じである．解法の詳細を図9・3の例によって説明する．

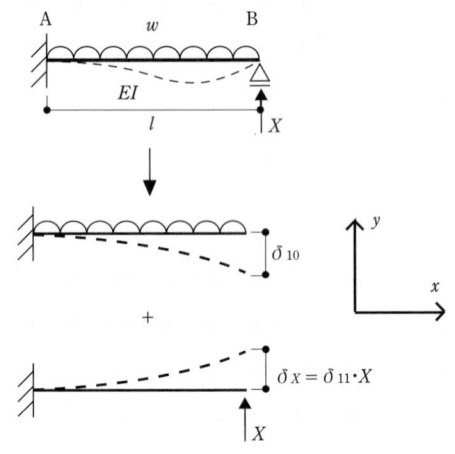

図9・3　1次不静定梁の解法手順

〔解法手順〕

① B点のローラーを除去して静定化した場合，生じる変位（δ_{10}）を求める．

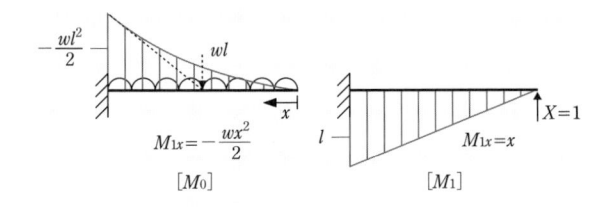

仮想仕事の原理を用いると，

$$\delta_{10} = \int_0^l \frac{M_{1x}M_{0x}}{EI}dx = \frac{-1}{EI}\int_0^l \frac{wx^2}{2}\cdot x\, dx$$

$$= -\frac{w}{2EI}\int_0^l x^3 dx = -\frac{wl^4}{8EI}(\downarrow)$$

B点に生じる矛盾した変位δ_{10}は，変位の正の方向を上向きに仮定すると以下のように求まる．

$$\delta_{10} = -\frac{wl^4}{8EI}(\downarrow) \tag{9.1}$$

式（9.1）の（↓）は，δ_{10}の値が負のために，実際の変位は仮定と逆向き，すなわち下向きであることを示している．

② 続いて，不静定余力Xが片持梁の先端に上向きに加わった場合の変位$\delta_{11}\cdot X$を求める．ここで，δ_{11}は，$X=1$の場合と同じ点の変位を表している．

この時のM_{1x}図は，①で用いたM_{1x}図と同じになることに留意してほしい．

$$\delta_X = X \cdot \delta_{11} = X \cdot \int_0^l \frac{M_{1x}M_{1x}}{EI}dx$$

$$= \frac{X}{EI}\int_0^l x\cdot x\, dx = \frac{X}{EI}\int_0^l x^2 dx = \frac{Xl^3}{3EI}$$

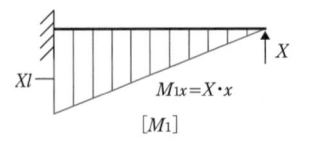

δ_{10}を解消するために片持梁の先端に不静定余力Xを加えた時，先端部の変位δ_Xは以下のように求まる．

$$\delta_X = +\frac{l^3}{3EI}\cdot X(\uparrow) \tag{9.2}$$

③ wとXが同時に加わる場合，B点の鉛直変位δ_Bがゼロとなるために必要なXの値を求める．ここで変位に関する条件（適合条件）を式で表すと，

$$\begin{cases} \delta_B = 0 \\ \delta_B = \delta_{10} + \delta_X = \delta_{10} + \delta_{11}\cdot X \end{cases}$$

$$\therefore -\frac{wl^4}{8EI} + \frac{l^3}{3EI}X = 0$$

ここで，Xを求めると次の値が求まる．

$$X = +\frac{3wl}{8} \tag{9.3}$$

④ 最後に①の静定化した構造のM_0図と，②の不静定余力を加えたM_1図に，上記Xの値を掛けた$M_1\cdot X$図を足し合わせると，元の一次不静定構造のM図が求まる．

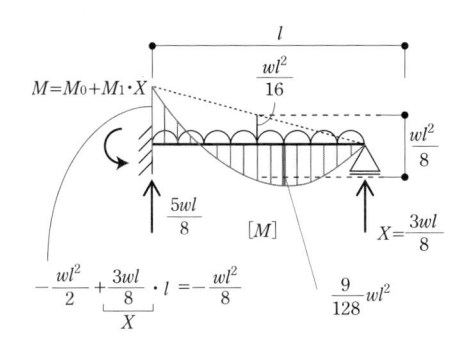

図9・4 応力法入門のための例

9・3 応力法の手順

9・1で述べた応力法の基本概念を用いて，一般化した手法が応力法である．以下に手順を示す（図9・5）．

① 与えられた不静定構造の一部（支持条件や部材の接合方法）を修正することで無理やり静定化し，当該部材に**不静定余力** X を加える．不静定余力は，静定化によって新たに生じる変位（元の構造には生じ得ない変位），すなわち「矛盾した変位」を無くすように加える必要がある．図9・6に静定化と不静定余力の関係を示す．なお，ここで静定化により得られた構造を「**静定基本形**」と呼ぶ．

② 静定基本形に与えられた荷重が加わった時の曲げモーメント図（M_0 図）と，単位の大きさの不静定余力（$X=1$）が加わった時の曲げモーメント図（M_1 図）を，それぞれ求める．

③ M_0 図と M_1 図を用いて，矛盾した変位 δ_{10} を求める．δ_{10} を求める方法は第8章を参照すればよい．仮想仕事の原理を用いる場合には，積分 $\int \dfrac{M_0 M_1}{EI} dx$ を用いてもよいし，同積分を公式化した方法（M_0 図と M_1 図の形状から積分の結果を示した公式を用いる方法）のいずれを用いてもよい．

④ M_1 図を2回用いることにより δ_{11} を求める．積分を用いれば，$\delta_{11} = \int \dfrac{M_1 M_1}{EI} dx$ となる．この δ_{11} は，不静定余力（X）が1の場合の X 方向の変位であり，$X=1$ により矛盾した変位をどの程度解消できるかを表している．なお，δ_{11} は必ず正になる．

⑤ 次式より不静定余力（X）の大きさを求める．

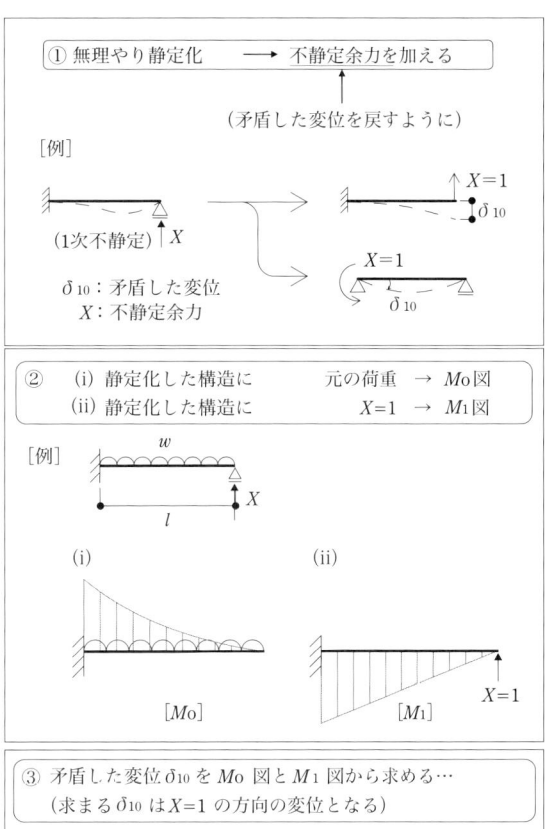

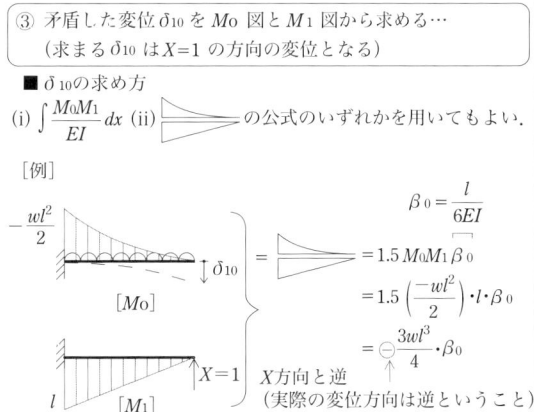

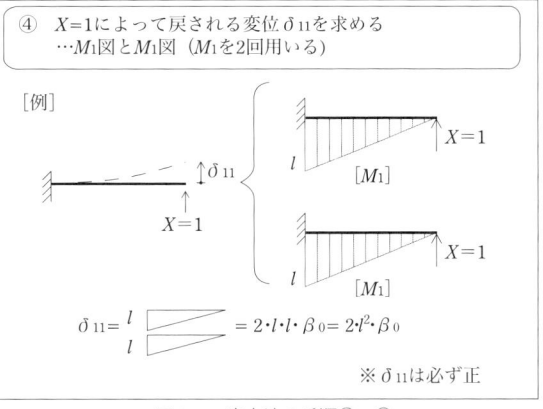

図9・5 応力法の手順①〜④

$$\delta_{10} + \delta_{11} \cdot X = 0 \quad \therefore X = -\frac{\delta_{10}}{\delta_{11}} \tag{9.4}$$

上式は，矛盾した変位（δ_{10}）を無くする（0にする）ために，不静定余力（X）がどの程度必要であるかを求める方程式であり，「**変形の適合条件式**」と呼ばれる．以上により，未知数の不静定余力（X）が求まったことになる．

⑥次式により，元の不静定構造の曲げモーメント図を求めるには，M_0図と，M_1図をX倍したものを加えることで得られる．同様に，同じ条件によりQ_0, N_0とQ_1, N_1が求まっていれば，Q図，N図も求めることができる．

$$\left.\begin{array}{l} M = M_0 + M_1 \cdot X \\ Q = Q_0 + Q_1 \cdot X \\ N = N_0 + N_1 \cdot X \end{array}\right\} \tag{9.5}$$

⑤ 矛盾した変位が無くなる条件 → X を求める

$$\delta_{10} + \delta_{11} \cdot X = 0$$

$$\therefore \boxed{X = -\frac{\delta_{10}}{\delta_{11}}}$$

[例]

$$\delta_{10} = -\frac{3wl^3}{4}\beta_0, \quad \delta_{11} = 2 \cdot l^2 \cdot \beta_0$$

$$\therefore X = -\frac{-\frac{3wl^3}{4}}{2l^2} = \frac{3wl}{8}$$

(ただし，$\beta_0 = \frac{l}{6EI}$)

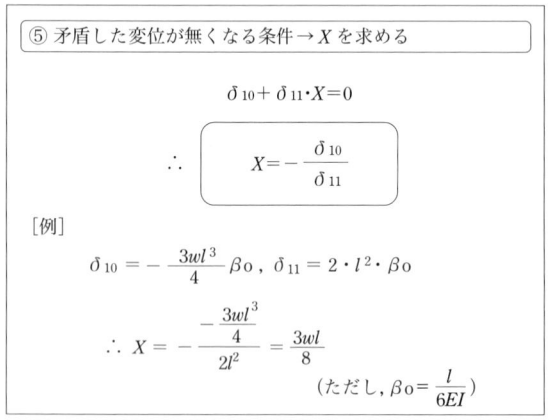

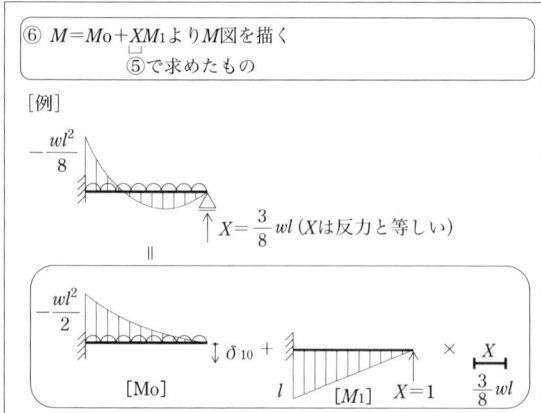

⑥ $M = M_0 + XM_1$ よりM図を描く
　　　　　⑤で求めたもの

[例]

図9・5　応力法の手順⑤～⑥

元	静定化	X（方向は逆も可）
角度0	δ_{10}	$X=1$
水平変位0 鉛直変位0	δ_{10}	$X=1$
鉛直変位0	δ_{10}	$X=1$
角度保持	θ_2　$\delta_{10}=\theta_1+\theta_2$	$X=1$

図9・6　静定化と不静定余力Xの加え方

9・4　不静定梁を応力法で解く

9・3で示した応力法の手順に従って，以下の不静定梁の応力図を求めてみよう．

例題 9.1　次の不静定構造を解く．各問に答えよ．

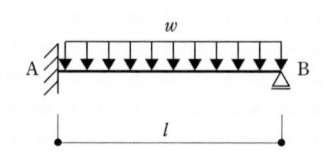

※下表は第8章参照
MをM_0，$\overline{M}$をM_1に置換している

M_0	M_0	M_0	M_0
M_1	M_1	M_1	M_1
$\int \frac{M_0 M_1}{EI}dx$	$2M_0 M_1 \beta_0$	$2M_0 M_1 \beta_0$	$1.5 M_0 M_1 \beta_0$

$\beta_0 = \frac{l}{6EI}$

①静定基本形として次の単純支持構造を選択したとき，M_0, M_1図を示す．

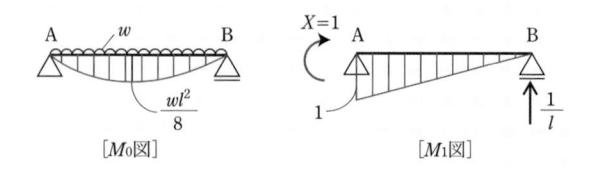

[M_0図]　　　　[M_1図]

②不静定余力Xを求めよ．

$$\delta_{10} = 2M_0 M_1 \beta_0 = 2 \times \frac{wl^2}{8} \times 1 \times \beta_0 = \frac{wl^2}{4} \cdot \beta_0 = \frac{wl^3}{24EI}$$

$$\delta_{11} = 2M_1 M_1 \beta_0 = 2 \times 1 \times 1 \times \beta_0 = 2\beta_0 = \frac{l}{3EI}$$

$$\delta_{10} + \delta_{11} X = 0$$

$$\therefore X = -\frac{\delta_{10}}{\delta_{11}} = -\frac{\frac{wl^2}{4}\cdot\beta_0}{2\beta_0} = -\frac{wl^2}{8}$$

③式 (9.5) を用いて M, Q 図および反力を示す.

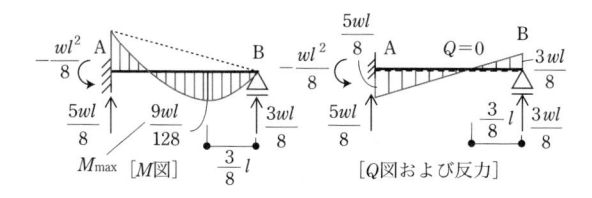

9・5 不静定ラーメンを応力法で解く

部材が2部材以上で構成されたラーメン構造でも,応力法の手順は同じである.δ_{10}, δ_{11} を求める方法は,静定ラーメンの変位を求める方法(第8章)を参照すればよい.ポイントのみを以下に示す.

①部材ごとに $\delta_{10} = \int\frac{M_0 M_1}{EI}dx$ と $\delta_{11} = \int\frac{M_1 M_1}{EI}dx$ を求め,総和を求めれば,δ_{10}, δ_{11} が得られる.

②**剛比**を用いて各部材の剛性が表されている場合もある.ここで剛比とは次式で定義される剛度 K の比である.

$$K = \frac{I}{l}(\text{mm}^3)$$

ただし,I:断面2次モーメント (mm^4)
l:部材の長さ (mm)

また,剛比が1の部材の剛度は「標準剛度」と呼ばれ,K_0 で表される.

③ある部材 i の**基本撓角** $\beta_i\left(=\frac{l_i}{6EI_i}\right)$ は,剛比が1の部材の基本撓角 (β_0) と,次の関係で表される.

$$\beta_i = \frac{\beta_0}{k_i} \quad \text{ただし,}\; k_i:\text{部材}\,i\,\text{の剛比}$$

なぜならば,

$$\frac{\beta_0}{\beta_i} = \frac{\frac{l_0}{6EI_0}}{\frac{l_i}{6EI_i}} = \frac{\frac{1}{6E}\cdot\frac{1}{K_0}}{\frac{1}{6E}\cdot\frac{1}{K_i}} = \frac{K_i}{K_0} = k_i$$

ここで,l_0, I_0 は剛比が $k=1$ の部材の長さと断面2次モーメントを表す.

④変位を求める際に,M 図の形を用いた公式を用いると,③の性質を用いて次式のように β_0 の係数倍で表すことができる.なお,□は係数を表す.

$$\delta = \boxed{a_1}\beta_{AB} + \boxed{a_2}\beta_{BC} + \cdots + \boxed{a_i}\beta_i + \cdots$$
$$= \boxed{a_1}\frac{\beta_0}{k_{AB}} + \boxed{a_2}\frac{\beta_0}{k_{BC}} + \cdots + \boxed{a_i}\frac{\beta_0}{k_i} + \cdots$$
$$= \boxed{\sum\frac{a_i}{k_i}}\times\beta_0$$

⑤④の性質を用いると,a, b を係数として,
$$\delta_{10} = a\times\beta_0, \quad \delta_{11} = b\times\beta_0$$
で表される.この時,不静定余力(X)は次のように求まる.

$$X = -\frac{\delta_{11}}{\delta_{10}} = -\frac{a}{b}$$

このことは,δ_{10}, δ_{11} を求める際に,β_0 を含んだまま計算してもよいことを示している.以上の性質を用いて2部材からなるラーメン構造の例題を解いてみよう.

例題 9.2 次の不静定構造を解く.各問に答えよ.(○内は部材の剛比 k の値).

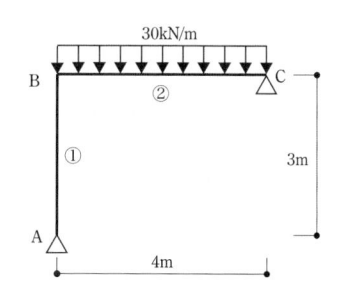

※下表は第8章参照
$M = M_0$, $\overline{M} = M_1$ に置換している

M_0		M_0		M_0	
M_1		M_1		M_1	2次曲線
$\int\frac{M_0 M_1}{EI}dx$	$2M_0 M_1\beta_0$		$2M_0 M_1\beta_0$		$1.5 M_0 M_1\beta_0$

$\beta_0 = \frac{l}{6EI}$

①静定基本形として次の単純支持構造を選択したとき,M_0, M_1 図と不静定余力 (X) を示す.

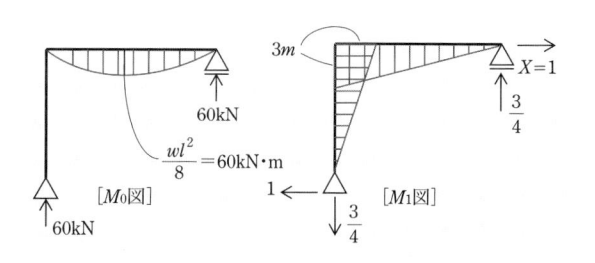

②部材ABの基本撓角β_0を用いて不静定余力Xを求める．

$k_{AB} = 1 \quad k_{BC} = 2$

$\delta_{10} = 2M_0 M_1 \dfrac{\beta_0}{k_{AB}} + 2M_0 M_1 \dfrac{\beta_0}{k_{BC}}$

$= 2\cdot 0 \cdot 3 \cdot \dfrac{\beta_0}{1} + 2\cdot 60 \cdot 3 \cdot \dfrac{\beta_0}{2} = 180\beta_0$

$\delta_{11} = 2M_1^2 \dfrac{\beta_0}{k_{AB}} + 2M_1^2 \dfrac{\beta_0}{k_{BC}} = 2\cdot 3^2 \cdot \dfrac{\beta_0}{1} + 2\cdot 3^2 \cdot \dfrac{\beta_0}{2} = 27\beta_0$

$\therefore X = -\dfrac{\delta_{10}}{\delta_{11}} = -\dfrac{180\beta_0}{27\beta_0} = -\dfrac{20}{3}\,\text{kN}$

③M，Q図および反力を示す．

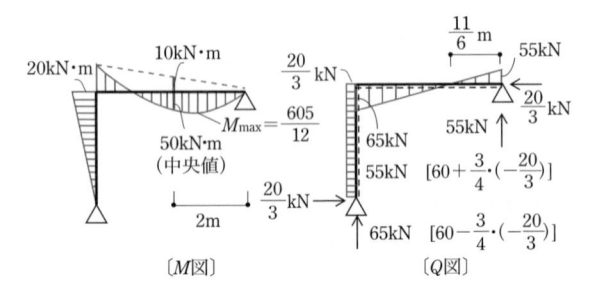

9・6　高次不静定構造の場合

前節までは，1次不静定構造を対象にして説明を行ってきたが，応力法は2次以上の高次不静定構造にも適用できる．ここでは図9・7(a)の2次不静定ラーメンに対して，(b)図のような静定基本形を選んだ場合を例として取り上げる．静定基本形に対して，元の荷重，および単位不静定余力$X_1 = 1$，$X_2 = 1$が加わった時の曲げモーメント図を，それぞれM_0，およびM_1，M_2図とすると，図中の変位δ_{ij}は次式で得られる．

$$\delta_{ij} = \int \dfrac{M_i M_j}{EI} dx \tag{9.6}$$

ただし，$i = 1, 2 \quad j = 0, 1, 2$

ここでiは，不静定余力（X_i）が加わっている点のX_iの方向を，またjは変位の原因となる力（$j = 1, 2$の場合X_jを$j = 0$の場合は与えられた力）を表す．なお，式(9.6)より$\delta_{12} = \delta_{21}$という重要な性質が

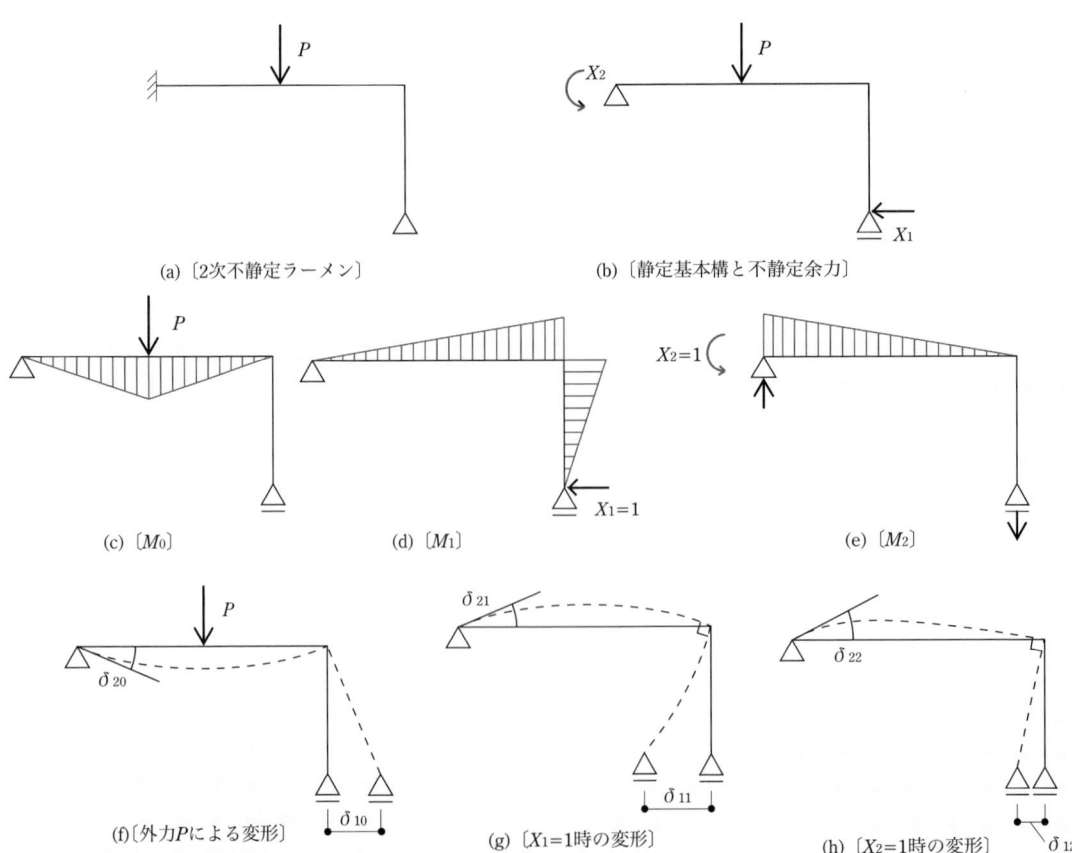

図9・7　2次不静定構造を応力法で解く

成立することは容易に理解できるであろう．

以上のように求まった δ_{ij} を用いると，変形の適合条件は，不静定余力 X_1，X_2 の作用方向に対して，次の2式が成立する．

$$\left.\begin{array}{l}\delta_{10}+\delta_{11}X_1+\delta_{12}X_2=0\\ \delta_{20}+\delta_{21}X_1+\delta_{22}X_2=0\end{array}\right\} \quad (9.7)$$

未知数の不静定余力 X_1，X_2 は式（9.7）の連立方程式を解くことで求まる．また曲げモーメントの値は下式で得られる．

$$M = M_0 + M_1X_1 + M_2X_2 \quad (9.8)$$

以上のような性質は，3次以上の不静定構造についても同様に成立する．具体的に説明すると，n 次不静定構造では，n 個の不静定余力が未知数となり，これを求めるために，n 次連立方程式で表される変形の適合条件式（次式）を解くことになる．

$$\delta_{i0} + \sum_{j=1}^{n}\delta_{ij}\cdot X_j = 0 \quad (i=1, \cdots, n) \quad (9.9)$$

また曲げモーメントは次式で得られる．

$$M = M_0 + \sum_{j=1}^{n}M_j\cdot X_j \quad (9.10)$$

9・7　不静定トラスを解く

1）不静定トラスの種類

不静定トラスは，反力と全部材の応力が力の釣合条件式のみで求めることができないので，次の2種類に大別できる（図9・8）．

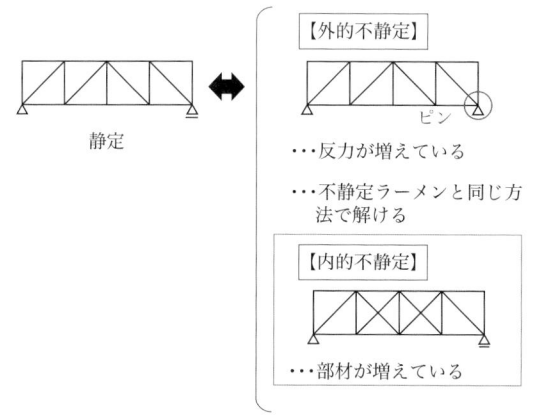

図9・8　不静定トラスの種類

①外的不静定トラス：例えばピン2個で支持されているように，反力の数が静定構造より多いトラス．

②内的不静定トラス：静定トラスに比べて，トラスの構成部材の数が多いトラス（不静定次数の計算は，第2章に詳細に示されているので参照）．

外的不静定トラスを解くには，トラス全体を一体の骨組（例えば梁のように）と見なして，前節までの不静定ラーメンと同様の方法を用いればよいため，本節では内的不静定トラスを対象にして説明を行う．

2）応力法の手順

不静定トラスを応力法で解く場合，基本的な手順（以下に示す）は不静定ラーメンと同じである．

①無理やり静定化し，静定基本形を設定する．

②矛盾した変位 δ_{10} を求める．

③ δ_{10} を無くすために加える力 X（不静定余力）を $X=1$ にした場合の変位 δ_{11} を求める．

④以下のように変形の適合条件式と同じ式（9.4）を解き，未知数 X（不静定余力）を求める．

$$\delta_{10} + \delta_{11}\cdot X = 0 \quad \therefore X = -\frac{\delta_{10}}{\delta_{11}}$$

⑤静定基本形に荷重が加わった時の軸力（N_0）と，$X=1$ を加えた時の軸力（N_1）から，式（9.5）によって N 図を求める．

$$N = N_0 + N_1\cdot X$$

ここで不静定トラスを解くために必要なポイントについて上記手順に沿って説明する．

まず①の「静定基本形」は余分な部材を切断することに相当する．図9・9の1次不静定トラスの場合には，いずれかの部材を1本切断することで静定基本形を作成すればよい．

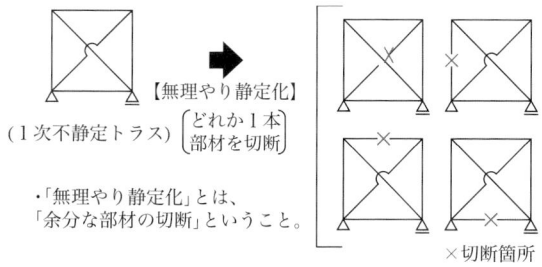

図9・9　静定基本形の作り方

②の「矛盾した変位 δ_{10}」とは，部材の切断に伴い，その切り口に生ずる「離れ」または「重なり」に相当し，いずれも切断前には生じない現象である．

ここで δ_{10} が「離れる」ということは，元の不静定構造でその部材に引張力が生じていることに相当する（図9·10）．

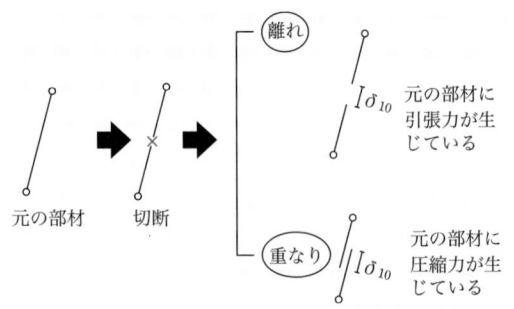

図9·10　矛盾した変位 δ_{10} の物理的意味（2種類）

また δ_{10} は，次に述べる不静定余力 $X=1$ を加えた時の軸力（N_1）と，静定基本形に荷重が加わる時の軸力（N_0）から，部材ごとに $\dfrac{N_0 N_1}{EA} l$ を求めて，全部材にわたって総和することで得られる（l：各部材の長さ）．

$$\delta_{10} = \sum_{\text{全部材}} \dfrac{N_0 N_1}{EA} \cdot l \tag{9.11}$$

③の不静定余力 X は，切断した部材の切り口（2ヶ所）を互いに引張る（切り口を重ねる）ように一対の力を加える（図9·11）．このことにより δ_{10} は，切り口が重なるように変形するときに正（＋）となる．なお δ_{11} は次式で求まり，$X=1$ の時の切り口の重なりを意味し，常に正（＋）となる．

$$\delta_{11} = \sum_{\text{全部材}} \dfrac{N_1 N_1}{EA} \cdot l \tag{9.12}$$

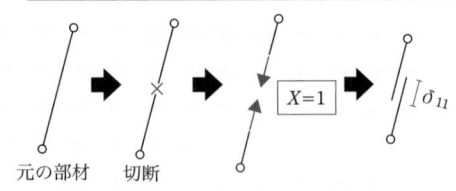

・「不静定余力 X の加え方」
　…切り口に引張力で加える
　…δ_{11} は，「$X=1$ を加えた時の部材の重なり」となる

図9·11　不静定余力 X の加え方

④の変形の適合条件は，不静定ラーメンと同じ式であるが，「切り口の離れや重なりを0にする．」という物理的な意味を持つ．ここで，δ_{10}，δ_{11}，X の符号（＋，−）の関係を整理しておく（図9·12）．まず δ_{11} は式（9.12）から理解できると思うが，N_1

$$\delta_{10} + X \times \delta_{11} = 0 \longrightarrow X = -\dfrac{\delta_{10}}{\delta_{11}}$$
切り口の離れや重なりを0にする

《δ_{10}，δ_{11}，X の符号の関係》

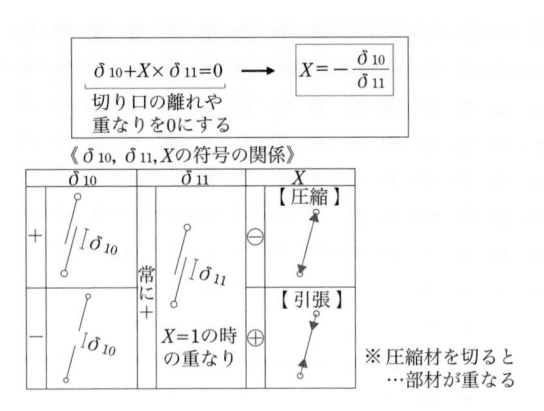

図9·12　δ_{10}，δ_{11} X の符号の関係

を含んでいるため，常に正である．すなわち，不静定余力 X の方向の変位を表していることから，$X=1$ の時の切り口の重なり量を表している．一方，δ_{10} が正の場合は，荷重下において切り口が重なることを意味していることから，$X(=-\delta_{10}/\delta_{11})$ は負となり，圧縮力が生じていることになる．

例題 9.3　不静定トラスの応力法：1次不静定トラスの N 図を応力法を用いて求めよ．

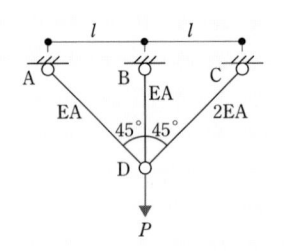

図9·13　不静定トラスの例

[解答例]

ここで，図9·13の簡単なトラスに対して，応力法の順に従って具体的な解法を示す．

① 静定化するために CD 部材を切断し，切口に不静定余力 X を引張方向に加える（図9·14(a)）．

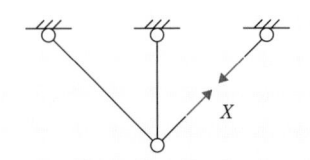

図9·14(a)　部材を切断して静定化
→切口に不静定余力（X）を引張方向に加える

② ①の静定基本形に元の荷重を加えることで N_0 図を，また不静定余力 $X=1$ を加えることで N_1 図を，

それぞれ描く（図9·14(b)）.

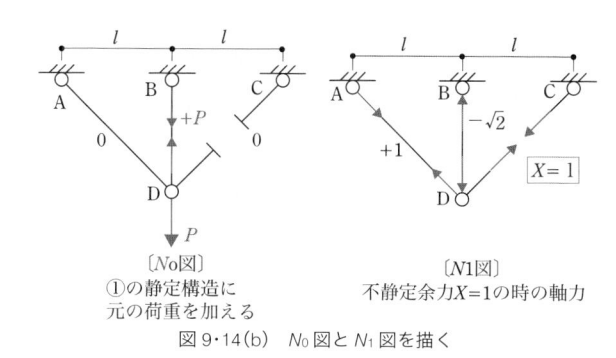

[N₀図]
①の静定構造に元の荷重を加える

[N₁図]
不静定余力$X=1$の時の軸力

図9·14(b)　N_0図とN_1図を描く

③ N_0図とN_1図から，切断により生ずる切り口の重なり量δ_{10}を求める（図9·14(c)）．算定時には，切断部材（CD材）も忘れないように注意してほしい（CD材は$N_0=0$となる）．なお，本例の場合，$\delta_{10}<0$であるため切口が離れること，すなわちCD部材には引張力が生じていることがこの段階でわかる．

	長さ	N_0	N_1
AD	$\sqrt{2}\cdot l$	0	$+1$
BD	l	$+P$	$-\sqrt{2}$
CD	$\sqrt{2}\cdot l$	0	$+1$

$$\delta_{10} = \sum \frac{N_0 N_1}{EA} \times l$$
$$= \underbrace{\frac{0 \times 1}{EA}\sqrt{2}l}_{\text{AD材}} + \underbrace{\frac{P(-\sqrt{2})}{EA}l}_{\text{BD材}} + \underbrace{\frac{0 \times 1}{2EA}\sqrt{2}l}_{\text{CD材}}$$
$$= -\frac{\sqrt{2}Pl}{EA}$$

…符号が(−)だから切口が離れるということ．つまりCD材には引張力が生じている．

図9·14(c)　N_0とN_1から変位δ_{10}を求める

④ N_1図より，不静定余力を$X=1$としたときの切り口の重なり量δ_{11}を求める．③と同様，切断した部材（CD材）の算定を忘れないように注意してほしい．またδ_{11}はN_1を用いるため，常に正となる．

$$\delta_{11} = \sum \frac{N_1 N_1}{EA} l$$
$$= \underbrace{\frac{1^2}{EA}\sqrt{2}l}_{\text{AD材}} + \underbrace{\frac{(-\sqrt{2})^2}{EA} \times l}_{\text{BD材}} + \underbrace{\frac{1^2}{2EA}\sqrt{2}\cdot l}_{\text{CD}}$$
$$= \frac{l}{EA}\left(\sqrt{2} + 2 + \frac{\sqrt{2}}{2}\right)$$
$$= \frac{l}{2EA}(4+3\sqrt{2})$$

…符号は必ず(+)だから切り口を狭くする方に動く

⑤変形の適合条件（不静定トラスの場合には切り口の離れや重なりを0にする条件）から不静定余力Xを求める．基本的には$X=-\delta_{10}/\delta_{11}$を用いればよい．本例の場合，$X>0$であるから，CD部材に引張力が生じていることが得られる．

$$\underbrace{\delta_{10} + X \times \delta_{11} = 0}_{\text{切り口の離れや重なりを0にする}} \longrightarrow \boxed{X = -\frac{\delta_{10}}{\delta_{11}}}$$

$$X = -\frac{-\sqrt{2}P}{\frac{4+3\sqrt{2}}{2}}$$
$$= \frac{2\sqrt{2}P}{4+3\sqrt{2}}$$
$$= 2(3-2\sqrt{2})P$$

⑥部材ごとに$N=N_0+X\cdot N_1$を用いて，元の不静定構造の軸力を求める．本例の場合，全部材の軸力は引張となっている．

$$N_{AD} = \underbrace{0}_{N_0} + \underbrace{2(3-2\sqrt{2})P}_{X}\underbrace{(+1)}_{N_1} = 2(3-2\sqrt{2})P > 0 \,(\text{引張})$$
$$N_{BD} = -P + 2(3-2\sqrt{2})P(-\sqrt{2}) = -P\{1+2(-3\sqrt{2}+4)\}$$
$$= 3(3-2\sqrt{2})P > 0 \,(\text{引張})$$
$$N_{CD} = 0 + 2(3-2\sqrt{2})P(+1) = 2(3-2\sqrt{2})P > 0 \,(\text{引張})$$

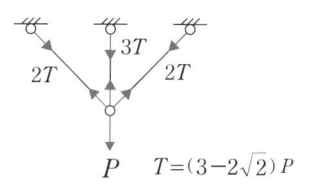

$2T$　$3T$　$2T$
P　$T=(3-2\sqrt{2})P$

練習問題 9.1 次の不静定構造について，応力法により M 図と Q 図を求めよ．

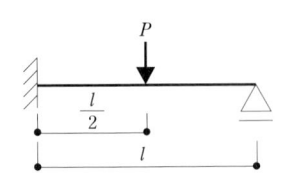

練習問題 9.2 次の不静定構造について，応力法により M 図と Q 図を求めよ．

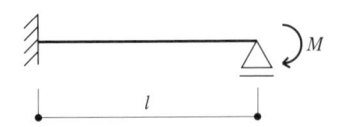

練習問題 9.3 下図の不静定構造について，M 図を求めよ．(静定基本形として次の3ピン構造を選択したとき，M_0, M_1 図と不静定余力 (X) を求めよ．)

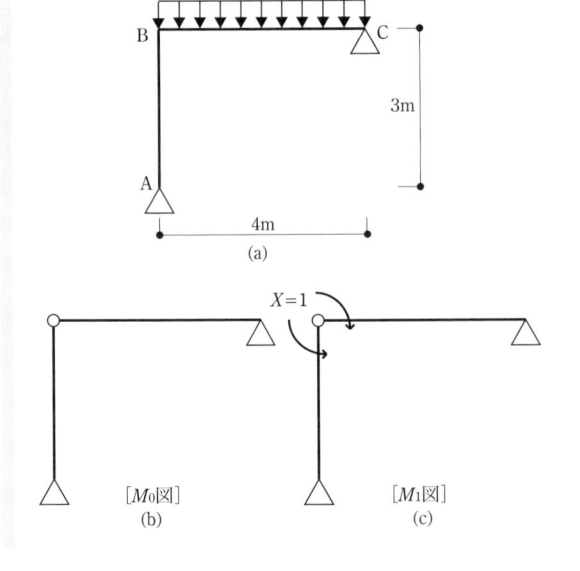

練習問題 9.4 下記の1次不静定トラスについて，各設問に答えよ．

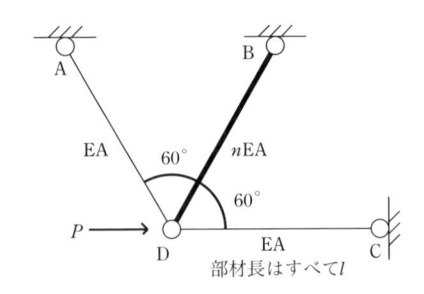

① 静定基本形として BD 材を切断する．N_0 図と N_1 図を描け（N_1 図には不静定余力 X も描け）．
② δ_{10} を求めよ．
③ δ_{11} を求めよ．
④ 不静定余力 X を求めよ．
⑤ BD 材の断面積が他の部材の n 倍とする．
　(1) $n=0$, (2) $n=1$, (3) $n=\infty$ の時の軸力図を描け．

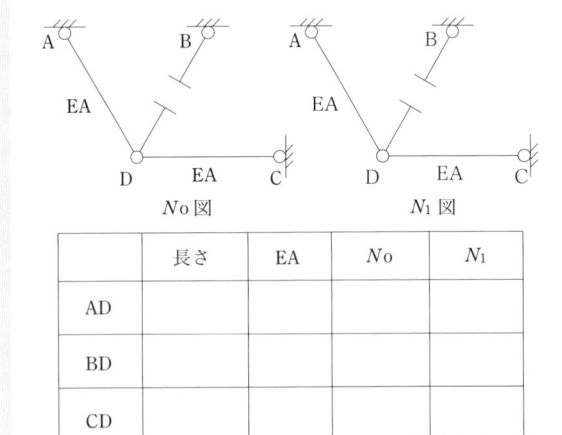

	長さ	EA	N_0	N_1
AD				
BD				
CD				

練習問題 9.5 下記の1次不静定トラスについて，各設問に答えよ．

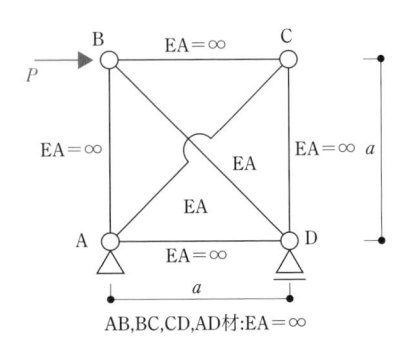

AB,BC,CD,AD材：EA＝∞

① 静定基本形として BD 材を切断した．N_0 図と N_1 図を描け（N_1 図には不静定余力 X も描け）．
② δ_{10} を求めよ．
③ δ_{11} を求めよ．
④ 不静定余力 X を求めよ．
⑤ 軸力図を描け．

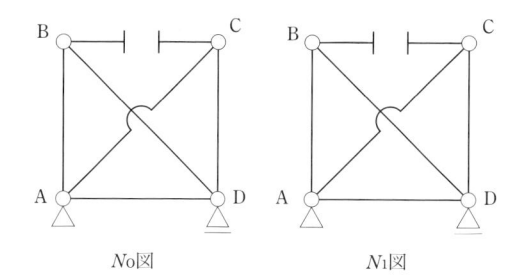

N_0 図　　　　　N_1 図

	長さ	EA	N_0	N_1
AC				
BD				

第10章 不静定構造を解く2 撓角法

10・1 撓角法の基本的考え方

1) 撓角法の特徴

撓角法（とうかくほう，またはたわみかくほう）は
① 付加荷重時の変形に伴う角度変化を未知数とすること，
② 未知数の角度と曲げモーメントの関係を基本式として用いること，
③ 未知数を解くために，釣合条件（外力と内力の釣合式）を考慮した連立方程式を用いること，
の3点を特徴とする解法である（図10・1）．第9章の応力法が力（不静定余力）を未知数として変形の適合条件を利用した連立方程式を用いて解くことと，いわば逆の解法と位置づけられる．

撓角法は，応力法に比べると未知数が多くなる可能性があるが，使用している基本式が上記②で示す1種類であり，機械的に解が得られるため，コンピュータによる数値解析に適した手法である．

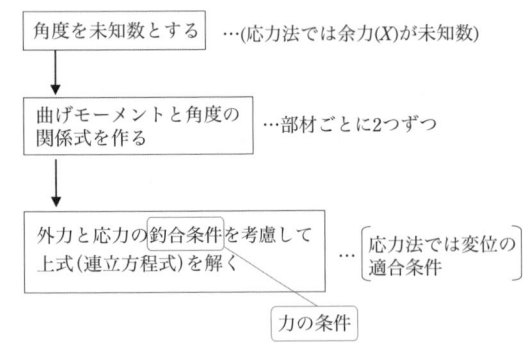

図10・1 撓角法の特徴と手順

2) 未知数としての角度

撓角法では，架構を部材と節点に分けて考えることが基本である（図10・2）．

撓角法の未知数として使用される角度は，これらの部材と節点それぞれに対応して定義された次の2

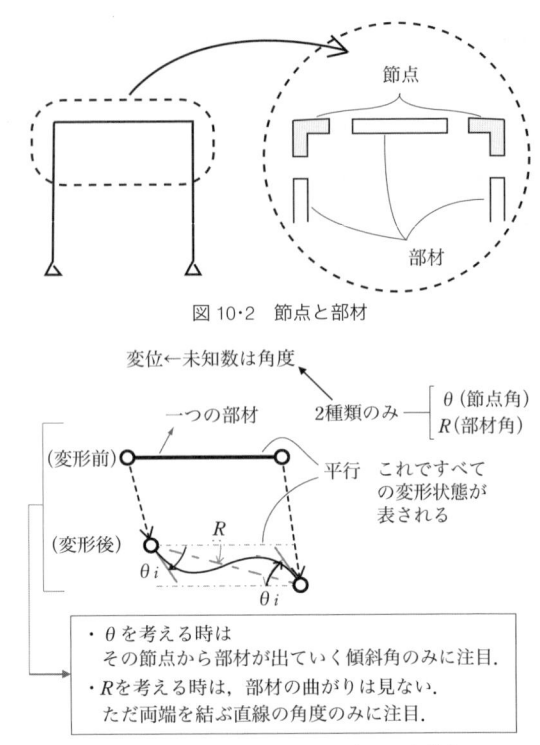

図10・2 節点と部材

図10・3 撓角法の未知数—節点角 θ と部材角 R

種類である（図10・3）．

① **節点角 θ**：節点部分の回転量を表す．節点と部材が剛接合の場合は，同一節点に結ばれる全部材の端部傾斜角は θ と等しくなる．

② **部材角 R**：部材の回転量を表す．部材の両端が結合している節点を結ぶ直線の，変形前後の角度変化量に相当する．部材自体が，どのように曲がるかについては考えていない．

架構の変形が，これら2種類の角度によって表現できることに注目してほしい．なお，節点角も部材角も，時計方向の回転を正方向と決められている．

3) 曲げモーメントの定義

撓角法では，曲げモーメントを部材端で定義し，部材端を中心にして時計の回転方向を正とする（図10・4）．この定義は，本書の第9章までの正負の定

義（部材の片側に出る曲げモーメントを正とする）と異なっているため，注意が必要である．曲げモーメント図を引張側に描くことは前の定義と変わっていないため，例えば水平部材の $M>0$ とは，左端では下側が引張，右端では上側が引張を意味する（図10·5）．また，部材の中間部の曲げモーメントには，正負はつかない．

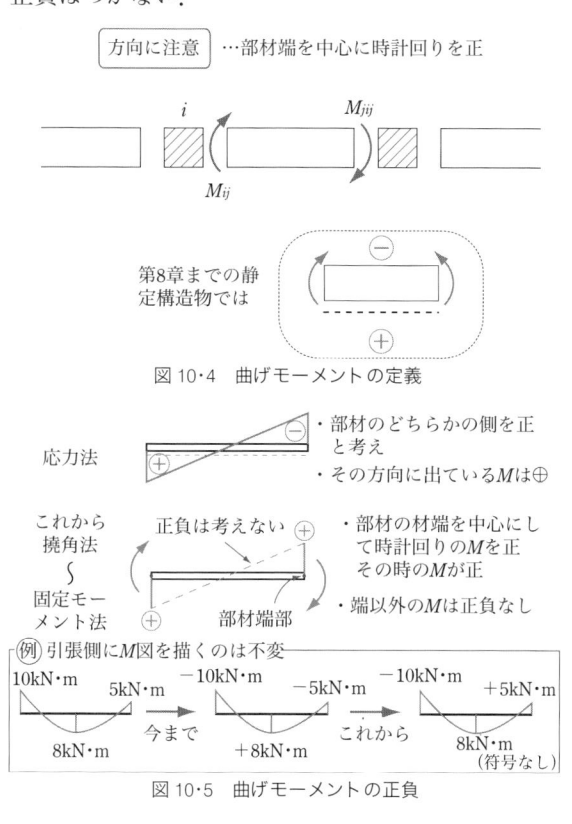

図 10·4 曲げモーメントの定義

図 10·5 曲げモーメントの正負

4) 撓角法における変数の意味

節点 i（「i という名前のついた節点」）と節点 j を結ぶ部材「ij 部材」を対象として，撓角法で使用する変数を定義する（図10·6）．

θ_i：節点 i の節点角（節点ごとに節点角は1つずつ定義される）

θ_j：節点 j の節点角

R_{ij}：ij 部材の部材角（部材毎に部材角は1つ定義されるため，R_{ij} でも R_{ji} でも同じ意味となる）

M_{ij}：ij 部材の i 端側の曲げモーメント

M_{ji}：ij 部材の j 端側の曲げモーメント

k_{ij}：ij 部材の剛比（k_{ji} でも同じ意味）

E：ij 部材の弾性係数（ヤング係数）

K_0：標準剛度（剛比が1の部材の剛度 (I/l)）

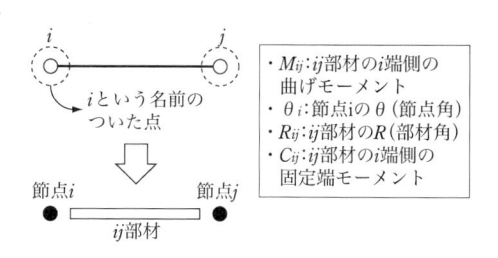

図 10·6 変数の定義

5) 固定端モーメント

撓角法では，部材の両端が固定端であった場合の曲げモーメントの値を用いる．この曲げモーメントを「固定端モーメント」と称し，次の変数で表す．

C_{ij}：部材 ij の i 端側の固定端モーメント

C_{ji}：部材 ij の j 端側の固定端モーメント

固定端モーメントは，いろいろな荷重に対する値が公式として示されているが，中央集中荷重と等分布荷重の場合は覚えておくと便利である（図10·7）．

固定端モーメントの正負は，曲げモーメントの定義に従うため，C_{ij} と C_{ji} の正負が逆になること，また荷重の方向を下向きに見た時，左側の固定端モーメントは負になることに注意してほしい．

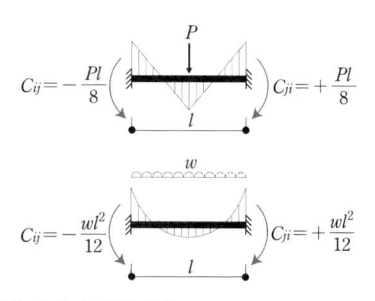

$$C_{ij}=-\frac{Pl}{8} \quad C_{ji}=+\frac{Pl}{8}$$

$$C_{ij}=-\frac{wl^2}{12} \quad C_{ji}=+\frac{wl^2}{12}$$

※ C_{ij} と C_{ji} は符号が逆
※ C_{ij}：荷重を下向きに見た時の左側の部材端部

図 10·7 固定端モーメント

6) 撓角法の基本式

撓角法では，部材端部の曲げモーメント（M_{ij} または M_{ji}）と未知数の角度変化（θ_i，θ_j，R_{ij}）の関係を基本式と呼び，これを使用する．ij 部材に関する基本式は次のようになる．次式の文字式の意味は4)，5) 項を参照してほしい．

$$M_{ij}=2EK_0k_{ij}(2\theta_i+\theta_j-3R_{ij})+C_{ij} \qquad (10.1a)$$

$$M_{ji}=2EK_0k_{ij}(2\theta_j+\theta_i-3R_{ij})+C_{ji} \qquad (10.1b)$$

上式は撓角法が使用する唯一の式であるから，非

常に重要である．また(b)式は，(a)式の i と j を交換し，$k_{ij} = k_{ji}$，$R_{ij} = R_{ji}$ に注意すると，(a)式から簡単に(b)式を導けることを理解してほしい．

上式で未知数は（　）内の，θ_i，θ_j，R_{ij} であり，E，K_0，k_{ij}，C_{ij} は全て既知数である．

撓角法の基本的手順は，上の基本式を1部材あたり2個ずつ書き，未知数の数に相当する釣合条件に基本式を代入することで得られる連立方程式を解くことにより，未知数を求める方法としてまとめることができる．

なお，上記基本式の誘導に関しては，次の10・2で扱う．

7）未知数を減らす工夫（1）…節点角 θ の場合

ここでは問題を解く前に，架構の形状や条件から未知数を減らす方法について説明する．このことにより，未知数や連立方程式の数が減少するため，この方法は手計算で解く場合に有効である．本項では，節点角 θ について取り扱う（図10・8）．

①固定端の場合

固定端では，その節点の回転が拘束されているため，節点角 $\theta = 0$ となる．

②曲げモーメントがゼロとなるピンの場合

支点部がピンである場合や架構中央部が中間ピンの場合など，曲げモーメントがゼロとなる節点では，節点角は生じるが，$M = 0$ の条件を用いると，未知数から除外することができる．具体的な方法については10・3で説明する．

③対称条件の利用

架構と荷重が両者共々対称で，変形が対称になると予想される場合，節点角相互の関係を用いることで未知数を減らすことができる．例えば図10・8の左側のような正対称な架構の場合，θ_B と θ_C は反対方向の回転で同じ大きさであるため，$\theta_B = -\theta_C$ で表される．この時，BC部材の両端の曲げモーメント M_{BC} と M_{CB}（前出6)項の基本式）は，次のようになる．

$$\left.\begin{aligned} M_{BC} &= 2EK_0 k_{BC}(2\theta_B + \theta_C) + C_{BC} \\ &= 2EK_0 k_{BC}(2\theta_B - \theta_B) + C_{BC} \quad (\because \theta_B = -\theta_C) \\ &= 2EK_0 k_{BC}\theta_B + C_{BC} \end{aligned}\right\} \quad (10.2a)$$

同様に，

$$\left.\begin{aligned} M_{CB} &= 2EK_0 k_{BC}(2\theta_C + \theta_B) + C_{CB} \\ &= 2EK_0 k_{BC}(-2\theta_B + \theta_B) - C_{BC} \\ &= -(2EK_0 k_{BC}\theta_B + C_{BC}) \end{aligned}\right\} \quad (10.2b)$$

$$\therefore M_{BC} = -M_{CB}$$

ただし，上式中で $R_{BC} = 0$（次の8)を参照）と $C_{CB} = -C_{BC}$（前出の5)を参照）を利用している．

同様に図10・8の右側に示す逆対称な架構の場合は，$\theta_B = \theta_C$ を用いると，M_{BC} と M_{CB} は次のようになる．

$$\left.\begin{aligned} M_{BC} &= 2EK_0 k_{BC}(2\theta_B + \theta_C) \\ &= 2EK_0 k_{BC}(2\theta_B + \theta_B) \\ &= 2EK_0 k_{BC}(3\theta_B) \\ M_{CB} &= 2EK_0 k_{BC}(2\theta_C + \theta_B) \\ &= 2EK_0 k_{BC}(2\theta_B + \theta_B) \\ &= 2EK_0 k_{BC}(3\theta_B) \end{aligned}\right\} \quad (10.3)$$

$$\therefore M_{BC} = M_{CB}$$

上式中，$R_{BC} = 0$（次の8)を参照）および荷重が節点にのみ加わっていることから，固定端モーメント $C_{BC} = C_{CB} = 0$ を用いている．

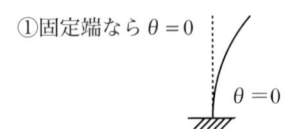

①固定端なら $\theta = 0$

②ピンなら θ を未知数から除ける（詳細は10.3で述べる）
　…θ は生じるが，$M = 0$ を用いる
　　（注）$M = 0$ のピンのみに適用可能

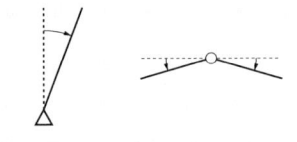

③θ 相互の関係から，未知数を減らす
　…正対称，逆対称

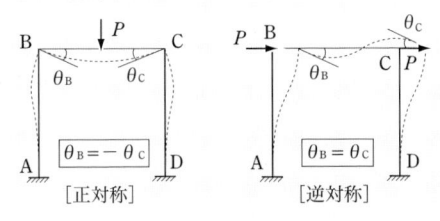

図10・8　未知数 θ を減らす

8) 未知数を減らす工夫(2)…部材角 R の場合

①節点が移動しない場合

固定端やピン支点のように移動できない節点が2つあり，その間に1つだけ節点（中間節点）がある場合，中間節点は移動できない（これらの3個の節点が三角形を成すことを考えれば，理解できるであろう）．このため，これらを結ぶ部材の部材角はゼロとなる．同様のことをくり返して考えれば，図10·9の架構の全部材の部材角はゼロになる．

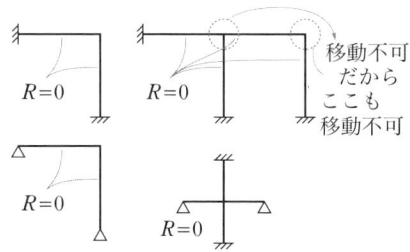

図 10·9　未知数 R を減らす（節点が移動しない場合）

②節点が移動する場合（部材角相互の関係の利用）

いくつかの部材がある場合，それらの相互の関係を用いると，未知数 R を減らすことができる．部材角相互の関係は，図解的に求めることができる．手順を以下に示す（図10·10）．

1. 支点も含めて，全節点をピンに変更する．
2. いずれかの部材を強制的に回転させて，架構を変形させる．この時，1.により架構が不安定になっている場合，各節点の移動に伴う部材の回転は，部材角に相当することを理解して欲しい．一方①で示したような，節点が移動しない架構では，全節点をピンに変更しても不安定にならず，部材の回転が生じないことにも注目してほしい．なお，変形図を描く際には，「部材の一端を中心として部材が回転する際には，他端は部材と直交方向に移動する」という性質を利用すると比較的容易に変形図が得られる．この性質は微小な変形を前提としたものである．この他，B点とC点の横方向の移動量（δ）が同じになることも利用するとよい．
3. 得られた変形図において，部材の回転が生じた場合，その角度に部材角 R を割りあてる（図中 R_{AB} と R_{CD}）．この時，回転が生じない部材の部材角はゼロとなる（図中 $R_{BC} = 0$）．
4. 変形後の形状に対する幾何学的関係（例では，B点とC点の水平移動量が等しいこと）を用いて，部材角相互の関係を求める．この時「長さ l の部材が角度 R だけ回転した時，両端の移動量の差は，R が微小の場合 $l \times R$ で表される（一端が移動しない時，他端の移動量は $l \times R$）」ことを利用すればよい．

変形後の形：
$$\begin{cases} R_{AB} \times l = \delta \\ R_{CD} \times \frac{l}{2} = \delta \end{cases} \rightarrow R_{AB} \times l = R_{CD} \times \frac{l}{2}$$

$$[R_{BC} = 0] \quad R_{AB} = \frac{R_{CD}}{2}$$

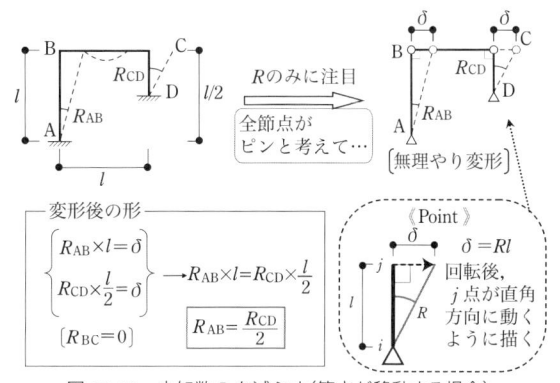

《Point》 $\delta = Rl$　回転後，j 点が直角方向に動くように描く

図 10·10　未知数 R を減らす（節点が移動する場合）

10·2　撓角法の基本式の誘導

本節では，前節の6)で紹介した基本式を誘導する．誘導のための方針を図10·11に示す．これは，「ある中間荷重を受ける部材 ij の変形状態は，未知数 θ_i, θ_j, R_{ij} の内，1つのみがゼロでない（他の2つがゼロとなる）3種類の変形と，全未知数がゼロで中間荷重のみが加わった変形の総和と等しい」という考えに基づいたものである．また，i 端の曲げモーメント M_{ij} は，上記4種類の変形状態の i 端側の曲げモーメント（荷重または反力）の和で表される．すなわ

$$M_{ij} = M_1 + M_2 + M_3 + C_{ij}$$
——(10.4)式

M_1　$[\theta_j = R_{ij} = 0]$

M_2　$[\theta_j = R_{ij} = 0]$

M_1, R_{ij}　$[\theta_i = \theta_j = 0]$

C_{ij}（固定端モーメント）$[\theta_i = \theta_j = R_{ij} = 0]$

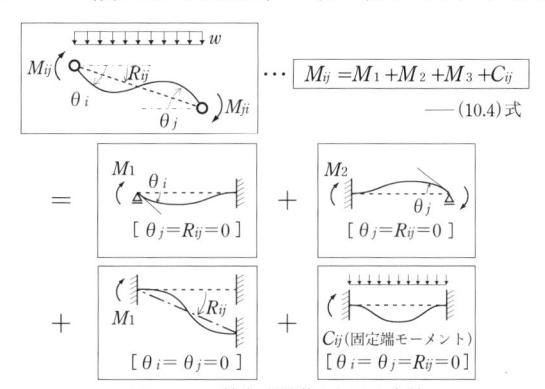

図 10·11　基本式誘導のための方針

ち，最後の変形状態時の曲げモーメント（固定端モーメント）C_{ij} を用いると，

$$M_{ij} = M_1 + M_2 + M_3 + C_{ij} \tag{10.4}$$

以下に各状態の曲げモーメント M_1〜M_3 を求める．

1) $M_1: \theta_i (\theta_j = R_{ij} = 0)$ 時のモーメント荷重

M_1 と θ_i の関係を求めるために，まず単純支持梁の一端にモーメント荷重 m が加わった時の両端の回転角 θ_A と θ_B を求めておく（図10・12(a)）．図の

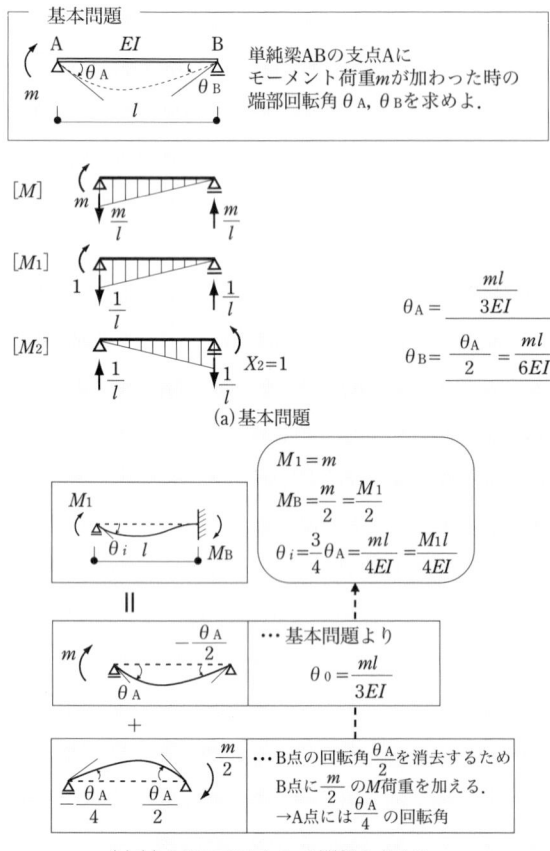

ように仮想仕事の原理（第8章を参照）を用いると，モーメント荷重が加わっている端部の回転角 θ_A と，他端の回転角 θ_B は，それぞれ以下のようになる．

$$\left. \begin{array}{l} \theta_A = \dfrac{ml}{3EI} = 2m\beta_0 \\ \theta_B = \dfrac{ml}{6EI} = m\beta_0 \end{array} \right\} \tag{10.5}$$

ただし $\beta_0 = \dfrac{l}{6EI}$

ここで，β_0 は「基本撓角」と呼ばれるもので，単純支持梁の一端に単位モーメント荷重 ($m = 1$) が加わった時の，他端の回転角に相当する．なお，このときの回転角の数値は応用範囲が広いので，心に留めておいてほしい．以上の結果を用いて，M_1 と θ_i の関係を求める（図10・12(b)）．今求めた B 点の回転角 θ_B をゼロにするためには，B 点にどのような大きさのモーメント荷重を追加すればよいかについて検討すると，図に示したように次の関係が得られる．

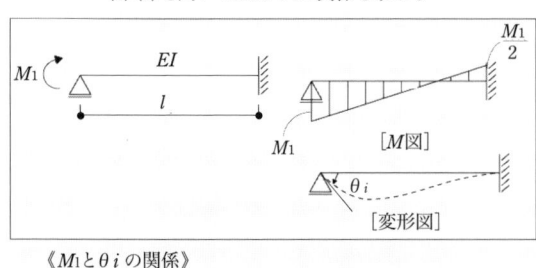

$$\theta_i = \frac{M_1 l}{4EI} \quad \text{または} \quad M_1 = \frac{4EI}{l} \theta_i$$

ここで，I/l は剛度 K であるから，標準剛度 K_0 と剛比 k を用いた関係式 $I/l = K_0 k$ を代入すると，最終的に次式が得られる．

$$M_1 = 4EK_0 k_{ij} \cdot \theta_i \tag{10.6}$$

2) $M_2: \theta_j (\theta_i = R_{ij} = 0)$ 時の曲げモーメント

M_2 は，1) の M_1 付加時における他端（固定端）の反力に相当する．この反力は図10・12より，$M_1/2$ であるため，式 (10.6) の θ_i を θ_j に置き換え，さらに値を 1/2 にすることにより，次式が得られる（図10・13）．

$$M_2 = 2EK_0 k_{ij} \cdot \theta_j \tag{10.7}$$

図10・12 M_1 と θ_i の関係を求める

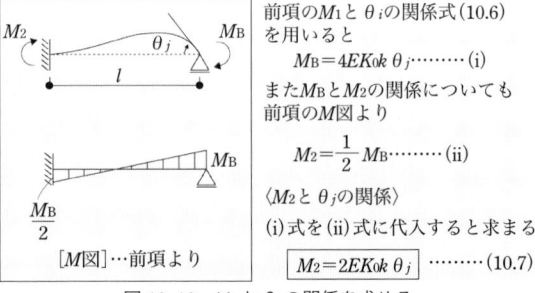

図10・13 M_2 と θ_j の関係を求める

3) $M_3 : R_{ij}(\theta_i = \theta_j = 0)$ 時の曲げモーメント

$\theta_i = \theta_j = 0$ で R_{ij} のみが生じる状況は、両端が固定の梁において、片方の固定端を鉛直方向（材軸と直交方向）に強制変位（強制変位量：$\delta = l \cdot R_{ij}$）させた状況に対応できる（図10·14）。この時の変形形状は、図のように対称条件を考慮すると、はね出し長さが $l/2$ の片持梁に、せん断力に相当する集中荷重 Q が加わり、先端部に $\delta/2$ の変位が生じた変形形状と一致する。この時の変位（$\delta/2$）と Q の関係より、Q と R_{ij} の関係は次のように求まる。

$$\frac{\delta}{2} = \frac{Q\left(\frac{l}{2}\right)^3}{3EI}$$

$$Q = \frac{3EI}{\left(\frac{l}{2}\right)^3} \cdot \left(\frac{\delta}{2}\right) = \frac{12EI}{l^3} \cdot \delta$$

$$\therefore Q = \frac{12EI}{l^3} \cdot lR_{ij} = \frac{12EI}{l^2} \cdot R_{ij} \quad (Q \cdot \delta = lR_{ij}) \quad (10.8)$$

ここで、求めるべき M_3 は $-Q \times l/2$ で表されることから、M_3 と R_{ij} の関係は次式となる。

$$M_3 = -\frac{Ql}{2} = -\frac{6EI}{l}R_{ij}$$

$$\therefore M_3 = -6EK_0 k_{ij} \cdot R_{ij} \quad \left(\because \frac{I}{l} = K_0 k_{ij}\right) \quad (10.9)$$

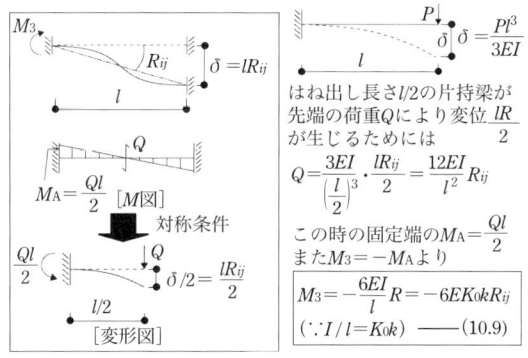

図10·14 M_3 と R_{ij} の関係を求める

4) M_{ij} の基本式

式（10.6），（10.7），（10.9）を，式（10.4）に代入すると，撓角法の基本式（10.1a）は次のように誘導される。

$$M_{ij} = M_1 + M_2 + M_3 + C_{ij}$$
$$= 4EK_0 k_{ij}\theta_i + 2EK_0 k_{ij}\theta_j - 6EK_0 k_{ij}R_{ij} + C_{ij}$$
$$\therefore M_{ij} = 2EK_0 k_{ij}(2\theta_i + \theta_j - 3R_{ij}) + C_{ij}$$

10·3 部材端片側がピンの場合の基本式

前節で示した部材端モーメントに関する基本式は，部材の両端に曲げモーメントが発生する場合に適用できる．本節では，部材端の片方の曲げモーメントがゼロの場合（以下「ピンの場合」と称す）の基本式を誘導する．ピンの場合，回転が自由のため節点角 θ は生じるが，$M = 0$ の条件を用いると θ に関する条件が得られ，このことによりピン部分の θ は未知数として扱う必要がなくなる．以上のことを考慮して，ピンの場合の基本式は，前節で示した基本式から誘導する．

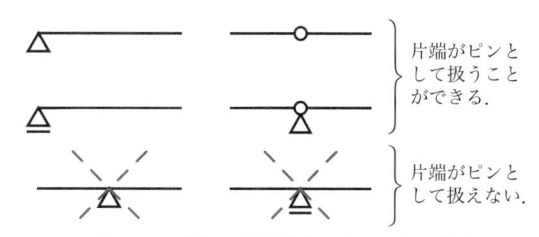

図10·15 部材の片端がピン（$M = 0$）の場合

図10·16 i 端がピン $M_{ij} = 0$ の場合

1) 部材の中間部に荷重がない場合

例として i 端がピンの場合を対象に基本式を求める（図10·16）。

まず前節の基本式を以下に示す（中間荷重がないため $C_{ij} = C_{ji} = 0$）。

$$M_{ij} = 2EK_0 k(2\theta_i + \theta_j - 3R_{ij}) \quad (10.10a)$$
$$M_{ji} = 2EK_0 k(\theta_i + 2\theta_j - 3R_{ij}) \quad (10.10b)$$

ここで式（10.10）から，$M_{ij} = 0$ を用いて θ_i を消去することを考える。

$M_{ij} = 0$ より，式（10.10a）の（ ）内 = 0 より次式が得られる。

$$\therefore \theta_i = \frac{1}{2}(-\theta_j + 3R_{ij}) \quad (10.11)$$

式（10.11）を式（10.10b）に代入すると，次式が得られる．

$$\left.\begin{array}{l}M_{ji}=2EK_0 k_{ij}(1.5\theta_j-1.5R_{ij})\\ M_{ij}=0\end{array}\right\} \quad (10.12)$$

なお逆にj端がピンの場合の基本式は，式(10.12)のi, jをMとθに関して入れ換えることで得られる．

$$\left.\begin{array}{l}M_{ij}=2EK_0 k_{ij}(1.5\theta_i-1.5R_{ij})\\ M_{ji}=0\end{array}\right\} \quad (10.13)$$

2) 部材中間部に荷重がある場合

固定端モーメントC_{ij}とC_{ji}が含まれること以外は1)と同様に求めることができる．ここでもi端がピンの場合を対象とする．前節で示した以下の基本式より，

$$M_{ij}=2EK_0 k_{ij}(2\theta_i+\theta_j-3R_{ij})+C_{ij}$$
$$M_{ji}=2EK_0 k_{ij}(\theta_i+2\theta_j-3R_{ij})+C_{ji}$$

$M_{ij}=0$を考慮し，θ_iを消去するように連立方程式を整理すると，次式が得られる．

$$\left.\begin{array}{l}M_{ij}=0\\ M_{ji}=2EK_0 k_{ij}(1.5\theta_j-1.5R_{ij})+H_{ji}\\ \text{ただし } H_{ji}=C_{ji}-\dfrac{1}{2}C_{ij}\end{array}\right\} \quad (10.14)$$

一方j端がピンの場合は，M，θ，Hのiとjを交換することにより次式となる．

$$\left.\begin{array}{l}M_{ij}=2EK_0 k_{ij}(1.5\theta_i-1.5R_{ij})+H_{ij}\\ \text{ただし } H_{ij}=C_{ij}-\dfrac{1}{2}C_{ji}\\ M_{ji}=0\end{array}\right\} \quad (10.15)$$

ここでH_{ij}またはH_{ji}は，部材端部の片方がピンの場合の固定端モーメントである．

3) 中間部荷重が対称の場合

中間部の荷重が，中央集中荷重や等分布荷重のように対称荷重の場合，$C_{ij}=-C_{ji}$という関係があるため，式(10.14)，(10.15)は次のようになる（$H_{ji}=1.5C_{ji}$，$H_{ij}=1.5C_{ij}$：図10·17）．

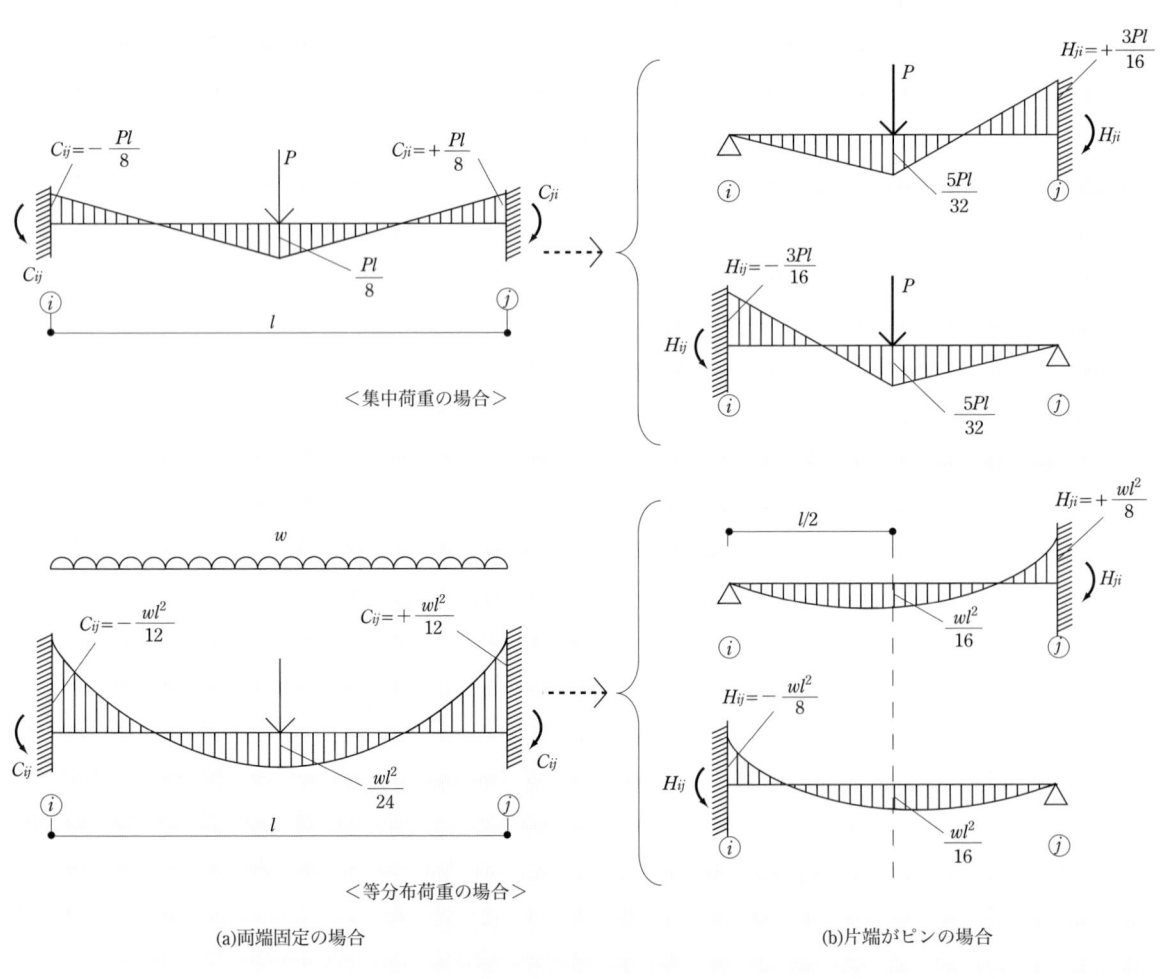

図10·17 片端がピンの場合の固定端モーメント（対称荷重時）

① i端がピンの場合 $(M_{ij}=0)$
$M_{ji}=2EK_0\,k_{ij}(1.5\theta_j-1.5R_{ij})+H_{ji}$
② j端がピンの場合 $(M_{ji}=0)$
$M_{ij}=2EK_0\,k_{ij}(1.5\theta_i-1.5R_{ij})+H_{ij}$
(10.16)

上式は応用性が高く，覚えることをすすめる．なお，前節の基本式から比較的簡単に誘導することもできるため，本節の誘導方法を理解しておくとよい．

10·4　釣合条件の必要性

前節までに示した基本式の数は，骨組を構成する部材数の2倍となる．例えば図10·18のラーメンでは6個の式が得られる．しかし，これらの基本式のみでは，未知数である θ（節点角）や R（部材角）を求めることができない．そこで，以下に示すような節点や層における断面力の釣合条件（境界条件）を用意する必要がある．

10·2と10·3で導いた基本式は，釣合条件式に代入することにより，未知数を解くための連立方程式を得ることができる．撓角法の釣合条件は，未知数である θ（節点角）と R（部材角）に応じて，以下のように立てるとよい．

- 節点 i の節点角 θ_i が未知数の場合：節点 i における曲げモーメントの釣合式
- 部材 ij の部材角 R_{ij} が未知数の場合：当該部材のせん断力の釣合式

以下に，それぞれの場合における釣合式について説明する．

1）曲げモーメントの釣合条件（節点方程式）

今，節点 i の節点角 θ_i が未知数になっているものとする．

また，節点 i には，2本の部材 ij と部材 ik が接続されており，さらにモーメント荷重 m_i が加わっているものとする（図10·18）．ここで節点 i の近傍を切断し，その部分を拡大すると図のようになる．10·1の6）項で示した基本式に従うと，ij 部材の i 端側の曲げモーメント（M_{ij}, M_{ik}）は，部材端側では時計回りに定義されているため，節点側の切り口では反時計方向で表される．ここで節点 i 側における曲げモーメントの釣合条件は次式のように表される．

$$-M_{ij}-M_{ik}+m_i=0 \quad (10.17)$$

このようにして得られた釣合式に，前述した基本式を代入すると，未知数を求めるための連立方程式が得られる．

2）せん断力の釣合条件（せん力方程式）

1 部材端の曲げモーメントとせん断力の関係

ここでは，まず基本式で用いている曲げモーメントから，せん断力を求める式を示す（図10·19）．

① 部材に中間荷重がない場合

(a)図の部材中間部に荷重が無い場合は，4·2で示した「曲げモーメントの単位長さあたりの変化量がせん断力：$Q=\dfrac{dM}{dx}$」という性質を利用すれば，次式のような関係式が容易に得られるであろう．このとき，1本の部材に沿ってせん断力は一定であり，ま

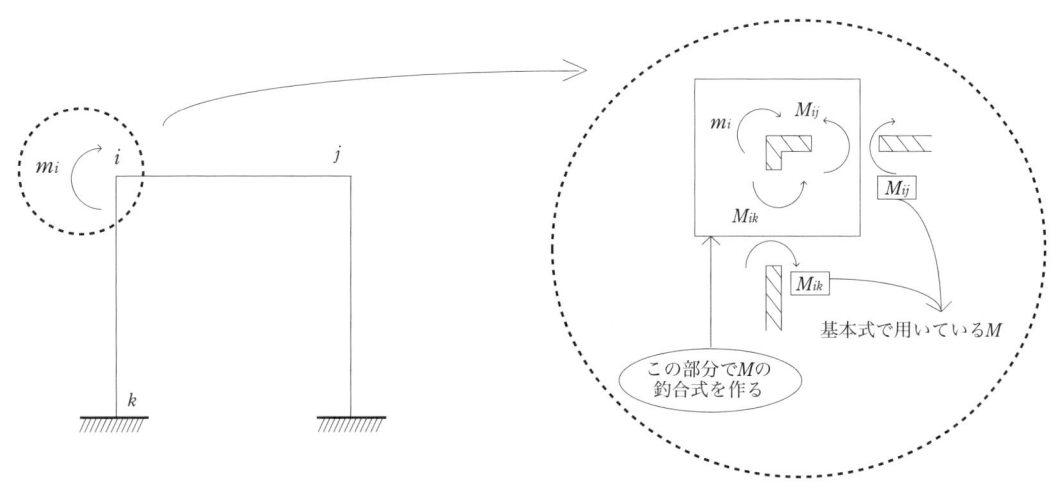

図10·18　未知数 θ_i に対する曲げモーメント

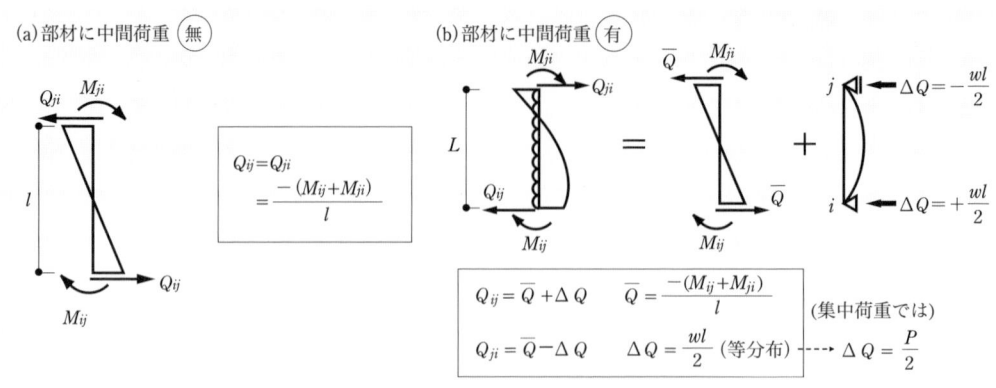

図10・19　部材端の曲げモーメントからせん断力を求める

たせん断力の方向は「一対のせん断力で反時計方向の回転を生じさせる」ような方向になることに注意すべきである．

$$Q_{ij} = Q_{ji} = \frac{-(M_{ij}+M_{ji})}{l} \tag{10.18}$$

この式に両端固定の場合の曲げモーメントの基本式の式（10.1）を代入すると次式が得られる（ただし中間荷重が無い場合なので $C_{ij} = C_{ji} = 0$）．

$$Q_{ij} = Q_{ji} = -\frac{6EK_0 k_{ij}}{l}(\theta_i + \theta_j - 2R_{ij})$$

また片端がピンの場合は，式（10.12）または式（10.13）を代入することにより，次式が得られる．

i 端ピン： $Q_{ij} = Q_{ji} = -\dfrac{M_{ji}}{l} = -\dfrac{3EK_0 k_{ij}}{l}(\theta_j - R_{ij})$

j 端ピン： $Q_{ij} = Q_{ji} = -\dfrac{M_{ij}}{l} = -\dfrac{3EK_0 k_{ij}}{l}(\theta_i - R_{ij})$

②部材に中間荷重がある場合

一方，(b)図のように中間荷重が存在する場合は，(a)の場合のせん断力（$\overline{Q}$ で示す）に，荷重によるせん断力の変化分 ΔQ を加えたものとなる．ΔQ は部材の両端を単純支持した場合の反力に相当し，$\overline{Q}$ の方向と ΔQ の方向が一致した場合は，$\overline{Q} + \Delta Q$ がその部材端におけるせん断力，また他端のせん断力は $\overline{Q} - \Delta Q$ となる．なお，部材に沿ってせん断力は一定でないことにも注意が必要である．中間荷重の作用方向の逆から見て左側を i 端，右側を j 端とした場合，部材両端のせん断力は次の様に表される（方向は(a)の場合と同じ方向を正とする）．

$$\left.\begin{array}{l} Q_{ij} = \overline{Q} + \Delta Q \\ Q_{ji} = \overline{Q} - \Delta Q \end{array}\right\} \tag{10.19}$$

ただし $\overline{Q} = \dfrac{-(M_{ij}+M_{ji})}{l}$

ΔQ：両材端を単純支持した場合の，材軸と直交方向の反力

式（10.19）を θ_i，θ_j，R_{ij} で表すために式（10.1）を代入すると，両端が固定端の場合，次式が得られる（ただし，中間荷重がある場合なので，C_{ij} と C_{ji} は存在する）．

$$\overline{Q} = -\frac{6EK_0 k_{ij}}{l}(\theta_i + \theta_j - 2R_{ij}) - \frac{C_{ij} + C_{ji}}{l}$$

または $\overline{Q}$ を式（10.19）に代入すると次式となる．

$$Q_{ij} = -\frac{6EK_0 k_{ij}}{l}(\theta_i + \theta_j - 2R_{ij}) + D_{ij}$$

$$Q_{ji} = -\frac{6EK_0 k_{ij}}{l}(\theta_i + \theta_j - 2R_{ij}) + D_{ji}$$

ここに，$D_{ij} = -\dfrac{C_{ij} + C_{ji}}{l} + \Delta Q$

$$D_{ji} = -\frac{C_{ij} + C_{ji}}{l} - \Delta Q$$

i 端がピンの場合は式（10.14）と式（10.19）より次式となる．

$$Q_{ij} = -\frac{3EK_0 k_{ij}}{l}(\theta_j - R_{ij}) + V_{ij}$$

$$Q_{ji} = -\frac{3EK_0 k_{ij}}{l}(\theta_j - R_{ij}) + V_{ji}$$

ここに，$V_{ij} = -\dfrac{H_{ji}}{l} + \Delta Q$

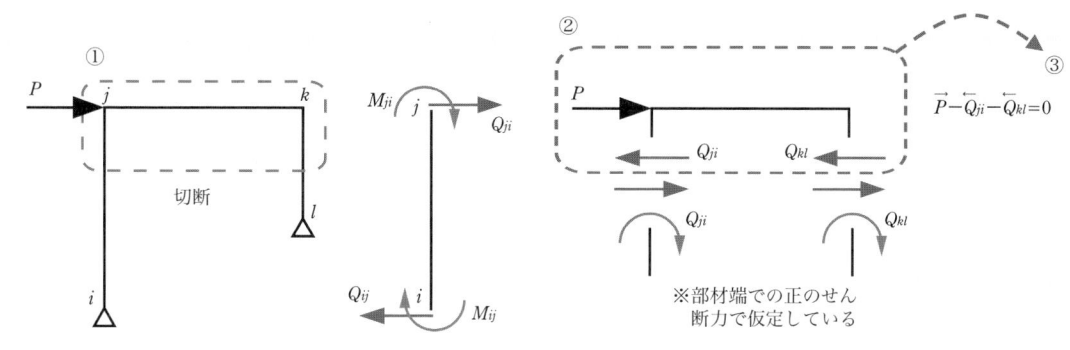

図 10·20 せん力方程式の求め方

$$V_{ji} = -\frac{H_{ji}}{l} - \Delta Q$$

$$H_{ji} = C_{ji} - \frac{1}{2}C_{ij}$$

… C_{ij}, C_{ji} は両端が固定とした場合の固定端モーメント

j 端がピンの場合も，式（10.15）を代入することにより，上式の θ，H，C の i と j を交換した式が得られる．

2 せん断力の釣合方程式（せん力方程式）の求め方

前述したように部材角 R が未知数の場合，その部材のせん断力を用いた釣合条件を考慮すればよい．以下に釣合条件を表した釣合方程式（「せん力方程式」ともいう）を求める手順を示す（図 10·20）．

① 部材角 R が未知数である部材について，材端の近傍を切断する．釣合方程式は支点を含まない部分を対象として考える．
② 切り口に一対のせん断力を仮定し，名称を付ける．名称は，部材 ij の i 端側なら Q_{ij} と書き，図 10·20 ② に示す方向を仮定する．
③ ① で切り取った部分を対象として，荷重とせん断力を含んだ釣合式を立てる．
④ 1 で述べた方法に従って，② のせん断力を部材端の曲げモーメントで表し，曲げモーメントの基本式を ③ の釣合式に代入する．
⑤ 未知数（θ，R）で表された，せん断力の釣合方程式が得られる．

例題 10.1 次の各架構の部材角相互の関係およびせん力方程式（M の形式で表すこと）を求めよ．

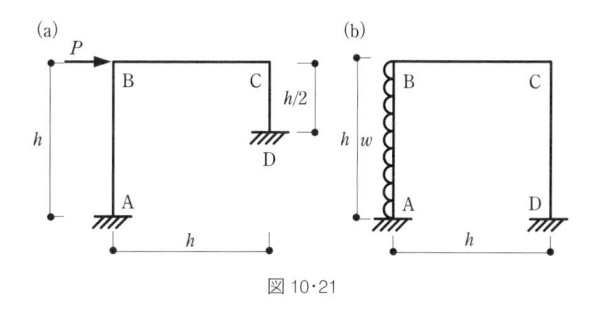

図 10·21

(a) の解答

せん力方程式は次式となる．

$$P - Q_{BA} - Q_{CD} = 0$$

ここで，Q_{BA}，Q_{CD} は次式で表される．

$$\begin{cases} Q_{BA} = -\dfrac{M_{AB} + M_{BA}}{h} \\ Q_{CD} = -\dfrac{M_{CD} + M_{DC}}{\dfrac{h}{2}} \end{cases}$$

$$\therefore Ph + (M_{AB} + M_{BA}) + 2(M_{CD} + M_{DC}) = 0$$

(b) の解答

せん力方程式は次式となる．

$$-Q_{BA} - Q_{CD} = 0 \quad (\text{または } Q_{BA} + Q_{CD} = 0)$$

ここで Q_{BA}，Q_{CD} は次式で表される．（図 10·19 (a)，(b) を参照）

$$\begin{cases} Q_{BA} = \overline{Q} + \Delta Q \\ \qquad = -\dfrac{M_{AB} + M_{BA}}{h} + \dfrac{wh}{2} \\ Q_{CD} = -\dfrac{M_{CD} + M_{DC}}{h} \end{cases}$$

$$\therefore 2(M_{AB} + M_{BA}) + 2(M_{CD} + M_{DC}) + wh^2 = 0$$

10·5 撓角法を用いて不静定構造を解く

前節までに説明した事項を用いて，不静定構造の例題を解き，理解を深めてほしい．

1）節点が移動しない場合（$R = 0$ の場合）

例題 10.2 3次不静定構造の M，Q 図を撓角法で求めよ．

[解答例]

(1) 未知数候補をすべて書き出し，値が0となる未知数を除け．

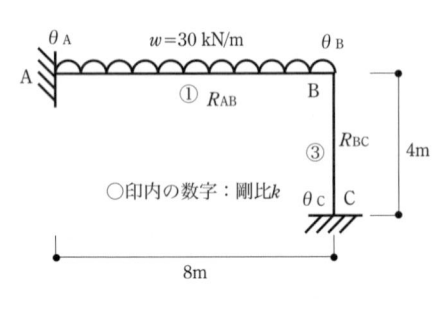

※節点ごとに θ，部材ごとに R が未知数の候補

① $\theta_A = \theta_C = 0$ （∵ A端，C端は固定端）

② $R_{AB} = R_{BC} = 0$
　　（∵ 部材の節点が移動しない構造）

③ ゆえに未知数は θ_B となる．

(2) 基本式を書き，(1)の未知数を用いて表す．

※ $2EK_0$ は一固まりにしておく（重要）

① 中間荷重がある部材について固定端モーメントを求めておく．

$$C_{AB} = -\frac{wl^2}{12} = -160 \text{ kN·m}$$

$$C_{BA} = \frac{wl^2}{12} = 160 \text{ kN·m}$$

② ゼロとなる未知数を除き基本式を整理する．

AB部材 $\begin{cases} M_{AB} = 2EK_0(2\theta_A + \theta_B - 3\cancel{R}_{AB}) + C_{AB} \\ \qquad\quad = 2EK_0(\theta_B) - 160 \\ M_{BA} = 2EK_0(\theta_A + 2\theta_B - 3\cancel{R}_{AB}) + C_{BA} \\ \qquad\quad = 2EK_0(2\theta_B) + 160 \end{cases}$

BC部材 $\begin{cases} M_{BC} = 2EK_0 k_{BC}(2\theta_B + \cancel{\theta_C} - 3\cancel{R}_{BC}) + \cancel{C}_{BC} \\ \qquad\quad = 2EK_0(6\theta_B) \\ M_{CB} = 2EK_0 k_{BC}(\theta_B + 2\cancel{\theta_C} - 3\cancel{R}_{BC}) + \cancel{C}_{CB} \\ \qquad\quad = 2EK_0(3\theta_B) \end{cases}$

※斜線部（／）はゼロを表す．

(3) 節点方程式（節点におけるモーメントの釣合式）を書け：〔θ_i が未知数なら節点 i 点におけるモーメントの釣合式〕

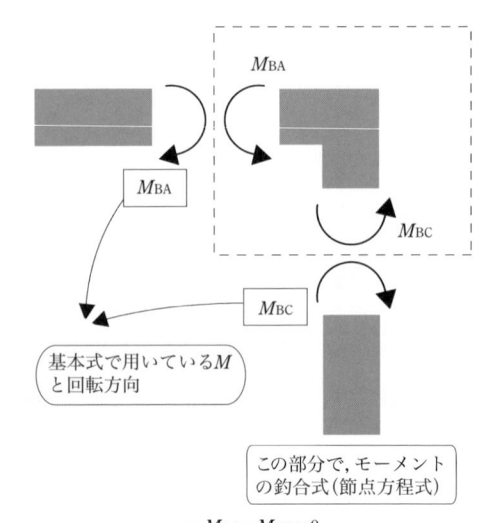

$-M_{BA} - M_{BC} = 0$

図 10·23　節点方程式

節点方程式に②の式を代入すると，以下のようになる．

$-M_{BA} - M_{BC} = 0$ （節点方程式）

$2EK_0(2\theta_B) + 160 + 2EK_0(6\theta_B) = 0$

$2EK_0(8\theta_B) = -160$

$2EK_0 \cdot \theta_B = -160/8 = -20$

(4) (3)の釣合式を解き，未知数を求めると，以下となる．

$$\theta_B = -20\left(\frac{1}{2EK_0}\right) \quad (2EK_0 \text{ は一固まりのままにしておく})$$

(5) (4)を(2)の基本式に代入して，部材端のモーメントを求める．

・$M_{AB} = -20 - 160 = -180$ （kN·m）

・$M_{BA} = -40 + 160 = 120$ （kN·m）

・$M_{BC} = -120$ （kN·m）

・$M_{CB} = -60$ （kN·m）

(6) M 図, Q 図を描く.

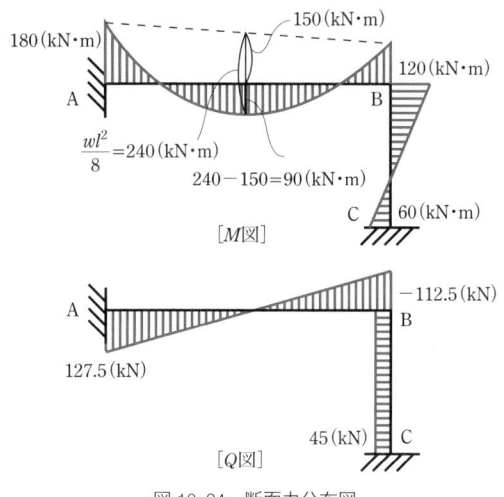

180(kN·m) 150(kN·m)
120(kN·m)
A B
$\frac{wl^2}{8}=240$(kN·m)
$240-150=90$(kN·m)
C 60(kN·m)
[M 図]

A B -112.5(kN)
127.5(kN)
45(kN) C
[Q 図]

図 10·24　断面力分布図

[補足]

モーメント図の描き方は, (5)で求めた部材端モーメント M_{AB}, M_{BA}, M_{BC}, M_{CB} を以下の (a)〜(d) に従って描けばよい.

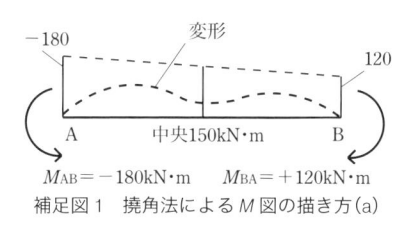

-180　変形
120
A 中央150kN·m B
$M_{AB}=-180$kN·m　$M_{BA}=+120$kN·m

補足図 1　撓角法による M 図の描き方 (a)

部材端にモーメントの回転方向と合わせ, 引張側となる面に M の部分を立ち上げる.(M_{AB}: 負であるから上面, M_{BA}: 正であるから下面)

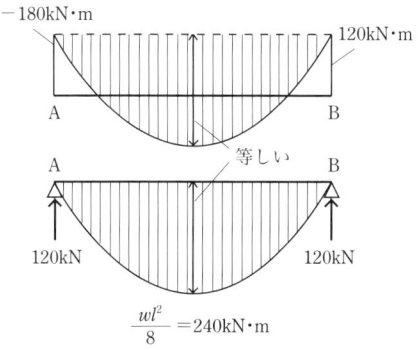

-180kN·m 120kN·m
A B

A 等しい B
120kN 120kN

$\frac{wl^2}{8}=240$kN·m

補足図 1　撓角法による M 図の描き方 (b)

上図のハッチ部分は, 単純梁の M 図に等しいという性質がある(重要なので覚えておく).

実際の A—B 間の M 図は, (a)(b) の単純梁 M 図の重ね合わせによって求められる.

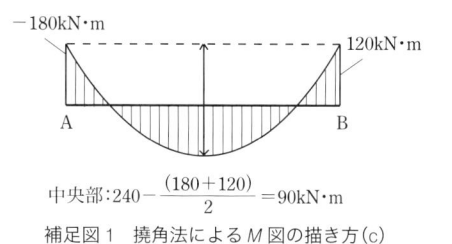

-180kN·m 120kN·m
A B

中央部: $240-\frac{(180+120)}{2}=90$kN·m

補足図 1　撓角法による M 図の描き方 (c)

部材 CD も (a) の方法と同様に求められる. ただ, CD 部材には中間荷重が無いので, (a) のモーメント図で終了となる.

[補足]

Q 図の描き方は, M 図からも求めることができる. 先の補足図 1 に示した M 図の重ね合わせの原理は, Q 図についても同じく適用できる. Q 図の方法は補足図 2 の流れに従って求めることができる.

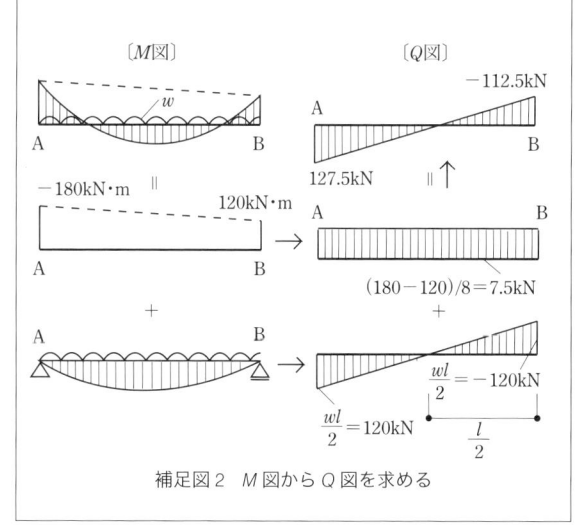

[M 図]　　　　　　　　　[Q 図]
w　　　　　　　　　-112.5kN
A B　　　　　A B
　　　　　　　　　127.5kN

-180kN·m ‖ 120kN·m　　A B
A B　　　　→　
　　　　　　　　　(180-120)/8=7.5kN
＋　　　　　　　　　＋
A B　　　　→　
　　　　　　　　　$\frac{wl}{2}=-120$kN
$\frac{wl}{2}=120$kN　　$\frac{l}{2}$

補足図 2　M 図から Q 図を求める

2) 節点が移動する場合

例題 10.3 以下のラーメン構造を解け（○印内の数字は剛比 k を表す）．なお梁BCは剛体（剛比は無限大であり，$\theta_B = \theta_C = 0$ となる）とする．

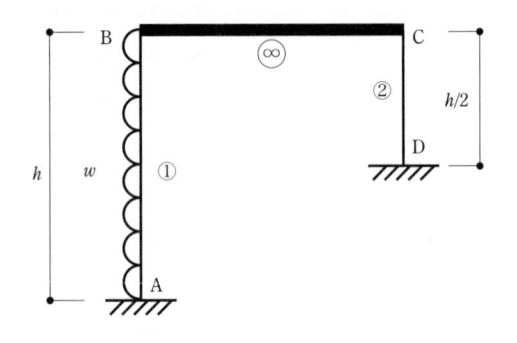

①部材角：R_{AB} と R_{CD} の関係および R_{BC} の値を求めよ．

$R_{CD} = (\ 2\ ) \times R_{AB}$

$R_{AB} = \dfrac{\delta}{h}, \quad R_{CD} = \dfrac{\delta}{\frac{h}{2}}, \quad \dfrac{R_{AB}}{R_{CD}} = \dfrac{1}{2}$

$\therefore R_{AB} : R_{CD} = 1 : 2$

$R_{BC} = (\ 0\ )$

なお $\theta_A = \theta_B = \theta_C = \theta_D = 0$

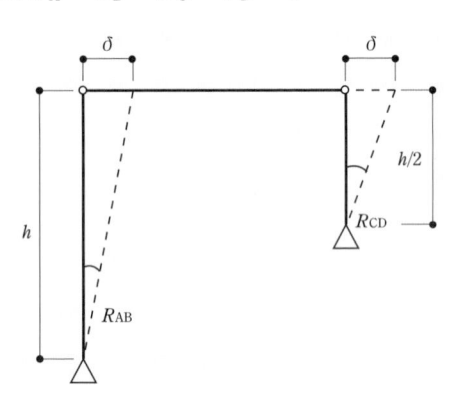

②曲げモーメントの基本式を書け．

$M_{AB} = 2EK_0 \cdot 1 \cdot (2\theta_A + \theta_B - 3R_{AB}) + C_{AB}$
$\quad\quad = 2EK_0(-3R_{AB}) - \dfrac{wh^2}{12}$

$M_{BA} = 2EK_0 \cdot 1 \cdot (\theta_A + 2\theta_B - 3R_{AB}) + C_{AB}$
$\quad\quad = 2EK_0(-3R_{AB}) + \dfrac{wh^2}{12}$

$M_{CD} = 2EK_0 \cdot 2 \cdot (2\theta_C + \theta_D - 3R_{CD})$
$\quad\quad = 2EK_0(-6R_{CD}) = 2EK_0(-12R_{AB})$
$\quad\quad (\because R_{CD} = 2R_{AB})$

$M_{DC} = 2EK_0 \cdot 2 \cdot (\theta_C + 2\theta_D - 3R_{CD})$
$\quad\quad = 2EK_0(-6R_{CD}) = 2EK_0(-12R_{AB})$

③部材 AB と CD のせん断力を R_{AB} で表せ（Q_{ij} は部材 ij の i 端のせん断力で，矢印の向きを正とする）．

〔AB 材〕（図 10・19(b)参照）

$\overline{Q}_{AB} = -\dfrac{M_{AB} + M_{BA}}{h} = +\dfrac{2EK_0}{h}(6R_{AB})$

$\Delta Q_{AB} = \Delta Q_{BA} = \dfrac{wh}{2}$

を用いると，

$Q_{AB} = \overline{Q}_{AB} + \Delta Q_{AB} = \dfrac{2EK_0}{h}(6R_{AB}) + \dfrac{wh}{2}$

$Q_{BA} = \overline{Q}_{AB} - \Delta Q_{AB} = \dfrac{2EK_0}{h}(6R_{AB}) - \dfrac{wh}{2}$

〔CD 材〕

$Q_{CD} = Q_{DC} = -\dfrac{M_{CD} + M_{DC}}{h} = \dfrac{2EK_0}{h}(24R_{AB})$

④せん断力の釣合式を R で表せ．

$-Q_{BA} - Q_{CD} = 0,\ (\text{または}\ Q_{BA} + Q_{CD} = 0)$

③の Q_{BA} と Q_{CD} を代入する．

$\left\{\dfrac{2EK_0}{h}(6R_{AB}) - \dfrac{wh}{2}\right\} + \left\{\dfrac{2EK_0}{h}(24R_{AB})\right\} = 0$

$\therefore 2EK_0(30R_{AB}) = \dfrac{wh^2}{2}$

⑤未知数を求めよ．

$R_{AB} = \left(\dfrac{1}{2EK_0}\right) \cdot \dfrac{wh^2}{60}$

ここで①の $R_{CD} = 2R_{AB}$ を用いると，R_{CD} も求まる．

$R_{CD} = \left(\dfrac{1}{2EK_0}\right) \cdot \dfrac{wh^2}{30}$

⑥主要点の M を求め，M 図を描け．

$M_{AB} = -\dfrac{wh^2}{20} - \dfrac{wh^2}{12} = -\dfrac{2}{15}wh^2$

$M_{BA} = -\dfrac{wh^2}{20} + \dfrac{wh^2}{12} = \dfrac{1}{30}wh^2$

$M_{CD} = -\dfrac{2}{5}wh^2$

$M_{DC} = -\dfrac{2}{5}wh^2$

$M_{BC} = -M_{BA} = -\dfrac{1}{30}wh^2\ (\because M_{BA} + M_{BC} = 0)$

$$M_{CB} = -M_{CD} = \frac{2}{5}wh^2 \;(\because M_{CB}+M_{CD}=0)$$

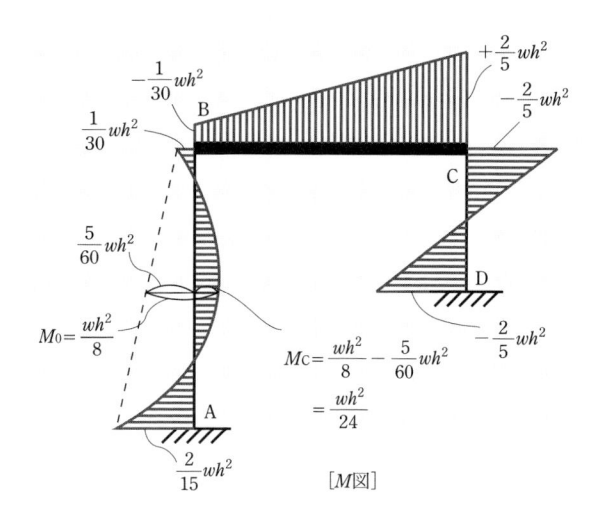

[M図]

10·6 撓角法の応用—層間変形角・層剛性

例題 10.4 下図の3種の架構に対して、撓角法を用いて、以下の設問を解け（層間変形角の基本）。

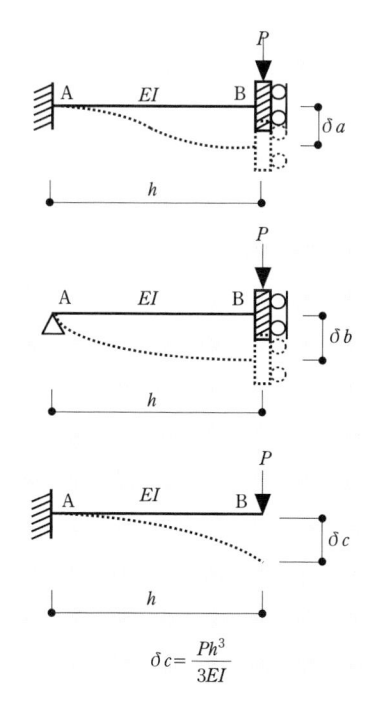

$$\delta c = \frac{Ph^3}{3EI}$$

〔問1〕以下の手順で δa を求めよ。

① K_0 を I と h を用いて表せ。

$$K_0 = \frac{I}{h}$$

② 曲げモーメントの基本式を書け。ただし部材角 R_{AB} を R で表せ。

（注意） $\theta_A = \theta_B = 0$

$$M_{AB} = 2EK_0(2\theta_A + \theta_B - 3R) = 2EK_0(-3R)$$
$$M_{BA} = 2EK_0(\theta_A + 2\theta_B - 3R) = 2EK_0(-3R)$$

③ 部材 AB のせん断力を R で表せ（Q_{ij} は部材 ij の i 端のせん断力で（ ）内の矢印を正とする）。

$$Q_{AB}(\uparrow) = Q_{BA}(\downarrow) = \frac{-(M_{AB}+M_{BA})}{h}$$
$$= -\frac{2EK_0}{h}(-6R) = \frac{2EK_0}{h}(6R)$$

④ せん断力の釣合式を R で表し、R を求めよ。

$$P - Q_{BA} = 0 \quad \therefore P - \frac{2EK_0}{h}(6R) = 0$$

$$R = \frac{\frac{Ph}{6}}{2EK_0} = \frac{Ph}{12EK_0} = \frac{Ph^2}{12EI}$$

⑤ M, Q を求め、M 図、Q 図を示せ。

$$M_{AB} = -\frac{Ph}{2} \quad M_{BA} = -\frac{Ph}{2}$$

$$Q_{AB}(\uparrow) = Q_{BA}(\downarrow) = P$$

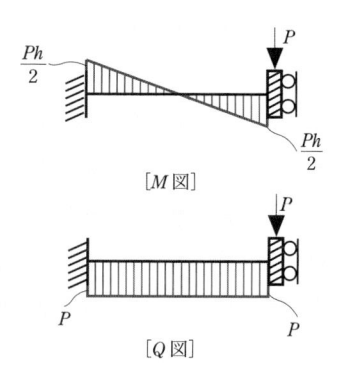

[M図]

[Q図]

⑥ 部材角 R より、変位 δa を求めよ（EI を用いて表せ）。

$$\delta_a = h \times R = h \times \frac{Ph^2}{12EI} \quad \therefore \delta_a = \frac{h^3}{12EI} \times P$$

⑦ **剛性** K は次式のように荷重 P（またはせん断力 Q）と変位 δ を関係づける係数である。部材 AB の剛性 K_a を求めよ。

（注意）剛度と同じ K を使うことに注意。単位系も異なる。

$$Q(or P) = K\delta \to K_a = \frac{Q}{\delta_a} = \frac{P}{\delta_a} = \frac{12EI}{h^3}$$

⑧ δ_a と δ_c の関係を求めよ.

$$\frac{\delta_a}{\delta_c} = \frac{\frac{Ph^3}{12EI}}{\frac{Ph^3}{3EI}} = \frac{1}{4} \quad \therefore \delta_a = \frac{1}{4} \times \delta_c$$

〔問2〕問1と同様の手順で δ_b を求めよ.

① M と Q の基本式　（注意）$\theta_B = 0$, A点はピン.

$M_{AB} = 0$

$M_{BA} = 2EK_0(1.5\theta_B - 1.5R) = -3EK_0 R$

$Q_{AB}(\uparrow) = Q_{BA}(\downarrow) = -\dfrac{M_{BA}}{h}$

$\qquad = -\dfrac{2EK_0}{h}(-1.5R) = \dfrac{2EK_0}{h}(1.5R)$

②せん断力の釣合式と R を求めよ.

$P - Q_{BA} = 0$

$\therefore P - \dfrac{2EK_0}{h}(1.5R) = 0$

$\therefore R = \dfrac{\frac{2}{3}Ph}{2EK_0} = \dfrac{Ph}{3EK_0} = \dfrac{Ph^2}{3EI}$

③ M, Q を求め, M 図, Q 図を示せ.

$M_{AB} = -Ph$

$Q_{AB}(\uparrow) = Q_{BA}(\downarrow) = P$

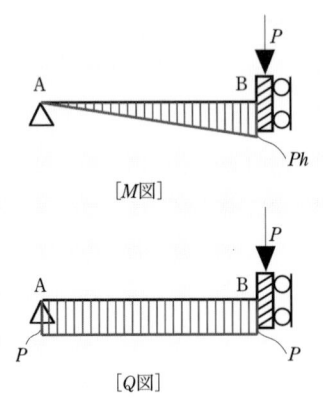

[M図]

[Q図]

④変位 δ_b を EI を用いて表し, δ_b と δ_c の関係を求めよ.

$\delta_b = h \times R = h \times \dfrac{Ph^2}{3EI} \quad \therefore \delta_b = \dfrac{h^3}{3EI} \times P$

$\delta_b = \delta_c$

⑤剛性 K_b を EI を用いて表せ. また K_a と K_b の関係を求めよ.

$Q = P = K_b \delta_b$

$\therefore K_b = \dfrac{P}{\delta_b} = \dfrac{3EI}{h^3}$

$\therefore K_a = 4 \times K_b \leftarrow$ 重要

〔問3〕下図のように梁が剛体のラーメンを考える. 問2の⑤の結果を用いて, 下記の手順で**層剛性**と**層間変位** δ, **層間変形角** R を求めよ.

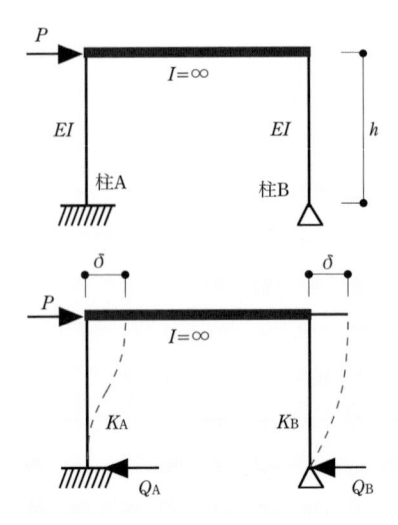

①柱Aの剛性 K_A を, 柱Bの剛性 K_B を用いて表せ（cf. 問2の⑤）.

$K_A = 4 \times K_B$

②柱A, Bのせん断力を Q_A, Q_B とすると, 各柱の柱頭部の変位が**層間変位** δ と等しいことから, 各柱で以下の式が成立する.

$Q_A = K_A \times \delta$, $Q_B = K_B \times \delta$

$\therefore \dfrac{Q_A}{Q_B} = \dfrac{K_A}{K_B} = 4$

③水平方向の釣合より, $Q_A + Q_B = P$ が成立する. 問2の結果を用いると, 次式のように**層剛性** K_S が求まる【重要】.

$P = K_S \delta \to K_S = \dfrac{P}{\delta} = \dfrac{Q_A + Q_B}{\delta} = \dfrac{(K_A + K_B)\delta}{\delta}$

$\therefore K_S = K_A + K_B$

④ $P = K_S \delta$ に③の結果を代入すると**層間変位** δ が求まり, さらに $\delta = Rh$ より**層間変形角** R が求まる.

[補足] 層剛性のまとめ

〈前提条件〉
・節点角 θ はすべてゼロ（ピン節点を除く）→未知数は部材角 R のみ
・荷重は節点に加わる集中荷重のみ→部材の中間に荷重は加わっていない
・梁の剛性は ∞（剛体，剛床仮定）→各柱の柱頭部の変位はすべて等しい
・剛性は $K = \dfrac{P}{\delta}$ で定義される

《柱1本の剛性》

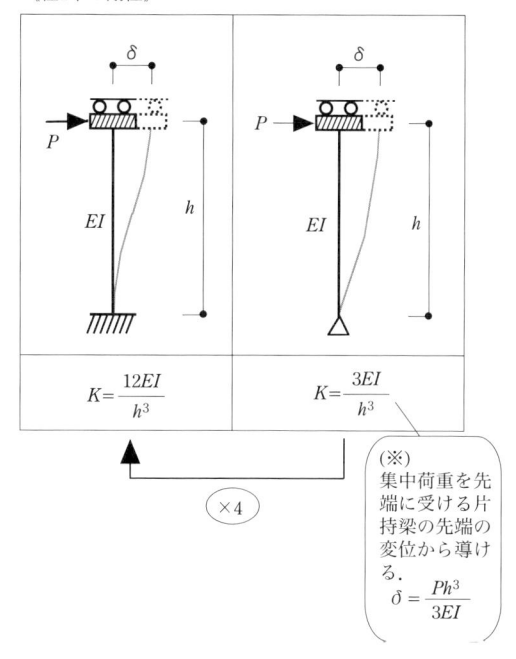

$$K = \frac{12EI}{h^3}$$

$$K = \frac{3EI}{h^3}$$

（×4）

(※) 集中荷重を先端に受ける片持梁の先端の変位から導ける．
$\delta = \dfrac{Ph^3}{3EI}$

〈重要な性質〉
・柱の剛性は曲げ剛性（EI）に比例し，柱の長さの3乗に反比例する．
・柱が数本で構成される**層の剛性**は，各柱の剛性の和となる．
・各柱のせん断力の和は，水平力と等しい．
・各柱が負担するせん断力（分担水平力）は，剛性に比例する．
・すなわち，柱のせん断力の大きさは水平力を剛性の比で配分したものとなる．

練習問題 10.1 たわみ角法を用いて，以下のラーメン構造を解け（○印内は部材の剛比を表わす．BC部材の曲げ剛性は∞であり，$\theta_B = 0$ となることに注意）．

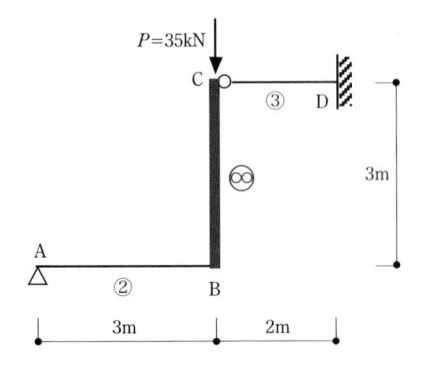

(1) 部材角 R_{AB} と R_{CD} の関係，R_{BC} の値を求めよ．
$$R_{AB} = (\quad) \times R_{CD}, \quad R_{BC} = (\quad)$$

(2) 曲げモーメントの基本式を書け．ただし部材角 R_{CD} を R で表せ．（注意）$M_{CB} = M_{CD} = 0$

$M_{BA} =$

$\quad\quad =$

$M_{DC} =$

(3) 部材 AB と CD のせん断力を R で表わせ（Q_{ij} は部材 ij の i 端のせん断力で〔 〕内の矢印を正とする）．

$Q_{AB}[\downarrow] = Q_{BA}[\uparrow] =$

$Q_{CD}[\downarrow] = Q_{DC}[\uparrow] =$

(4) せん断力の釣合式を R で表わせ．

(5) R を求めよ．
$$R = (\quad)/2EK_0$$

(6) 各点の M，Q を求め，M 図，Q 図，反力を描け（主要点の値を描くこと）．

$M_{BA} = \quad\quad\quad M_{BC} =$

$M_{DC} =$

$Q_{AB} = \quad\quad\quad Q_{CD} =$

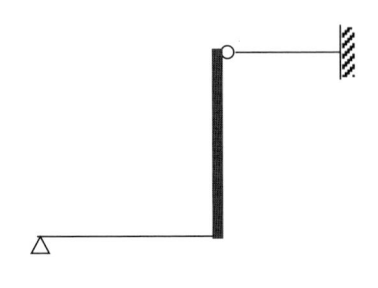

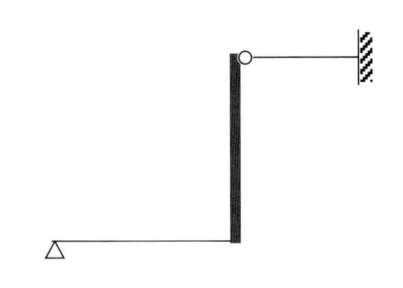

Q 図および反力

(7) 大略の変形図を描け．

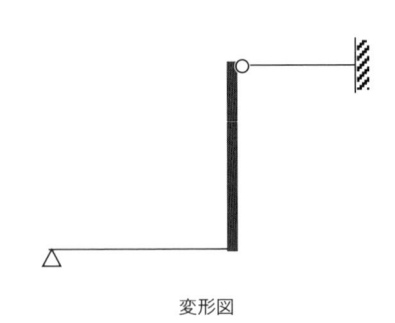

変形図

練習問題 10.2 たわみ角法を用いて，以下のラーメン構造を解け（○印内は部材の剛比を表わす．BC部材の曲げ剛性は∞であり，$\theta_B = 0$ となることに注意．）

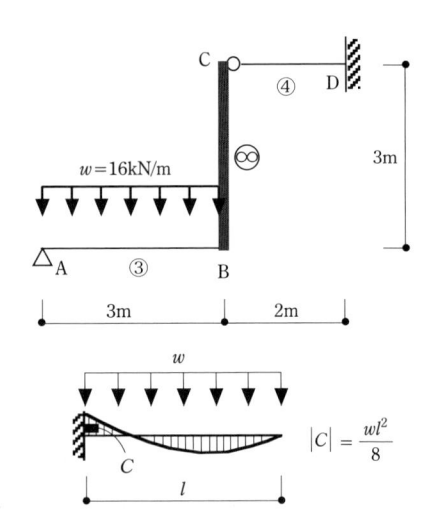

$$|C| = \frac{wl^2}{8}$$

(1) 部材角 R_{AB} と R_{CD} の関係，R_{BC} の値を求めよ．
$$R_{CD} = (\quad) \times R_{AB}, \quad R_{BC} = (\quad)$$

(2) 曲げモーメントの基本式を書け．ただし部材角 R_{CD} を R で表せ．（注意）$M_{CB} = M_{CD} = 0$

$M_{BA} =$

$\quad\quad =$

$M_{DC} =$

(3) 部材 AB と CD のせん断力を R で表せ（Q_{ij} は部材 ij の i 端のせん断力で〔　〕内の矢印を正とする）．

$Q_{AB}[\downarrow]=$

$\qquad =$

$Q_{BA}[\uparrow]=$

$\qquad =$

$Q_{CD}[\downarrow]= Q_{DC}[\uparrow]=$

(4) せん断力の釣合式を R で表せ．

(5) R を求めよ．

$$R=(\quad)/2EK_0$$

(6) 各点の M，Q を求め，M 図，Q 図，反力を描け（主要点の値を描くこと）．

$M_{BA}=$ 　　　　$M_{BC}=$

$M_{DC}=$

$Q_{AB}=$ 　　　　$Q_{CD}=$

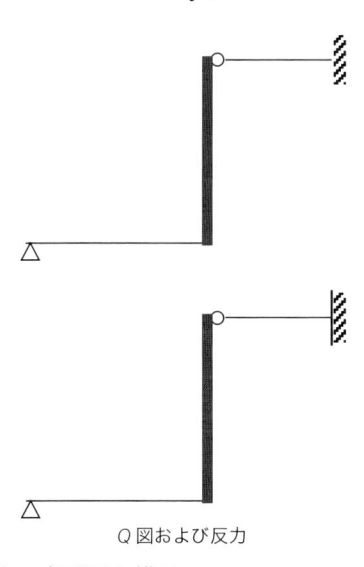

Q 図および反力

(7) 大略の変形図を描け．

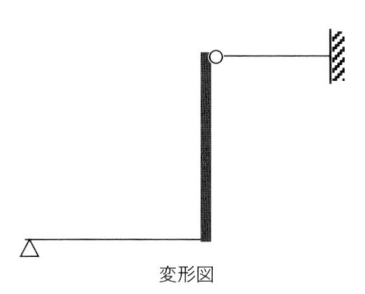

変形図

第11章 不静定構造を解く3 固定モーメント法

11・1 固定モーメント法の基本的考え方

不静定構造を解くための3番目の方法として、固定モーメント法について説明する。基本とする力学原理は撓角法であるため、未知数を変位（角度）とする変位法の一種と位置付けられる。最大の特徴は力学的な原理に従いながら、ラーメンの形状図を用いて、図解的に直接曲げモーメントの値を求められる点にある。この特徴は、節点が移動しない（部材角 $R=0$）場合、特に有効に発揮されるため、本書では $R=0$ の場合のみを対象として説明を行う（節点が移動する場合は撓角法の方が容易で応用性も広い）。

固定モーメント法について概要を示すと、
① 最初に、すべて節点が回転拘束された仮定の下に曲げモーメントを求める。
② 次に、実際は回転拘束されていない節点の曲げモーメントを解除する手法である。

これが「固定モーメント法」という名称の由来である。なお、上記の解除に関してであるが、解除が必要な節点数（支点以外の節点、すなわち「**中間節点**」の数）が1個以下の場合、解除及び解析に伴う曲げモーメントの処理が1回で済むため、特に簡単である。一方、中間節点が2個以上の場合、解除に伴う処理に繰り返し計算が必要となる。

以上の事を踏まえて、本章では節点が移動しないラーメンを対象として、中間節点が1個以下の場合と、2個以上の場合を対象として固定モーメント法について記述する。

11・2 固定モーメント法によるラーメン解法

本節では、固定モーメント法の基本的な手順を撓角法と関連づけながら説明する。説明に際して、1回の解除で解が得られる中間節点が1個以下の場合を対象とする。対象構造の具体例を図11・1に示す。片持構造を含む場合は、当該部分は曲げモーメントを最初から求めることが可能なため、除いて判断すればよい。

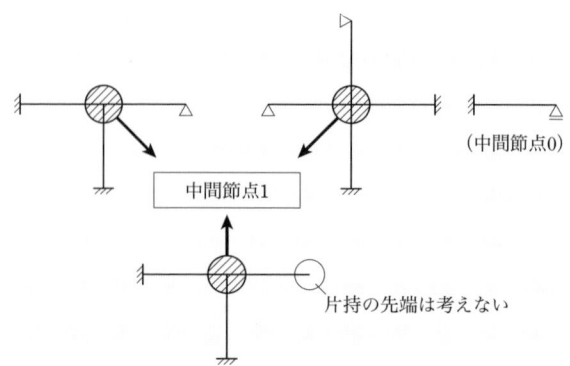

図 11・1 中間節点が1つ以下の構造（節点の移動なし）

1）固定モーメント法の基本的な手順

本手法の基本的な手順を図11・2に示す。ステップ①が、中間節点の回転を拘束した場合（すなわち中間節点を固定端と設定した場合）の曲げモーメントを求める段階に相当し、得られる曲げモーメントは撓角法の固定端モーメントと同じである。ステップ②〜④は、ステップ①で得られた中間節点の固定端モーメントを解除すると共に、架構全体においてその影響を評価する過程である。最後にステップ①

《手順》
① 〔FEM〕中間節点を固定とした場合の M
  → 固定端モーメント（撓角法のCと同じ）
② 〔解除〕中間節点にFEMを逆向きに加える（-FEM）
③ 〔分配：DM〕-FEMを剛比の比で分配
④ 〔到達：CM〕DMを部材の逆の端に1/2で伝える
⑤ 〔和〕①③④の和

※中間節点が1つだけの場合　　※中間節点が2以上の場合
　わずか2つの図で解ける。　　　②〜④を繰り返し計算

図 11・2　固定モーメント法の基本的な手順

の結果と，②〜④の結果を加えることにより，最終的な結果が求まる．

なお，中間節点の数が2個以上の場合には，ステップ②〜④の部分に繰り返し計算が必要である．この点については次節で説明する．

2）固定モーメントの物理的意味

ここでは上述した基本手順の内，主にステップ②〜④の解除後の処理に関わる物理的意味について，撓角法の基本式を用いて説明する．例として図11・3に示す2部材のラーメンを用いる．

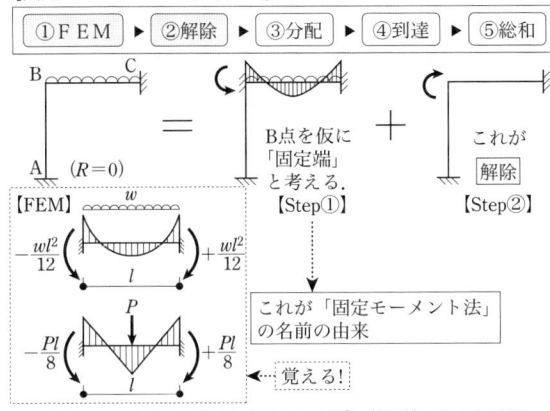

図11・3 ステップ①からステップ②（解除）までの手順

[ステップ①〜②]

図11・3は，荷重が加わるBC材の両端を固定端（B点を固定端と仮定）とした場合，B点に生じる曲げモーメントを**解除**するまでの段階を表したものである．「解除」は具体的に，固定端モーメントと同じ大きさの曲げモーメントを，逆回転方向に加えることに相当する．

[ステップ③]…分配モーメント

図11・4は，ステップ③の「**分配**」を表したもので，ステップ②で解除のために加えたモーメント荷重が，部材ABとBCにどのように分配されるかを示したものである．ここで，2つの部材に分配されるモーメントは分配モーメント（Distributed Moment）と呼ばれ，「DM」で略される．

分配モーメントの大きさを求めるために，図11・4に示すように撓角法で検討する．この問題は未知数が中間節点Bの回転角θ_Bの1つのみの場合であり，

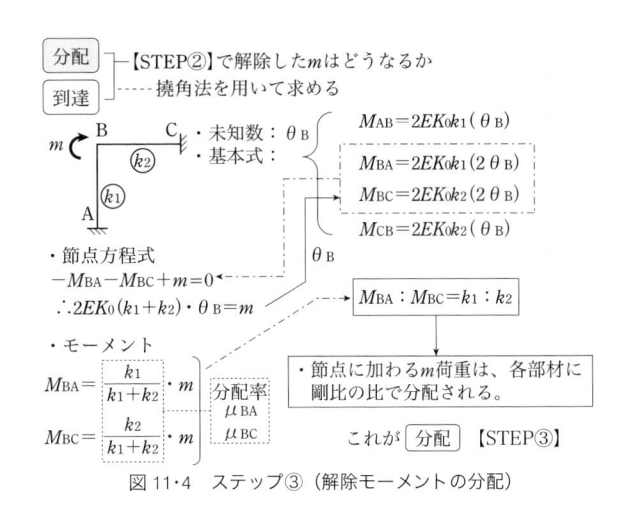

図11・4 ステップ③（解除モーメントの分配）

当該節点における節点方程式から次のように簡単に未知数が求まる．

$$\theta_B = \frac{1}{2EK_0} \cdot \frac{1}{2} \cdot \frac{m}{k_1+k_2} \tag{11.1}$$

ここで，k_1, k_2 はそれぞれ部材ABとBCの剛比を表す．これを撓角法の基本式に代入すると，部材ABとBCそれぞれのB端側の曲げモーメントは次のように求まる．

$$\left. \begin{array}{l} M_{BC} = \dfrac{k_2}{k_1+k_2} \cdot m = \mu_{BC} \cdot m \\[6pt] M_{BA} = \dfrac{k_1}{k_1+k_2} \cdot m = \mu_{BA} \cdot m \end{array} \right\} \tag{11.2}$$

式（11.2）は「ある節点に加わるモーメント荷重は，その節点に加わる部材の剛比に比例した大きさで，各部材に分配される」という重要な性質を表している．また，式中のμ_{ij}は部材ijに分配されるモーメントの比率を示しており，「分配率」と呼ばれ，次式で定義される（n：節点iに集まる部材の数）．

$$\mu_{ij} = \frac{\text{部材}ij\text{の剛比}}{\text{節点}i\text{に集まる部材の剛比の和}}$$

$$= \frac{k_{ij}}{\sum_{i=1}^{n} k_{ij}} \tag{11.3}$$

一般にある節点iにモーメント荷重mが加わるとき，節点iに集まる部材のi端側には，以下に示す曲げモーメント（分配モーメント）が発生する．

$$M_{ij} = \mu_{ij} \cdot m \tag{11.4}$$

なお，節点iに集まるすべての部材の分配率の和

は1であり，また分配モーメントの和はmとなる．

$$\sum_{l=1}^{n} \mu_{il} = 1 \tag{11.5}$$

$$\sum_{l=1}^{n} M_{il} = m \tag{11.6}$$

[ステップ④]…到達モーメント

図11・5は，ステップ③で得られた分配モーメントが，それぞれの部材において他の端部（解除モーメントが加わらない方の部材端）にどのような大きさで伝達されるかを示したものである．ここで伝達される曲げモーメントは，「**到達モーメント（Carry-over Moment）**」と呼ばれ，「**CM**」と略される．

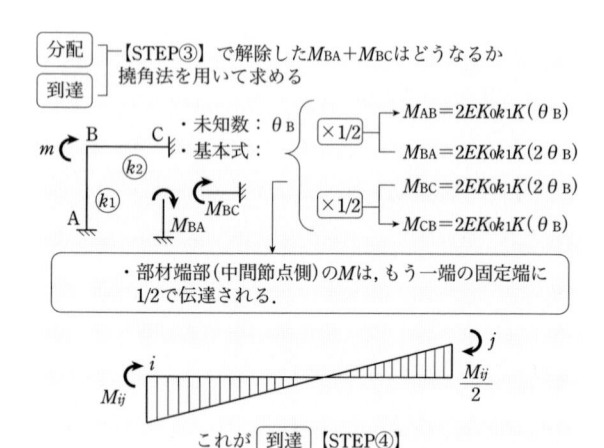

図11・5 ステップ④（分配モーメントの他端への伝達）

図中に撓角法の基本式を合わせて示すが，未知数が節点角θの1つであること（部材角$R=0$），また部材中間部に荷重がないことから，次のような性状が得られる．すなわち「ある部材ijのi端側に分配モーメントM_{ij}が生じている時，他端の曲げモーメントM_{ij}はM_{ij}の1/2となる」．この時，1/2は「到達率」と呼ばれる．この性状は両端の節点が移動しないこと（部材角Rがゼロ），およびj端（到達される側の節点）が固定端であること，さらにその部材の中間には荷重が加わらないこと，の3条件を満足した場合に成立する性質であることに注意してほしい．

3）図を用いた解法

以上の手順を図で表すと，図11・6に示すように，わずか2つの図で表現できる．1つの図は，中間節点の回転を拘束した状態に荷重が加わった場合（step①）のM図であり，もう1つの図は，step②～④の（解除）→（分配）→（到達）に相当するM図である．この2つのM図を加えたものが，最終的に求めるM図となる．以上のように中間節点が1つの場合，固定モーメント法は図を使って容易にM図を求めることができる．

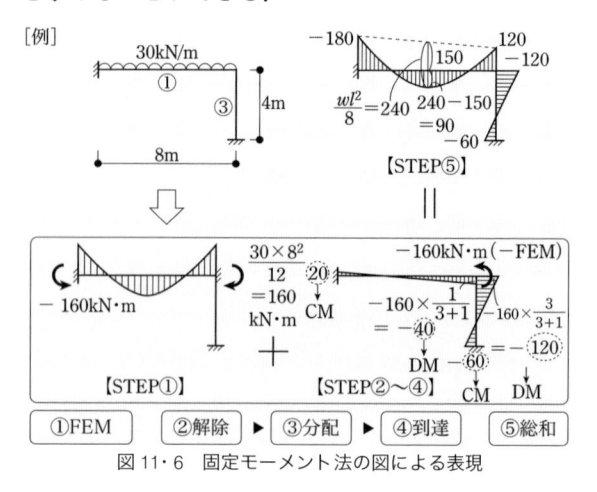

[例]

図11・6 固定モーメント法の図による表現

4）ピン支点を含む場合

架構にピン支点を含む場合，部材の曲げに対する剛性が固定の場合より小さくなるため，分配率や到達率は，固定端の場合と異なる値となる．到達率に関しては，ピン支点の曲げモーメントは発生しないため，到達率がゼロになるのは容易に理解できよう．

一方，分配率に関しては，撓角法から検討してみる．図11・7のようにA点が固定端とピン支点の2種類の架構のM_{BA}に関して，撓角法の基本式を比較すると次のようになる．ここでAB材の剛比をkとする．

・固定端の場合（$\theta_A = 0$）

$$M_{BA} = 2EK_0 k(\theta_A + 2\theta_B) \tag{11.7}$$
$$= 2EK_0 \cdot k(2\theta_B) \quad (\because \theta_A = 0)$$

・ピン支点の場合

$$M_{BA} = 2EK_0 k(1.5\theta_B) \tag{11.8}$$
$$= 2EK_0 \cdot \underbrace{\frac{3}{4}k}_{(k_e)}(2\theta_B)$$

※有効剛比 $k_e = \dfrac{3}{4}k$

ここで，式（11.8）の第1式は他端ピンの基本式であり，第2式は固定端の式中の（$2\theta_B$）を同じに

●《$M=0$ の点があると…》
・・・$M=0$ の点に繋がれた部材の剛比を 0.75 倍して考える

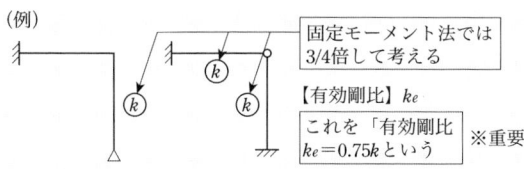

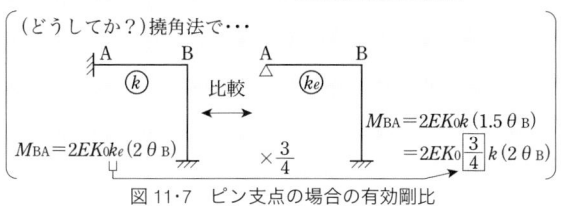

(例)

固定モーメント法では 3/4 倍して考える

【有効剛比】k_e
これを「有効剛比 $k_e = 0.75k$ という」 ※重要

(どうしてか？) 撓角法で・・・

比較 $\times \dfrac{3}{4}$

$M_{BA} = 2EK_0 k (2\theta_B)$

$M_{BA} = 2EK_0 k_e (1.5 \theta_B) = 2EK_0 \underline{\dfrac{3}{4} k} (2\theta_B)$

図 11·7 ピン支点の場合の有効剛比

するために剛比 k を変換したものである．このことは，ピン支点を端部に持つ部材の場合，剛比を 0.75 倍すると，固定端と同様の式が使用できることを意味している．

なお，ピン支点を含む部材に荷重が加わっている場合，ピン支点以外の端部における**固定端モーメント**は，ピンを考慮した値を用いる必要がある (図 11·8)．この固定端モーメントは，両端固定の場合の値の 1.5 倍となるが，固定モーメント法を用いて解除・到達の計算で容易に求めることができる．

【「他端ピン」用の固定端モーメント】
・・・これも固定モーメント法で求まる
(H_{ij}, H_{ji} を覚えていなくてもよい)

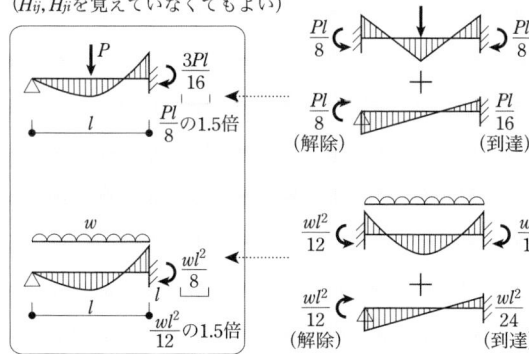

$\dfrac{3Pl}{16}$, $\dfrac{Pl}{8}$ の 1.5 倍

$\dfrac{Pl}{8}$ + $\dfrac{Pl}{8}$ (解除)
$\dfrac{Pl}{16}$ (到達)

$\dfrac{wl^2}{8}$, $\dfrac{wl^2}{12}$ の 1.5 倍

$\dfrac{wl^2}{12}$ + $\dfrac{wl^2}{12}$ (解除)
$\dfrac{wl^2}{24}$ (到達)

図 11·8 ピン支点を含む部材の固定端モーメント

以上をまとめると，ピン支点を含む場合，固定モーメント法では以下の 3 点を行えば，固定端と同様の手法で解を得ることが可能である．

① ピン支点を含む部材の剛比を 0.75 倍して，この有効剛比を分配率の計算に利用する．
② ピン支点の到達モーメントをゼロとする（到達率 = 0）．
③ ピン支点を含む部材に荷重が加わっている場合，このことを考慮した固定端モーメントを使用する．

例題 11.1 固定モーメント法により M 図を描け．

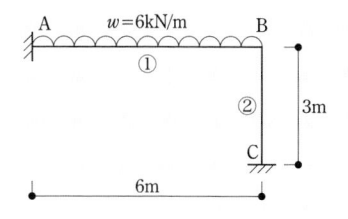

[解答例]

① 節点 B の分配率の計算 〔μ〕

部材 AB $\quad \mu_{BA} = \dfrac{1}{1+2} = \dfrac{1}{3}$

部材 BC $\quad \mu_{BC} = \dfrac{2}{1+2} = \dfrac{2}{3}$

② 固定モーメントの計算 〔FEM〕

節点を固定状態に拘束して中間荷重による固定端モーメントを算出し，節点固定を解除したときのモーメント m を求める．

$C_{AB} = -\dfrac{wl^2}{12} = -\dfrac{6 \times 6^2}{12} = -18 \text{kN·m}$

$C_{BA} = \dfrac{wl^2}{12} = 18 \text{kN·m} \rightarrow m = -C_{BA} = -18 \text{kN·m}$

節点の固定モーメント C を逆向きに加えて拘束を解除する．

③ 分配モーメントの計算 〔DM〕

$DM_{BA} = \mu_{BA} \cdot m = -\dfrac{1}{3} \times 18 = -6 \text{kN·m}$

$DM_{BC} = \mu_{BC} \cdot m = -\dfrac{2}{3} \times 18 = -12 \text{kN·m}$

④ 到達モーメントの計算 〔CM〕

分配モーメントの 1/2 が伝達される．

$CM_{AB} = DM_{BA} \times \dfrac{1}{2} = -3 \text{kN·m}$

$CM_{CB} = DM_{BC} \times \dfrac{1}{2} = -6 \text{kN·m}$

⑤ 材端モーメントの合成

各端における各モーメントを合成する（$M = C + DM + CM$）．

$$M_{AB} = C_{AB} + CM_{AB} = -21\text{kN·m}$$
$$M_{BA} = C_{BA} + DM_{BA} = 12\text{kN·m}$$
$$M_{BC} = DM_{BA} = -12\text{kN·m}$$
$$M_{CB} = CM_{CB} = -6\text{kN·m}$$

[固定端モーメント]　[分配モーメント]

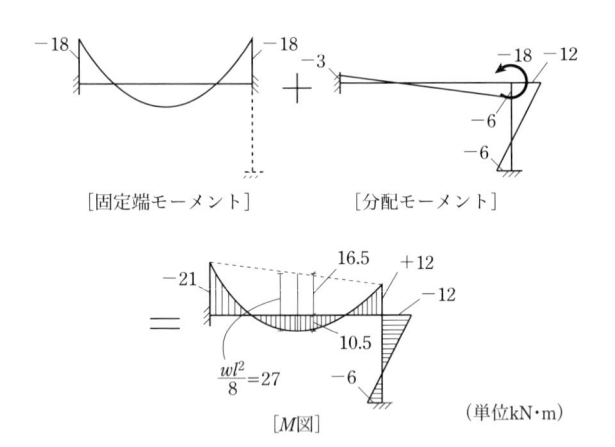

[M図]　(単位kN·m)

11·3 表を用いた解法

中間節点が二つ以上ある場合は，前節の step ②〜④（解除→分配→到達）を繰り返し行う必要がある．この場合，前述の図を用いた M 図の和による解法よりも，表を使用して機械的に計算する方が便利であり，一般的によく用いられる．

本節では，表を用いた解法を説明するために，中間節点が 1 つの場合を対象として，前述の図を用いた解法と表による解法の二つの方法で解き，両者を比較する．

図 11·9 に中間節点が 1 つの架構に対して，図を用いた解法を適用した例を示す．また図 11·10 は，同問題に対して，表を用いて解いた例である．

表を用いた解法手順を以下に示す．

① 図 11·10 のように大きくラーメン図を描き，各部材の材端の記号を，その部材が接合されている節点に接触した表の最上欄に記入する（例えば，B 点にくっつけた表の最上部に，BA，BD，BC を，また同様に A 点には AB というように記入する）．

② 上から 2 番目の D.F.（分配率）の欄には分配率 μ を計算して記入する．D.F. は解除を行う中間節点に関係する欄のみに値が記入される．

③ 中間に荷重が加わる部材の両端に，固定端モーメントを記入する．F.E.M. の値が 2 つ以上ある節点では，それらの総和を F.E.M. の欄外に記入する．

④ ③の F.E.M. の値に②の分配率を掛け，さらに正負を逆転した値を D の欄に記入する．ここで正負を逆にしているのは，「解除」を意味しており，D の欄の値は分配モーメントとなる．

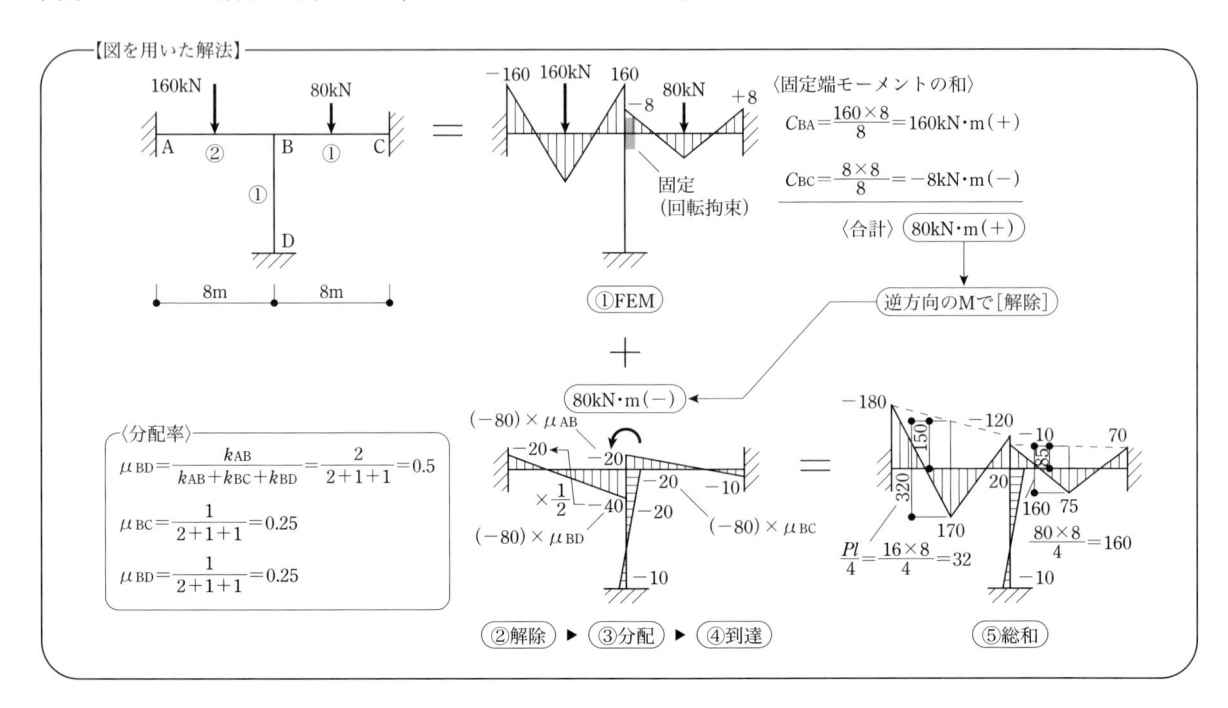

⑤ ④の値に 1/2 を乗じた値を矢印で示したように，部材の他端の C に記入する（例えば BA 端の D の

図 11·9　中間節点が 1 つの場合の例と図解法

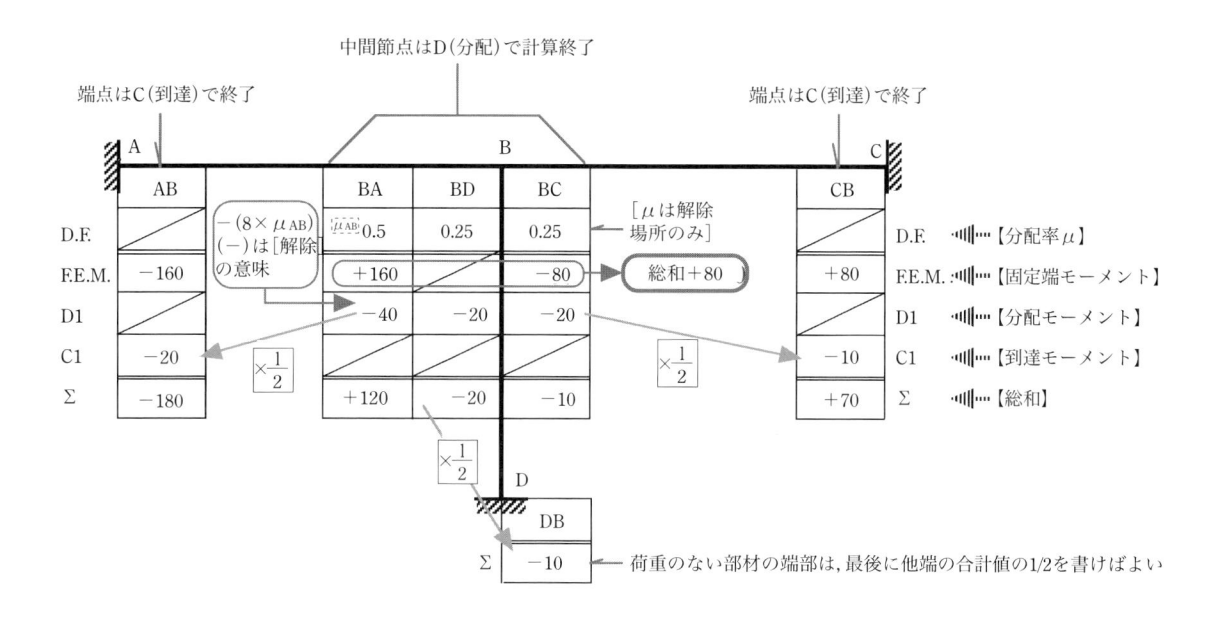

図11·10 表を用いた解法（図11·9と同じ架構を対象）

値の1/2をAB端のCに記入する）．
⑥各部材ごとに，F.E.M.＋D＋Cの合計を求める．また荷重がない部材の端部（本例ではDB）は，最後に他端の合計値の1/2を記入すればよい．これらが，最終的に求める材端モーメントである．

以上，表による解法を説明したが，架構中間節点が一つの場合はD（分配モーメント）で，また端部節点はC（到達モーメント）で計算が終了することに注意してほしい．

11·4 中間節点が2つ以上ある架構

中間節点が2つ以上ある場合，前述したように，（解除）→（分配）→（到達）の計算を繰り返す必要がある．このような反復により必ずある値に収束することは，分配率が1以下であり，到達率が1/2であることから明らかである．

解法手順は中間節点が1つ以下の場合と同じである．ここでは，例題11.2を用いて，具体的な手順を説明する．

①各節点ごとに，結びつく部材の剛比を用いて，分配率(D.F.)を計算する．この時，ピン支点を端部に有する部材の剛比については，3/4倍しておく．
②中間荷重を受ける部材について，固定端モーメントを算定し，F.E.M.欄に記入する．なお，片持部についても，固定端部の曲げモーメントを同様に扱う．最後に節点ごとにF.E.M.の合計を計算し欄外に記入する．
③②のF.E.M.の合計値にD.F.を乗じて，正負を逆転した値（分配モーメント）をD_1に記入する．
④D_1に1/2を乗じて得られる到達モーメントをD_1と同部材で逆側の端部のC_1に記入する．
⑤C_1の値に対して③と同様D.F.を乗じて，符号を逆にして，D_2に記入する．
⑥以下，表中の値が十分に小さくなるまで，$C_2 \to D_3 \to C_3 \cdots$の手順を繰り返す．この時中間節点は$D$（分配）で，また端部節点は$C$（到達）で終了させる．
⑦最後にF.E.M.以下の欄の総和を計算すると，それぞれの材端の曲げモーメントが得られる．
⑧部材の中間部に荷重が加わっていない部材の固定端の曲げモーメントは，他端の値に到達率1/2を乗じることで求まる．

例題 11.2 下記の構造について固定モーメント法を用いてM図を求めよ．○印内の数字は部材の剛比．

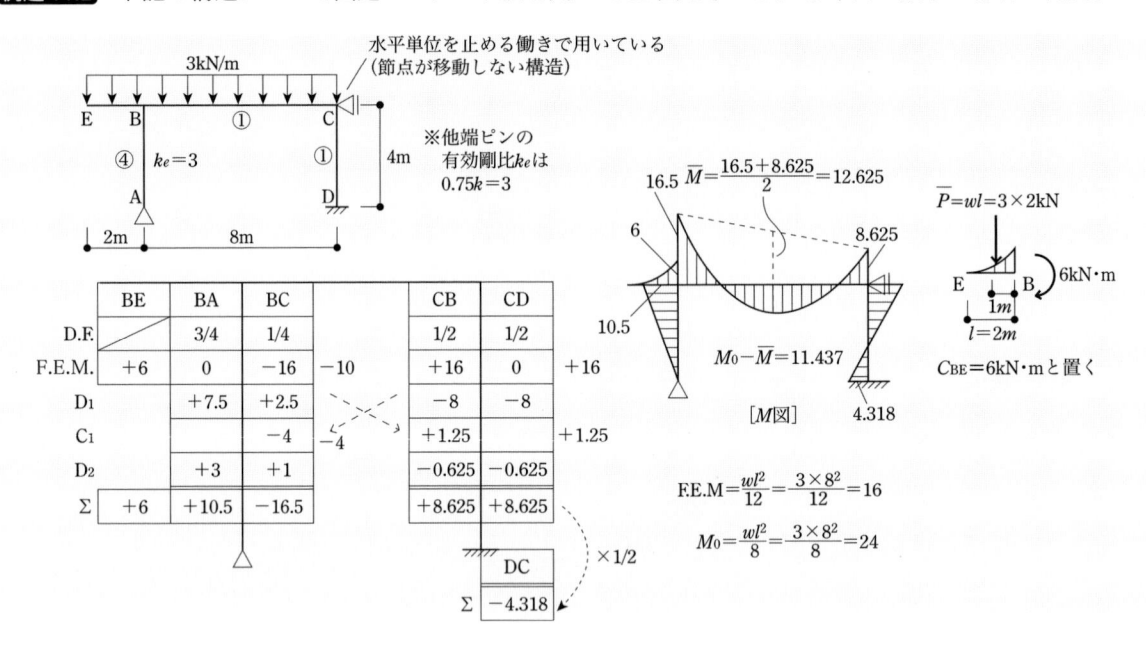

水平単位を止める働きで用いている
（節点が移動しない構造）

3kN/m

E B ① C
④ $k_e=3$ ①   4m
A   D
2m   8m

※他端ピンの
有効剛比k_eは
$0.75k=3$

	BE	BA	BC		CB	CD	
D.F.	/	3/4	1/4		1/2	1/2	
F.E.M.	+6	0	−16	−10	+16	0	+16
D₁		+7.5	+2.5		−8	−8	
C₁			−4	−4	+1.25		+1.25
D₂		+3	+1		−0.625	−0.625	
Σ	+6	+10.5	−16.5		+8.625	+8.625	

×1/2

DC
Σ −4.318

16.5 $\bar{M}=\dfrac{16.5+8.625}{2}=12.625$

6   8.625

10.5 $M_0-\bar{M}=11.437$

[M図]   4.318

$\bar{P}=wl=3\times 2$kN

E ● ● B ↻ 6kN·m
  1m
  $l=2m$

$C_{BE}=6$kN·mと置く

F.E.M $=\dfrac{wl^2}{12}=\dfrac{3\times 8^2}{12}=16$

$M_0=\dfrac{wl^2}{8}=\dfrac{3\times 8^2}{8}=24$

練習問題 11.1 固定モーメント法により M 図を描け．

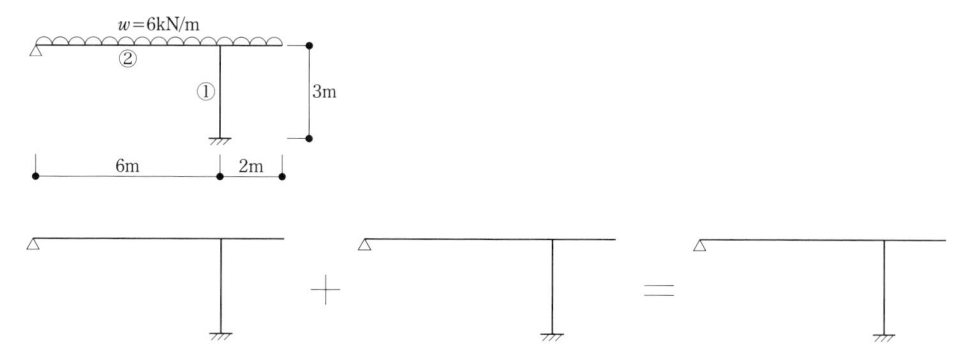

練習問題 11.2 固定モーメント法により M 図と Q 図を描け．また，C 点の水平反力 HC を求めよ．（　）内に向きを矢印で描くこと．

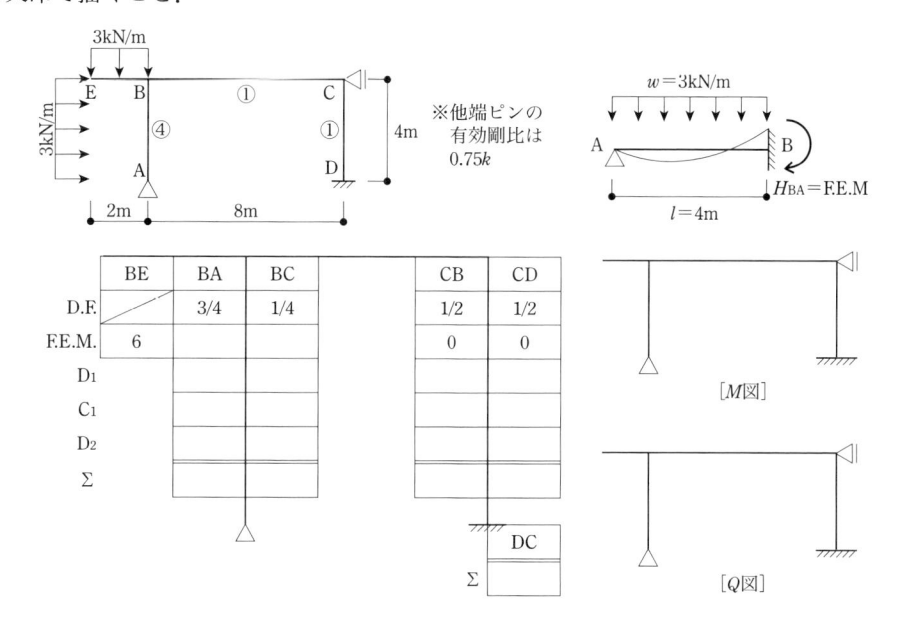

※他端ピンの有効剛比は $0.75k$

H_{BA}＝F.E.M

	BE	BA	BC		CB	CD
D.F.		3/4	1/4		1/2	1/2
F.E.M.	6				0	0
D_1						
C_1						
D_2						
Σ						

	DC
Σ	

[M図]

[Q図]

第 11 章　不静定構造を解く 3　固定モーメント法

第 12 章　構造設計入門

本章では，設計の入門編として，許容応力度設計法の基本的な考え方を学ぶ．本書では，これまでに外力（荷重），部材断面力および応力度の関係ならびに部材の変形について学んできたが，設計について考える場合には，これらを十分に理解していることが重要である．本章では，単純梁等の簡単な例題を用い，これまで学んできた一連の学習内容を確認しながら，**許容応力度設計法の基本的な考え方**について説明する．

12・1　単純梁を設計する

図 12・1 に示すような水路に，既製の板を置いて人間が往来できるようにすることを考える．なお，板の上には同時に 2 人以上載らないものとして，板の断面を決定する．

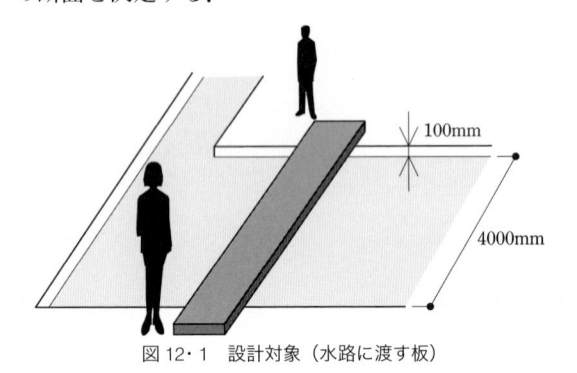

図 12・1　設計対象（水路に渡す板）

1) 使用材料

板は檜葉材（甲種構造材・1 級）とする．表 12・1 に使用する檜葉材の強度およびヤング係数を示す．

表 12・1　使用材料の強度・ヤング係数

強度 F (N/mm²)				ヤング係数 E (kN/mm²)
圧縮 F_c	引張 F_t	曲げ F_b	せん断 F_s	
28.2	21.0	34.8	2.1	10

※建設省告示第 1452 号より

2) 設計対象のモデル化

図 12・2 に示すように，水路に渡す板を単純梁形式にモデル化する．本設計では，板の中央部に荷重が作用した状態（曲げモーメントおよび変形が最大となる状態）に対して設計を進めることにする．

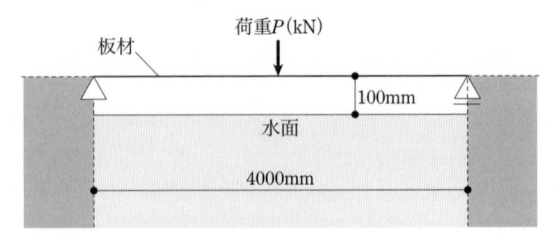

図 12・2　水路に渡す板のモデル化

3) 設計用荷重の算定

板の上に載る人数は 1 人のみである．ここでは，歴代で最も体重の重い力士（質量 $m = 280$ kg とする）でも渡ることができることを条件にする．さらに，歩いて板を踏み込むことも考慮して 1g の重力加速度を加算すると，荷重 $(P) = m(g+g) = 2mg$ となる．これを計算し，$P = 5.5$ kN $(= 2 \times 0.28 \times 9.8$ kN$)$ を設計用荷重とする．なお，計算を簡単にするため，板の自重は考慮しない．

4) 板の断面の計算（強度条件に基づく計算）

図 12・3 に示すように，今回の設計条件では板に 5500 kNmm の最大曲げモーメント $(M_{\max})$ が作用する．

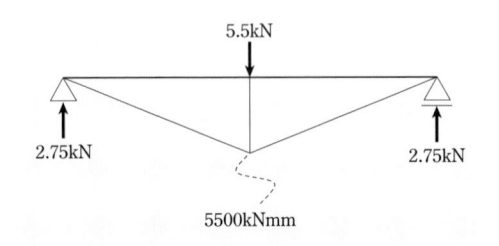

図 12・3　板に生じる曲げモーメント

まず，式（12.1）に示す関係式から，板に必要な断面係数 Z を計算する．ここで，曲げモーメント（M）の値は 5500kNmm（$= M_{\max}$）である．また，曲げ応力度（σ_b）には，板の曲げ強度（$F_b = 34.8\text{N/mm}^2$）を代入する．すなわち，$\sigma_b = F_b$ のときを想定し，「板に $M_{\max}$ が作用する時にちょうど板が曲げ強度に達する」という強度条件に基づいて計算を行うことにする．

$$\sigma_b = \frac{M}{Z} \quad (Z：板の断面係数) \tag{12.1}$$

$Z = Z_u$, $\sigma_b = F_b$ とすれば，

$$Z_u = \frac{M_{\max}}{F_b} = \frac{5500 \times 10^3}{34.8} = 158046\text{mm}^3$$

計算の結果，求められた断面係数は $Z_u = 158046\text{mm}^3$ であった．設計においては，この値より大きな断面係数を有する板の断面を採用する必要がある．

次に，求められた板の断面係数 Z_u の値から，板の断面寸法を算定する．Z は式（12.2）より求められるため，これより板の幅（b）および板厚（h）を決定する．ここで，板の上を人が歩くための幅を確保しなければならないため，板の幅を $b = 600\text{mm}$ とすると，計算の結果，$h = 40\text{mm}$ となった．

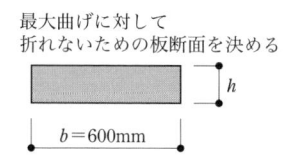

$$Z = \frac{bh^2}{6} \tag{12.2}$$

$Z = Z_u$ とすれば，

$$158046 = \frac{600 \cdot h^2}{6}$$

$h = 39.8\text{mm} \rightarrow 40\text{mm}$

5）設計した板の断面の検証（変形条件の確認）

設計の条件として，荷重が板の中央部に作用した時に，変形した板が水に触れないことを変形条件として考えたい．板と水面間の距離は 100mm であるので，板に許容できる変形も 100mm ということになる．ここで，先ほど強度条件に基づく計算により求めた板の断面寸法が，ここで定めた変形条件を満足するか確認する．

単純ばり形式にモデル化した板の中央部の変形は式（12.3）から求めることができる．なお，P：荷重（N），l：スパン（mm），E：ヤング係数（N/mm^2），I：断面二次モーメント（mm^4）である．式（12.3）に $P = 5.5\text{kN}$, $l = 4000\text{mm}$, $E = 10\text{kN/mm}^2$ を代入し，さらに式（12.4）から I を求めて代入した結果，板の中央部の変形は 229mm であった．すなわち，強度条件に基づいて算出した板の断面寸法では，「板の変形が許容変形 100mm 以下」という変形条件を満たさなかった．これにより，板の断面の再計算が必要となる．

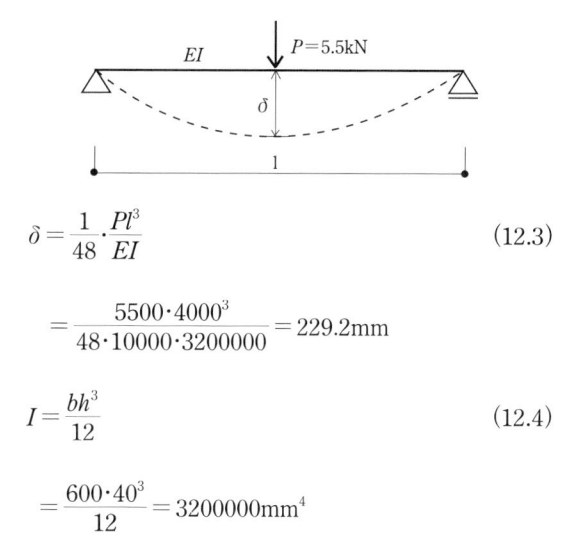

$$\delta = \frac{1}{48} \cdot \frac{Pl^3}{EI} \tag{12.3}$$

$$= \frac{5500 \cdot 4000^3}{48 \cdot 10000 \cdot 3200000} = 229.2\text{mm}$$

$$I = \frac{bh^3}{12} \tag{12.4}$$

$$= \frac{600 \cdot 40^3}{12} = 3200000\text{mm}^4$$

6）板の断面の再計算（変形条件に基づく計算）

「板の変形が許容変形 100mm 以下」という変形条件を満足させるために，板の断面寸法を再計算する．変形条件に関する関係式（12.5）を作成し，これに $P = 5.5\text{kN}$, $l = 4000\text{mm}$, $E = 10\text{kN/mm}^2$ を代入した結果，以下の解を得た．

$$\delta = \frac{1}{48} \cdot \frac{Pl^3}{EI} \leq 100 \tag{12.5}$$

$$I \geq \frac{5500 \cdot 4000^3}{48 \cdot 10000 \cdot 100} = 7333333\text{mm}^4$$

式（12.5）を利用して求めた断面二次モーメント（I）を用いて式（12.6）から新たに板厚（h）を計算

すると次のようになる．

$$I = \frac{600h^3}{12} = 7333333 \tag{12.6}$$

$$h^3 = \frac{7333333 \cdot 12}{600}$$

$$h = 52.7\text{mm} \to 53\text{mm}$$

板の幅 $b = 600$mm として，$h = 52.7$mm となった．以降，$h = 53$mm として設計を進める．なお，この断面の場合，板の中央部の変形 δ は，式 (12.3) から，約 99mm（<100mm）となる．

7）せん断に対する検討

最後に，板が荷重によってせん断破壊する可能性を検討する．板の断面に生じる最大せん断応力度（τ_{max}）は次式（第 7 章を参照）によって計算できる．

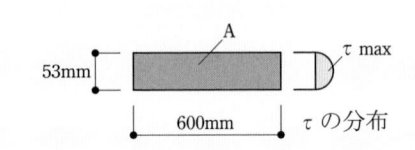

$$\tau_{max} = 1.5\frac{Q}{A} \tag{12.7}$$

ここで，Q：板に生じるせん断力（N），A：板の断面積（mm²）である．式 (12.7) に $Q = 2.75$kN，$A = 600 \times 53 = 31800$mm² を代入した結果，$\tau_{max} = 0.13$N/mm² となった．$\tau_{max}$ 値を表 12・1 中のせん断強度 F_s と比較しても十分に小さい値であり，せん断破壊の可能性は少ないと考えられる．

以上の計算から，板の断面の幅 $b = 600$mm，厚さ $h = 53$mm とし，水路に渡す板の設計を終了する．

12・2　許容応力度の考え方

前節において水路に渡す板の設計を行ったが，実は大きな問題点がある．それは，「板に M_{max} が作用する時にちょうど板が曲げ強度に達する」という強度条件である．前節の設計では，最終的に変形条件によって板の断面を決定したが，仮にこの強度条件によって板の断面が決定した場合，いくつかの問題点が生じることが容易に想像できる．例えば，スーパーで買い物をして両手に荷物を持っていた場合，また，板を所定の断面寸法に加工する際に，若干薄く削られてしまった場合，力士が板を渡って中央部に足を乗せた瞬間，板には曲げ強度を超える曲げ応力が生じることになり，板は無残にも折れてしまうだろう．その他，いろいろな不測の事態が考えられるが，今回の強度条件の最大の問題点は，安全に対する余裕度（安全率）が全く考慮されていないことである．

建築構造物の設計においては，構造物の安全性を確保するために，使用する材料が弾性範囲内で健全に作用すると考えられる**許容応力度**が建築基準法によって定められている．一般に，許容応力度は材料の強度を安全率で除すことによって求めることができる．この許容応力度は，構造物の設計において許容される応力度の上限値を意味しており，構造材料や荷重が作用する時間，応力の種類等によって細かく決められている．そして，想定した設計荷重により生じる各部材の断面力（曲げモーメント，せん断力，軸力）を算定し，これによって部材断面に発生する応力度が，使用材料の許容応力度以下になるように設計する方法が**許容応力度設計法**である（図 12・4）．

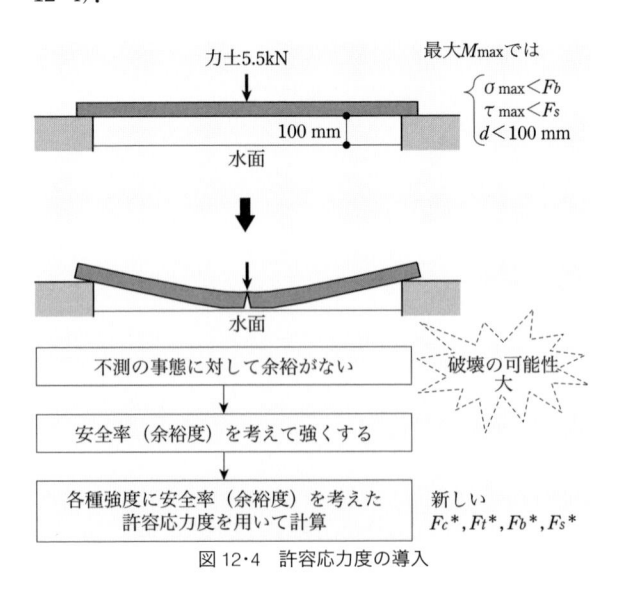

図 12・4　許容応力度の導入

ここで，前節の板の設計を許容応力度設計法の考え方に基づいて再検討してみたいと思う．使用材料の檜葉材（甲種構造材・1 級）の許容応力度は，表

12·2のとおりである．なお，この許容応力度の算出法は次節において紹介する．また，この許容応力度の値に基づいて，前節の板の断面の設計を再検討すると以下のようになる．

①板の断面の再計算（強度条件に基づく計算）

$$Z = \frac{M_{max}}{\frac{1.1F_b}{3}} = \frac{5500 \times 10^3}{12.7} = 43307 \text{mm}^3 \tag{12.8}$$

$$h^2 = \frac{\sigma Z}{b} = \frac{6 \cdot 433071}{600} = 4331 \tag{12.9}$$

$h = 65.8 \text{mm} \rightarrow 66 \text{mm}$

②板の変形量の再確認（変形条件に基づく計算）

$$I = \frac{600 \cdot 66^3}{12} = 14374800 \text{mm}^4$$

$$\frac{1}{48} \cdot \frac{Pl^3}{EI} = \frac{1}{48} \cdot \frac{5500 \cdot 4000^3}{10000 \cdot 14374800} \tag{12.10}$$

$= 51 \text{mm} \leq 100 \text{mm}$

③せん断に対する再検討

$$\tau_{max} = 1.5 \frac{Q}{A} = 1.5 \frac{2750}{39600} \tag{12.11}$$

$= 0.10 \text{N/mm}^2 \leq 0.70 \text{N/mm}^2$

許容応力度に基づいた強度条件を設けて板の断面計算を行ったところ，板の厚さは $h = 66\text{mm}$ となった．続いて，強度条件により算定された板の断面について変形条件の確認を行い，さらにせん断に対する検討を許容応力度に基づいて行ったところ，いずれも条件を満足する結果となった．以上により，板の断面は幅 $b = 600\text{mm}$，厚さ $h = 66\text{mm}$ となり，許容応力度設計法に基づく板の断面設計が終了となる．このように，強度基準を材料強度ぎりぎりの値から許容応力度に変更することにより，板の厚さは1.5倍以上となった．この板厚の増加が板の破壊に対する余裕度の担保となり，これによって板の安全性を十分に確保することができるのである．

12·3 各種材料の許容応力度

前節で述べた許容応力度についてより詳細に確認するために，建築構造物に使用される主な材料（木材，鋼材，鉄筋およびコンクリート）の許容応力度を表12·3から表12·6に示す．これらは，建築基準法施行令に示されたものを抜粋・整理したものである．

表12·2 使用材料（木材）の許容応力度

強度（N/mm²）			
圧縮 F_c*	引張 F_t*	曲げ F_b*	せん断 F_s*
10.3	7.7	12.7	0.7

※後掲の表12·3に基づいて計算

表12·3 木材の許容応力度（N/mm²）

	圧縮	引張	曲げ	せん断
長期	$1.1F_c/3$	$1.1F_t/3$	$1.1F_b/3$	$1.1F_s/3$
短期	$2F_c/3$	$2F_t/3$	$2F_b/3$	$2F_s/3$

※ F_c, F_t, F_b, F_s は，それぞれ木材の種類・品質に応じて大臣が定める圧縮，引張，曲げおよびせん断に対する基準強度．

表12·4 鋼材の許容応力度（N/mm²）

長期（短期は長期の1.5倍）				
種類	圧縮	引張	曲げ	せん断
炭素鋼				
構造用鋼材	$F/1.5$	$F/1.5$	$F/1.5$	$F/1.5\sqrt{3}$
ボルト・黒皮	—	$F/1.5$	—	—
ボルト・仕上げ	—	$F/1.5$	—	$F/2$
構造用ケーブル	—	$F/1.5$	—	—
リベット鋼	—	$F/1.5$	—	$F/2$
鋳鋼	$F/1.5$	$F/1.5$	$F/1.5$	$F/1.5\sqrt{3}$
ステンレス鋼				
構造用鋼材	$F/1.5$	$F/1.5$	$F/1.5$	$F/1.5\sqrt{3}$
ボルト	—	$F/1.5$	—	$F/2$
構造用ケーブル	—	$F/1.5$	—	—
鋳鋼	$F/1.5$	$F/1.5$	$F/1.5$	$F/1.5\sqrt{3}$
鋳鉄	$F/1.5$	—	—	—

※ F は鋼材の基準強度．

表12·5 鉄筋の許容応力度（N/mm²）

	長期			長期		
	圧縮	引張		圧縮	引張	
		せん断補強以外	せん断補強		せん断補強以外	せん断補強
丸鋼		$F/1.5$			F	
異形鉄筋		$F/1.5$			F	
溶接金網	—	$F/1.5$		—	F	

※ F は鋼材の基準強度．

表12·6 コンクリートの許容応力度（N/mm²）

	圧縮	引張	せん断	付着
長期	$F/3$		$F/30$	0.7（軽量骨材を使用するものにあっては0.6）
短期	長期の2倍			

※ F はコンクリートの設計基準強度．

各材料の許容応力度の表から確認できるように，木材およびコンクリートは概ね長期で1/3，短期で2/3，鋼材は長期で1/1.5，短期で1の安全率を見込んでいる．鋼材に比べて木材とコンクリートに大きな安全率を見込んでいる理由は，材料の品質が鋼材に比べて安定していないからである．木材は自然素材であるため工業製品に比べて品質にバラツキがあり，コンクリートも材料の不均質さなどの種々の要因によって強度にバラツキが生じてしまう．また，後述するが，鋼材が他に比べて大きな靱性能（ねばり）を有していることも理由として挙げられるだろう．

　さて，ここで表中の「長期（に生ずる力に対する許容応力度）」および「短期（に生ずる力に対する許容応力度）」の意味に触れておく．建築構造物に対して長期に生ずる力とは，構造物各部の重量（**固定荷重**）や構造物の屋上や床の部分に載る物品や人間などの重量（**積載荷重**）である．すなわち，構造物に長期的に作用し続ける荷重のことであり，それらを総称して「**長期荷重**」と呼ぶ．一方，短期に生ずる力とは，積雪荷重（多雪地域では長期荷重とする場合もある），風荷重および地震荷重であり，このように限られた短い時間に構造物に作用する荷重を総称して「**短期荷重**」と呼ぶ．設計では，長期荷重のみが作用する場合（長期）および長期荷重と短期荷重が同時に作用する場合（短期）に対してそれぞれ検討を行うため，許容応力度も長期と短期について定められている．長期は日常的に作用する荷重を対象とするので，許容応力度は材料に損傷が生じないように設定される．一方，短期では，地震等の短期間に強烈に作用する荷重を対象にするため，若干の損傷は許容するものの，材料が弾性範囲を越えないように許容応力度を設定する．

　許容応力度について具体的なイメージを把握するために，コンクリートと鉄筋を例にして，応力－ひずみ関係と許容応力度の関係を確認しておこうと思う．最初に，コンクリートの応力－ひずみ関係を示す（図12・5）．なお，コンクリートは圧縮強度に比べて引張強度が約1/10と低いため，設計上は引張強度に期待しないのが通例である．そのため，圧縮に関する応力－ひずみ関係のみを図示する．図中には，許容応力度も示しているが，材料の破壊点に対して十分な余裕が確保されていることが確認できる．また，コンクリートは圧縮強度に達した後すぐに破壊する脆性的な性質を有しているため，設計上の基準強度である圧縮強度に対しても十分に余裕を確保するように許容応力度が設定されている．

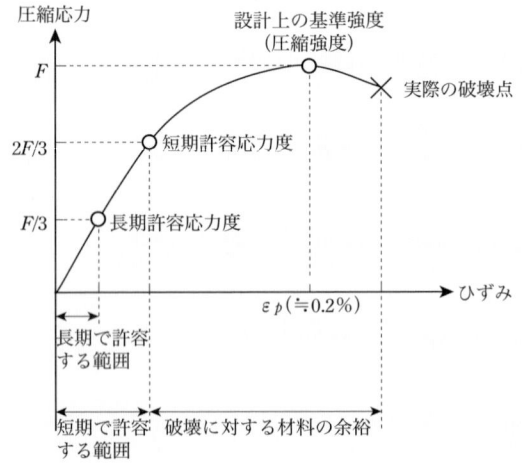

図12・5　コンクリートの応力－ひずみ関係

　次に，鉄筋の応力－ひずみ関係を示す（図12・6）．鉄筋は圧縮，引張ともに同じ挙動を示すが，鉄筋は主に引張に対して抵抗するように用いられる材料であるため，ここでは引張に関する応力－ひずみ関係のみを図示する．鉄筋もコンクリートと同様に材料の破壊点（破断）に対して十分な余裕が確保されている．また，鉄筋はコンクリートと異なり，設計上の基準強度となる降伏点に達した後もすぐに壊れることなく，破壊点に至るまで十分に余裕がある延性

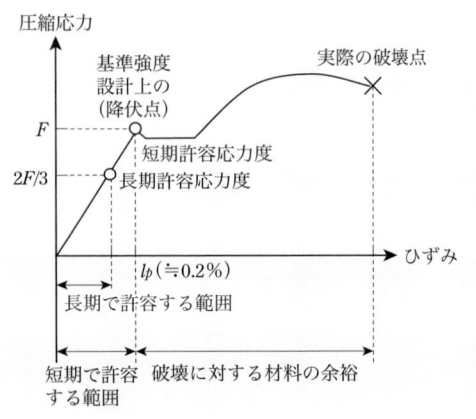

図12・6　鉄筋の応力－ひずみ関係

的な性質（靭性能）を有している．そのため，短期許容応力度は降伏点と一致しており，短期においては鉄筋の降伏を許容している．

設計において，材料に対して設定される許容応力度の意味を正しく理解することが重要である．そのためにも，材料の応力－ひずみ関係と対応付けて許容応力度を理解していただきたい．本節では，コンクリートと鉄筋を例に挙げて応力－ひずみ関係と許容応力度を対応付けたが，非常に材料に余力を残していることが確認できるだろう．このように，短期においても材料を弾性範囲に収めて，構造物の安全性を確保する設計法が許容応力度設計法である．

12・4　許容応力度設計法の概略

これまで学習してきた許容応力度に基づいた設計法である「許容応力度設計法」について，概略を紹介する．はじめに，現行の構造計算の流れの中で許容応力度設計法がどの位置にあるのかを確認しておきたい．図12・7に現行の構造計算の流れを示す．構造計算は，建築構造物の構造や規模，高さに応じて計算ルートが定められており，時刻歴解析や限界耐力計算を行う方法から許容応力度計算を行う方法まで定められている．許容応力度設計法は許容応力度計算に該当しており，中規模建築物に用いられる．また，大規模建築においても，保有水平耐力（次章で述べる）を計算する前の1次設計として位置づけられている．なお，この1次設計では，中程度の地震に対して構造物に損傷が生じないことを目標としており，二次設計（保有水平耐力計算）では大地震時に構造物が崩壊しないことを目標としている．

次に，許容応力度設計法の手順を確認する．図12・8に許容応力度設計法の手順を示す．許容応力度設計法では，想定した荷重下で仮定した断面に作用する断面力を算定し，そこから断面の応力度を算定する．一方，使用する材料の強度と材料安全率に基づいて許容応力度を算定する．そして，断面に生じる応力度と材料の許容応力度を比較し，すべて応力度が許容応力度以下であることが確認できれば，設計が終了となる．この条件を満たすことができな

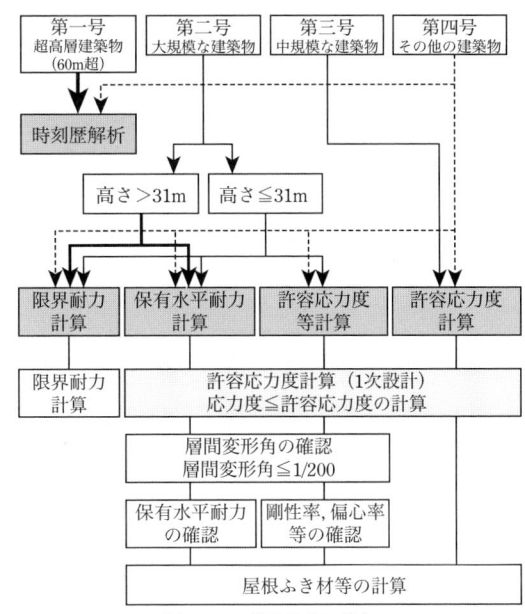

図12・7　構造計算の流れ
※2007年版建築物の構造関係技術規準解説書に基づき作図

い場合には，仮定した断面を再検討し，新たな断面を仮定して再計算を行わなければならない．

なお，この設計の流れは，先に示した板の設計と基本的には同じである点にお気づきであろうか．本章は，設計入門ということで，各種構造の構造設計法について詳細に触れるのではなく，単純な板の設計を通じて構造設計法の基本的な考え方を紹介したが，単純な板の設計も建築構造物の設計も基本的な考え方は同じなのである．

許容応力度設計法は，材料が弾性範囲を超えない

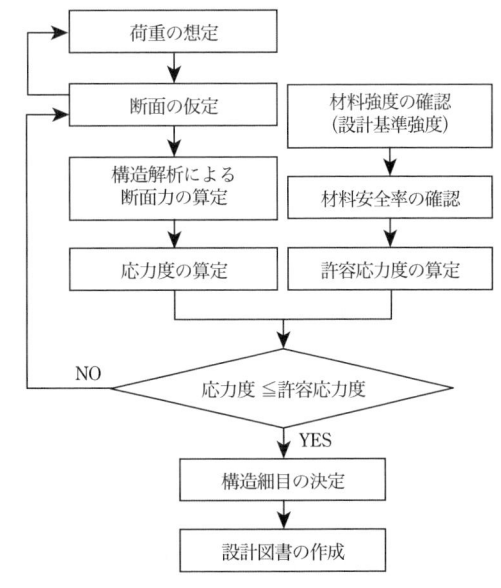

図12・8　許容応力度設計法の手順

ため，比較的単純な構造力学を学習することによって，その理論を理解することが可能である．本章を通じて，「構造物の安全性の確保」という目標を達成するための構造設計の基本的な考え方を学習していただきたい．

例題 コンクリートの許容応力度に関する次の記述のうち，建築基準法上，誤っているものはどれか．

1. 設計基準強度が $21N/mm^2$ 以下のコンクリートの場合，短期に生ずる力に対する圧縮の許容応力度は，長期に生ずる力に対する引張りの許容応力度の 20 倍に相当する．

→設計基準強度を F とした場合，短期許容圧縮応力度は $2F/3$，長期許容引張応力度は $F/30$ となるため，短期許容圧縮応力度は長期許容引張応力度の 20 倍に相当する．よって，正しい．

2. 設計基準強度が $21N/mm^2$ のコンクリートの場合，短期に生ずる力に対するせん断の許容応力度は，長期に生ずる力に対する圧縮の許容応力度の 1/15 に相当する．

→設計基準強度を F とした場合，短期許容せん断応力度は $2F/30$，長期許容圧縮応力度は $F/3$ となるため，短期許容せん断応力度は長期許容圧縮応力度の 1/5 に相当する．よって，誤り．

3. 設計基準強度が $24N/mm^2$ のコンクリートの短期応力に対する圧縮の許容応力度は，$16N/mm^2$ としなければならない．

→設計基準強度を F とした場合，短期許容圧縮応力度は $2F/3$ であるので，$16N/mm^2$ が計算される．よって，正しい．

4. コンクリートの長期応力に対する付着の許容応力度は，軽量骨材を使用する場合，原則として $0.6N/mm^2$ としなければならない．

→原則として，軽量骨材を使用した場合の長期許容付着応力度は $0.6N/mm^2$ とすることが定められている．よって，正解．ただし，異形鉄筋を用いた付着について，国土交通大臣が異形鉄筋の種類及び品質に応じて別に数値を定めた場合は，当該数値によることができる．

練習問題 12.1 コンクリートの許容応力度に関する次の記述のうち，建築基準法上，誤っているものはどれか．

1. コンクリートの短期に生ずる力に対する圧縮の許容応力度は，設計基準強度の 2/3 である．
2. コンクリートの引張の許容応力度は，原則としてせん断の許容応力度に等しい．
3. 軽量骨材を使用しないコンクリートの長期に生ずる力に対する付着の許容応力度は，異形鉄筋を用いた場合を除き，設計基準強度の 0.7 倍である．
4. 設計基準強度が 18N/mm^2 のコンクリートの短期に生ずる力に対するせん断の許容応力度は，1.2N/mm^2 としなければならない．

練習問題 12.2 下図に示すように，単純梁形式に支持したコンクリート製の梁に，少しずつ静かに荷重 P を加えていく．このとき，以下の問いに答えよ．

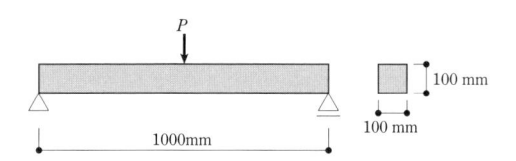

1. $P = 2\text{ kN}$ の時，梁中央下部にひび割れが発生し，梁が壊れた．このとき，コンクリートの引張強度を求めよ．
2. このコンクリートに関して，長期許容引張応力度を求めよ．なお，圧縮強度は引張強度の 10 倍であるとする．
3. 体重 80kg の人がこの梁の中央に静かに載った時，梁中央下部に生じる引張応力を求めよ．なお，重力加速度は 9.8m/s^2 とする．
4. 梁中央下部に生じる引張応力が長期許容引張応力度以内になるように，コンクリート強度を変更して設計をしたい．このときの，コンクリートの設計基準強度を求めよ．ただし，小数点以下は切り上げること．なお，圧縮強度は引張強度の 10 倍であるとする．

第 13 章

構造物の保有耐力

前章では，設計の入門編として，許容応力度設計法の基本的な考え方を学んだ．しかし，部材の断面に作用する応力度が許容応力度に達すると，直ちに部材が壊れてしまうわけではなく，壊れるまでにはまだ余裕が残っているのが一般的である．建築物の設計に際して，部材が壊れる強度（終局強度）や，骨組が崩壊に至る荷重（崩壊荷重または保有耐力）を算定しておくことも重要である．

本章では，建築物の保有耐力を算定する上で必要な基礎知識について説明する．

13・1 弾塑性体の性質

鋼材のように十分に靭性のある材料（棒）を引っ張ると，図13・1のような，**応力度―ひずみ曲線**を描く．OA間はほぼ直線に近く，A点に達すると急にB点まで荷重が減少し，その後は一定の応力度を保ちながらC点まで伸びる．C点まで伸びると，再び応力度が増加し，極限応力とか，単に強度とか言われている最大応力度（D点）に達しその荷重が減少しながら棒の一部にくびれを生じて破断する．一定の応力度の下で伸びることを降伏と名付けると，B点での応力度が**降伏応力度**（σ_y）ということになる．このような現象は，座屈しないようにして試験すれば，圧縮の場合も同様な経過をたどる．

以上のように靭性の十分にある材料の応力度（σ）とひずみ度（ε）の関係を理想化して描くと，図13・2のようになる．すなわち一定の応力度になると完全に降伏し，以後はいくら伸びてもひずみ硬化の現象も示さずに，ひずみのみが進行する傾向を示すようになると仮定する．このような性質を持つ材料を**完全弾塑性体**という．

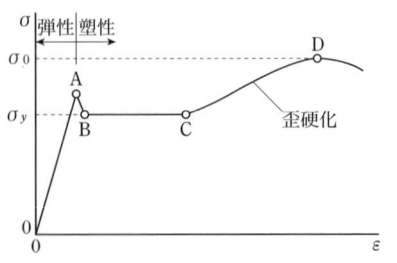

図 13・1 鋼材の応力度―ひずみ度関係

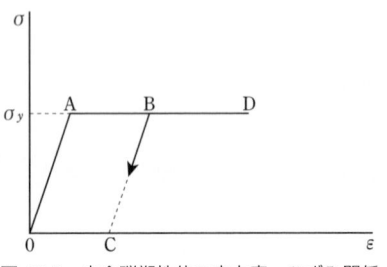

図 13・2 完全弾塑性体の応力度―ひずみ関係

13・2 部材断面の性質

1）降伏軸方向力

降伏応力度 σ_y に部材の断面積 A を乗じた値を降伏軸力，あるいは全塑性軸力という．

$$N_0 = \sigma_y \cdot A \tag{13.1}$$

2）降伏モーメントおよび全塑性モーメント

このような完全弾塑性体で出来た断面に曲げモーメント M が作用している場合を考えてみる．その曲げモーメント M が次第に大きくなると，それに伴って断面内に生ずる曲げ応力度 σ の分布は，図13・3の(a)，(b)，(c)，(d)のように推移する．縁応力が降伏応力度 σ_y に達するまでは曲げモーメント M と曲率 ϕ の関係（7・3を参照）は直線的に進み，縁応力が σ_y に達したとき（図13・3(b)）の曲げモーメントの大きさを M_y で表して，**弾性限モーメント**あるいは**降伏モーメント**と呼ぶことにする．M_y を超えると縁の方から中立軸に向かって塑性域が広がってゆき，

曲げ応力度分布は図13・3(c)のように台形分布を経て，図13・3(d)の長方形分布に至る．曲げ応力度の分布がこのようになったときの曲げモーメントを全塑性モーメントと呼び，M_pで表す．

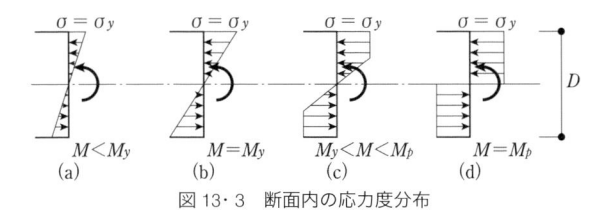

図13・3 断面内の応力度分布

この曲げモーメントMと曲率ϕの関係を図で表すと，図13・4のようになる．M_pになるとその断面はM_pを保ったまま，曲率がどんどん増加してゆく傾向を示すようになる．もちろんこれはM_pと同方向の回転に対してであって，曲げモーメントが減少すれば弾性的な状態に戻る（直線F→G）が，M_pと同方向の回転に対しては，いわゆるヒンジ（関節）のように回転が自由になる．これを塑性ヒンジと呼んでいる（降伏ヒンジと呼ぶこともある）．B点が弾性限モーメントM_yで，曲線B→C→Dが図13・3の(b)→(c)→(d)に対応する曲げモーメントで，一定の値，全塑性モーメントM_pに漸近する．

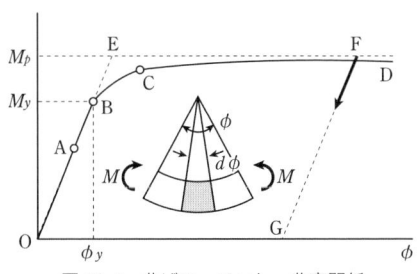

図13・4 曲げモーメント—曲率関係

実際の構造物では，この曲率ϕの限界が問題なのであって，一定のM_pを保ちながら曲率ϕがどこまで追随しうるかによって建物の粘り，すなわち靱性を判定しうるのである．

限界の曲率ϕと，弾性限の曲率ϕ_y（弾性限モーメントM_yになったときの曲率）との比は**塑性率**といい，μで表す．

$$\mu = \frac{\phi}{\phi_y} \tag{13.2}$$

すなわち，μが大きいほど粘りがあるということが出来る．

M_pとM_yの比を形状係数といい，H形断面で1.1〜1.2程度，長方形断面で1.5，円形断面で1.7である．また，Mとϕの関係をOABEDのように表すこともある．なお，長方形断面の**全塑性モーメント** M_pは幅をB，成をDとすると，図13・3(d)より，

$$M_p = \frac{1}{4} \cdot BD^2 \cdot \sigma_y = Z_p \cdot \sigma_y \tag{13.3}$$

である．ここで，Z_pを塑性断面係数と呼ぶ．

3) 全塑性モーメントと軸力の相関関係

曲げモーメントと同時に軸方向力が作用するときは，その大きさによって全塑性モーメントの値も変化し，中立軸の位置も移動する．その関係を長方形断面を例にとって説明する．

図13・5は一定軸力下で曲げモーメントが作用している時の断面の応力度分布を表しており，図13・6はその時の終局応力度分布を示している．図13・6(a)に示す長方形断面で，中立軸が図心からy_0のところにあって全断面が降伏しているとすると，応力度分布は(b)図のようになる．その応力度分布(b)を曲げモーメントに抵抗する部分(c)と軸力に抵抗する部分(d)に分けて考えると式(13.4)が得られる．

$$\left.\begin{aligned} M &= B\left(\frac{D}{2} - y_0\right)\left(\frac{D}{2} + y_0\right) \cdot \sigma_y \\ N &= 2B \cdot y_0 \cdot \sigma_y \\ T &= C = \left(\frac{D}{2} - y_0\right) \cdot B \cdot \sigma_y \\ j &= \frac{D}{2} + y_0 \end{aligned}\right\} \tag{13.4}$$

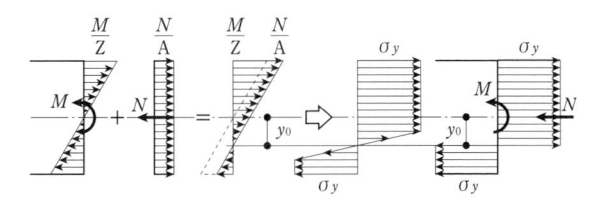

図13・5 曲げモーメントと軸力作用時の断面内の応力度分布

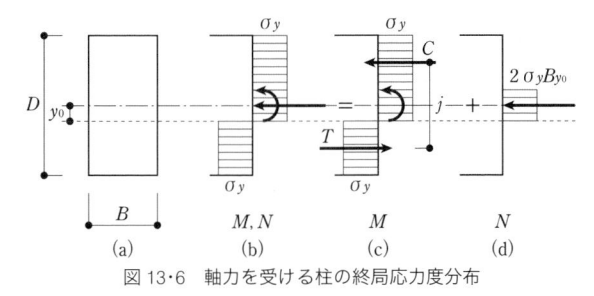

図13・6 軸力を受ける柱の終局応力度分布

式(13.4)の最初の式で表される曲げモーメント M の値は，軸力 N の影響で変化する全塑性モーメントである．ところで降伏軸力 N_0 と，軸力が0のときの全塑性モーメント M_p はそれぞれ式(13.1)と式(13.3)で表せるから，式(13.1)，(13.3)，(13.4)から B，D，y_0，σ_y を消去すると式(13.5)が得られる．

まず，式(13.4)から

$$M = B \cdot \sigma_y \left(\frac{D^2}{4} - y_0^2 \right) = \frac{1}{4} B \cdot D^2 \cdot \sigma_y \left\{ 1 - 4 \left(\frac{y_0}{D} \right)^2 \right\}$$

$$= M_P \left\{ 1 - \left(\frac{N}{N_0} \right)^2 \right\}$$

ここで，

$$\left. \begin{array}{l} N = 2B \cdot y_0 \cdot \sigma_y \\ N_0 = \sigma_y \cdot B \cdot D \end{array} \right\} \rightarrow \frac{N}{N_0} = 2 \frac{y_0}{D}$$

$$\therefore \left(\frac{N}{N_0} \right)^2 = 4 \left(\frac{y_0}{D} \right)^2$$

ゆえに，

$$\frac{M}{M_P} + \left(\frac{N}{N_0} \right)^2 = 1 \tag{13.5}$$

これを図示すると図13・7となる．

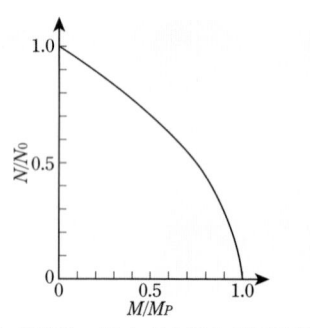

図13・7 曲げモーメント M と軸力 N の相関曲線

例題 13.1 図13・8(a)の長方形断面の応力度分布が，(b)図のように全塑性状態のとき，断面の図心に働く軸力 N と曲げモーメント M を求めよ．

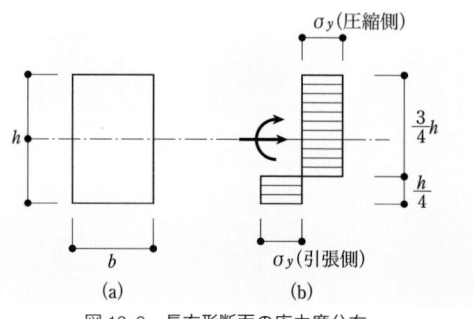

図13・8 長方形断面の応力度分布

[解答例]

(b)図より，$y_0 = \dfrac{h}{4}$

したがって，式(13.4)より，断面の図心に働く軸力 N は，

$$N = 2B \cdot y_0 \cdot \sigma_y = 2b \cdot \frac{h}{4} \cdot \sigma_y = \frac{bh}{2} \cdot \sigma_y$$

となり，曲げモーメント M は，

$$M = B \left(\frac{D}{2} - y_0 \right) \left(\frac{D}{2} + y_0 \right) \cdot \sigma_y$$

$$= b \left(\frac{h}{2} - \frac{h}{4} \right) \left(\frac{h}{2} + \frac{h}{4} \right) \cdot \sigma_y = \frac{3}{16} bh^2 \cdot \sigma_y$$

となる．

13・3 崩壊機構と崩壊荷重

1) 静定梁の崩壊荷重

まず，図13・9のような単純支持の静定梁について考えてみる．荷重 P は漸増荷重，梁の全塑性モーメントは全長にわたって一定で M_p とする．曲げモーメントは梁中央位置で最大であり，$M = Pl/4$ である．$M < M_y$ では梁は弾性変形をし，$M = M_y$ で梁断面の縁応力度が降伏応力度に達し塑性化しはじめ，$M = M_p$ で塑性ヒンジが形成される．その後は荷重 P の増加を伴わずに，塑性ヒンジ部分のみで変形が増大する．このような状態を**崩壊機構**と呼び，その時の荷重がこの梁の**崩壊荷重** P_C である．崩壊荷重 P_C は $M = M_p = 1/4 \cdot P_C l$ より，

$$P_C = \frac{4M_p}{l} \tag{13.6}$$

となる．

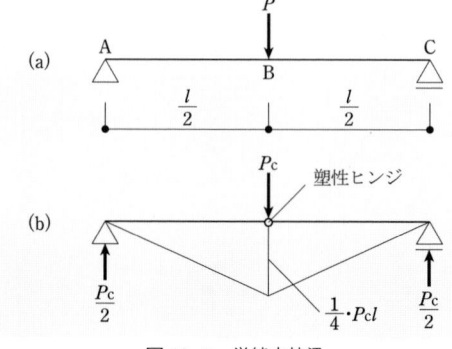

図13・9 単純支持梁

また，この梁の断面形状が長方形としたときの梁の荷重Pと荷重の作用点Bの垂直変位δの関係を図で表すと，図13・10のようになる．梁の$M-\phi$関係を図13・4のOAEDと仮定すると，$P-\delta$関係も図中の点線のような**完全弾塑性梁**の挙動となる．

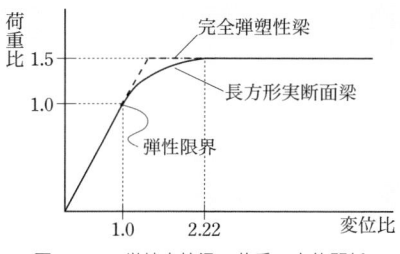

図13・10 単純支持梁の荷重—変位関係

2) 不静定梁の崩壊荷重

次に，図13・11のような一端固定，多端ローラーの不静定梁について考えてみる．荷重Pは漸増荷重，梁の全塑性モーメントは全長にわたって一定でM_pの完全弾塑性梁と仮定する．Pが次第に大きくなり，Pが$P_1 \to P_2$と進むと，梁の曲げモーメント分布も図13・11の(b)→(c)のように変わり，A点，B点の順に全塑性モーメントM_pになる．また，各点は全塑性モーメントになると同時に**塑性ヒンジ**となるから，(c)図の時点で梁は不安定状態になる．すなわちPがP_2の大きさになるとPはそれ以上増えず，変形が急激に増大する．このように，塑性ヒンジの発生箇所がこれ以上生じなくなった時の不安定な状態が崩壊機構である．この梁の崩壊荷重P_CはP_2の時の値であり，(c)図の曲げモーメント図から，

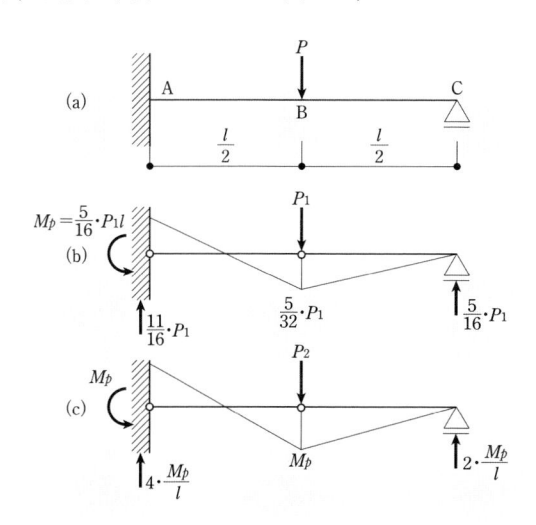

図13・11 1次不静定の完全弾塑性梁

$$P_C = P_2 = \frac{2M_p}{\frac{l}{2}} + \frac{M_p}{\frac{l}{2}} = \frac{6M_p}{l} \tag{13.7}$$

であることがわかる．

また，この梁の荷重Pと荷重の作用点Bの垂直変位δ_Bの関係は，図13・12のようになる．

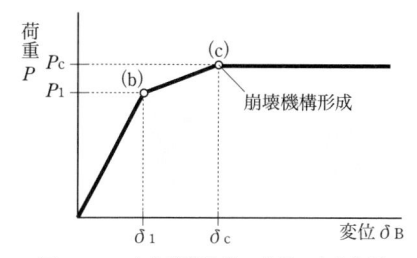

図13・12 完全弾塑性梁の荷重—変位関係

3) 仮想仕事式を用いた崩壊荷重の算定

以上の例題によって，崩壊荷重あるいは崩壊機構とはどういう状態であるか，ある程度理解されたと思う．しかしもう少し複雑な構造になると，このような直接計算すなわち弾性状態から荷重が増加するにつれて，あちこちに塑性ヒンジが生じ，ついには骨組の全体，あるいはその一部が不安定状態になって崩壊するといった，いわゆる追跡法によって崩壊荷重を求めるのは，実際問題として大変困難である．塑性ヒンジの発生順序など崩壊に至る途中の段階での状態を知る必要がなく，崩壊荷重を求めることだけが目的ならば，崩壊荷重は仮想仕事式（8・1-3）を参照）を用いて算定することができる．仮想仕事法は，外力がなした仕事（外部仕事）と内力がなした仕事（内部仕事）が等しいという考え方に基づくものである．

まず，図13・9の単純支持梁の崩壊荷重P_cを算定してみる．図13・13より，

（外部仕事）　（内部仕事）
$$P_c \cdot \delta = M_p \cdot 2\theta \tag{13.8}$$

したがって，

$$P_c = M_P \cdot \frac{2\theta}{\delta} = 4 \cdot \frac{M_P}{l} \tag{13.9}$$

ここで，荷重作用点の変位δは，塑性ヒンジの変形のみで仕事をしていると考えているので，$\delta = \theta \cdot l/2$である．

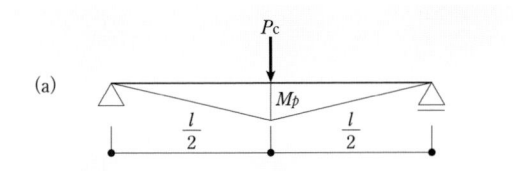

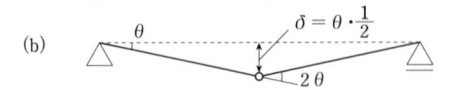

図 13·13　単純支持梁の崩壊機構

次に，図 13·11 の 1 次不静定梁の崩壊荷重 P_C を算定してみる．図 13·14 より，

(外部仕事)　(内部仕事)
$$P_C \cdot \delta = M_p \cdot \theta + M_p \cdot 2\theta \tag{13.10}$$

したがって，

$$P_C = M_p \cdot \frac{3\theta}{\delta} = 6 \cdot \frac{M_p}{l} \tag{13.11}$$

ここで，$\delta = \theta \cdot l/2$ である．

いずれの値も，式(13.6)，(13.7) の値と一致しており，仮想仕事式を用いて崩壊荷重 P_C を算定できることが確認できる．

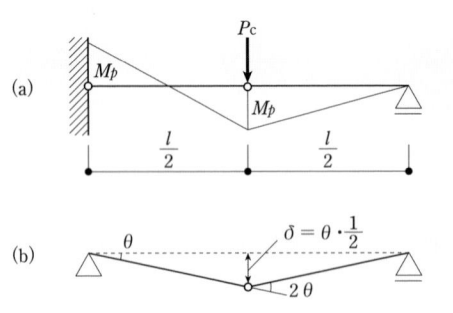

図 13·14　1 次不静定の崩壊機構

しかしこれは，仮定した崩壊機構と真の崩壊機構が一致している場合のみ，**真の崩壊荷重**が求まるものであり，仮定した崩壊機構が真の崩壊機構と一致していない場合には，真の崩壊荷重より大きな値が算定されてしまうことに注意しておく必要がある（**上界定理**）．一般の構造では，この真の崩壊機構を知るのも，また極めて困難なのである．

図 13·15 に示す両端固定梁を例にとって説明する．全塑性モーメントは梁全体を通じて M_p，荷重は P および $2P$ とする．塑性ヒンジになる箇所は，そこの断面の曲げモーメントが全塑性モーメントになっている箇所でもあるから，前述の例題（図 13·14）か

らもわかるように，固定端とか，荷重の作用点，部材と部材の節点などである．したがって，この例題（図 13·15）は A，B，C，D の 4 か所が塑性ヒンジになる可能性のある点である．そのうち(b)図のように A，B，D の 3 か所，あるいは(c)図のように A，C，D の 3 か所が塑性ヒンジになると崩壊機構が形成される．すなわち，真の崩壊機構が(b)図なのか(c)図なのかわからないわけである．この場合，各々の崩壊機構に対する崩壊荷重を求め，そのうち最も小さな値を示す崩壊機構が真の崩壊機構となり，その荷重が真の崩壊荷重となる．(b)図と(c)図の崩壊荷重を算定してみる．

(b)図の場合：

(外部仕事)　(内部仕事)
$$P_1 \cdot \delta + 2P_1 \times 0.5\delta = M_p(\theta + 1.5\theta + 0.5\theta) \tag{13.12}$$

したがって，

$$P_1 = M_p \cdot \frac{1.5\theta}{\delta} = 4.5 \cdot \frac{M_p}{l} \tag{13.13}$$

ここで，$\delta = \theta \cdot l/3$ である．

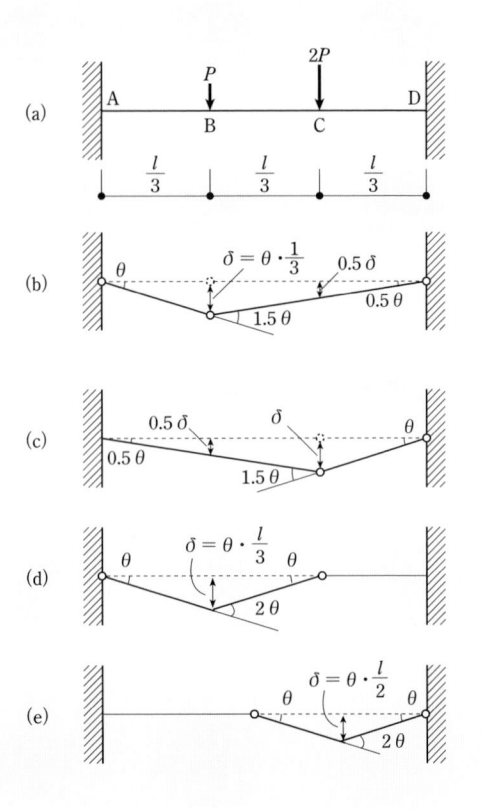

図 13·15　両端固定梁の崩壊機構

(c) 図の場合：

(外部仕事)　　　　　　(内部仕事)
$$P_2 \cdot 0.5\delta + 2P_2 \cdot \delta = M_p(0.5\theta + 1.5\theta + \theta) \quad (13.14)$$

したがって，

$$P_2 = M_p \cdot \frac{1.2\theta}{\delta} = 3.6 \cdot \frac{M_p}{l} \quad (13.15)$$

ここで，$\delta = \theta \cdot l/3$ である．

両者を比較して，$P_1 > P_2$ であるから，(c)図が真の崩壊機構であり，P_2 の値が真の崩壊荷重となる．なお，この両端固定梁は(d)，(e)図のような崩壊機構も考えられるが，これらの崩壊機構に対する崩壊荷重は，P_1，P_2 に比べ十分大きな荷重であるので，ここでは検討を省いている．

ここで，この真の崩壊機構形成時（(c)図の状態）では，図13·16に示す3つの条件が満足されている必要がある．なお，釣合条件と機構条件のみを満足している状態では，真の崩壊荷重より大きな値が得られ（**上界定理**），釣合条件と降伏条件のみを満足している状態では，真の崩壊荷重より小さな値が得られる（**下界定理**）．これらの3条件をすべて満足している状態で，はじめて真の崩壊荷重が得られる．この上下界定理が成立することは，塑性力学の理論によって厳密に証明されている．

🏆 Point
真の崩壊荷重では，釣合条件，機構条件および降伏条件の3つの条件がすべて満足されている．

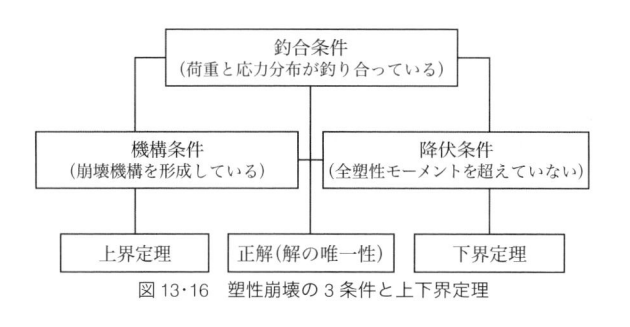

図13·16　塑性崩壊の3条件と上下界定理

例題 13.2　図13·17(a)の梁に荷重 P を増大させたとき，崩壊機構が(b)図となったときの崩壊荷重 P_C を求めよ．

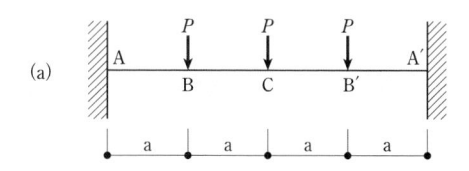

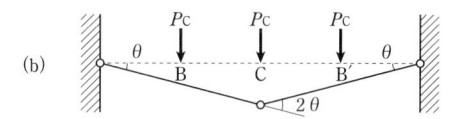

図13·17　両端固定梁の崩壊機構

[解答例]

B，B′点の鉛直変位は $a\theta$，C の鉛直変位は $2a\theta$ である．その時，A，A′点の回転角が θ とすると，C の回転角が 2θ であり，崩壊荷重 P_C は外部仕事と内部仕事の釣合式より求めることができる．

(外部仕事)　　　　　　(内部仕事)
$$P_C(\delta_B + \delta_C + \delta_{B'}) = M_p(\theta_A + \theta_C + \theta_{A'}) \text{より，}$$
$$P_C(a\theta + 2a\theta + a\theta) = M_p(\theta + 2\theta + \theta)$$
$$P_C(4a\theta) = M_p(4\theta)$$

したがって，$P_C = \dfrac{M_p}{a} \quad \dfrac{M_p}{2}$

なお，このときの梁のモーメント図は図13·18となる．B，B′点では全塑性モーメント M_p を超えておらず，降伏条件を満足していることより，この崩壊荷重が真の崩壊荷重である．他の崩壊機構を仮定して算定した崩壊荷重の方が，この崩壊荷重より大きくなることを確認されたい．

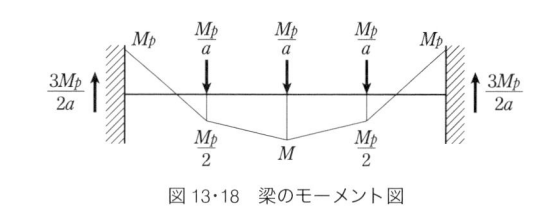

図13·18　梁のモーメント図

13·4　骨組の保有水平耐力

1）仮想仕事式を用いた保有水平耐力の算定

骨組に水平力が作用し，荷重の増加に伴って骨組の各所に降伏ヒンジが形成され，構造物全体，ある

いはその一部が不安定になったときの荷重を，骨組の崩壊荷重という．また，その時の各層の層せん断力を，各層の**保有水平耐力**という．この保有水平耐力を求めることは，耐震設計を行う上で重要な検討項目の一つといえる．比較的単純な形式の骨組や，崩壊機構が明確な骨組の保有水平耐力は，前節で学んだ仮想仕事式を用いて算定することができる．

図 13・19 のような 2 層 1 スパンの骨組の崩壊荷重と各層の保有水平耐力を求めてみる．柱および梁の全塑性モーメントは全長にわたって一定で M_p の完全弾塑性梁と仮定する．この骨組の崩壊機構としては，図 13・20 〜 13・22 のように 3 通り考えられるので，前章と同様に，各々の崩壊機構に対する崩壊荷重を求め，そのうち最も小さな値を示す崩壊荷重が，真の崩壊荷重となる．

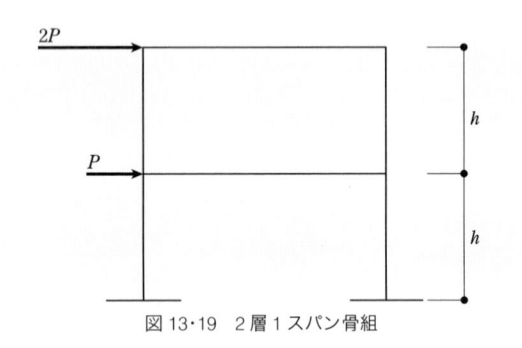

図 13・19 2層1スパン骨組

① 全体崩壊の場合（図 13・20）：

(外部仕事)　　(内部仕事)
$$P_1 \cdot \delta + 2P_1 \cdot 2\delta = M_p \cdot 6\theta \tag{13.16}$$
したがって，
$$P_1 = \frac{6}{5} \cdot M_p \cdot \frac{\theta}{\delta} = 1.2 \cdot \frac{M_p}{h} \tag{13.17}$$
ここで，$\delta = \theta \cdot h$ である．

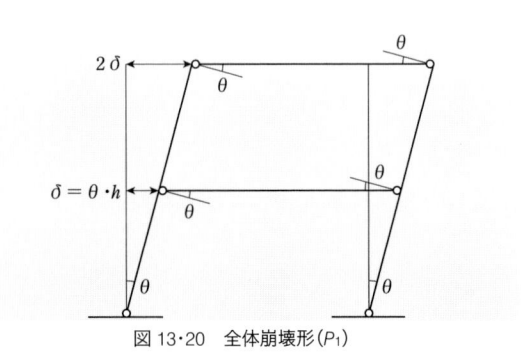

図 13・20 全体崩壊形（P_1）

② 1 層の層崩壊の場合（図 13・21）：

(外部仕事)　　(内部仕事)
$$P_2 \cdot \delta + 2P_2 \cdot \delta = M_p \cdot 4\theta \tag{13.18}$$
したがって，
$$P_2 = \frac{4}{3} \cdot M_p \cdot \frac{\theta}{\delta} = 1.3 \cdot \frac{M_p}{h} \tag{11.19}$$
ここで，$\delta = \theta \cdot h$ である．

図 13・21 1層の崩壊形（P_2）

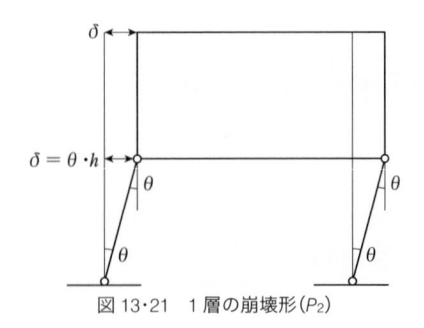

③ 2 層の層崩壊の場合（図 13・22）：

(外部仕事)　　(内部仕事)
$$2P_3 \cdot \delta = M_p \cdot 4\theta \tag{13.20}$$
したがって，
$$P_3 = \frac{4}{2} \cdot M_p \cdot \frac{\theta}{\delta} = 2.0 \cdot \frac{M_p}{h} \tag{13.21}$$
ここで，$\delta = \theta \cdot h$ である．

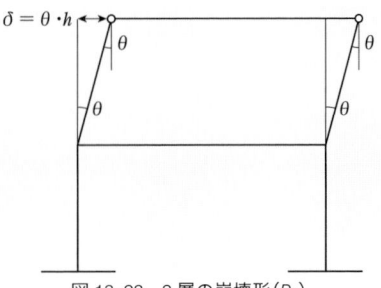

図 13・22 2層の崩壊形（P_3）

各々を比較して，$P_1 < P_2 < P_3$ であるから，図 13・20 が真の崩壊機構であり，P_1 の値が真の崩壊荷重となる．

i 層の保有水平耐力 Q_u は，その層より上の水平外力の総和であるから，式(13.17) の P_1 の値を用いて，

2 層では，$Q_{u2} = 2P_1 = 2.4 \cdot \dfrac{M_p}{h}$

1 層では，$Q_{u1} = 2P_1 + P_1 = 3.6 \cdot \dfrac{M_p}{h}$

となる．

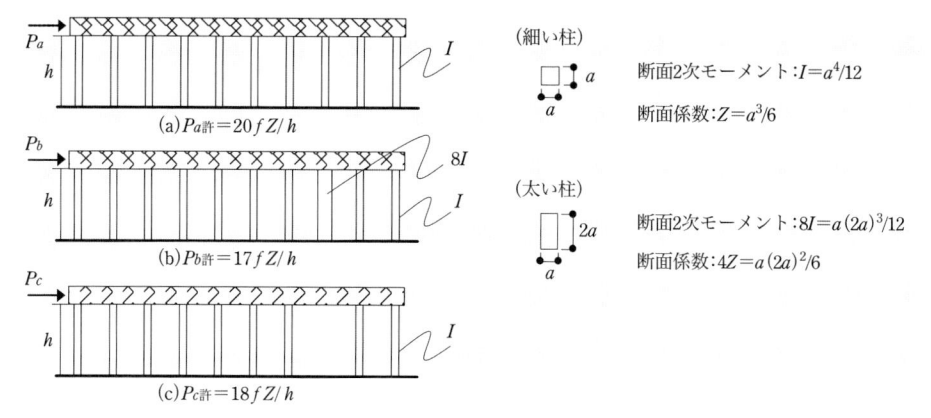

図13·23 弾性限界耐力の矛盾

(細い柱) 断面2次モーメント：$I=a^4/12$
断面係数：$Z=a^3/6$

(太い柱) 断面2次モーメント：$8I=a(2a)^3/12$
断面係数：$4Z=a(2a)^2/6$

(a) $P_{a許}=20fZ/h$
(b) $P_{b許}=17fZ/h$
(c) $P_{c許}=18fZ/h$

2) 保有耐力設計の意義

以上，本章では，建築物の保有耐力を算定する上で必要な塑性解析の基礎知識について学んだ．第11章までの構造解析や，第12章の許容応力度設計での構造解析は，いずれも弾性解析であるが，構造物が崩壊に至る耐力（保有耐力）を知るためには，本章で学んだ塑性解析の知識が必要である．

本章の最後に，許容応力度設計法（弾性限耐力）の矛盾を指摘した有名な例題[1]について紹介する．

図13·23(a)は，一辺 a の正方形柱が10本ある1層骨組である（梁は剛とする）．柱に軸力は生じないものと仮定すると，柱の許容曲げモーメントは $M=fZ$ であるので，柱1本当たりの許容せん断力は $Q=2fZ/h$ となる．ここで，f は許容曲げ応力度，Z は断面係数（$=a^3/6$），h は柱高さである．10本の柱は同一形状（各柱の水平剛性は同じ）なので，この骨組に水平力が作用すると，各柱は同時に許容せん断力に達し，この時の水平力を許容水平耐力（弾性限耐力）とすると，$P_{a許}=10Q=20fZ/h$ となる．

次に，図13·23(b)に示すように10本の柱の内，1本だけ柱断面のせいを2倍にした骨組を考えてみる．この柱の断面係数は他の柱の4倍なので，許容せん断力も4倍（$4Q=8fZ/h$）となる．しかし，この柱の断面2次モーメント I は他の柱の8倍（水平剛性が8倍）であるから，太い柱が許容せん断力に達した時，細い柱に作用しているせん断力は，太い柱の1/8倍になる（太い柱と細い柱の水平変位は同じ）．これは，(a)より強くしたつもりの(b)の骨組の弾性限耐力は $P_{b許}=8fZ/h+9×(1/8)×8fZ/h=17fZ/h$ となり，(a)図の骨組の弾性限耐力 $P_{a許}$ より小さくなるというまったく逆の性質を示す．さらに，$P_{b許}$ は(b)図の太い柱を取り除いた柱が1本少ない(c)図の骨組の弾性限耐力 $P_{c許}=9Q=18fZ/h$ よりも小さくなる．すなわち，(a)(b)(c)図は同じ形の建物でありながら，$P_{a許}:P_{b許}:P_{c許}=20:17:18$ となり「太い柱のある建物の方が弱く」「柱が少ない方が強い」という常識とかけ離れた奇妙な結果が得られてしまう．これは，弾性限耐力を建物の強さと考えてしまったところに原因がある．

一方，建物の強さを本章で学んだ保有耐力と考えれば，$P_{a耐}:P_{b耐}:P_{c耐}=20:26:18$ となり，「柱を太くすれば強くなる」というわかりやすい結果が得られる．これは，(b)図の太い柱が弾性限耐力を超え降伏ヒンジが発生した後も全塑性モーメントを維持するとの仮定のもと，太い柱のせん断耐力（$8\sigma_y Z_p/h$）と細い柱のせん断耐力（$2\sigma_y Z_p/h$）を累加して，(b)図の骨組の保有水平耐力を $P_{b耐}=8\sigma_y Z_p/h+9×2\sigma_y Z_p/h=26\sigma_y Z_p/h$ として求めた結果である．ちなみに，$P_{a耐}$ は $10×2\sigma_y Z_p/h=20\sigma_y Z_p/h$，$P_{c耐}$ は $9×2\sigma_y Z_p/h=18\sigma_y Z_p/h$．ここで，$\sigma_y$ は降伏応力度，Z_p は細い柱の全塑性断面係数（$=a^3/4$）である．本例題は，保有耐力設計の意義を知る上で，たいへん興味深い例題であるといえよう．

【参考文献】

1 小野薫・田中尚，『建築物のリミットデザイン』理工図書，1956年

練習問題 13.1 図のような均質で幅が b，せいが h の矩形断面の図心に，軸力 $N = 0.4bh\,\sigma_y$ が作用しているときの，全塑性モーメント M を求めよ．ここで，σ_y は降伏応力度である．

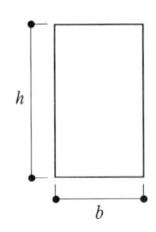

練習問題 13.2 図の梁に荷重 P を増大させたときの崩壊荷重 P_C を求めよ．ただし，梁の全塑性モーメントは M_P とする．

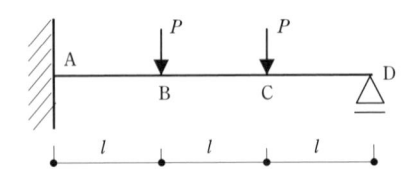

練習問題 13.3 図のようなラーメンに水平荷重 P を増大させたときのラーメンの崩壊荷重 P_u を求めよ．ただし，柱，梁の全塑性モーメントは $3M_P$，$2M_P$ とし，部材に作用する軸力およびせん断による曲げ耐力の低下は無視するものとする．

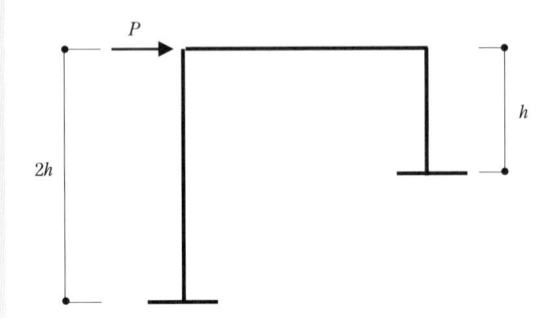

第 14 章　建築物の振動力学

前章までは，建築物に作用する外力と復元力が釣り合うとする静力学を基本とした骨組の力学を学んできた．骨組構造物の断面力や応力を求める際に骨組構造物に作用する外力は，たとえば，建築物の重量に係数を乗じるなどして求める．しかし，実際の外力は，静的に作用するものではなく変動する．日本では，高度経済成長時代以後，超高層建物などの固有周期の長い建築物の需要が増えた．また，阪神大震災以後は，建築物に入力する地震力を低減したりそのエネルギーを特殊な装置で吸収してしまうなど建築物の耐震性を向上させる免震や制震システムを有する建築物が多く建設されるようになった．これらの実際の地震時挙動は，建築物の振動特性により様々であり，静力学に基づいた応力算定をするように，外力を一律建築物の重量に係数をかけて求めるには無理がある．

本章では，長大化，高層化する建築物や免震，制震装置を有する建築物の耐震設計を行うために適している動力学に基づいた構造力学（振動力学）について解説する．

14・1　建築物の振動系モデル

構造物の振動特性を把握するための第１歩は，構造物を振動系モデルに置換することである．振動系モデルは，**質量**，**剛性**，**減衰**の３つの要素で構成される．一般にモデルとは，なるべく簡素なものであることが望ましいが，対象物の特性を調べるに当たり支障がない程度の再現性を有していなければならない．この場合の振動系モデルも例外ではない．今，図 14・1 に示すような１層１スパンの骨組構造を振動系モデルに置換する．質量は，一点に集中させた質点に骨組の点線に囲まれた部分と等価な質量が付加されているものとする．剛性は，図 14・1 に示すように，一層に水平力が作用した場合に，単位の変形 1 を与えるために必要な力 P より，$k = P/1$ で定める．振動モデルに置換する構造物が骨組構造である場合，剛性 k は，骨組の断面形状，スパンなどから，撓み角法の理論を用いても求められる．詳細は，第 10 章参照．

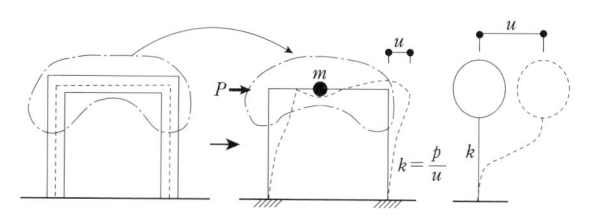

図 14・1　建築構造物の振動系モデル（1 自由度系）

また，多層の建築物に対しては，図 14・2 に示すように，各層で質量が一点に集中する質量と各層の剛性を評価して，それらを上下方向に連ねたモデルが，振動系モデルとなる．このように，集中質量とバネを連ねたモデルを**質点系モデル**という．質点系モデルに関わらず，振動系モデルにおいて，その運動状態を書き表す上で必要な変数の数を**自由度**という．たとえば，図 14・1 の振動系モデルは，水平方向のみに変形する運動を考慮しているので，自由度は 1 である．ちなみに，質点数は 1 であるから，図 14・1 のモデルは，1 質点 1 自由度振動系モデルである．

図 14・2 の 3 層 1 スパンの振動系モデルは，各層

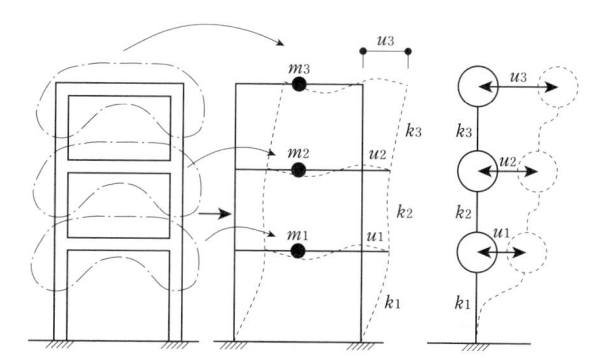

図 14・2　建築構造物の振動系モデル（多自由系）

の水平変形を考慮しているので，自由度は，3である．同様に，質点数は，3であるから，3質点3自由度振動系モデルである．

本書では，振動系の剛性は，荷重と変形量が比例関係になるような線形とする場合を取り扱う．実際の設計では，構造物の変形が大きくなり荷重と変形の関係が比例的ではなくなる場合についても解析を行うことがしばしばある．もしこのような解析を行う必要がある場合には，文献1などを参照するとよい．

14・2 非減衰自由振動

地震や風などによる建築物の挙動を分析する場合，まず現象の支配方程式である振動方程式を導くことが必要である．建築物の**振動方程式**は，質点の動的力の釣合方程式で，一般的には，**慣性力**，**復元力**，**減衰力**および**外力**から成り立っている．ここでは，その第1段階として，質点に慣性力と復元力のみが作用する場合について述べる．図14・1に示すような1質点1自由度の振動系に作用する場合の力の釣合について考える．質点のもとの位置からの**変位**をuとすると，質量の固まりである質点には，$\ddot{u}$の**加速度**が生じている．**ダランベールの原理**に基づけば，質量mの質点には，加速度が生じている向きと逆向きに慣性力$m\ddot{u}$が生じる．また，バネ定数kのバネが，u変位しているため，バネがkuの力で質点を元の位置に戻そうとしている．この2つの力のみが質点に作用しているとすると，これらの力は，常に釣り合っているのであるから，これを数学の方程式を用いて表現すれば，下式のように表される．

$$m\ddot{u} + ku = 0 \qquad (14.1)$$

式（14.1）が，前述の振動方程式であり，特に，外力および減衰力が作用していない場合を，非減衰自由振動と呼ぶ．式（14.1）で表される現象は，おもりのついたばねを手で引き静かに離した時にほぼ近い．振動の継続を妨げる顕著な力がなければ，おもりは一定の調子で振動し続ける．これをイメージしながら，この方程式を解き，応答や振動系の特性がどの様になるかを確かめよう．微分方程式の解法の手順に従って，

$$u = a\cos\omega t + b\sin\omega t \qquad (14.2a)$$

とおくと，

$$\dot{u} = -a\omega\sin\omega t + b\omega\cos\omega t \qquad (14.2b)$$

$$\ddot{u} = -a\omega^2\cos\omega t - b\omega^2\sin\omega t \qquad (14.2c)$$

となり，これらを式（14.1）に代入して整理すると，次式を得る．

$$-m\omega^2(a\cos\omega t + b\sin\omega t) + k(a\cos\omega t + b\sin\omega t) = 0$$

$$-m\omega^2 + k = 0 \qquad (14.3)$$

上式より，自由振動状態の円振動数ωは，m, kを用いて，

$$\omega = \sqrt{\frac{k}{m}} \qquad (14.4)$$

と表される．次に式（14.2a）のa, bは，初期条件すなわち$t=0$の時の変位d_0と速度v_0によって定まる．

$$u_{t=0} = a = d_0 \qquad (14.5a)$$

$$\dot{u}_{t=0} = b\omega = v_0 \qquad (14.5b)$$

式（14.2a）は，次式のように表現できる．

$$u = A\cos(\omega t - \phi) \qquad (14.6)$$

ただし，

$$A = \sqrt{a^2 + b^2} = \sqrt{d_0^2 + \frac{v_0^2}{\omega^2}} \qquad (14.7a)$$

$$\phi = \tan^{-1}\frac{b}{a} = \tan^{-1}\frac{v_0}{\omega d_0} \qquad (14.7b)$$

式（14.6）より，式（14.1）の解は，振幅A, 位相差ϕの正弦波であるともいえる．またωは，**固有円振動数**とよばれ，**固有周期**T, **固有振動数**fとは次の関係にある．

$$\omega = 2\pi f = \frac{2\pi}{T} \qquad (14.8)$$

図14・3に，正弦波の振幅，位相，周期を示す．

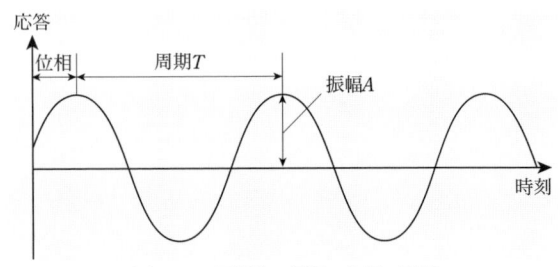

図14・3　正弦波の振幅・位相・周期

ここで，定常で同じ周期の2つ以上の波形を合成する上で非常に便利な方法を紹介する．図14・4は，同じ振幅Aのsin波とcos波と2つの合成波を示したものである．

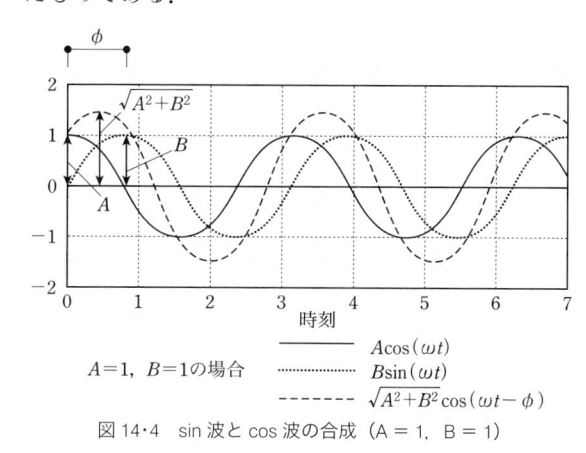

図14・4 sin波とcos波の合成 （$A=1$，$B=1$）

周知のように，
$$u = A\cos\omega t + B\sin\omega t = \sqrt{A^2+B^2}\cos(\omega t - \phi) \tag{14.9a}$$

ただし，
$$\phi = \tan^{-1}\frac{B}{A} \tag{14.9b}$$

となる．今，図14・5に示すように，x軸上にcos波の振幅と同じ大きさAのベクトルを取り，それから$\pi/2$（$=90°$）回転させて，すなわちy軸上にsin波と同じ振幅の大きさBのベクトルをとる．この2つのベクトルの合成は，大きさ$\sqrt{A^2+B^2}$でx軸と角度ϕをなしており，それぞれ式（14.9a）の振幅と位相差に一致している．このように作図によるベクトルの合成で，振動数が同じ2つ以上の波形の合成波について，その振幅，位相差を簡単に求めることができる．たとえば，図14・4の場合は，$A=B=1$

であるから，
$$u = \sqrt{2}\cos\left(\omega t - \frac{\pi}{4}\right) \tag{14.10}$$
となる．合成された波形は，振幅が$\sqrt{2}$，位相差が$\pi/4$，円振動数はωのcos波となる．この場合は，合成されたベクトルの大きさ$\sqrt{2}$，x軸と合成されたベクトルのなす角は，$\pi/4$でやはり，合成波の振幅と位相差を表している．参考のために，$A=\sqrt{3}$，$B=1$の波形とその合成波を図14・6に示す．

$\sqrt{A^2+B^2}=2$，$\phi=\tan^{-1}\dfrac{1}{\sqrt{3}}=\dfrac{\pi}{6}$でやはり，図14・6の合成波となる．

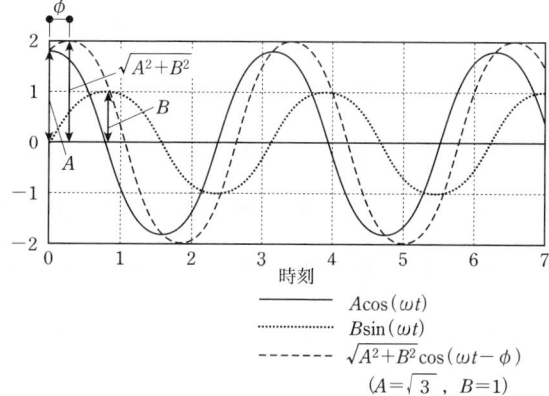

図14・6 sin波とcos波の合成

これを応用して，式（14.1）の非減衰自由振動を考えてみよう．前にも導いたように式中の2つの項$m\ddot{u}$，kuは，$u=A\cos\omega t$ならば$\ddot{u}=-A\omega^2\cos\omega t$である．$ku$を，$x$軸上に取れば，$m\ddot{u}$は，それに対して，$180°$の位相を有するため，$x$軸上で逆向きのベクトルとなる．当然であるが$m\ddot{u}$と$ku$は，つねに釣合の関係になるので，$m\ddot{u}$と$ku$のベクトルは$x$軸上で，同じ大きさとなる．これは，式（14.1）と同様である．これを図14・7に，またその時の波形を図14・8に示す．

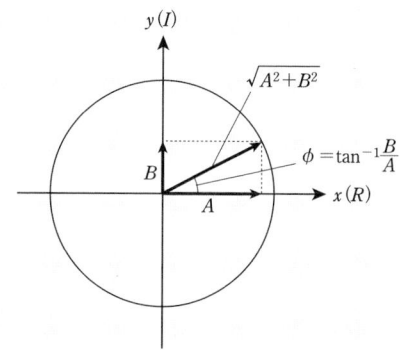

図14・5 2次元平面における定常波の合成

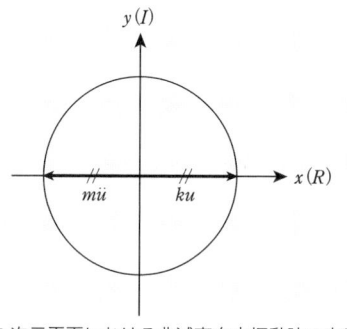

図14・7 2次元平面における非減衰自由振動時の表示

第14章 建築物の振動力学

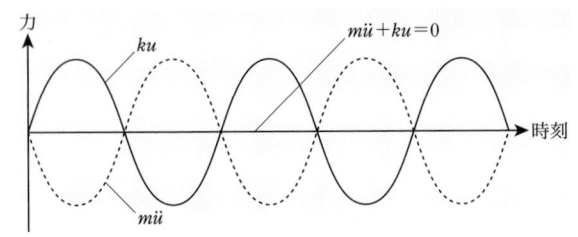

図14・8 復元力および慣性力の時刻歴

14・3 減衰自由振動

実現象では振動系に衝撃力を与え自由振動させると，振動はしだいにおさまり，最終的には停止してしまう．これは，建築物も同様である．式（14.1）のように，振動系の釣合が慣性項と復元力項であれば，このような現象はおきないが，振動が次第におさまるのは，振幅を徐々に小さくしている減衰力が作用しているためである．建築物における減衰力の種類としては，接合部や外装材の摩擦力によって生じる**摩擦減衰**，部材が履歴を描くことにより生じる**履歴減衰**，地盤に建物の振動エネルギーが吸収されることにより生じる**逸散減衰**などがあげられる．

減衰力は，振動系の挙動に少なからず影響を与えることが知られている．したがって，建築物の地震時の挙動を調べる上で，考慮する必要がある．摩擦による減衰力は，その要因から考えると，慣性力や復元力のようにそのメカニズムが明確でない．しかし，その力学的効果は，応答の速度に比例する粘性減衰モデルに置換することができ，履歴減衰や逸散減衰よりもはるかに数学的な取り扱いは簡便である．したがって，ここでは，粘性減衰について振動系への影響を調べる．粘性減衰は，振動系モデルでは，図14・9に示すような**ダッシュポット（減衰器）**で表現される．

また，振動方程式上では，**速度項**に一定の係数を乗じた形式で表される．減衰を含む自由振動の方程式は，次式のように表される．

$$m\ddot{u} + c\dot{u} + ku = 0 \quad (14.11)$$

ここに c は，減衰係数である．この微分方程式を解く．式（14.11）の解を，

$$u = Ae^{\lambda t} \quad (14.12)$$

と仮定し，式（14.11）に代入し，整理すると，

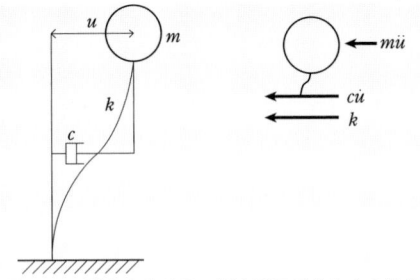

図14・9 減衰を有する1質点系モデルと力の釣合

$$m\lambda^2 + c\lambda + k = 0 \quad (14.13)$$

となる．λ について，式（14.13）を解けば，以下のようになる．

$$\left.\begin{matrix}\lambda_1\\\lambda_2\end{matrix}\right\} = -\frac{c}{2m} \pm \sqrt{\left(\frac{c}{2m}\right)^2 - \frac{k}{m}} \quad (14.14)$$

式（14.13）の一般解は，$e^{\lambda_1 t}$, $e^{\lambda_2 t}$ を線形結合して，以下のように得られる．

$$u = Ae^{\lambda_1 t} + Be^{\lambda_2 t} \quad (14.15)$$

ただし，A, B は境界定数である．ところで，われわれが，構造物の振動で取り扱う問題では，$(c/2m)^2 < k/m$ の場合がほとんどである．この場合，λ_1, λ_2 は，共役複素数となるが，以下のような**オイラーの公式**（付録参照），

$$e^{\pm i\theta} = \cos\theta \pm i\sin\theta \quad (14.16)$$

を用いると，式（14.15）は，次のように表される．

$$u = e^{-\left(\frac{c}{2m}\right)t}\left[A\cos\sqrt{\frac{k}{m}-\left(\frac{c}{2m}\right)^2}\,t + B\sin\sqrt{\frac{k}{m}-\left(\frac{c}{2m}\right)^2}\,t\right]$$
$$(14.17)$$

ルート内を整理するために，$h=\dfrac{c}{2m\omega}$ という無次元量を導入する．h を用いて，式（14.17）を書き換えれば，下式となる．

$$u = e^{-h\omega t}(A\cos\sqrt{1-h^2}\,\omega t + B\sin\sqrt{1-h^2}\,\omega t)$$
$$(14.18)$$

さらに上式を整理すると，

$$u = ae^{-h\omega t}\cos(\sqrt{1-h^2}\,\omega t - \phi) \quad (14.19a)$$

ただし，

$$a = \sqrt{A^2 + B^2} \quad (14.19b)$$

$$\phi = \tan^{-1}\frac{B}{A} \quad (14.19c)$$

となる．式（14.17）からもわかるように，$(c/2m)^2 \geq k/m (h \geq 1)$ であれば，この系は，振動しない．これは，バネの復元力よりも，減衰力の方が強いから

である．とくに等号が成り立つ場合は振動するか否かの境界にある．これを**臨界減衰**という．$\omega = \sqrt{k/m}$, $h = c/2\omega m$ を用いて，式 (14.11) を書き直すと以下のようになる．

$$\ddot{u} + 2h\omega\dot{u} + \omega^2 u = 0 \quad (14.20)$$

この解は，式 (14.18) または式 (14.19a) となる．式 (14.18) の，定数 A, B は，初期状態により定まる．

たとえば，① $t = 0$ のとき, $u = d_0$, $\dot{u} = 0$ であれば，

$$u = \frac{d_0}{\sqrt{1-h^2}} e^{-h\omega t} \cos(\sqrt{1-h^2}\,\omega t - \phi) \quad (14.21)$$

$$\phi = \tan^{-1}\frac{h}{\sqrt{1-h^2}}$$

② $t = 0$ のとき, $u = 0$, $\dot{u} = v_0$

$$u = \frac{v_0}{\sqrt{1-h^2}\,\omega} e^{-h\omega t} \sin\sqrt{1-h^2}\,\omega t \quad (14.22)$$

①は，初めに d_0 だけ強制変位を与えて，急激に解除した場合，②は初めに速度 v_0 を与えた場合，すなわち衝撃力を与えた場合である．図 14·10 に，式 (14.22) の時刻歴応答を，$h = 0.05, 0.1, 0.2$ の場合について示す．

次に，式 (14.21)，または式 (14.22) で，$t = t_n$ における振幅を u_n，それから，1 周期後，$t = t_{n+1}\left(= t_n + T : T = \dfrac{2\pi}{\sqrt{1-h^2}\,\omega}\right)$ の振幅を u_{n+1} とすれば，u_n/u_{n+1} は次式のようになる．

$$\frac{u_n}{u_{n+1}} = \frac{\dfrac{v_0}{\sqrt{1-h^2}\,\omega} e^{-h\omega_0 t_n} \cdot \sin\sqrt{1-h^2}\,\omega t_n}{\dfrac{v_0}{\sqrt{1-h^2}\,\omega} e^{-h\omega_0(t_n+T)} \cdot \sin\sqrt{1-h^2}\,\omega(t_n+T)}$$

$$= e^{2\pi\sqrt{1-h^2}/h} \quad (14.23)$$

上式は，1 周期振動した場合の振幅の比を表すが，式 (14.23) の，その対数をとり，h が小さい場合，

$$\log e \frac{u_n}{u_{n+1}} = 2\pi\frac{h}{\sqrt{1-h^2}} \fallingdotseq 2\pi h \quad (14.24)$$

となる．これを対数減衰率という．ある振動系の減衰定数を求める時は，その振動系に衝撃力を与えて，自由振動させ，その時刻歴から式 (14.24) に，u_n, u_{n+1} を代入する．

14·4　調和外力に対する応答

本節および次節では，振動系に対し，外力が作用した場合について解説する．実際の建築物では，地震動により地盤が振動するあるいは，強風が建物に吹きつける場合などに相当する．最初に，図 14·9 の 1 層 1 スパンのラーメン構造をモデル化した粘性減衰を有する 1 自由度振動系モデルに，強風などにより，外力が作用した場合を考える．質点には直接外力が作用している．この場合，力の釣合は，図 14·11 のようになり，振動方程式は次式のように表される．

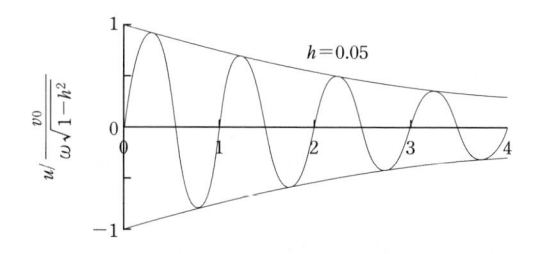

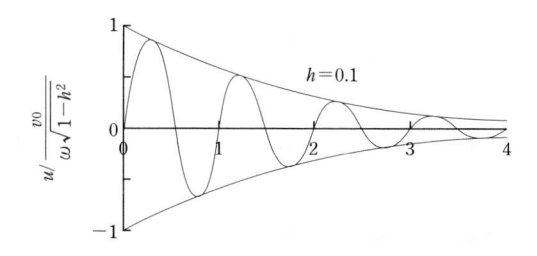

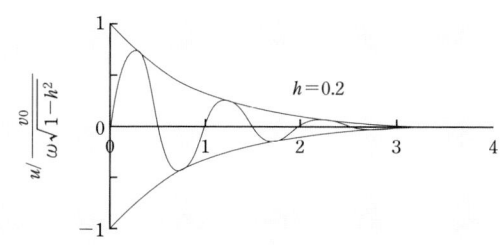

図 14·10　減衰自由振動の時刻歴

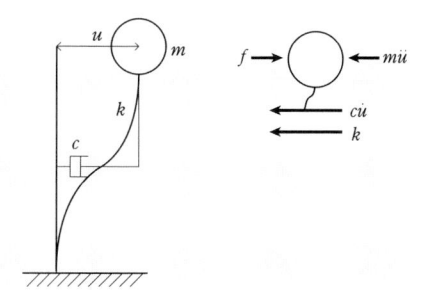

図 14·11　1 質点系モデルに外力が作用する場合の力の釣合

$$-m\ddot{u} - c\dot{u} - ku + f = 0$$
$$m\ddot{u} + c\dot{u} + ku = f \tag{14.25}$$

ここに，f は質点に作用する外力である．自然現象では，$f(t)$ は時刻に対して不規則に変化する．まず，調和外力 $f(t) = F\cos pt$ について考える．式(14.25)の両辺を m で割って h, ω を用いて表すと，下式のようになる．

$$\ddot{u} + 2h\omega\dot{u} + \omega^2 u = \frac{F}{m}\cos pt \tag{14.26}$$

式(14.26)の微分方程式を解く．式(14.26)の一般解は，定常振動を表す**特解**と式(14.19)に示すような自由振動を表す**余関数**との和で与えられる．自由振動の項に含まれる未定係数（式(14.19)の場合は，a, ϕ）は，初期条件を満足するように定められる．減衰がゼロより大きければ，自由振動はまもなく消滅し，定常振動のみが残る．

定常応答を求めるには，特解を次式のように，外力と同じ円振動数をもち，振幅 a，位相差 ϕ を未知数とする定常応答を表す．

$$u = a\cos(pt - \phi) \tag{14.27a}$$
$$\dot{u} = -pa\sin(pt - \phi) \tag{14.27b}$$
$$[= pa\cos(pt - \phi + \pi/2)]$$
$$\ddot{u} = -p^2 a\cos(pt - \phi) \tag{14.27c}$$
$$[= p^2 a\cos(pt - \phi + \pi)]$$

であるから，これを，式(14.26)に代入すると，
$$-p^2 a\cos(pt-\phi) - 2h\omega pa\sin(pt-\phi)$$
$$+ \omega^2 a\cos(pt-\phi) = (F/m)\cos pt$$
$$(\omega^2 - p^2)a\cos(pt-\phi) - 2h\omega pa\sin(pt-\phi)$$
$$= \sqrt{(\omega^2-p^2)^2 + 4h^2\omega^2 p^2}\, a\cos(pt-\phi+\varphi) = \frac{F}{m}\cos pt$$
$$\tag{14.28a}$$

ただし，
$$\phi = \tan^{-1}\frac{2h\omega p}{\omega^2 - p^2} \tag{14.28b}$$

式(14.28a)，(14.28b)より，振幅 a と，位相角 ϕ は，次のように求まる．

$$a = \frac{1}{\sqrt{(\omega^2-p^2)^2 + 4h^2\omega^2 p^2}} \cdot \frac{F}{m} \tag{14.29}$$

$$= \frac{1}{\sqrt{\left(1-\left(\frac{p}{\omega}\right)^2\right)^2 + 4h^2\left(\frac{p}{\omega}\right)^2}} \cdot \delta_s$$

$$\phi = \tan^{-1}\frac{2h\left(\frac{p}{\omega}\right)}{1-\left(\frac{p}{\omega}\right)^2} \tag{14.30}$$

ここに $\delta_s = F/k$ である．非減衰 ($h = 0$) では，$u = a\cos pt$ であり，

$$a = \frac{1}{1-\left(\frac{p}{\omega}\right)^2}\delta_s \tag{14.31}$$

となる．$\phi = 0$ または π となる．$p/\omega = 1$ で a は無限大となり，$p/\omega = 1$ を境にして符号が逆転する．式(14.29)と式(14.31)は，定常振幅 a が調和外力の振動数 p 及び減衰定数 h によって定まることを示している．図14・12は，式(14.29)に基づき，a/δ_s を無次元量 p/ω に対し，各 h 別に示したもので，曲線は，p/ω が大きくなるとゼロに漸近する．$p/\omega = 1$ で振動系が応答する現象を**共振現象**といい，また，$p/\omega = 1$ となる点を共振点という．さらに，この曲線を**共振曲線**という．

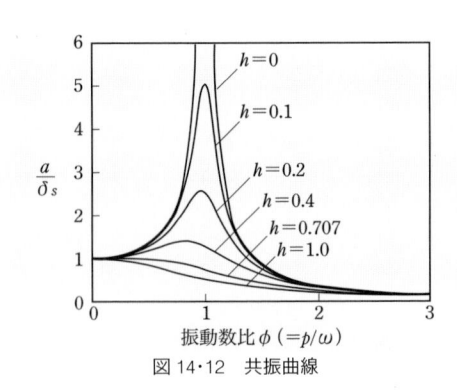

図14・12 共振曲線

減衰がある場合 ($h \neq 0$)，共振点における定常振幅 a_R は，$p/\omega = 1$ であるから

$$a_R = \left(\frac{1}{2h}\right)\cdot \delta_s \tag{14.32}$$

となる．また，最大振幅 a_m は，$da/dp = 0$ の時すなわち $\sqrt{1-2h^2}$ の時生じ，

$$a_m = \left(\frac{1}{2h\sqrt{1-h^2}}\right)\cdot \delta_s \tag{14.33}$$

となる．

次に共振曲線からわかる振動系の定常応答の特徴を以下に列挙する．

① h が $\sqrt{2}$ より小さい場合，$p/\omega = 1$ 付近で，最大となる．h が $\sqrt{2}$ 以上では，共振曲線は，最大値を有しない．

② 非減衰の場合の共振点（$h = 0$, $\phi = 1$）では，振幅は無限大となる．

③ 振動数比 p/ω がごく小さい範囲すなわち外力周期（振動数の逆数）が振動系の固有周期（固有振動数の逆数）に対しかなり長い場合は，外力はほぼ静的に作用し，振幅はほぼ δ_s となる．振動数比 p/ω が大きい範囲，すなわち外力周期が，振動系の固有周期に比べて短い場合，慣性力と外力が打ち消し合い，振幅は小さくなる．$p \to \infty$ で振幅は 0 に近づく．

p/ω に対して式 (14.30) に示した外力と応答の位相差 ϕ を図 14・13 に示す．

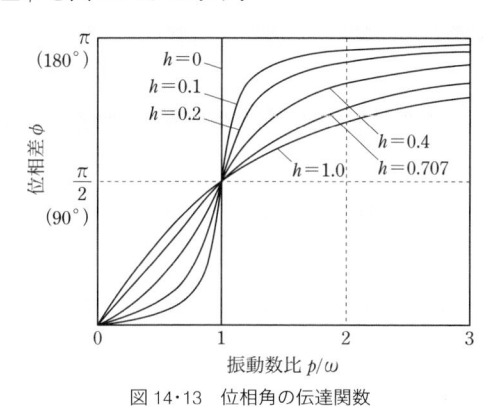

図 14・13 位相角の伝達関数

振幅を示した共振曲線と同様，位相差に関する曲線についても，その特徴を以下に示す．

① 非減衰の場合（$h = 0$）では，$p/\omega < 1$ で $\phi = 0$，すなわち，外力の周期が，振動系の固有周期より長ければ，外力と応答は，同時に増減する．$p/\omega > 1$ では，$\phi = 180°$ すなわち，外力の周期が振動系の固有周期より短かければ，外力と応答はまったく符合が反対となり，逆位相となる．

② 振動系が減衰を有する場合（$0 < h < 1$）では，位相差の曲線は，連続的に変位する h がいくつであっても $p/\omega = 1$ で $\phi = 90° = \pi/2$ となる．$p/\omega < 1$ ならば，h が小さければ，ϕ も小さく，$p/\omega > 1$ で h が小さいほど，逆に ϕ は大きくなる．

定常外力による定常応答に関しても，非減衰自由振動の場合と同様に，**複素平面**上に振動方程式の各項をベクトルで図示し，その動力学的な関係を明らかにする．

図 14・14 に定常外力による定常応答の時刻歴波形を示す．また，式 (14.25) の各項の振幅をベクトルの大きさとして，各項それぞれの位相差をベクトルのなす角として示したものを，図 14・15 に示す．ただし，この場合は，復元力項と実数軸と一致するように示した．式 (14.27a～c の位相を表現した ( ) の式) からもわかるように，復元力項 ku と減衰項 $c\dot{u}$ には，$90°$ の位相差が，復元力項 ku と慣性項 $m\ddot{u}$ には，$180°$ の位相差がある．また，慣性項 $m\ddot{u}$ と外力 f には，位相差 ϕ があり，位相差 ϕ を p/ω に対して示したのが図 14・13 である．式 (14.25) の各項の振幅と位相を図 14・15 のように**複素平面**上に描き，各ベクトルの示力図を描くと示力図は閉じる．これは，各項からなる振動系の力が釣合系にあることを示し，式 (14.11) と等価である．

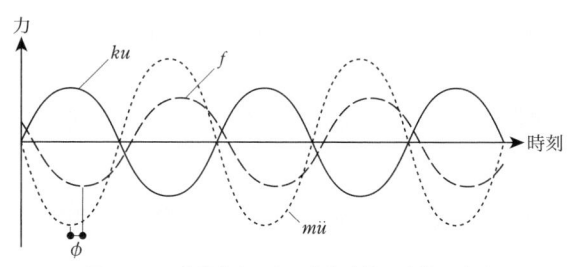

図 14・14 定常外力による定常応答の時刻歴波形

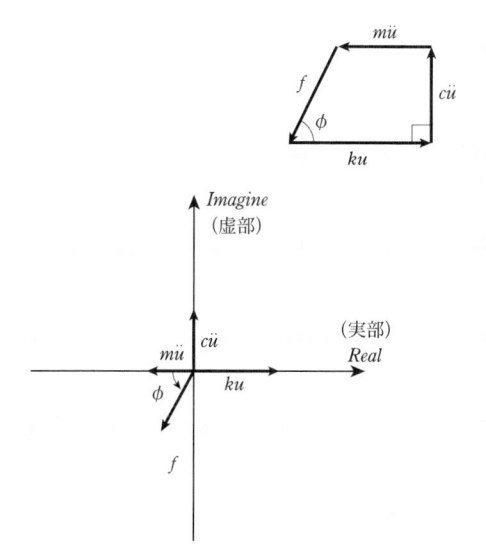

図 14・15 複素平面上の定常応答の力の釣合

第 14 章 建築物の振動力学

14・5 調和地動に対する定常応答

本節では，図 14・16 に示すような地震外力が建物に作用するのと同様な場合の定常応答について述べる．この場合，振動系の足元に加速度が生じ，その慣性力が質点に作用する．今，地盤の変位を u_0 とすれば，振動方程式は，次式のように表される．

$$m\ddot{u} + c\dot{u} + ku = -m\ddot{u}_0 \quad (14.34)$$

両辺を m で割って，$\omega^2 = k/m$，$2h\omega = c/m$ を代入すると，次式が得られる．

$$\ddot{u} + 2h\omega\dot{u} + \omega^2 u = -\ddot{u}_0 \quad (14.35)$$

ここでは，外力をより一般的な形として，複素数を用いて表すと，

$$u_0 = a_0 e^{ipt} \quad (14.36)$$

となる．ただし a_0 は地動変位の振幅を表す．オイラーの公式より，地動加速度 $\ddot{u}_0$ は，

$$\ddot{u}_0 = -a_0 p^2 e^{ipt} = -a_0 p^2 (\cos pt + i\sin pt) \quad (14.37)$$

となる．式 (14.35) の解は，自由振動解に相当する余解と，強制振動解に相当する特解からなる．$t \to \infty$ では，自由振動解は，減衰により消失してしまう．強制振動解を求めるには，

$$u = A e^{ipt} \quad (14.38)$$

とおき，式 (14.38) から求められる $\dot{u} = ipAe^{ipt}$，$\ddot{u} = -p^2 A e^{ipt}$ とともに式 (14.35) に代入すると A は次式のように表される．

$$A = \frac{-a_0}{\omega^2 - p^2 + h\omega p i} \quad (14.39)$$

複素数は，$a + bi = \sqrt{a^2 + b^2} e^{+i\theta}$ ただし，$\theta = \tan^{-1}\frac{b}{a}$ と表されるので，式 (14.39) に同様な操作を施し式 (14.35) の解を求めると次式のように表される．

$$u = -\frac{a_0}{\omega} \frac{1}{\sqrt{\left\{1 - \left(\frac{p}{\omega}\right)^2\right\}^2 + 4h^2\left(\frac{p}{\omega}\right)^2}} e^{i(pt - \theta)} \quad (14.40\text{a})$$

ただし，

$$\theta = \tan^{-1}\frac{2h\frac{p}{\omega}}{1 - \left(\frac{p}{\omega}\right)^2} \quad (14.40\text{b})$$

これより，振動系の相対変位倍率 u/u_0 は，次式のように表される．

$$\frac{u}{u_0} = \frac{\left(\frac{p}{\omega}\right)^2}{\sqrt{\left\{1 - \left(\frac{p}{\omega}\right)^2\right\}^2 + 4h^2\left(\frac{p}{\omega}\right)^2}} e^{-i\theta} = \left|\frac{u}{u_0}\right| e^{-i\theta} \quad (14.41)$$

また，振動系の絶対加速度倍率 $\ddot{u}/\ddot{U}$ （ただし $\ddot{U} = \ddot{u} + \ddot{u}_0$）は次式のように表される．

$$\ddot{U} = \ddot{u} + \ddot{u}_0 = -2h\omega\dot{u} - \omega^2 u = -(2h\omega p i + \omega^2)$$

$$= \frac{1 + 2h\left(\frac{p}{\omega}\right)i}{\sqrt{1 - \left(\frac{p}{\omega}\right)^2 + 2h\left(\frac{p}{\omega}\right)i}} (-a_0 \cdot p e^{-ipt}) \quad (14.42)$$

$$\frac{\ddot{U}}{\ddot{u}_0} = \sqrt{\frac{1 + 4h^2\left(\frac{p}{\omega}\right)^2}{\left\{1 - \left(\frac{p}{\omega}\right)^2\right\}^2 + 4h^2\left(\frac{p}{\omega}\right)^2}} e^{-i\theta'} = \left|\frac{\ddot{U}}{\ddot{u}_0}\right| e^{-i\theta'} \quad (14.43)$$

ただし，

$$\theta' = \tan^{-1}\frac{2h\left(\frac{p}{\omega}\right)^2}{1 - (1 - 4h^2)\left(\frac{p}{\omega}\right)^2} \quad (14.44)$$

変位応答倍率 $\left|\frac{u}{u_0}\right|$ および，加速度応答倍率 $\left|\frac{\ddot{U}}{U_0}\right|$ を図 14・17 および図 14・18 に示す．

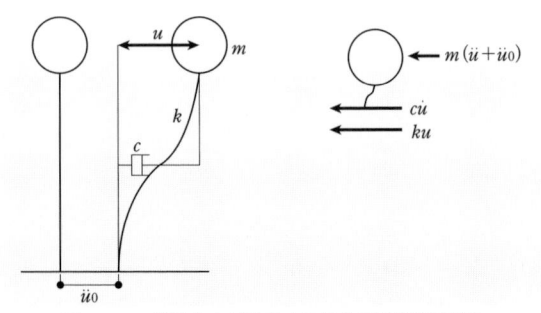

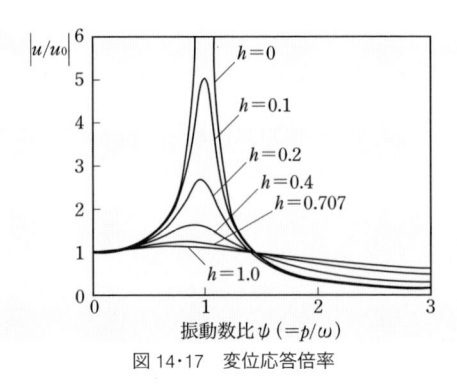

図 14・16 地震外力が作用する場合の振動系モデル

図 14・17 変位応答倍率

図 14·18 加速度応答倍率

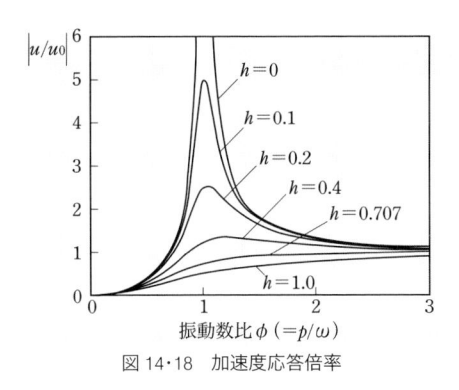

14·6 地震応答スペクトル

本節では，設計時の労力を削減し，建物の最大応答値を簡便に評価できる地震応答スペクトルの概念について説明する．通常，建物の地震応答を求めるためには，コンピュータを用い大量の計算を実施する．設計では，まず対象建物の応答を求めるが，各設計のたびごとにこの計算を行なうのは不合理であろう．もし，設計に必要な応答を一般的なかたちで，しかも大量計算を行なうことなしに求められれば都合がよい．地震応答スペクトルは，ある地震波に対する1自由度弾性振動系の最大応答値を，振動系の周期と減衰定数に対して，示したものである．

応答スペクトルの概念を図 14·19 に，またその一例を図 14·20～図 14·22 に示す．図 14·20 の応答スペクトルは，エルセントロ地震波についてその最大応答変位から求めたものである．これを**変位応答スペクトル**という．このほか，応答スペクトルには，図 14·21 に示すように**速度応答スペクトル**，同様に

図 14·22 に示すように**加速度応答スペクトル**がある．変位応答スペクトル S_D，速度応答スペクトル S_v，加速度応答スペクトル S_A は振動系の固有周期 T 及び，減衰定数 h の関数であり，次式のように表される．

$$S_\theta(T, h) = u_{\max} \tag{14.45a}$$
$$S_v(T, h) \fallingdotseq \dot{u}_{\max} = \omega S_\theta \tag{14.45b}$$
$$S_A(T, h) \fallingdotseq (\ddot{u} + \ddot{u}_0)_{\max} = \omega^2 S_\theta = \omega S_v \tag{14.45c}$$

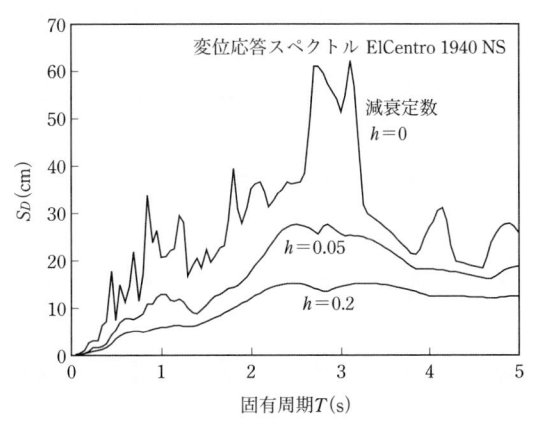

図 14·20 変位応答スペクトル（エルセントロ NS 波）

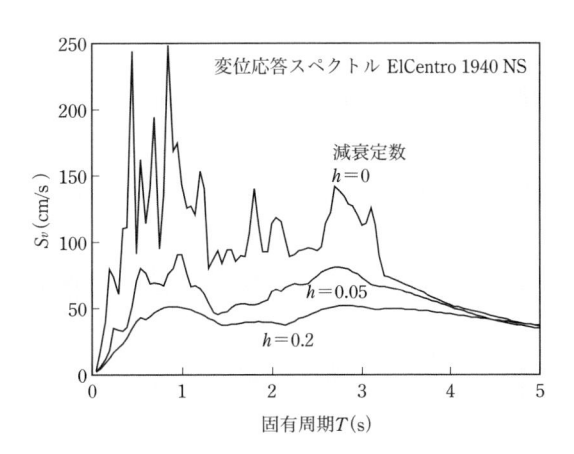

図 14·21 速度応答スペクトル（エルセントロ NS 波）

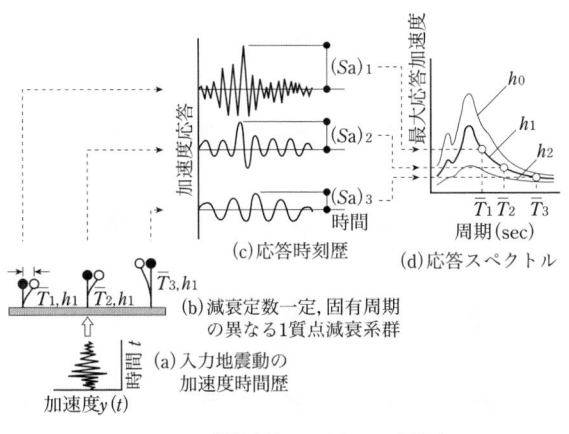

図 14·19 地震応答スペクトルの概念[2]

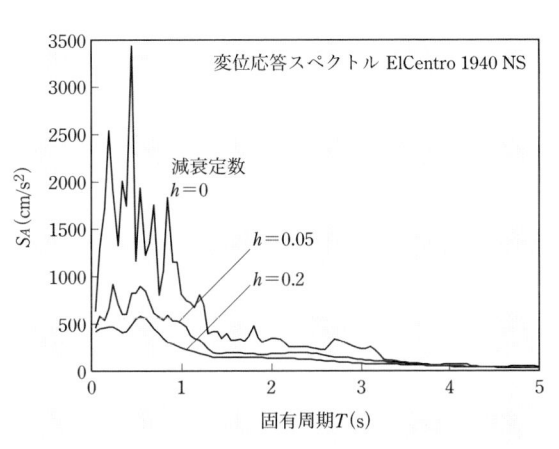

図 14·22 加速度応答スペクトル（エルセントロ NS 波）

第 14 章 建築物の振動力学

式（14.45b），（14.45c）の S_v, S_A は，一般には，真の最大速度，最大加速度ではないが，地震応答では近似的であり，設計に用いる場合の精度は，十分である．これらは，それぞれ**擬似速度スペクトル**，**擬似加速度スペクトル**と呼ばれることもある．

付録

一般に $\cos\theta$, $\sin\theta$ は，付図のように，ある軸となす角が θ，大きさ 1 のベクトルを x 軸および x 軸と直交する軸に投影したものを表したものとなる．実数軸に直交する y 軸を虚数軸とすると，オイラーの公式の右辺をうまく図示することができる．これは，実数と虚数が独立であり，実数軸と虚数軸が直交することを示している．また，実数軸と虚数軸を直交する 2 つの軸とする平面を複素平面という．

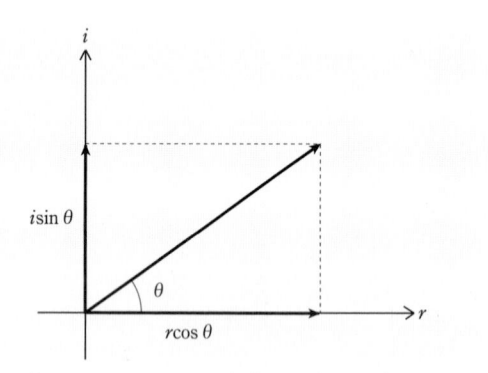

付図　オイラーの公式と複素平面，実数軸，虚数軸

次にオイラーの公式を証明する．

$$y = \cos\theta + i\sin\theta \quad (付14.1)$$

とおくと，

$$\frac{dy}{d\theta} = -\sin\theta + i\cos\theta = iy \quad (付14.2)$$

y は，微分するともとの型に虚数 i をかけたものとなる．y を得るために，以下の微分方程式を解く．

$$\frac{dy}{d\theta} = iy \quad (付14.3)$$

両辺に変数を分離すると，

$$\frac{1}{y}dy = id\theta \quad (付14.4)$$

となり，両辺を積分すると，

$$\int\frac{1}{y}dy = \int id\theta + c \quad (付14.5)$$

$$\log_e y = i\theta + c$$

となる．両辺を e 関数で表せば，

$$e^{\log_e y} = y = e^{i\theta+c} = e^{i\theta} \cdot e^c$$

結局，

$$y = e^c e^{i\theta} \quad (付14\cdot6)$$

となる．$x = 0$ の時，$y = 1$ であるから，$c = 0$ である．よって，

$$y = e^{i\theta} = \cos\theta + i\sin\theta \quad (付14.7)$$

となる．

参考文献

1　柴田明徳,『最新耐震構造解析』, 森北出版, 1981 年
2　大崎順彦,『建築振動理論』, 彰国社, 1996 年

練習問題 14.1 質量が9000ton、水平剛性が2.4×10^4kN/m の1質点系振動モデルに置換できる、建築物の固有円振動数、固有周期を求めよ。なお、この建物は幅63m、奥行き36mの2階建ての鉄筋コンクリート造建物が700mmの積層ゴム支承24個に支持されている状態に相当する。

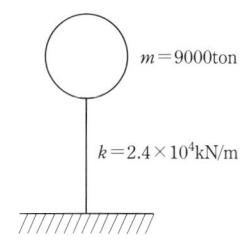

$m = 9000$ton

$k = 2.4 \times 10^4$kN/m

練習問題 14.2 次の自由振動波形を示す。振動系の減衰定数を求めよ。

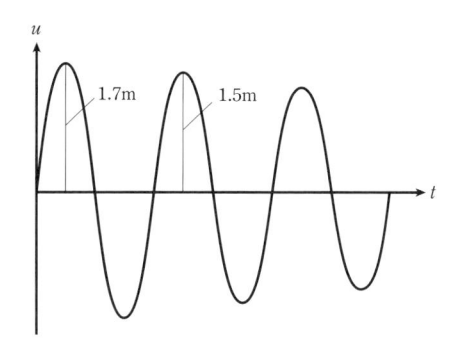

1.7m 1.5m

練習問題 14.3 練習問題14.1で示した振動系に周期2sec、振幅0.05mの正弦波を地動加速度として入力した。この時の振動系の変位振幅を求めよ。ただし、減衰係数$c = 1469$kN・sec/mとする。

第15章 演習問題

第1章

演習問題 1.1 下図のAB材に作用する合力をバリニオンの定理と連力図の両方法によって求めよ．

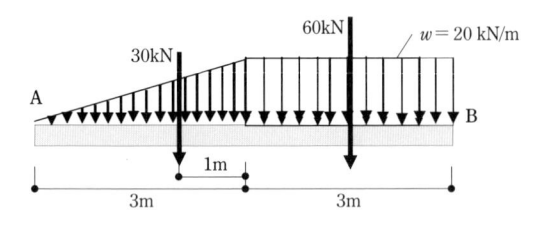

演習問題 1.2 合力を求めよ．

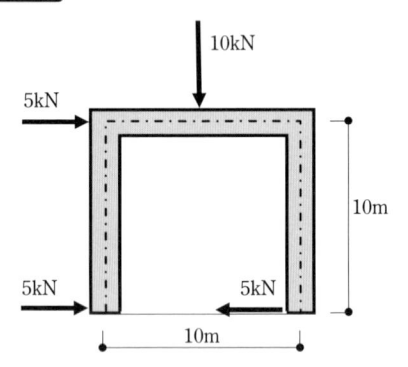

演習問題 1.3 A点・B点の作用線方向（両者平行）に作用する力を求めよ．

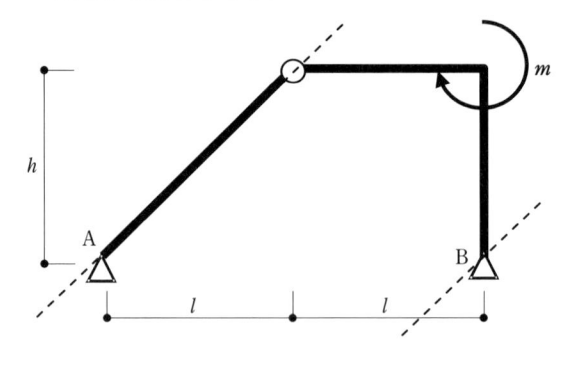

演習問題 1.4 下図のケーブルに生じる張力 T_1 と T_2 を求めよ．

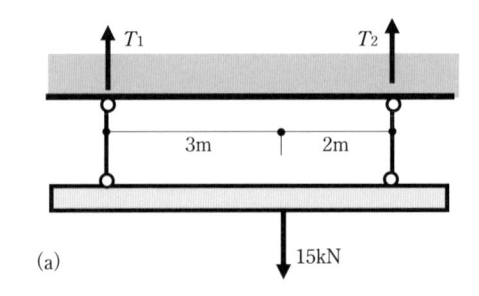

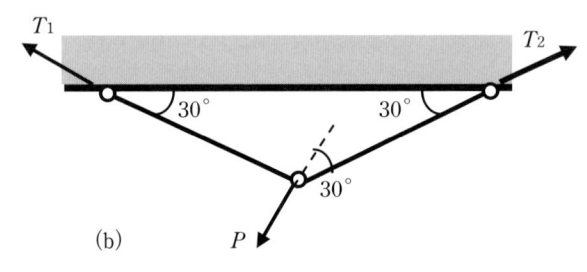

演習問題 1.5 下図の棒材において，A点が移動しないようにするために必要な力を求めよ．

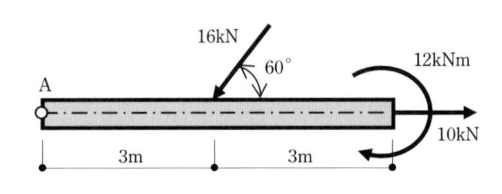

第2章

演習問題 2.1 次の建築構造物の不静定次数を求めよ．

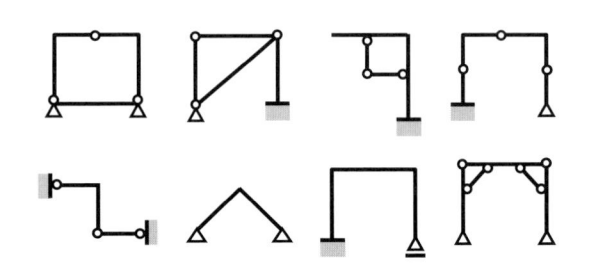

演習問題 2.2 下図の支点反力を求めよ．

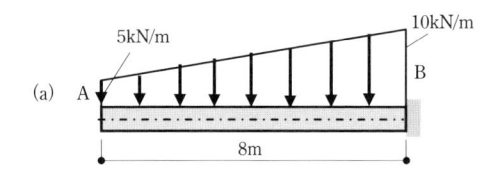

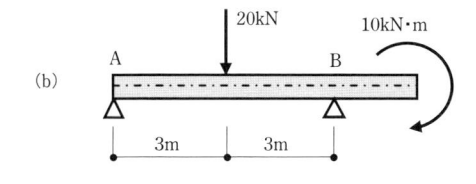

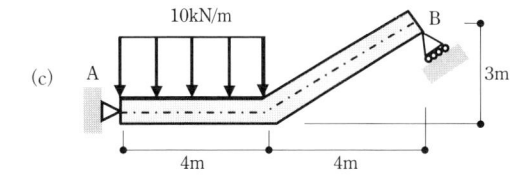

(a) 5kN/m, 10kN/m, A-B, 8m

(b) 20kN, 10kN·m, A-B, 3m, 3m

(c) 10kN/m, A-B, 4m, 4m, 3m

演習問題 2.3 下図の骨組の支点反力を求めよ．

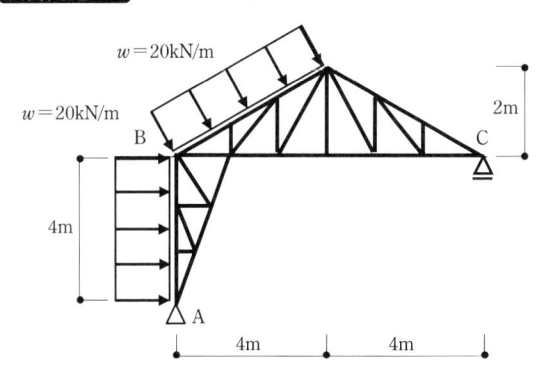

$w=20$kN/m, $w=20$kN/m, A, B, C, 4m, 4m, 4m, 2m

第 4 章

演習問題 4.1 AB 点の中点 C の曲げモーメントが 0 となる時の P と wl の比を求めよ．

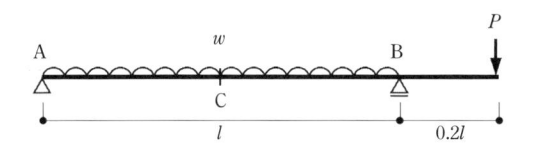

A, C, B, w, P, l, $0.2l$

第 5 章

演習問題 5.1 M, Q, N 図を描き，主要点の値を記せ．

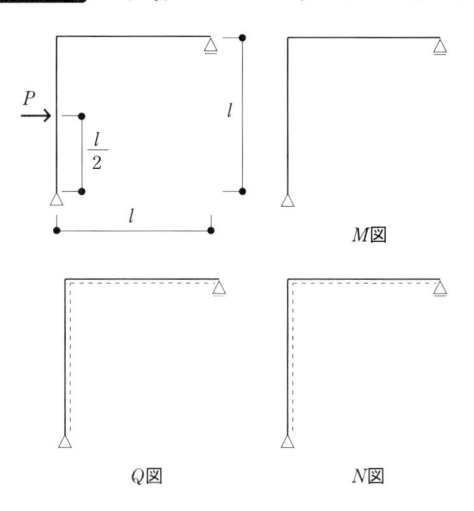

P, $\dfrac{l}{2}$, l, l

M図　　Q図　　N図

演習問題 5.2 A 点の曲げモーメントが 0 となる時，m を w で表せ．

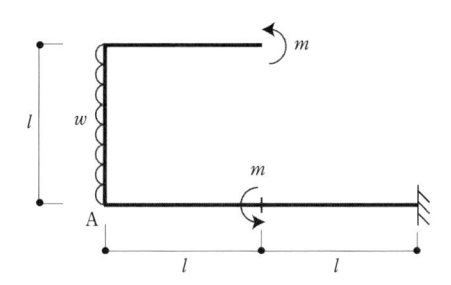

w, m, m, l, l, l, A

演習問題 5.3
1. 反力を求めよ．
2. AB 間でせん断力が 0 となる点と A 点との距離 x を求めよ．

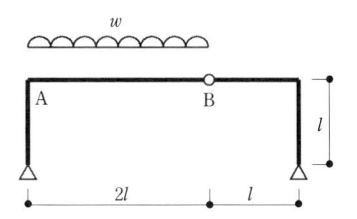

w, A, B, $2l$, l, l

第 6 章

演習問題 6.1 全部材が EA の剛性を持つトラスについて各問に答えよ．
1. 軸力図を描け．
2. A 点の鉛直変位 δ_V を求めよ．
3. A 点の水平変位 δ_H を求めよ．

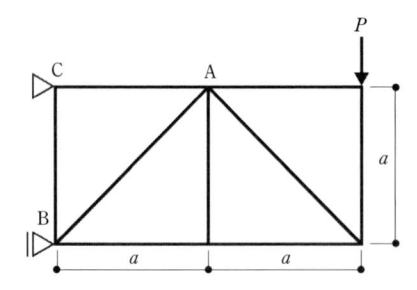

第7章

演習問題 7.1 図のような断面2次モーメントの図心位置及び図心の通る軸周りの断面2次モーメントを求めよ．

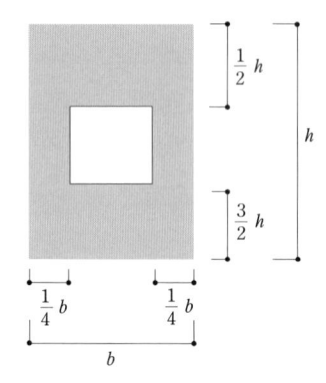

演習問題 7.2 下図のような梁AとBに荷重Pを加えた．断面に生じる引張応力度 σ_b が同じとなる荷重 P がAに比べてBが15倍であった．その時の b と h の比を求めよ．ただし，断面は，均一であるとする．

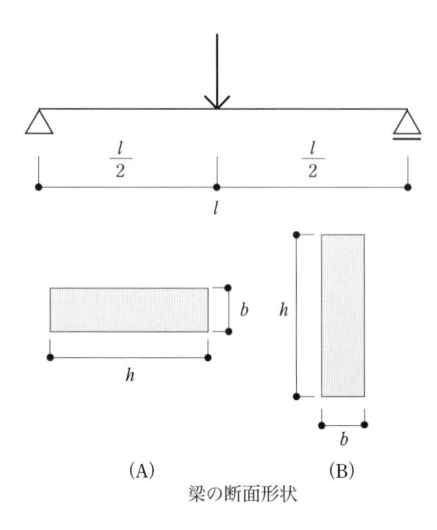

演習問題 7.3 次のような断面を有する部材の X 軸周りの曲げ剛性の比を求めよ．ただし，各断面の材質はすべて同一とし，BとCを構成する各部材は接合されていないものとする．

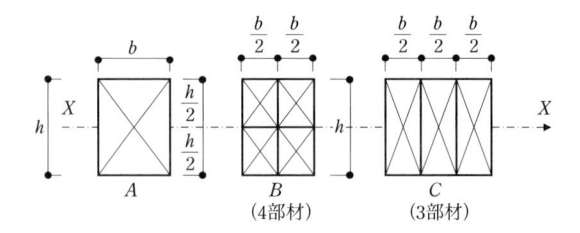

第8章

演習問題 8.1 図のような等分布荷重 w を受ける単純梁(a)と片持梁(b)の変位 δ_C と δ_B の比を求めよ．

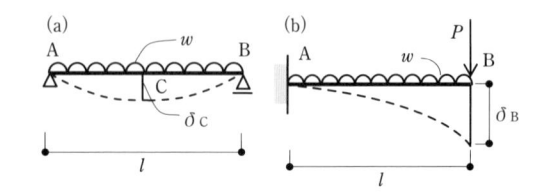

演習問題 8.2 図のように，片持梁の中央と先端に P_1, P_2 の集中荷重が作用している．先端の鉛直変位がゼロになるような P_1 と P_2 の比率を求めよ．ただし，断面の E, I は一定とする．

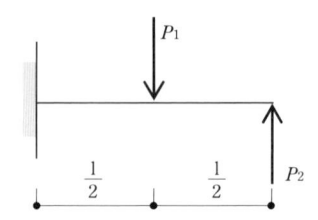

演習問題 8.3 図のような支持条件である柱の座屈長さを求めよ．また，大きい順に並べよ．ただし，断面の E, I は一定とする．

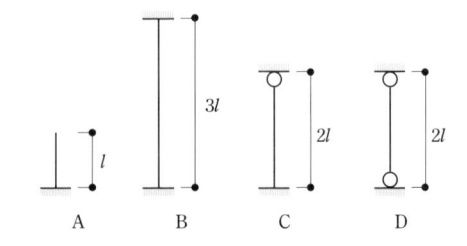

第 9 章

演習問題 9.1 C 点の水平反力は左右どちら向きか．理由も述べよ．

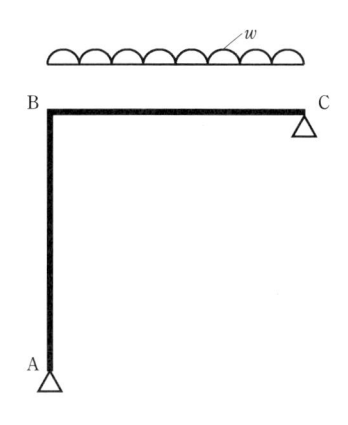

第 10 章

演習問題 10.1 [A]〜[C] の 3 つのラーメンに，下記のように水平力が加わる時，柱頭部の水平変位 δ_A, δ_B, δ_C の比を求めよ．ただし，梁の曲げ剛性は無限大とする．

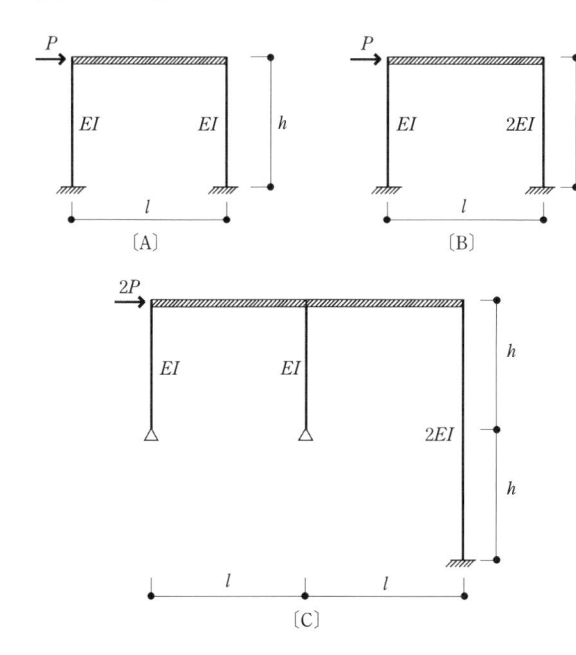

第 11 章

演習問題 11.1 下のラーメンで，梁の曲げ剛性が大きくなるに従って，各項目の値がどのように変化するか．（大きくなる，小さくなる，変化しない）のいずれかを選んで書け．

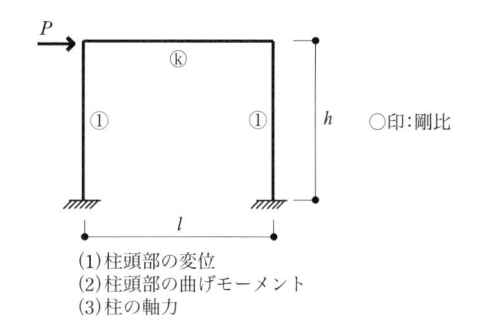

(1) 柱頭部の変位
(2) 柱頭部の曲げモーメント
(3) 柱の軸力

演習問題 11.2 反力および M, Q, N 図を描け．

第 12 章

演習問題 12.1 下図に示すように，単純梁形式に支持したコンクリート製の梁に，少しずつ静かに荷重 P を加えていく．このとき，以下の問いに答えよ．

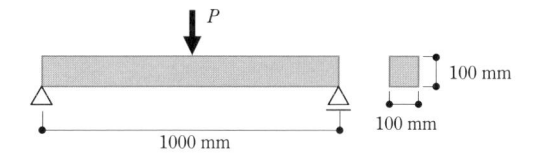

1. コンクリートの設計基準強度を $F = 36\text{N/mm}^2$ とする．梁にひび割れが発生して壊れるときの荷重 P を求めよ．
2. 長期の設計について考える場合，載荷可能な荷重 P の値を求めよ．
3. 長期の設計荷重を $P = 4.8\text{kN}$ にしたい．使用材料は変えずに，許容応力度以内になるように断面寸法を変更したい．なお，梁幅は 100mm で固定する．この時，条件を満足する梁せいを求めよ．

第 13 章

演習問題 13.1 図のような均質で幅が b, せいが d の矩形断面の梁の降伏応力度を σ_y としたときの全塑性モーメント M_P を求めよ．

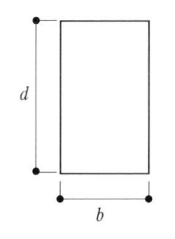

演習問題 13.2 図のような脚部で固定された矩形断面の柱の頂部の図心に，鉛直荷重 $N = b_2 \sigma_y$ と水平荷重 P が作用している．P を増大させていき柱脚部が全塑性状態に達したときの水平荷重 P_u を求めよ．ただし，矩形断面材は等質等断面で降伏応力度を σ_y とし，自重はないものとする．

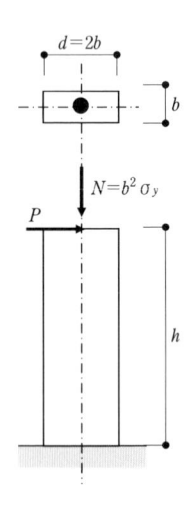

演習問題 13.3 図の梁に荷重 P を増大させたときの崩壊荷重 P を求めよ．ただし，梁の全塑性モーメントを $M_p = 20\text{kNm}$ とする．

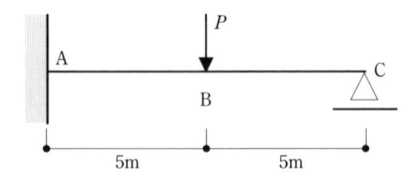

演習問題 13.4 図のようなラーメンに水平荷重 P を増大させたときのラーメンの崩壊荷重 P_u を求めよ．ただし，柱，梁の全塑性モーメントは 150 kNm，100 kNm とし，部材に作用する軸力およびせん断による曲げ耐力の低下は無視するものとする．

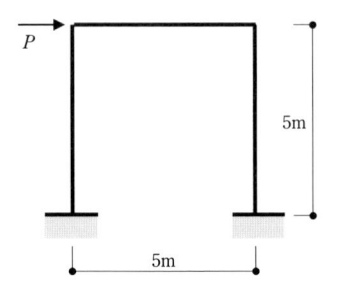

演習問題 13.5 図のようなラーメンに作用する水平力を増大させたとき，梁降伏先行の全体崩壊に対する1層の保有水平耐力 Q_{u1} を求めよ．ただし，柱，梁の全塑性モーメント M_p は図に示す通りとし，部材に作用する軸力およびせん断による曲げ耐力の低下は無視するものとする．

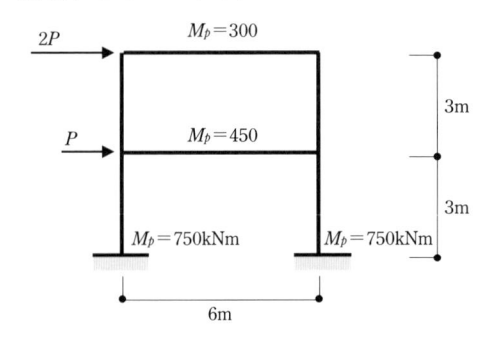

第 14 章

演習問題 14.1 次の3つの振動系の固有周期を求めよ．また，大きい順に並べよ．ただし棒材の E, I は一定とする．(第 10 章 10・1-6)「撓角法の基本式」参照)

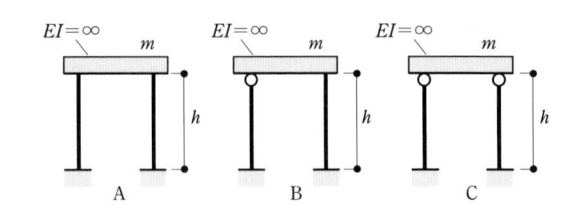

※第 15 章「演習問題」の解答は，学芸出版社ウェブサイト <http://www.gakugei-pub.jp> の本書HP<http://www.gakugei-pub.jp/mokuroku/book/ISBN978-4-7615-2468-5.htm> にて公開しています．

付録

章末練習問題解答

練習問題 1.1

(a) $M_A = -20 \times 2 + 30 \times 2 + 10 \times 3 = 50\,\text{kNm}$

(b) 解 1： $M_A = 10 \times 3 + 10 \times 5 = 80\,\text{kNm}$

解 2： 偶力モーメントの性質を利用
（A 点の位置に無関係）

$M_A = P \cdot l = 10 \times 8 = 80\,\text{kNm}$

練習問題 1.2

(解 1)

$$\Sigma X = 0 : -P_1\sin 45° + P_2\sin 30° = 0 \quad ①$$

$$\Sigma Y = 0 : P_1\cos 45° + P_2\cos 30° - P = 0 \quad ②$$

$$-\frac{1}{\sqrt{2}}P_1 + \frac{1}{2}P_2 = 0 \quad ③$$

$$\frac{1}{\sqrt{2}}P_1 + \frac{\sqrt{3}}{2}P_2 - P = 0 \quad ④$$

③ より $P_1 = \frac{\sqrt{2}}{2}P_2 = \frac{1}{\sqrt{2}}P_2 \to$ ④に代入

$P_2 = \dfrac{2}{1+\sqrt{3}}P \to$ ③に代入 $P_1 = \dfrac{\sqrt{2}}{1+\sqrt{3}}P$

(解 2)

$$\frac{P_1}{\sin 30°} = \frac{P_2}{\sin 45°} = \frac{P}{\sin(180°-75°)} = \frac{P}{\sin 75°}$$

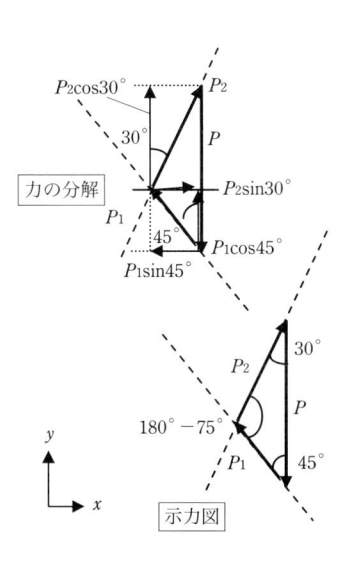

$$P_1 = \frac{\sin 30°}{\sin 75°}P \quad P_2 = \frac{\sin 45°}{\sin 75°}P$$

$\sin 75° = \sin(45° + 30°)$

$= \sin 45°\cos 30° + \cos 45°\sin 30°$

$= \dfrac{1+\sqrt{3}}{2\sqrt{2}}$

$\therefore P_1 = \dfrac{\sqrt{2}}{1+\sqrt{3}}P, \quad P_2 = \dfrac{2}{1+\sqrt{3}}P$

(解 3) 図式解法

上図の示力図を線分として描き，その長さを物差しで測り求める．大きさ，向きは示力図の方向となる．

練習問題 1.3

(解 1)

2 本のロープ（直交する半分）の下図の示力図(a)を用い，正弦比例の公式より

$$\frac{P_1}{\sin 60°} = \frac{\dfrac{P}{2}}{\sin 60°}$$

$\therefore P_1 = \dfrac{P}{2} = P_2 = P_3 = P_4$

(解 2)

1 本のロープについて，下図の(b)を用い，張力

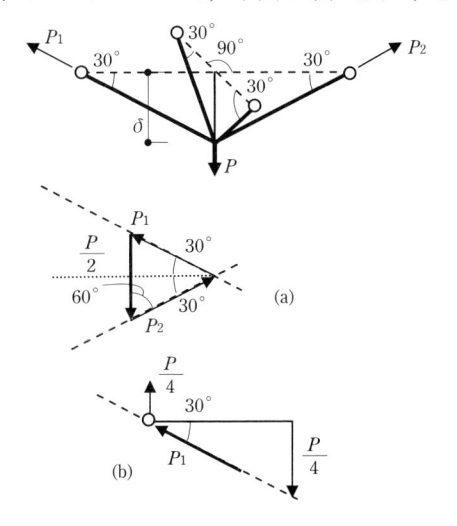

$P_1 \sin 30 = \dfrac{P}{4}$ を考えると，

$$P_1 = \dfrac{P}{2}$$

$$\therefore P_1 = P_2 = P_3 = P_4 = \dfrac{P}{2}$$

[練習問題 1.4]

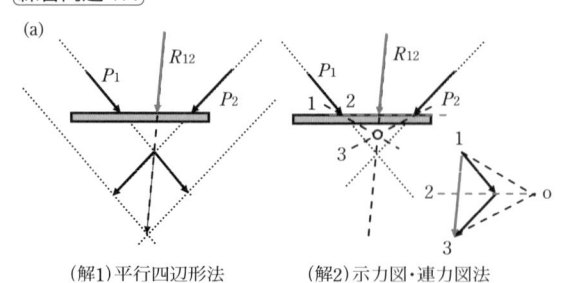

(a)
(解1)平行四辺形法　　(解2)示力図・連力図法

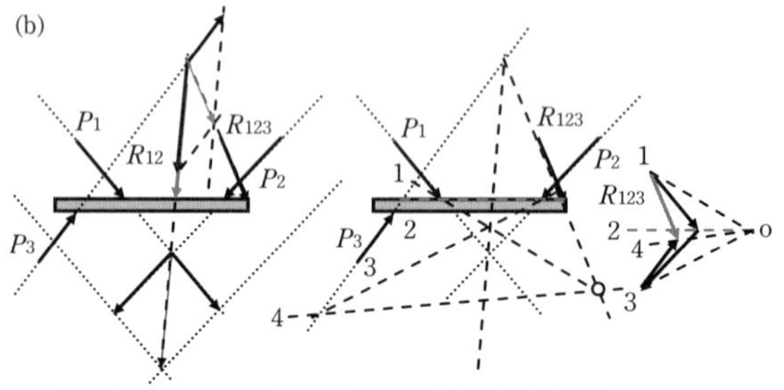

(b)
(解1)平行四辺形法　　(解2)示力図・連力図法

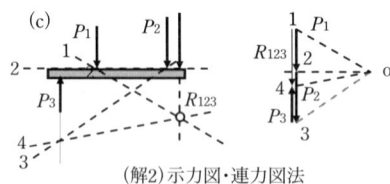

(c)
(解2)示力図・連力図法

[練習問題 1.5]

(解1) 解析的方法（釣合式による計算）

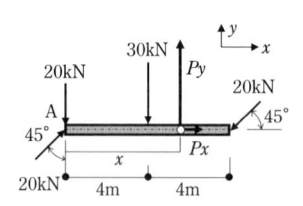

1) $\Sigma X = 0 : 20\sin 45° - 20\sin 45° + P_x = 0, \ P_x = 0$

2) $\Sigma Y = 0 : 20\cos 45° - 20 - 30 - 20\cos 45° + P_y = 0$

   $P_y = 50 \text{ kN}$

3) $\Sigma_A M = 0 : 30 \times 4 + 8 \times 20\cos 45 + P_y \times x = 0$

   $x = \dfrac{1}{50} \cdot \dfrac{120\sqrt{2} + 160}{\sqrt{2}} \fallingdotseq 4.66 \text{m}$

左端から 4.66m の位置に上向きに 50kN の力を作用させる．

(解2) 図式解法

示力図・連力図による方法（連力図が閉じる・回転しない）

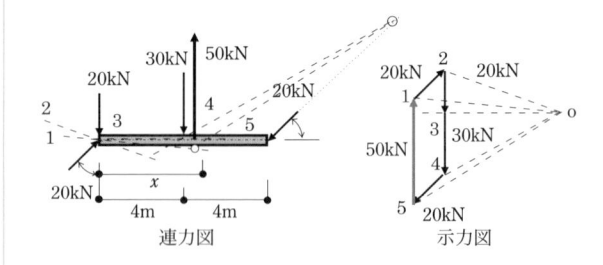

連力図　　示力図

[練習問題 2.1]

不静定次数 $m = s + t + r - 2k$

s: 全部材数　　t: 支点反力総数

r: 全剛接数　　k: 全節点数

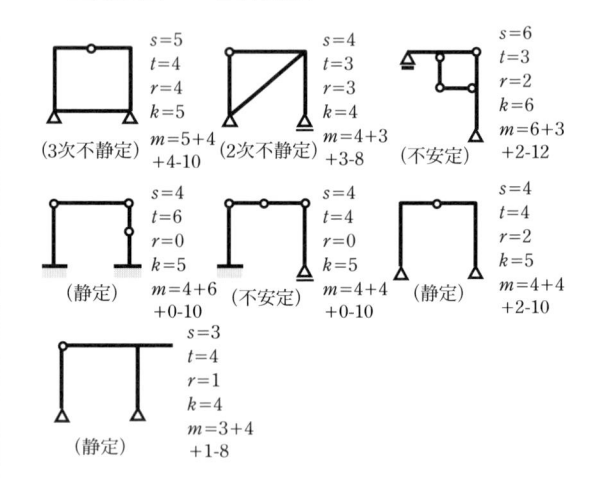

(3次不静定) $s=5, t=4, r=4, k=5$　$m=5+4+4-10$

(2次不静定) $s=4, t=3, r=3, k=4$　$m=4+3+3-8$

(不安定) $s=6, t=3, r=2, k=6$　$m=6+3+2-12$

(静定) $s=4, t=6, r=0, k=5$　$m=4+6+0-10$

(不安定) $s=4, t=4, r=0, k=5$　$m=4+4+0-10$

(静定) $s=4, t=2, r=2, k=5$　$m=4+4+2-10$

(静定) $s=3, t=4, r=1, k=4$　$m=3+4+1-8$

[練習問題 2.2]

・支点反力 V_A, V_B, H_B, M_B を仮定する．

・釣合式を立てる．

1) $\Sigma X = 0 : H_B = 0$

2) $\Sigma Y = 0 : V_A - 30 + V_B = 0$

   $V_A + V_B = 30$

3) C 点のモーメントの釣合；$M_C = 0$ から，

   $\Sigma_C M = 0 :$ 〔A—C 間〕

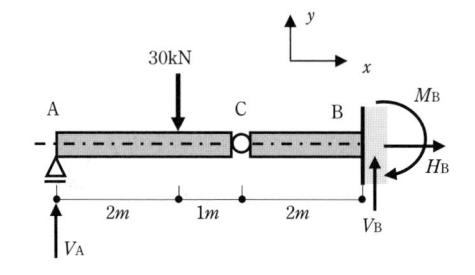

$V_A \times 3 - 30 \times 1 = 0 \rightarrow V_A = 10$kN

∴ $V_B = 20$kN

$\Sigma_C M = 0$：〔C—B 間〕

$-V_B \times 2 + M_B = 0$

∴ $M_B = 40$kNm

練習問題 2.3

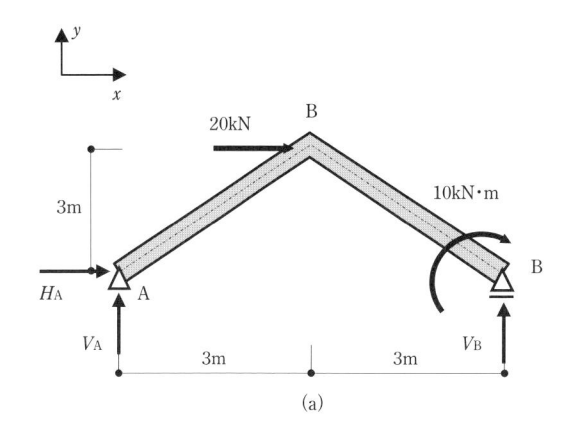

(a)

・支点反力を仮定する．

・釣合式を立てる．

1) $\Sigma X = 0 : H_A + 20 = 0 \quad H_A = -20$kN

2) $\Sigma Y = 0 : V_A + V_B = 0$

3) $\Sigma_A M = 0$：

   $20 \times 3 - V_B \times 6 + 10 = 0$

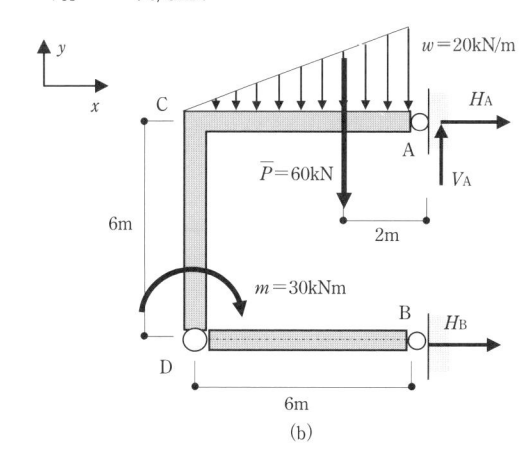

∴ $V_B = 70/6$kN

$V_A = -70/6$kN

(b)

・三角分布荷重の合力 $\overline{P}$ を求める

$\overline{P} = w \times 6/2 = 20 \times 6/2 = 60$kN

・支点反力を仮定する．

1) 両支点の反力モーメント $= 0$

2) 支点 B の反力 H_B のみである．

(D—B 部材はピン—ピン部材である)

・釣合式を立てる．

1) $\Sigma X = 0 : H_A + H_B = 0$

2) $\Sigma Y = 0 : -60 + V_A = 0 \quad V_A = 60$kN

3) $\Sigma_A M = 0$：

   $-60 \times 2 + 30 - H_B \times 6 = 0$

∴ $H_B = -15$kN

$H_A = +15$kN

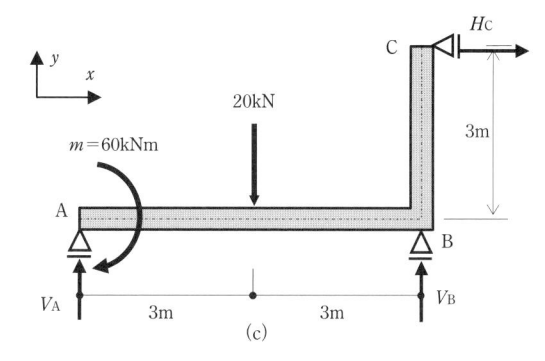

(c)

・支点反力を仮定する．

・釣合式を立てる．

1) $\Sigma X = 0 : H_C = 0$

2) $\Sigma Y = 0 : V_A + V_B - 20 = 0$

3) $\Sigma_A M = 0$：

   $60 + 20 \times 3 - V_B \times 6 = 0$

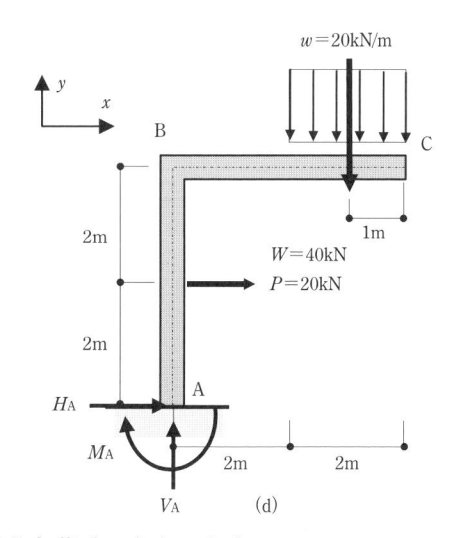

∴ $V_B = 20$kN

$V_A = 0$

(d)

・等分布荷重の合力 P を求める

$W = 20 \times 2 = 40$kN

・支点反力を仮定する．

・釣合式を立てる．

1) $\Sigma X = 0 : H_A + 20 = 0 \to H_A = -20\text{kN}$
2) $\Sigma Y = 0 : V_A - 40 = 0 \to V_A = 40\text{kN}$
3) $\Sigma_A M = 0$：
   $M_A + 20 \times 2 + 40 \times 3 = 0$
   $\therefore M_A = -160\text{kNm}$

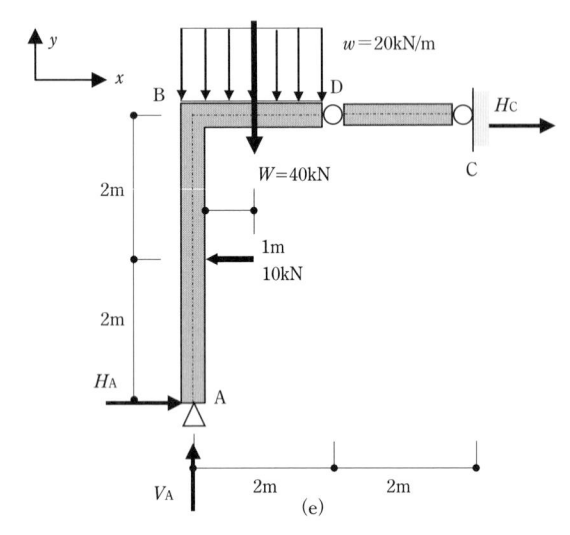

・等分布荷重の合力 P を求める
   $W = 20 \times 2 = 40\text{kN}$

・支点反力を仮定する．
   支点 C の反力 H_B のみである．
   (D―C 部材はピン―ピン部材である)

・釣合式を立てる．

1) $\Sigma X = 0 : H_A + H_C - 10 = 0$
   $\to H_A + H_C = 10\text{kN}$
2) $\Sigma Y = 0 : V_A - 40 = 0 \to V_A = 40\text{kN}$
3) $\Sigma_A M = 0$：
   $-10 \times 2 + 40 \times 1 + H_C \times 4 = 0$

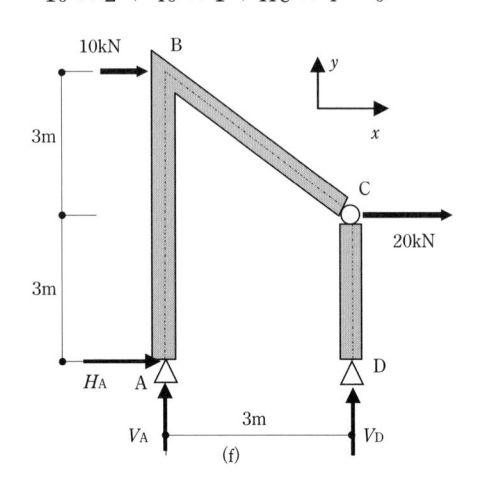

$\therefore H_C = -5\text{kN} \to H_A = 15\text{kN}$

・支点反力を仮定する．
   支点 D の反力 V_D のみである．
   (C―D 部材はピン―ピン部材である)

・釣合式を立てる．

1) $\Sigma X = 0 : H_A + 10 + 20 = 0 \to H_A = -30$
2) $\Sigma Y = 0 : V_A + V_B = 0$
3) $\Sigma_A M = 0$：
   $10 \times 6 + 20 \times 3 - V_D \times 3 = 0$
   $\therefore V_D = 40\text{kN}$
   $V_A = -40\text{kN}$

[練習問題 4.1]

(1)

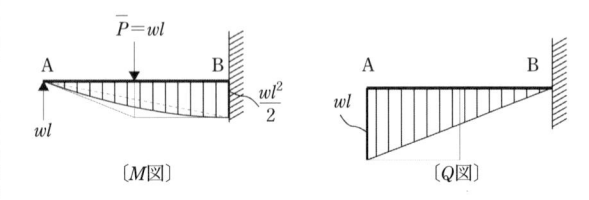

(2) $P = wl/2$

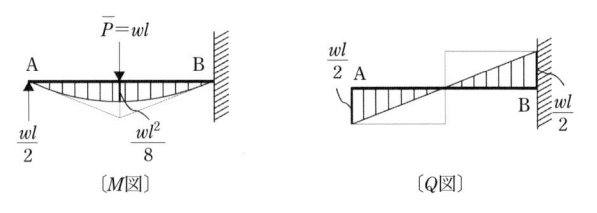

[練習問題 4.2]

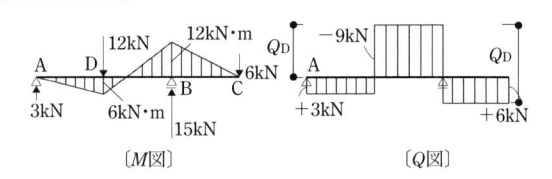

$M_B = 12\text{kNm}, \quad Q_B = 15\text{kN}$
$M_D = 6\text{kNm}, \quad Q_D = 12\text{kN}$

[練習問題 4.3]

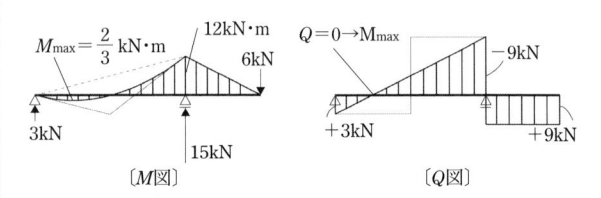

AB の中点の $M = 0$, $Q = 3\text{kN}$ $M_{max} = 3/2\text{kNm}$

練習問題 5.1

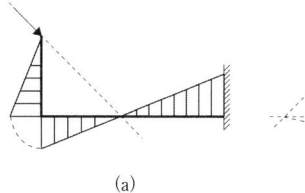

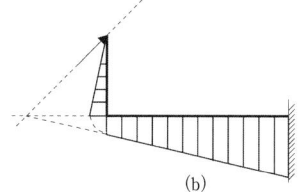

(a) (b)

練習問題 5.2

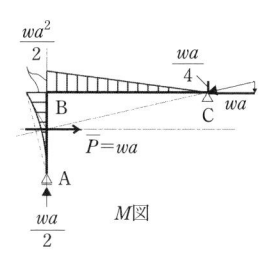

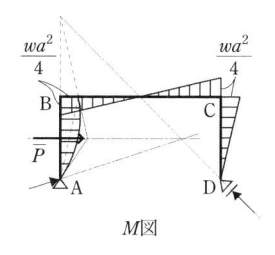

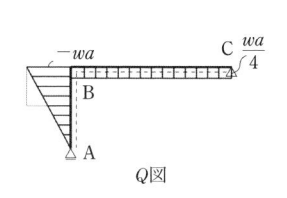

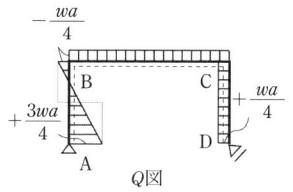

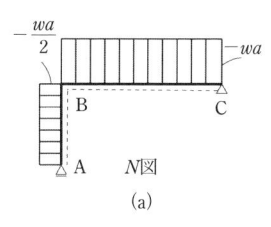

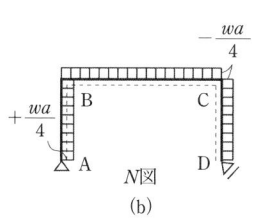

(a) M図, Q図, N図: $\dfrac{wa^2}{2}$, $\dfrac{wa}{4}$, wa, $\bar{P}=wa$, $\dfrac{wa}{2}$, $-wa$, $\dfrac{wa}{4}$, $-\dfrac{wa}{2}$, $-wa$

(b) M図, Q図, N図: $\dfrac{wa^2}{4}$, $\dfrac{wa^2}{4}$, $\bar{P}$, $-\dfrac{wa}{4}$, $+\dfrac{3wa}{4}$, $+\dfrac{wa}{4}$, $+\dfrac{wa}{4}$, $-\dfrac{wa}{4}$

練習問題 5.3

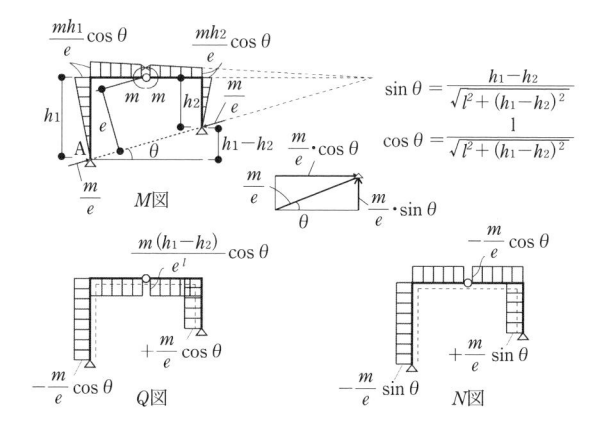

$\dfrac{mh_1}{e}\cos\theta$, $\dfrac{mh_2}{e}\cos\theta$, $\dfrac{m}{e}$, h_1, m, m, h_2, e, h_1-h_2, $\dfrac{m}{e}$

$\sin\theta = \dfrac{h_1-h_2}{\sqrt{l^2+(h_1-h_2)^2}}$

$\cos\theta = \dfrac{1}{\sqrt{l^2+(h_1-h_2)^2}}$

$\dfrac{m}{e}\cdot\cos\theta$, $\dfrac{m}{e}\cdot\sin\theta$

M図

$\dfrac{m(h_1-h_2)}{e^l}\cos\theta$, $-\dfrac{m}{e}\cos\theta$, $-\dfrac{m}{e}\sin\theta$, $+\dfrac{m}{e}\cos\theta$, $+\dfrac{m}{e}\sin\theta$, $-\dfrac{m}{e}\cos\theta$

Q図　　N図

練習問題 6.1

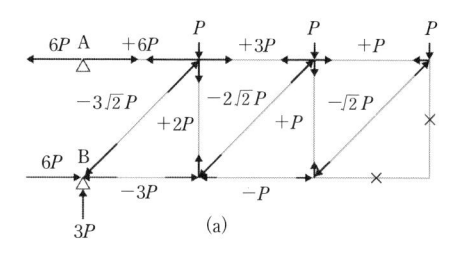

(a) $6P$ A $+6P$ P $+3P$ P $+P$ P; $-3\sqrt{2}P$, $-2\sqrt{2}P$, $-\sqrt{2}P$; $+2P$, $+P$; $6P$ B $-3P$ $-P$; $3P$

(b) $6P$ A $+3P$ P $+P$ P P; $3P$; $+3\sqrt{2}P$, $-3P$, $+2\sqrt{2}P$, $-2P$, $+2P$, $-P$; $6P$ B $-6P$ $-3P$ $-P$

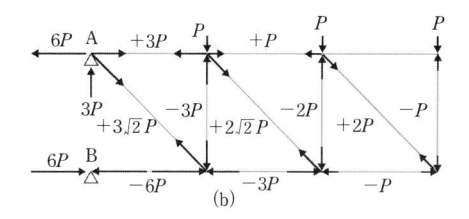

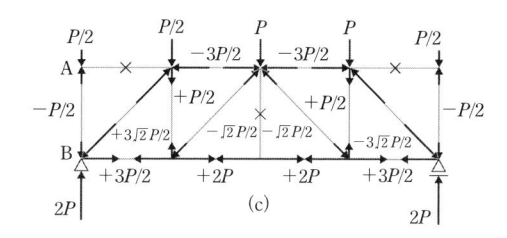

(c) $P/2$, $P/2$, P, P, $P/2$; A $-3P/2$ $-3P/2$; $-P/2$, $+P/2$, $+P/2$, $-P/2$; $+3\sqrt{2}P/2$, $-\sqrt{2}P$, $-\sqrt{2}P$, $-3\sqrt{2}P/2$; B $+3P/2$ $+2P$ $+2P$ $+3P/2$; $2P$, $2P$

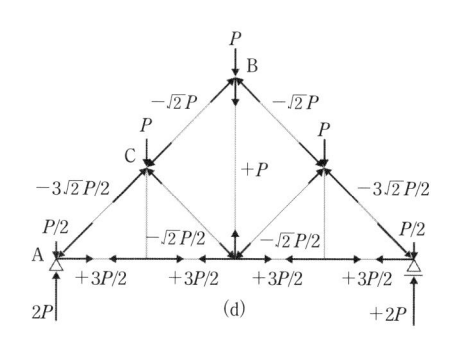

(d) P B; $-\sqrt{2}P$, $-\sqrt{2}P$; P C, P; $-3\sqrt{2}P/2$, $+P$, $-3\sqrt{2}P/2$; $P/2$ A, $P/2$; $-\sqrt{2}P/2$, $-\sqrt{2}P/2$; $+3P/2$, $+3P/2$, $+3P/2$, $+3P/2$; $2P$, $+2P$

練習問題 6.2

① B 40kN C 40kN 40kN; a; A D; 60kN; a; 60kN

② 40kN B; N_1 C; N_3; A N_2 D; 60kN

B C; $20\sqrt{2}$ kN; N_4; A D; 120kN

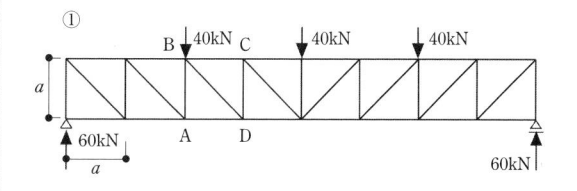

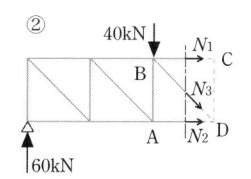

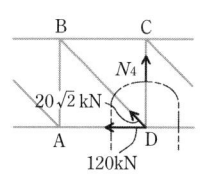

$\Sigma M_B = + 60 \times 2a - N_2 \times a \equiv 0$

$\therefore N_2 = 120\text{kN}$

$\Sigma M_D = + N_1 \times a - 40 \times a + 60 \times 3a \equiv 0$

$\therefore N_1 = -140\text{kN}$

$\Sigma Y = 60 - 40 - \dfrac{N_3}{\sqrt{2}} = 0$

$\therefore N_3 = 20\sqrt{2}\text{ kN}$

$\Sigma Y = N_4 + 20 \equiv 0$

$\therefore N_4 = -20\text{kN}$

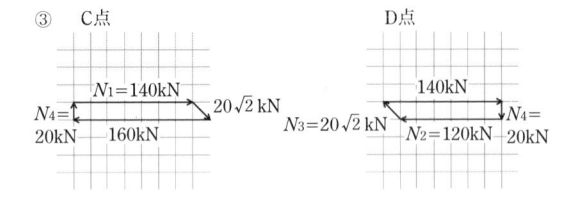

③ C点　D点

$N_1 = 140\text{kN}$, $20\sqrt{2}\text{ kN}$, $N_4 = 20\text{kN}$, 160kN ; $N_3 = 20\sqrt{2}\text{ kN}$, 140kN, $N_2 = 120\text{kN}$, $N_4 = 20\text{kN}$

[練習問題 6.3]

$N_1 = -\sqrt{2}P$

$N_2 = \dfrac{3P}{2}$

$N_3 = -\dfrac{\sqrt{2}P}{2}$

$N_4 = P$

[練習問題 7.1]

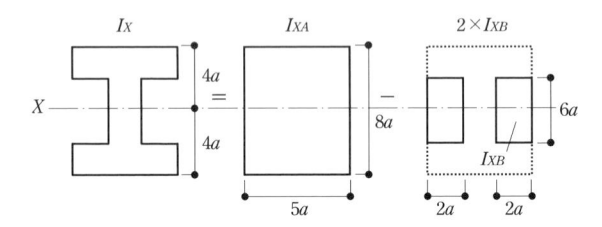

$I_{XA} = \dfrac{bh^3}{12} = \dfrac{5a \times (8a)^3}{12} = \dfrac{640a^4}{3}$

$I_{XB} = 2 \times \dfrac{bh^3}{12} = 2 \times \dfrac{2a \times (6a)^3}{12} = 72a^4$

$I_X = I_{XA} - I_{XB} = \left(\dfrac{640}{3} - 72\right)a^4 = \dfrac{424}{3}a^4$,

$Z = \dfrac{I_X}{\dfrac{h}{2}} = \dfrac{106}{3}a^3$

[練習問題 7.2]

$y = \dfrac{h}{2}$ の時

$\sigma = \dfrac{N}{A} + \dfrac{M}{Z} = 0$

$A = bh \quad Z = \dfrac{bh^2}{6} \quad I = \dfrac{bh^3}{12} \quad M = Pl$

よって

① 断面の上端

$\sigma_t = \dfrac{N}{bh} + \dfrac{Pl}{\dfrac{bh^2}{6}} = 0, N = -\dfrac{6Pl}{h}$

② 断面の下端

$\sigma_C = \sigma = \dfrac{N}{bh^2} + \dfrac{P \cdot l}{\dfrac{bh^2}{6}}$

①の N を代入する．

$P = \dfrac{bh^2}{12l}\sigma, \therefore N = \dfrac{bh}{2}\sigma$

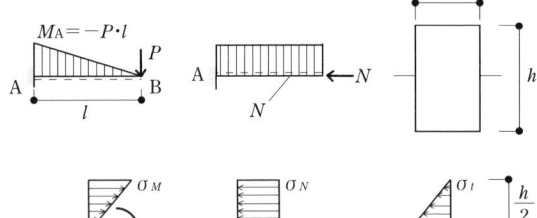

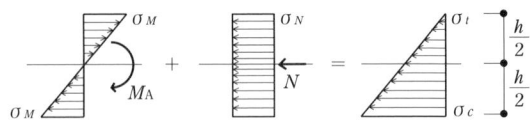

[練習問題 7.3]

A の断面2次モーメント，$I_A = \dfrac{a^4}{12}$

B の断面2次モーメント，$I_B = \dfrac{16}{12}a^4$

柱 A と柱 B の剛比

$k_A : k_B = \dfrac{I_A}{l} : \dfrac{I_B}{l} = 1 : 16$

よって，柱 A に生じるせん断力は，

$Q_A = \dfrac{k_A}{k_A + k_B} \cdot P = \dfrac{1}{17}P$

柱脚モーメント $M_A = \dfrac{1}{17}Ph$

柱 B に生じるせん断力は，

$$Q_B = \frac{k_B}{k_A + k_B} \cdot P = \frac{16}{17}P$$

柱脚モーメント $M_B = \frac{16}{17}Ph$ （h に柱の高さ）

$$\sigma_A = \frac{M_A}{Z_A} = \frac{\frac{1}{17}Ph}{6 \times a \times a^2} = \frac{6}{17} \cdot \frac{Ph}{a^3}$$

$$\sigma_B = \frac{M_B}{Z_B} = \frac{\frac{16}{17}Ph}{\frac{(2a) \times (2a)^2}{6}} = \frac{16 \times 6}{17 \times 6 \times 8} \cdot \frac{Ph}{a^3} = \frac{2 \times 6}{17} \cdot \frac{Ph}{a^3}$$

$$\therefore \sigma_A : \sigma_B = 1 : 2$$

[練習問題 8.1]

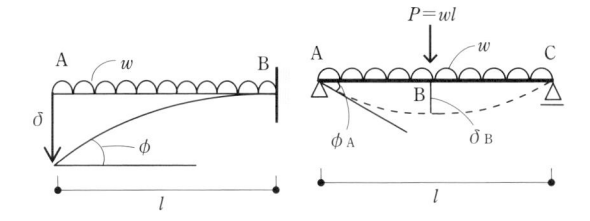

①片持梁の変形

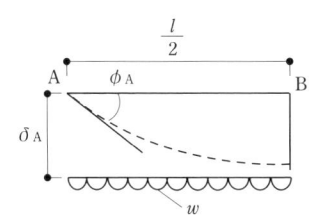

$$\delta = \frac{wl^4}{8EI}$$

$$\phi = \frac{wl^3}{6EI}$$

②単純梁の変形

単純梁の左半分は，見かけ上単純梁の半分の変形に等しい．よって，$l \to l/2$ として計算（w は同じ）．

$$\delta = \frac{w_c l_c^4}{8EI}, \quad \delta_B = \frac{w \cdot \left(\frac{l}{2}\right)^4}{8EI} = \frac{w \cdot \frac{l^4}{16}}{8EI} = \frac{wl^4}{128EI}$$

$$\phi = \frac{wl^3}{6EI}, \quad \phi_A = \frac{w \cdot \left(\frac{l}{2}\right)^2}{6EI} = \frac{w \cdot \frac{l^3}{8}}{6EI} = \frac{wl^3}{48EI}$$

[練習問題 8.2]

1) δ_C を求める．M 図は，(a)図

① A—B 間

$M_x = P \cdot x_2$

C—B 間

$M_x = -P \cdot x_2$

② $\overline{M}$ 図は，(b)図

A—B 間

$\overline{M}_x = -x_1$

C—B 間

$\overline{M}_x = -x_2$

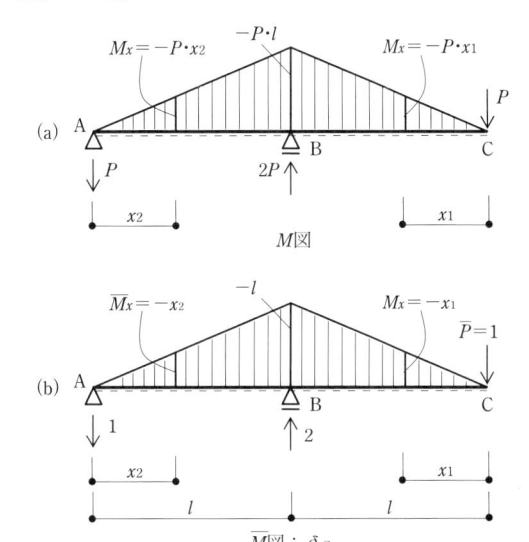

③
$$1 \cdot \delta_c = \int_0^l \frac{\overline{M}_x M_x}{EI} dx_1 + \int_0^l \frac{\overline{M}_x M_x}{EI} dx_2$$

$$= 2\int_0^l \frac{(-x_1)(-Px_1)}{EI} dx_1 = \frac{2P}{EI}\left[\frac{x_1^3}{3}\right]_0^l = \frac{2Pl^3}{3EI}$$

$$\therefore \delta_c = \frac{2Pl^3}{3EI}$$

2) ϕ_A を求める．

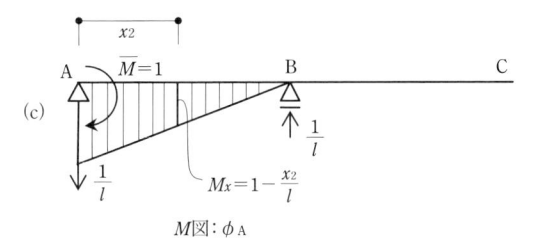

① M 図は δ_B と同じ (a)図

② $\overline{M}$ 図は, (c)図

$$\overline{M}_x = 1 - \frac{x_2}{l}$$

③

$$1 \cdot \phi_A = \int_0^l \frac{\left(1 - \frac{x_2}{l}\right)(-Px_2)}{EI} dx_2$$

$$= \frac{P}{EI} \int_0^l \left(\frac{x_2^2}{l} - x_2\right) dx_2 = \frac{P}{EI} \left[\frac{x_2^3}{3l} - \frac{x_2^2}{2}\right]_0^l$$

$$= \frac{P}{EI} \left[\frac{l^3}{3l} - \frac{l^2}{2}\right] = -\frac{Pl^2}{6EI}$$

$$\therefore \phi_A = -\frac{Pl^2}{6EI} (反時計回り)$$

3) ϕ_B を求める.

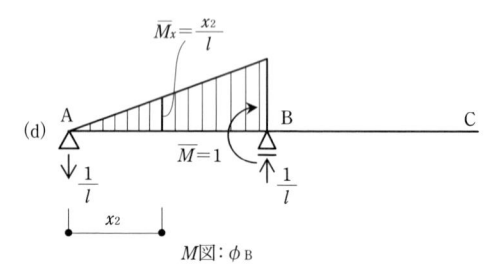

(d) [図]

① M 図は, δ_B と同じ (a)図
② $\overline{M}$ 図は, (d)図

$$\overline{M}_x = -\frac{x_2}{l}$$

③

$$1 \cdot \phi_B = \int_0^l \frac{\left(-\frac{x_2}{l}\right)(-Px_2)}{EI} dx_2$$

$$= \frac{P}{EIl} \left[\frac{x_2^3}{3}\right]_0^l = \frac{Pl^2}{3EI}$$

$$\therefore \theta_B = \frac{Pl^2}{3EI}$$

4) ϕ_C を求める.

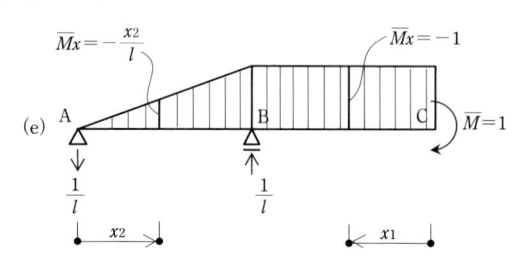

(e) [図]

① M 図は, δ_B と同じ (a)図

② $\overline{M}$ 図は, (e)図

A—B 間

$$\overline{M}_x = -\frac{x_2}{l}$$

B—C 間

$$\overline{M}x = -1$$

③

$$1 \cdot \phi_c = \int_0^l \frac{\left(-\frac{x_2}{l}\right)(-Px_2)}{EI} dx_2 + \int_0^l \frac{(-1)(-Px_1)}{EI} dx_1$$

$$= \frac{P}{EIl} \left[\frac{x_2^3}{3}\right]_0^l + \frac{P}{EI} \left[\frac{x_1^2}{3}\right]_0^l = \frac{Pl^2}{3EI} + \frac{Pl^2}{2EI} = \frac{5Pl^2}{6EI}$$

$$\therefore \phi_c = \frac{5Pl^2}{6EI}$$

5) δ_D を求める.

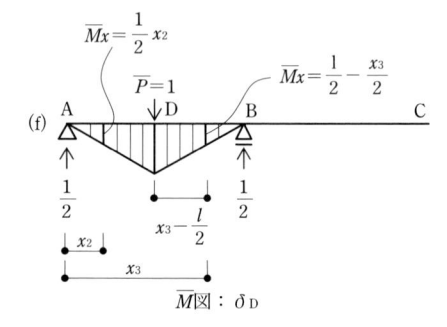

(f) [図]

① M 図は, δ_B と同じ (a)図
② $\overline{M}$ 図は, (f)図

A—D 間

$$\overline{M}_x = \frac{1}{2} x_2$$

D—B 間

$$\overline{M}_x = \frac{l}{2} - \frac{x_3}{2}$$

③

$$1 \cdot \delta_D = \int_0^{\frac{l}{2}} \frac{\frac{1}{2} x_2 \cdot (-Px_2)}{EI} dx_2 + \int_{\frac{l}{2}}^l \frac{\left(\frac{l}{2} - \frac{x_3}{2}\right) \cdot (-Px_3)}{EI} dx_2$$

$$= -\frac{P}{2EI} \left[\frac{x_2^3}{3}\right]_0^{\frac{l}{2}} - \frac{P}{2EI} \left[\frac{lx_3^2}{3} - \frac{x_3^3}{3}\right]_{\frac{l}{2}}^l$$

$$= -\frac{P}{2EI} \cdot \frac{l^3}{24} - \frac{P}{2EI} \left[\frac{l^3}{2} - \frac{l^3}{3} - \frac{l^3}{8} + \frac{l^3}{24}\right]$$

$$= -\frac{Pl^3}{48EI} - \frac{Pl^3}{2EI} \left[\frac{2}{24}\right]$$

$$= -\frac{Pl^3}{48EI} - \frac{2Pl^3}{48EI} = -\frac{Pl^3}{16EI}$$

$$\therefore \delta_D = \frac{Pl^3}{16EI} \quad (\text{上向きに変位する})$$

練習問題 8.3

1) δ_A を求める.

① M_x

$$M_x = -P \cdot x$$

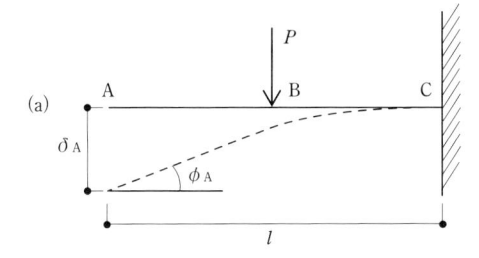

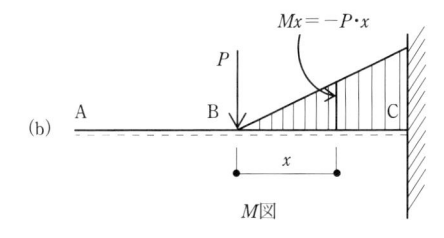

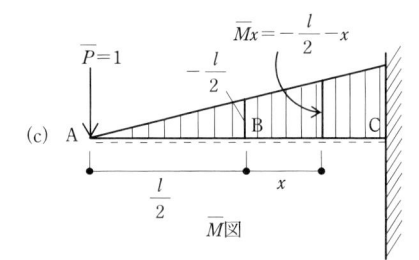

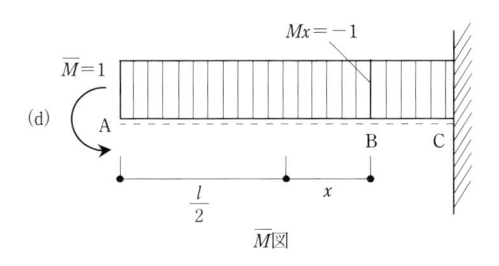

② $\overline{M}_x$ は (c) 図

$$\overline{M}_x = -\frac{l}{2} - x$$

③

$$1 \cdot \delta_A = \int_0^{\frac{l}{2}} \frac{\left(-\frac{l}{2} - x\right) \cdot (-Px)}{EI} dx$$

$$= \frac{P}{EI} \int_0^{\frac{l}{2}} \left(\frac{l}{2}x + x^2\right) dx$$

$$= \frac{P}{EI} \left[\frac{lx^2}{4} + \frac{x^3}{3}\right]_0^{\frac{l}{2}}$$

$$= \frac{P}{EI} \left[\frac{l^3}{16} + \frac{l^3}{24}\right] = \frac{5Pl^3}{48EI}$$

2) ϕ_C を求める.

① M_x は,δ_A と同じ (b) 図
② $\overline{M}_x$ は (d) 図

$$\overline{M}_x = -1$$

③

$$1 \cdot \phi_A = \int_0^{\frac{l}{2}} \frac{\left(-\frac{x}{l}\right)(-Px)}{EI} dx = \frac{P}{EI} \left[\frac{x^2}{2}\right]_0^{\frac{l}{2}} = \frac{Pl^2}{8EI}$$

$$\therefore \phi_A = \frac{Pl^2}{8EI}$$

練習問題 8.4

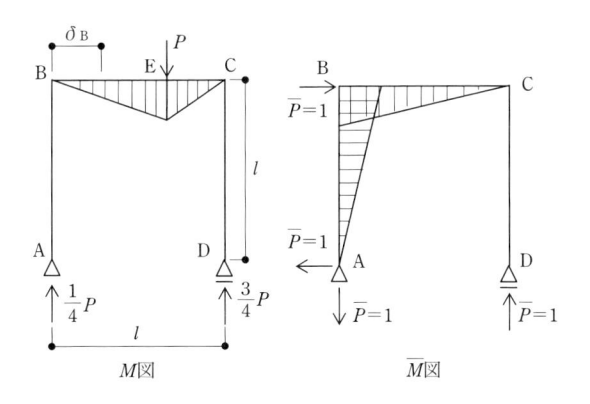

B-C 間で仮想仕事式:$1 \cdot \delta_B = \int \frac{\overline{M}M}{EI} dx$ を考える.

$\overline{M}M > 0$ であるから,$\delta_B > 0$ となり,B 点は右へ移動する.

練習問題 8.5

$$P_a = \frac{\pi^2 EI}{(2h)^2} = \frac{\pi^2 EI}{4h^2} \quad (\because l_h = l = 2h)$$

$$P_b = \frac{\pi^2 EI}{(1.4h)^2} = \frac{\pi^2 EI}{1.96h^2} \quad (\because l_h = 0.7l = 1.4h)$$

$$P_a = \frac{\pi^2 EI}{(2h)^2} = \frac{\pi^2 EI}{4h^2} \quad (\because l_h = 0.5l = 2h)$$

練習問題 9.1

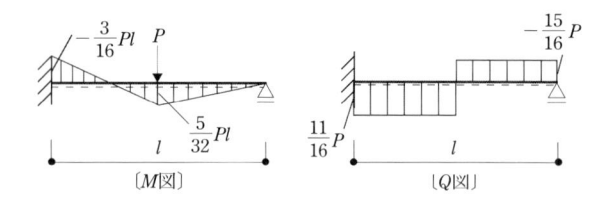

[M図] $-\frac{3}{16}Pl$, $\frac{5}{32}Pl$

[Q図] $\frac{11}{16}P$, $-\frac{15}{16}P$

練習問題 9.2

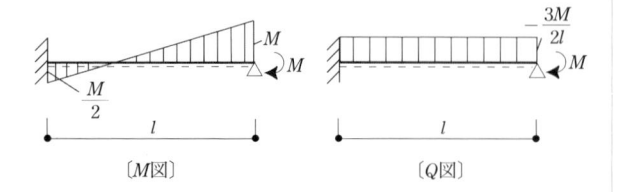

[M図] $\frac{M}{2}$, M

[Q図] $-\frac{3M}{2l}$, M

練習問題 9.3

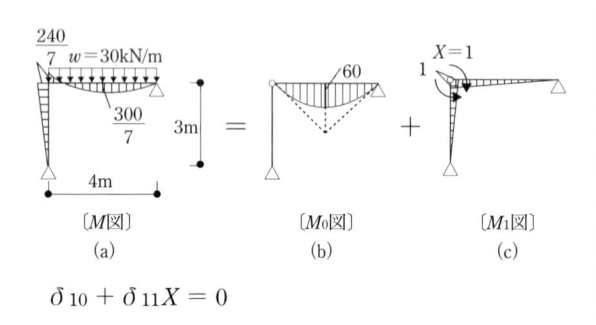

[M図] (a) $w=30\text{kN/m}$, $\frac{240}{7}$, $\frac{300}{7}$, 3m, 4m

[M₀図] (b) 60

[M₁図] (c) $X=1$, 1

$\delta_{10} + \delta_{11}X = 0$

$X = -\frac{240}{7}$

練習問題 9.4

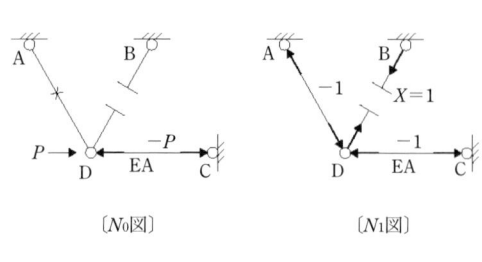

① [N₀図] P, $-P$, EA, A, B, D, C

[N₁図] -1, -1, $X=1$

	長さ	EA	N_0	N_1
AD	L	EA	0	-1
BD	L	nEA	0	1
CD	L	EA	$-P$	-1

② $\delta_{10} = \frac{PL}{EA}$

③ $\delta_{11} = \frac{2n+1}{nEA}L$

④ $X = -\frac{nP}{2n+1}$

⑤

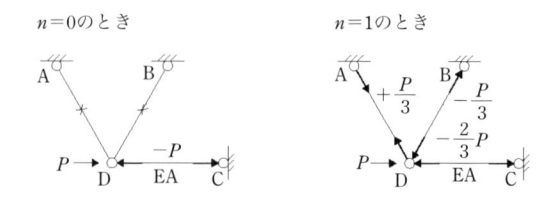

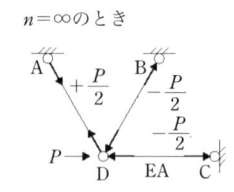

$n=0$ のとき

$n=1$ のとき: $+\frac{P}{3}$, $-\frac{P}{3}$, $-\frac{2}{3}P$

$n=\infty$ のとき: $+\frac{P}{2}$, $-\frac{P}{2}$, $-\frac{P}{2}$

練習問題 9.5

① [N₀図] P, $+P$, $-\sqrt{2}P$, $+P$

[N₁図] $X=1$, $-\sqrt{2}$, $+1$, $-\sqrt{2}$, $+1$

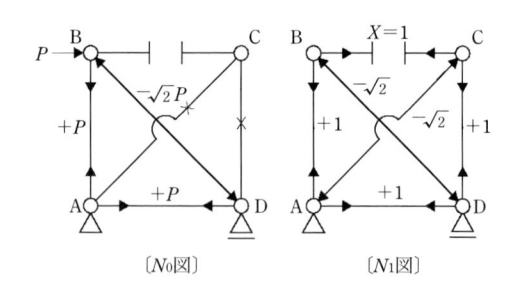

	長さ	EA	N_0	N_1
AC	$\sqrt{2}a$	EA	0	$-\sqrt{2}$
BD	$\sqrt{2}a$	EA	$-\sqrt{2}P$	$-\sqrt{2}$

② $\delta_{10} = \frac{2\sqrt{2}a}{EA}P$

③ $\delta_{11} = \frac{4\sqrt{2}a}{EA}$

④ $X = -\frac{P}{2}$

⑤

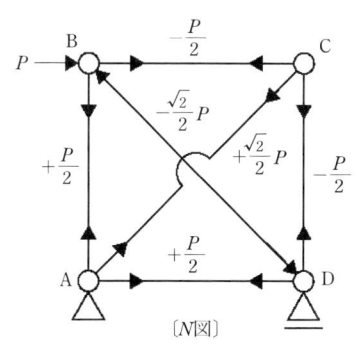

[N図]

ラベル:
- B→C辺: $-\dfrac{P}{2}$
- 斜材(B-D方向): $-\dfrac{\sqrt{2}}{2}P$
- 斜材(A-C方向): $+\dfrac{\sqrt{2}}{2}P$
- A→B辺: $+\dfrac{P}{2}$
- C→D辺: $-\dfrac{P}{2}$
- A→D辺: $+\dfrac{P}{2}$
- B点に水平力 P

【練習問題 10.1】

(1) $R_{AB} = \left(-\dfrac{3}{2}\right) \times R_{CD},\ R_{BC} = 0$

(2) $M_{BA} = 2EK_0(2R)$
    $M_{DC} = 2EK_0(-4.5R)$

(3) $Q_{AB}[\downarrow] = Q_{BA}[\uparrow] = \dfrac{2EK_0(2R)}{3}$

   $Q_{CD}[\downarrow] = Q_{DC}[\uparrow] = \dfrac{2EK_0(-4.5R)}{2}$

(4) $\dfrac{2EK_0(2R)}{3} + 35 - \dfrac{2EK_0(-4.5R)}{2} = 0$

(5) $R = -\dfrac{12}{2EK_0}$

(6) $M_{BA} = -24,\ M_{BC} = 24,\ M_{DC} = 54$
    $Q_{AB} = 8,\ Q_{CD} = -27$

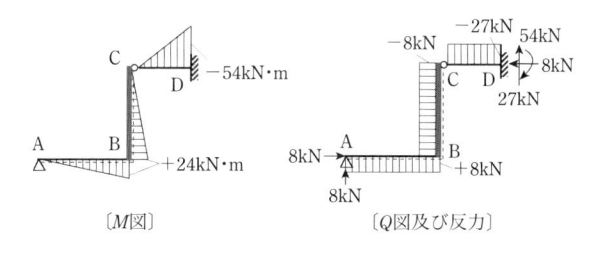

[M図]   [Q図及び反力]

(7)

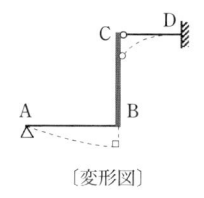

[変形図]

【練習問題 10.2】

(1) $R_{CD} = \left(-\dfrac{3}{2}\right) \times R_{AB},\ R_{BC} = 0$

(2) $M_{BA} = 2EK_0(-4.5R) + 18$
    $M_{DC} = 2EK_0(9R)$

(3) $Q_{AB}[\downarrow] = 2EK_0(-1.5R) - 18$
    $Q_{BA}[\uparrow] = 2EK_0(-1.5R) + 30$
    $Q_{CD}[\downarrow] = Q_{DC}[\uparrow] = 2EK_0(4.5R)$

(4) $= 2EK_0(-1.5R) + 30 - 2EK_0(4.5R) = 0$

(5) $R = \dfrac{5}{2EK_0}$

(6) $M_{BA} = -4.5,\ M_{BC} = 4.5,\ M_{DC} = 45$
    $Q_{AB} = -25.5,\ Q_{CD} = 22.5$

(7)

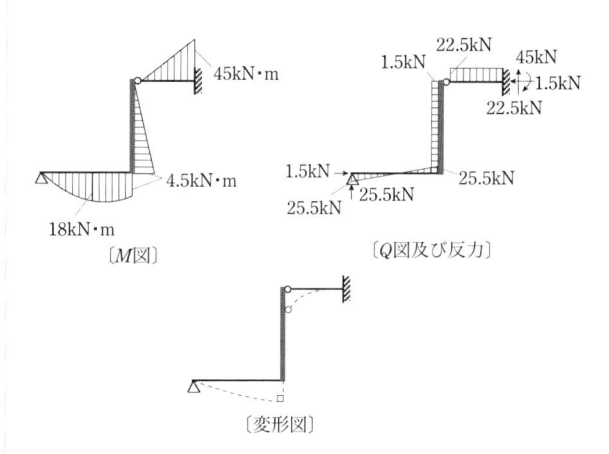

[M図]   [Q図及び反力]

[変形図]

【練習問題 11.1】

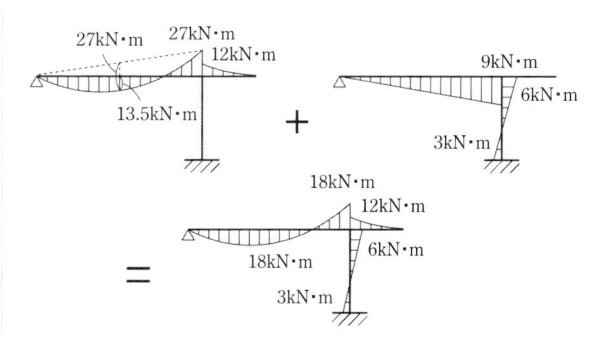

[練習問題 11.2]

(1)

	BE	BA	BC	CB	CD
D.F		3/4	1/4	1/2	1/2
F.E.M	+6	+6	0	0	0
D_1		−9	−3	0	0
C_1		0	0	−1.5	0
D_2		0	0	+0.75	+0.75
Σ		−3	−3	−0.75	−0.75

DC
+0.375

〔M図〕

6kN·m, 3kN·m, 0.75kN·m, 3kN·m, 7.5kN·m, 0.375kN·m

〔Q図〕

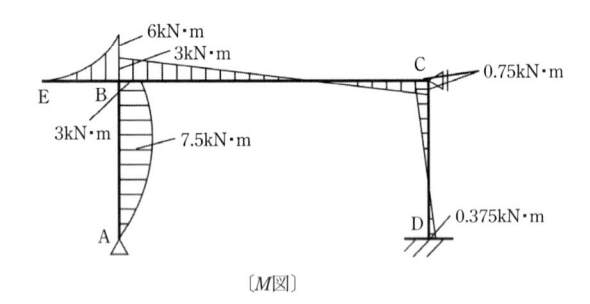

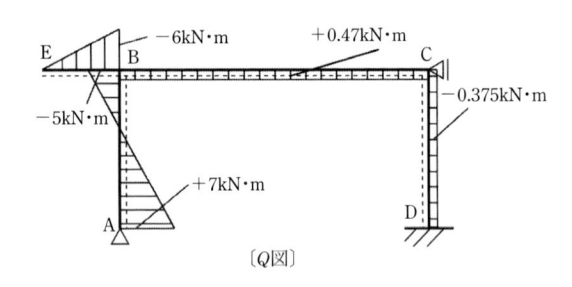

−6kN·m, +0.47kN·m, −5kN·m, −0.375kN·m, +7kN·m

(2) 0.375 (kN) (←)

[練習問題 12.1]

1. コンクリートの設計基準強度 F に対し、長期許容圧縮応力度は $F/3$ である。さらに、短期許容圧縮応力度は長期の 2 倍であるため、$2F/3$ となる。よって、**正しい**.

2. コンクリートの許容引張応力度および許容せん断応力度は、長期で $F/30$、短期で $2F/30$ であり、両者とも等しい。よって、**正しい**.

3. 建築基準法施行令では、コンクリートの長期許容付着応力度は、設計基準強度に関わらず 0.7N/mm^2 とすることが示されている。よって、**誤り**. なお、日本建築学会の RC 規準では、強度の影響を含む式が示されている.

4. $F = 18\text{N/mm}^2$ であり、短期許容せん断応力度は $2F/30$ で求めることができるため、計算すれば 1.2N/mm^2 が求められる。よって、**正しい**.

[練習問題 12.2]

1. まず、$P = 2\text{kN}$ のときの梁中央の曲げモーメント値を求めると、$M = 5 \times 10^5 \text{Nmm}$ となる。次に、このときの梁中央下端の引張応力度を求めると、$S_t = M/Z$ および $Z = 10^6/6$ より、$S_t = 3\text{N/mm}^2$ となる。このとき、梁にひび割れが発生して壊れたので、引張強度は 3N/mm^2 となる.

2. 長期許容引張応力度は設計基準強度（圧縮強度）F に対して $F/3$ である。引張強度が 3N/mm^2 であるから、圧縮強度は 30N/mm^2 となる。よって、長期許容引張応力度は、1N/mm^2 となる.

3. 体重 80kg の場合、荷重としては 784N である。梁中央の曲げモーメントは、$M = 1.96 \times 10^5 \text{Nmm}$ となる。さらに、梁中央下端の引張応力度を求めると、$S_t = 1.176\text{N/mm}^2$ となる.

4. 許容引張応力度は 1N/mm^2 であるため、3. で求めた引張応力度は許容引張応力度を超えている。この引張応力度が許容引張応力度以内になるような設計基準強度を求めれば良いので、$S_t = 1.176\text{N/mm}^2$ を許容引張応力度として設計基準強度 F を求めると、$F = 30 \sigma_t = 35.28\text{N/mm}^2$ となり、小数点以下を切り上げて $F = 36\text{N/m}^2$ となる.

[練習問題 13.1]

$M = 0.21bh^2 \sigma_y$

$y_0 = \dfrac{N}{2B\sigma_y} = \dfrac{0.4bh\sigma_y}{2b\sigma_y} = 0.2h$

式 (13.4) より，

$T = C = \left(\dfrac{D}{2} - y_0\right)B\sigma_y = \left(\dfrac{h}{2} - 0.2h\right)b\sigma_y = 0.3bh\sigma_y$

$j = \dfrac{D}{2} + y_0 = \dfrac{h}{2} + 0.2h = 0.7h$

したがって，

$M = Tj = Cj = 0.3bh\sigma_y \times 0.7h = 0.21bh^2\sigma_y$

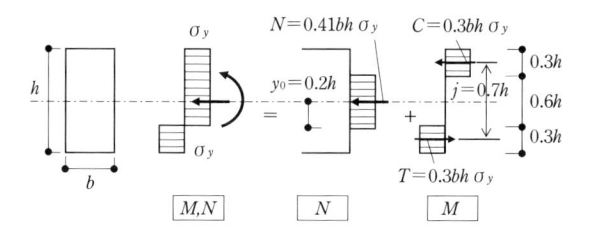

練習問題 13.2

$$P_C = \frac{4}{3l} M_P$$

仮想仕事法より,

(外部仕事)　　　　　(内部仕事)

$$P_C \delta_B + P_C \delta_C = M_P \theta + M_P 3\theta$$

したがって,

$$P_C = \frac{(\theta + 3\theta)}{(\theta l + 2\theta l)} M_P = \frac{4}{3l} M_P$$

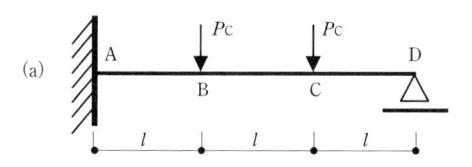

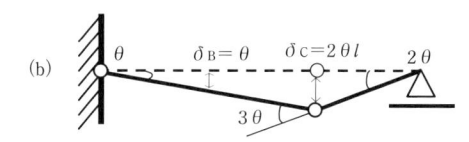

練習問題 13.3

$$P_u = \frac{15}{2h} M_P$$

仮想仕事法より,

(外部仕事)　　　　　(内部仕事)

$$P_u 2\theta h = 3M_P(\theta + 2\theta) + 2M_P(\theta + 2\theta)$$

したがって,

$$P_u = \frac{15\theta}{2\theta h} M_P = \frac{15}{2h} M_P$$

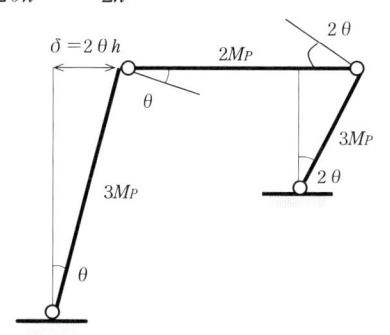

(別解)

柱のせん断力の和より,

$$P_u = \frac{(3M_P + 2M_P)}{2h} + \frac{(3M_P + 2M_P)}{h} = \frac{15}{2h} M_P$$

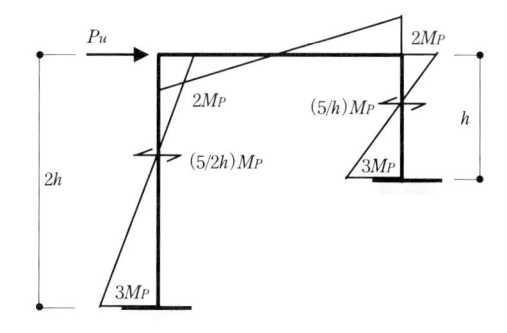

練習問題 14.1

固有円振動数 w_0 は $\sqrt{\dfrac{k}{m}}$ より求めることができる.

$$\sqrt{\frac{2.0 \times 10^4}{9000}} = 1.633 [\text{rad/sec}] \quad (n_0 = 2\pi w_0)$$

固有振動数 $n_0 = 0.259$ [Hz]

固有周期 $T_0 = 3.847$ [sec] $\left(T_0 = \dfrac{1}{n_0}\right)$

練習問題 14.2

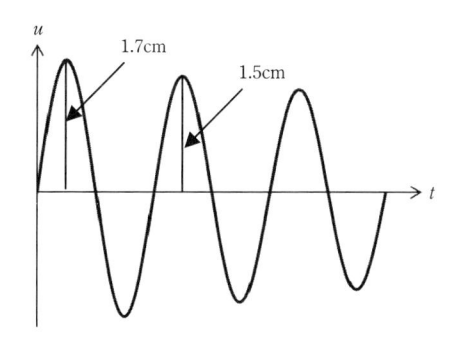

$$h = \frac{\log_e \left(\dfrac{1.7}{1.5}\right)}{2\pi}$$

$$= 0.0199 \fallingdotseq 2\%$$

練習問題 14.3

変位応答倍率

$$\frac{u}{u_0} = \frac{\left(\dfrac{P}{\omega}\right)^2}{\sqrt{\left\{1 - \left(\dfrac{P}{\omega}\right)^2\right\}^2 + 4h\left(\dfrac{P}{\omega}\right)^2}} \cdot e^{-i\theta}$$

$$= \left|\frac{u}{u_0}\right| \cdot e^{-i\theta}$$

$$\theta = \tan^{-1} \frac{2h\left(\dfrac{P}{\omega}\right)}{1-\left(\dfrac{P}{\omega}\right)^2}$$

よって,

$$\left|\frac{u}{u_0}\right| = 1.366$$

$u = 1.366 \times 0.05 = 0.068$m

(別解)

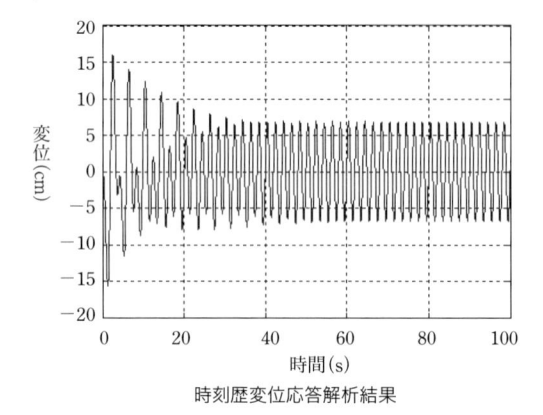

時刻歴変位応答解析結果

変位振幅　$u = 0.068$m

索　引

【あ】
位相差 … 160
逸散減衰 … 162
移動端 … 20
N図 … 35
M図 … 35
オイラーの公式 … 162
応力度 … 9
応力度—ひずみ曲線 … 150
応力法 … 105
温度荷重 … 7

【か】
解除 … 135
外的に静定な構造 … 28
回転端 … 20
外力 … 160
荷重 … 7
風荷重 … 7
仮想仕事式 … 153
加速度 … 160
加速度応答スペクトル … 167
加速度応答倍率 … 166
片持梁 … 23,33
片持ラーメン … 52
慣性力 … 160
完全弾塑性体 … 150
完全弾塑性梁 … 153
擬似加速度スペクトル … 168
擬似速度スペクトル … 168
基本撓角 … 109
Q図 … 35
共振曲線 … 164
共振現象 … 164
許容応力度 … 144
許容応力度設計法 … 144
許容応力度設計法 … 142
偶力と偶力モーメント … 11
下界定理 … 155
減衰 … 159
減衰力 … 160
剛性 … 129,159
剛接数 … 27
剛節点 … 52
剛度 … 109
剛比 … 109
降伏応力度 … 150

合力 … 12
固定荷重 … 7,146
固定端 … 20
固定端モーメント … 117,137
固定モーメント法 … 134
固有円振動数 … 160
固有周期 … 160
固有振動数 … 160

【さ】
作用力 … 17
三角分布荷重 … 23
3ピン構造 … 25,65
3ローラ構造 … 25
軸力図 … 35
地震荷重 … 7
質点 … 159
質点系モデル … 159
質量 … 159
支点 … 20
支点反力 … 29
終局応力度分布 … 151
自由振動 … 160
集中荷重 … 23
自由度 … 159
自由物体図 … 33
上界定理 … 154,155
衝撃荷重 … 7
示力図 … 13
振動方程式 … 160
真の崩壊荷重 … 154
振幅 … 160
水圧 … 7
静定基本形 … 107,111
静定構造物 … 26
積載荷重 … 7,146
積雪荷重 … 7
切断法 … 33
節点 … 20,116
節点角 … 116
節点法 … 71
全塑性モーメント … 151
せん断力図 … 35
せん力方程式 … 125
層間変位 … 130
層間変形角の基本 … 129
層間変形角 … 130

層剛性	130
層の剛性	131
速度	162
速度応答スペクトル	167
塑性域	150
塑性ヒンジ	153
塑性率	151

【た】

ダッシュポット	162
ダランベールの原理	160
短期荷重	146
単純支持ラーメン	56
単純梁	24
弾性限モーメント	150
断面力	9, 33
断面力図	35
力の合成	12
力の作用線	10
力の3要素	10
力の分解	14
中間節点	134
中間ピン	65
中立軸	84
中立面	36
長期荷重	146
釣合条件式	17
土圧	7
撓角法	116
到達モーメント	136
到達率	136
等分布荷重	22
特解	164
トラス構造	25, 70
トラスの軸力	70

【な】

内的不静定トラス	111
内力	33

【は】

バリニオンの定理	15
反作用力	17
反力	17
標準剛度	109
不安定な構造物	25
復元力	160
複素平面	165
部材	116
部材角	116
部材角相互の関係	119
不静定構造物	26
不静定次数	26
不静定余力	105, 107

縁応力度	152
分配	135
分配モーメント	135
分配率	135
分力	14
平行四辺形の方法	13
変位	160
変位応答スペクトル	167
変位応答倍率	166
変形の適合条件式	108
変形の適合条件	105
崩壊荷重	152
崩壊機構	152
保有水平耐力	156

【ま】

曲げモーメント図	35
摩擦減衰	162
矛盾した変位 δ_{10}	111
モーメントの符号	11
門型ラーメン構造	25

【や】

山形ラーメン構造	25
余関数	164

【ら】

ラーメン構造	24
Ritter の切断法	71, 74
履歴減衰	162
臨界減衰	163
連力図	16

【編者】

安達　洋（あだち　ひろみ）
1943年新潟県長岡市生まれ．1966年日本大学理工学部建築学科卒業．1968年同大学院理工学研究科修士課程修了．1971年同大学院理工学研究科博士課程単位取得退学．1971年日本大学理工学部助手．1980年同理工学部専任講師．1982年工学博士学位取得．1983年日本大学理工学部助教授．1988年同教授．2011年同特任教授．2013年同名誉教授．
著者：『動的外乱に対する設計―現状と展望』（共著，日本建築学会，1999年），『耐震構造の設計―学びやすい構造設計』（共著，日本建築学会関東支部，2003年）

丸田榮藏（まるた　えいぞう）
1943年石川県七尾市生まれ．1967年日本大学理工学部建築学科卒業．1969年同大学院理工学研究科修士課程修了．1969年日本大学生産工学部副手．1972年同助手．1976年専任講師．1984年工学博士学位取得．1984年日本大学生産工学部助教授．1990年同教授．
著書：『住宅の耐風設計施工点検指針』（共著，日本建築センター，1993年），『建築物荷重指針・同解説』（共著，日本建築学会，1975年，1993年）

【著者】

岡田　章（おかだ　あきら）
1954年徳島県徳島市生まれ．1977年日本大学理工学部建築学科卒業．1979年同大学院博士前期課程修了．1982年同研究科博士後期課程単位取得退学．1982年㈱竹中工務店入社，技術研究所，東京ドーム作業所．1990年日本大学理工学部建築学科助手．1999年博士（工学）．2000年同専任講師．2004年同助教授．2007年同教授．
著書：『木による空間構造へのアプローチ』（共著，建築技術，1990年）

神田　亮（かんだ　まこと）
1959年東京都立川市生まれ．1983年日本大学理工学部海洋建築工学科卒業．1985年同大学院理工学研究科博士前期課程修了．1988年日本大学生産工学部副手．1989年同助手．1997年同専任講師．2001年同助教授．2010年同教授．著書：『免震・制振構造の設計―学びやすい構造設計』（共著，日本建築学会関東支部，2007年）

北嶋圭二（きたじま　けいじ）
1963年東京都港区生まれ．1986年日本大学理工学部海洋建築工学科卒業．1986年㈱青木建設入社．1994年日本大学大学院理工学研究科博士課程修了，博士（工学）．2001年㈱青木建設技術研究所建築研究室長．2007年青木あすなろ建設㈱技術研究所副所長．2011年日本大学理工学部助教．著書：『耐震構造の設計―学びやすい構造設計』（共著，日本建築学会関東支部，2003年），『パッシブ制御振動構造　設計・施工マニュアル』（共著，日本免震構造協会，2005年），『免震・制振構造の設計―学びやすい構造設計』（共著，日本建築学会関東支部，2007年）

田嶋和樹（たじま　かずき）
1977年東京都台東区生まれ．1999年日本大学理工学部建築学科卒業．2001年同大学院理工学研究科博士前期課程修了．2004年同大学院理工学研究科博士後期課程修了，博士（工学），同理工学建築学科助手．2008年同理工学部建築学科助教．

〈わかる建築学〉4
建築構造力学

2009年9月10日　　第1版第1刷発行
2024年2月20日　　第1版第5刷発行

編　者　安達洋・丸田榮藏
著　者　岡田章・神田亮・北嶋圭二・田嶋和樹
発行者　井口夏実
発行所　株式会社学芸出版社
　　　　京都市下京区木津屋橋通西洞院東入
　　　　〒600-8216　☎075・343・0811
　　　　http://www.gakugei-pub.jp/
　　　　info@gakugei-pub.jp

創栄図書印刷／新生製本
装丁：古都デザイン

© Adachi Hiromi, Maruta Eizo 2009
Printed in Japan　ISBN 978-4-7615-2468-5

JCOPY　〈㈳出版者著作権管理機構委託出版物〉
本書の無断複写（電子化を含む）は著作権法上での例外を除き禁じられています．複写される場合は，そのつど事前に，㈳出版者著作権管理機構（電話03-5244-5088，FAX 03-5244-5089，e-mail: info@jcopy.or.jp）の許諾を得てください．
また本書を代行業者等の第三者に依頼してスキャンやデジタル化することは，たとえ個人や家庭内での利用でも著作権法違反です．

【好評既刊】

演習 建築構造力学Ⅰ〈静定編〉
田中茂樹・福田幹夫 著
A4・152頁・定価2940円（本体2800円）

■■内容紹介■■　苦手克服のためには，手を動かして繰り返し解いてみる，すなわち，演習が最適な方法である．本書では，複数の例題を1頁または見開貢に完結できるように説明している．また，演習問題は，基本と応用とに分け，自習できるように工夫した．解答部分は，省略する部分を極力避け，苦手な人でも一人で容易に取り組めるようにした．

演習 建築構造力学Ⅱ〈不静定編〉
田中茂樹・福田幹夫 著
A4・136頁・定価2730円（本体2600円）

■■内容紹介■■　苦手克服のためには，手を動かして繰り返し解いてみる，すなわち，演習が最適な方法である．本書では，複数の例題を1頁または見開貢に完結できるように説明している．また，演習問題は，基本と応用とに分け，自習できるように工夫した．二冊目となる本書は，不静定構造の分野である，弾性架構の変位，回転角について学ぶ．

〈建築学テキスト〉建築構法　建築物のしくみを学ぶ
武田雄二・西脇進・鷲見勇平 著
A4・136頁・定価3360円（本体3200円）

■■内容紹介■■　建築物を利用する主体〈人間〉を中心に据えて学ぶ，新しい建築学シリーズ．建築構法では，各種構法が誕生した背景を考察し，構法の違いが環境や社会に与える影響について学ぶとともに，現代において主となる木質構造，鋼構造，鉄筋コンクリート構造をはじめ各構法の躯体と仕上げの詳細，施工過程を，豊富な図と写真でみる．

図説 やさしい構造力学
浅野清昭 著
B5変・192頁・定価2730円（本体2600円）

■■内容紹介■■　数学や物理はよく理解できていないけれども，初めて，あるいはもう一度，構造力学を勉強しなければならない人に向けた入門教科書．すべてを手描きによるイラストで図解し，丁寧な解説をこころがけ，〈手順〉どおりにやれば誰でも解けるように構成を工夫した．二級建築士の資格試験（一級建築士レベルの基礎的学習）に対応．

図説 やさしい構造設計
浅野清昭 著
B5変・200頁・定価2940円（本体2800円）

■■内容紹介■■　高等数学や物理をきちんと理解できていない人に向け，難しい数式はできるだけ使わずに解説した，建築構造設計初学者のための入門教科書．手描きによるイラストで図解し，丁寧な解説をこころがけ，複雑な内容をできるかぎりわかりやすく工夫した．例題をとおして設計法の理解をはかり，〈手順〉どおりにやれば誰でも解ける．

一級建築士試験 構造力学のツボ
植村典人 著
A5・168頁・定価1890円（本体1800円）

■■内容紹介■■　一級建築士試験・学科Ⅳ（建築構造）において構造力学は合否の鍵を握る分野であり，避けて通ることはできない．一方，同じ型の問題が繰り返し出題されており，要点さえ理解すれば確実に得点できる．本書は単元別に出題頻度を分析し，暗記すべき要点を整理し，過去問の解法を徹底解説．ツボを押えた学習で全問正解を目指せ！

一級建築士試験 構造設計のツボ
植村典人 著
A5・168頁・定価1995円（本体1900円）

■■内容紹介■■　一級建築士試験・学科Ⅳ（建築構造）において構造設計は合否の鍵を握る分野であり，避けて通ることはできない．一方，同じ型の問題が繰り返し出題されており，要点さえ理解すれば確実に得点できる．本書は単元別に出題頻度を分析し，暗記すべき要点を整理し，過去問の解法を徹底解説．ツボを押えた学習で全問正解を目指せ！

第三版〈二級建築士受験〉5日でわかる構造力学
武藏靖毅 著
A5・224頁・定価2415円（本体2300円）

■■内容紹介■■　二級建築士試験では，構造25問中の7問は構造力学分野から出題される．苦手で食わず嫌い，分厚い参考書は敬遠したい，そんな多くの受験生に朗報！平成20年間の全142問を収録し，講義→練習問題→復習問題→補講の流れで，わかりやすく，5日間でスムーズに合格圏へすすめるよう工夫した．見て・読んで・解いて，わかる1冊．

ヴィヴィッド・テクノロジー　建築を触発する構造デザイン
小野暁彦・門脇哲也・乾陽亮 編著
A5・288頁・定価3150円（本体3000円）

■■内容紹介■■　近年活躍する構造家達の合理的思考とデザイン観を一望する．ローコスト住宅，素材にこだわる素朴な挑戦，ベテラン建築家との大規模プロジェクト，最も前衛的な建築家との話題作まで幅広い試みが語られる．構法や施工の設計活動だけでなく建築家や施主とのやりとりにおける態度まで，知られてこなかった職能の醍醐味に迫った．

飛躍する構造デザイン
渡辺邦夫 著
A5・176頁・定価2310円（本体2200円）

■■内容紹介■■　構造デザインとは，構造のあり方をそのまま建築表現にすることによって，構造がつくり出す美しい空間のプロポーション・躍動感・緊張感，そしてすぐれた居住性を実現する構造計画の手法である．本書は，建築構造界の第一人者が「構造デザイン」とは何か，その考え方や手法と近年の代表作品への取組みを語った待望の書である．